Über dieses Buch

1.6 Produktgleichheit — Selbstlernen

1.6 Produktgleichheit

Die **Selbstlernen**-Seiten ermöglichen ein eigenständiges Erarbeiten von Inhalten, die sich dafür besonders eignen.

Bleib fit

Umgang mit Bruchzahlen

Aktivieren 1 Welche Brüche sind dargestellt?

Die **Bleibt Fit!**-Seiten dienen der selbstständigen Wiederholung bereits bekannter Inhalte nach dem Prinzip: **Aktivieren, Erinnern, Festigen** ...

Fokus

Zeitzonen und Zeitverschiebung

Vielleicht hast du schon mal folgendes Sprichwort gehört:
Im Osten geht die Sonne auf, im Süden nimmt sie ihren Lauf, im Westen will sie unterge-

Die **Fokus**-Seiten behandeln fachübergreifende Themen, die von besonderem Interesse sind und im engen Zusammenhang zum Kapitelinhalt stehen.

Auf den Punkt gebracht

Systematisches Probieren

Du hast die ganzzahligen Lösungen einer Gleichung durch Probieren bestimmt. Dabei

Die **Auf den Punkt gebracht**-Seiten fassen prozessbezogenen Kompetenzen akzentuiert zusammen.

Das Wichtigste auf einen Blick

Variable und Gleichungen — **Variable** sind Platzhalter für unbekannte Zahlen. Mit ihnen kann man **Gleichungen** aufstellen. — Variable: x Gleichung: $3x = x + 4$

Die **Das Wichtigste auf einen Blick**-Seiten fassen die wichtigsten Kapitelinhalte übersichtlich und mit Beispielen zusammen.

Bist du fit? — Lösungen im Anhang

1 Bestimme die Lösungsmenge der Gleichung durch systematisches Probieren.
a) $x^2 + x = 12$ **b)** $3x - 10 = -x^2$

Die **Bist du fit?**-Seiten bieten Aufgaben zur Überprüfung des Gelernten und helfen so bei der Vorbereitung auf die Klassenarbeit. Ihre Lösungen sind am Ende des Buches abgedruckt.

Symbole

Die Übungsaufgaben werden in 3 Anforderungsniveaus ausgewiesen.

Diese Arbeitsaufträge sind für die Bearbeitung in Partner- oder Gruppenarbeit konzipiert.

1 Hellblaue Aufgabennummern (und Überschriften) kennzeichnen Zusatzstoffe.

Der Detektiv nimmt typische Schülerfehler unter die Lupe und hilft so, sie zu vermeiden.

westermann

Herausgegeben von
Matthias Lösche
Friedrich Suhr

7

ELEMENTE

der Mathematik

ELEMENTE der Mathematik

Herausgegeben von
Matthias Lösche, Friedrich Suhr

Bearbeitet von
Lutz Breidert, Julia Berlin-Bonn, Bernhard Euler, Dr. Beate Goetz, Bodo Paul Hoffmann, Matthias Lösche, Daniel Kiok, Annika Kiwatt, Carmen Kück, Kerstin Schäfer, Friedrich Suhr, Holger Wuschke, Ulrike Willms

Für Nordrhein-Westfalen bearbeitet von
Kerstin Schäfer, Ulrike Willms

Zum Schülerband erscheinen:
Lösungen: Best.-Nr. 978-3-14-101234-7
Arbeitsheft: Best.-Nr. 978-3-14-101235-4
Unterrichtsmaterialien: Best.-Nr. 978-3-14-101326-9

westermann GRUPPE

Druck A[1] / Jahr 2020
Alle Drucke der Serie A sind im Unterricht parallel verwendbar.

Redaktion: Lena Schenk; Cassandra Noske
Umschlagentwurf und Innenlayout: Lio Designagentur, Braunschweig
Illustrationen: Katja Rau, Berglen
Zeichnungen: Birgit und Olaf Schlierf, Lachendorf; Langner und Partner, Hemmingen
Taschenrechner: Texas Instruments Education Technology GmbH, Freising
Druck und Bindung: Westermann Druck GmbH, Braunschweig

ISBN 978-3-14-**101233**-0

Inhalt

1

Zuordnungen

2

Prozentrechnung

Inhalt

3 

Winkel in Figuren – Flächeninhalte

4 

Rationale Zahlen

5

Gleichungen mit einer Variablen

*6

Zufallsexperimente

Anhang

* Je nach Schulcurriculum und Zeit kann dieses Kapitel in Klasse 7 oder Klasse 8 behandelt werden und wird daher auch in Band 8 (978-3-14-101242-2) angeboten.

Zuordnungen

1

Fahrten	Preis
Einzelfahrt	3,00 €
3 Fahrten	8,00 €
6 Fahrten	15,00 €

▲ *Mia und ihre Familie besuchen in den Ferien eine Sommerrodelbahn. Wie viel müssen sie für 2, 3, 4, …, 10 Fahrten im günstigsten Fall bezahlen?*

In diesem Kapitel

- lernst du, wie du die Zuordnungen zwischen Größen mithilfe von Tabellen und grafischen Darstellungen beschreiben kannst. ▸

Umgang mit Bruchzahlen

Aktivieren

1 Welche Brüche sind dargestellt?

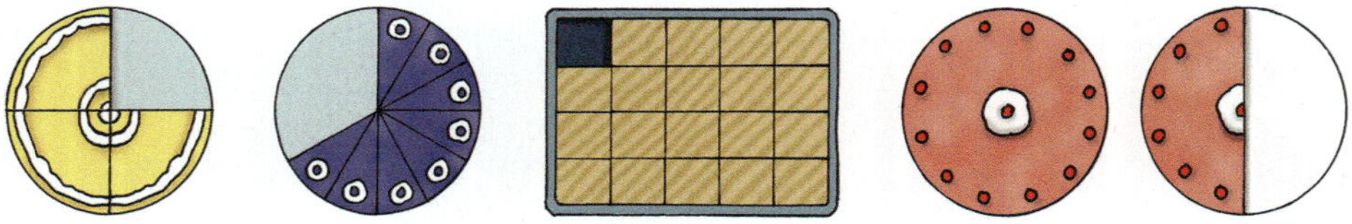

2 Bei den abgebildeten Stoppuhren mit Zeigern macht der rote Zeiger genau eine Umdrehung in einer Sekunde; der blaue Zeiger eine Umdrehung in einer Minute. Jeweils zwei Stoppuhren haben dieselbe Zeitspanne gestoppt. Welche gehören zusammen?

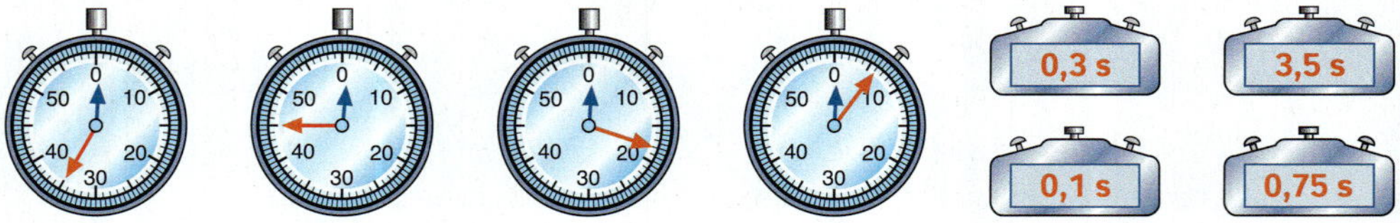

3 Verdeutliche an einer Pizza, einer Torte oder an der Zahlengeraden:
(1) $\frac{1}{2} + \frac{3}{8}$ (2) $\frac{7}{8} - \frac{1}{4}$ (3) 0,5 + 0,25 (4) 1,5 – 0,75

4 Für einen Kuchen benötigt man: 500 g Mehl, $\frac{1}{2}$ Liter Milch, $\frac{3}{4}$ Liter Sahne, ...
Wie viel benötigt man für die anderthalbfache und für die $\frac{4}{5}$-fache Menge Kuchen?

5 Wie viel m^2 Steine benötigt man für einen 6,5 m langen und 0,75 m breiten Weg?

6 Drei Viertel Pizza und 0,7 Liter Cola werden an 2 Kinder verteilt. Wie viel erhält jedes?

7 $7\frac{1}{2}$ l Saft sollen in $2\frac{1}{2}$-l-Flaschen abgefüllt werden. Wie viele Flaschen benötigt man?

8 4,5 Liter Farbe sollen umgefüllt werden. Wie viele 0,6-Liter-Dosen benötigt man?

Erinnern

Brüche und Dezimalzahlen

Der Nenner eines Bruches nennt, in wie viele gleich große Teile das Ganze zerlegt wird. Der Zähler zählt, wie viele solcher Teile dann genommen werden.
Brüche mit dem Nenner 10 oder 100 oder 1 000 oder ... kann man auch als Dezimalzahlen mit einem Komma schreiben:
$\frac{3}{10} = 0{,}3$; $\frac{4}{100} = 0{,}04$; $\frac{7}{1\,000} = 0{,}007$
Brüche mit dem Nenner 100 kann man auch in % schreiben: $1\,\% = \frac{1}{100}$

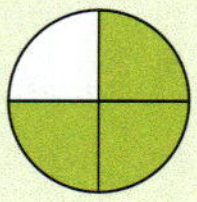

$\frac{3}{4}$: 3 ← Zähler; — ← Bruchstrich; 4 ← Nenner

$\frac{2\,133}{1\,000} = 2{,}133$
- 1 → Zehntel
- 3 → Hundertstel
- 3 → Tausendstel

$19\,\% = \frac{19}{100}$

Erweitern und Kürzen

Ein Bruch wird erweitert, indem man seinen Zähler und seinen Nenner mit derselben natürlichen Zahl multipliziert. Ein Bruch wird gekürzt, indem man zugleich seinen Zähler und seinen Nenner durch dieselbe natürliche Zahl dividiert.

$\frac{3}{4} = \frac{3 \cdot 2}{4 \cdot 2} = \frac{6}{8}$　　$\frac{6}{8} = \frac{6:2}{8:2} = \frac{3}{4}$

Addieren und Subtrahieren

Bei *gleichnamigen Brüchen* addiert (subtrahiert) man die Zähler und behält den Nenner bei. *Ungleichnamige Brüche* werden zuerst gleichnamig gemacht. Sind die Bruchzahlen in Form von Dezimalzahlen geschrieben, so notiert man sie beim Addieren und Subtrahieren Komma unter Komma.

$\frac{7}{8} + \frac{3}{8} = \frac{7+3}{8} = \frac{10}{8} = \frac{5}{4}$

$\frac{3}{4} - \frac{2}{3} = \frac{9}{12} - \frac{8}{12} = \frac{1}{12}$

$$\begin{array}{r} 3{,}18 \\ +0{,}253 \\ \hline 3{,}433 \end{array} \qquad \begin{array}{r} 2{,}30 \\ -0{,}54 \\ \hline 1{,}76 \end{array}$$

Multiplizieren

Brüche werden miteinander multipliziert, indem man Zähler mit Zähler und Nenner mit Nenner multipliziert.
Dezimalzahlen multipliziert man so:
(1) Multipliziere zuerst so, als wäre kein Komma vorhanden.
(2) Setze dann das Komma. Rechts vom Komma müssen im Ergebnis so viele Ziffern stehen, wie die beiden Faktoren zusammen nach dem Komma haben.

$\frac{3}{8} \cdot \frac{5}{7} = \frac{3 \cdot 5}{8 \cdot 7} = \frac{15}{56}$

Zehntel　Hundertstel

$$\begin{array}{r} 2{,}7 \cdot 1{,}25 \\ \hline 27 \\ 54 \\ {}_1\,135 \\ \hline 3{,}375 \end{array}$$

Zehntel · Hundertstel = Tausendstel

Dividieren

Man dividiert durch einen Bruch, indem man mit dem Kehrwert des Bruches multipliziert. Man erhält den Kehrwert eines Bruches durch Vertauschen von Zähler und Nenner.
Dezimalzahlen divididert man so: Man verschiebt bei beiden Zahlen das Komma um gleich viele Stellen nach rechts, bis der Divisor eine natürliche Zahl ist. Dann dividiert man durch die natürliche Zahl. Beim Dividieren durch die natürliche Zahl wird das Komma gesetzt, sobald man das Komma im Dividenden überschreitet.

$\frac{2}{3} : \frac{5}{7} = \frac{2}{3} \cdot \frac{7}{5} = \frac{14}{15}$

Multiplikation mit dem Kehrwert

$12{,}285 : 2{,}34 = 1228{,}5 : 234 = 5{,}25$

$$\begin{array}{r} 1170 \\ \hline 585 \\ 468 \\ \hline 1170 \\ 1170 \\ \hline 0 \end{array}$$

Komma setzen

Festigen

9 Erweitere $\frac{1}{2}, \frac{1}{4}, \frac{3}{4}, \frac{3}{5}, \frac{5}{7}, \frac{7}{4}$ mit 2 [3, 5, 4, 10].

10 Kürze so weit wie möglich: $\frac{6}{4}, \frac{4}{8}, \frac{6}{10}, \frac{3}{12}, \frac{21}{14}, \frac{12}{16}, \frac{8}{20}, \frac{24}{36}, \frac{30}{45}, \frac{48}{72}, \frac{36}{60}, \frac{30}{18}, \frac{42}{56}, \frac{63}{27}$

11 ≡ Gib den blauen (weißen) Anteil der Fläche in Prozent an.

a) 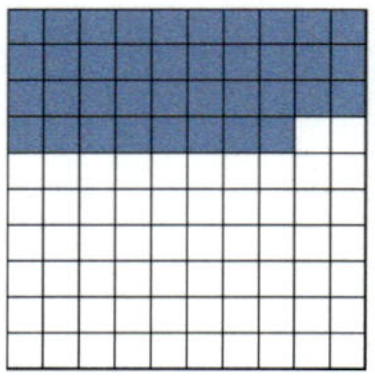
b) 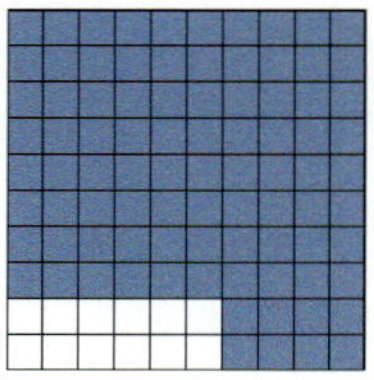
c) 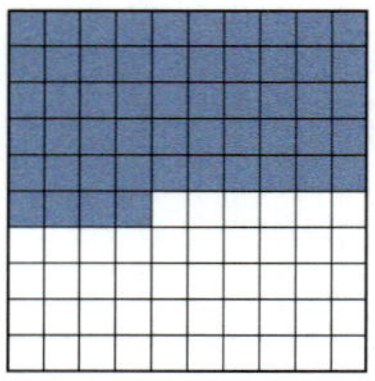
d) 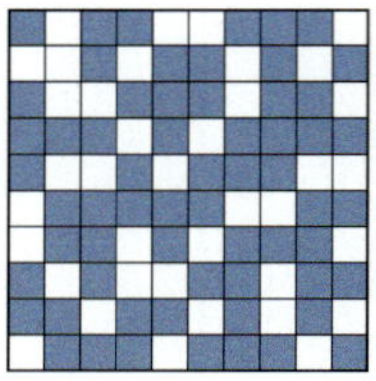

12 Bruchzahlen kann man in Form von Brüchen, Dezimalbrüchen oder in Prozent angeben. Notiere die angegebene Zahl in den anderen beiden Schreibweisen.

a) $\frac{17}{100}$ **b)** $\frac{21}{25}$ **c)** 0,51 **d)** 0,8 **e)** 7 % **f)** 25 %

13 Klassen haben verschieden viele Fahrschüler.

a) In der Klasse 7 a sind 24 von 30 Schülern Fahrschüler. Bestimme deren Anteil.
b) In der Klasse 7 b sind $\frac{5}{6}$ der 30 Schüler Fahrschüler. Wie viele sind das?
c) Die Klasse 7 c hat 21 Fahrschüler, das sind $\frac{3}{4}$ der Schüler. Wie groß ist die 7 c?

14 Schreibe als Dezimalbruch. Runde gegebenenfalls auf drei Stellen nach dem Komma.

a) $\frac{3}{5}, \frac{5}{2}, \frac{1}{4}, \frac{5}{4}, \frac{8}{25}, \frac{30}{25}, \frac{17}{20}, \frac{26}{20}, \frac{27}{50}, \frac{65}{50}, \frac{11}{8}$
b) $\frac{2}{3}, \frac{5}{6}, \frac{11}{7}, \frac{2}{7}, \frac{10}{9}, \frac{9}{11}, \frac{4}{9}, \frac{3}{5}, \frac{7}{6}, \frac{11}{9}, \frac{5}{13}$

15 Berechne.

a) $\frac{5}{8} + \frac{7}{8}$ **b)** $\frac{37}{100} + \frac{23}{100}$ **c)** $\frac{3}{5} + \frac{11}{15}$ **d)** $\frac{5}{12} + \frac{5}{8}$
e) $\frac{1}{2} + \frac{3}{4} + \frac{5}{6}$ **f)** $\frac{9}{8} - \frac{1}{8}$ **g)** $\frac{132}{100} - \frac{57}{100}$ **h)** $\frac{11}{12} - \frac{3}{4}$
i) $\frac{8}{9} - \frac{5}{6}$ **j)** $\frac{5}{6} - \frac{1}{2} - \frac{1}{4}$ **k)** $\frac{23}{25} - \frac{8}{25}$ **l)** $\frac{7}{10} - \frac{49}{100}$

16 **a)** Gib als unechten Bruch an: $2\frac{1}{2}, 4\frac{1}{3}, 1\frac{3}{4}, 5\frac{1}{6}, 3\frac{2}{5}$
b) Gib in gemischter Schreibweise an: $\frac{7}{2}, \frac{5}{3}, \frac{9}{4}, \frac{6}{5}, \frac{21}{5}$

$1\frac{3}{4} = 1 + \frac{3}{4} = \frac{4}{4} + \frac{3}{4} = \frac{7}{4}$
$\frac{7}{3} = \frac{6}{3} \cdot \frac{1}{3} = 2 + \frac{1}{3} = 2\frac{1}{3}$

17 Schreibe als Bruch; kürze dann, falls möglich.

a) 0,13; 3,14; 5,03; 0,306; 7,055 **b)** 12,7; 23,08; 45,125; 25,085; 50,005

18 Berechne.

a) $10 - 6\frac{2}{3}$ **b)** $3\frac{3}{4} - 2\frac{1}{4}$ **c)** $3\frac{9}{10} - 2\frac{7}{10}$
d) $2\frac{1}{6} - 1\frac{4}{6}$ **e)** $10 - \frac{4}{5}$ **f)** $4\frac{5}{8} + 5\frac{3}{8}$
g) $7\frac{3}{5} - 4\frac{4}{5}$ **h)** $3\frac{4}{15} + 7\frac{14}{15}$ **i)** $2\frac{7}{8} - \frac{15}{8}$

$4\frac{3}{8} - \frac{4}{8} = 4 - \frac{1}{8} = 3\frac{5}{8}$
$4\frac{3}{5} + 2\frac{4}{5} = 6 + \frac{7}{5} = 7\frac{2}{5}$

19 Berechne.

a) 1,65 – 0,9 b) 3,45 – 0,8 c) 8,82 – 2,8 d) 5,5 – 2,085
e) 0,55 + 0,225 f) 5,4 + 4,375 g) 24,82 – 16,95 h) 12,05 + 1,205
i) 2,08 – 1,9 j) 8,82 + 2,08 k) 17,7 – 8,654 l) 16,28 + 8,028

20 Kürze vor dem Ausrechnen, falls möglich.

a) $\frac{4}{5} \cdot \frac{2}{3}$ b) $\frac{7}{6} \cdot \frac{3}{5}$ c) $\frac{8}{9} \cdot \frac{3}{5}$ d) $\frac{14}{15} \cdot \frac{5}{7}$ e) $\frac{5}{9} \cdot \frac{18}{35}$ f) $\frac{11}{12} \cdot 6$
g) $\frac{5}{6} \cdot \frac{3}{4}$ h) $\frac{3}{4} \cdot \frac{3}{5}$ i) $\frac{3}{4} \cdot \frac{3}{4}$ j) $\frac{28}{10} \cdot \frac{2}{21}$ k) $\frac{15}{20} \cdot \frac{9}{12}$ l) $\frac{3}{4} \cdot 7$

21 Berechne und notiere den Rechenweg als Multiplikationsaufgabe.

a) $\frac{3}{4}$ von $1\frac{1}{2}$ l Limonade b) $\frac{2}{5}$ von 0,7 l Apfelsaf
c) drei Achtel von einem halben Liter d) das Anderthalbfache von 6,80 €

22 Berechne.

a) 4,86 · 0,8 b) 8,42 · 0,25 c) 9,5 · 0,14 d) 14,85 · 3,6
e) 1,04 · 5,8 f) 3,45 · 0,09 g) 12,8 · 1,25 h) 0,295 · 345
i) 2,24 · 1,5 j) 0,7 · 1,35 k) 18,4 · 5,75 l) 12,08 · 0,94

23 Kürze vor dem Ausrechnen, wenn es möglich ist.

a) $\frac{2}{3} : \frac{3}{5}$ b) $\frac{3}{4} : \frac{7}{8}$ c) $\frac{4}{9} : \frac{4}{9}$ d) $\frac{4}{9} : \frac{8}{7}$ e) $\frac{9}{10} : \frac{1}{2}$ f) $\frac{11}{15} : \frac{3}{5}$
g) $\frac{7}{12} : \frac{14}{9}$ h) $\frac{4}{7} : \frac{2}{3}$ i) $\frac{1}{2} : \frac{9}{10}$ j) $\frac{6}{7} : \frac{11}{14}$ k) $\frac{15}{28} : \frac{25}{49}$ l) $\frac{1}{3} : \frac{1}{6}$

24 Berechne.

a) 8,262 : 0,9 b) 3,738 : 0,6 c) 9,625 : 2,5 d) 28,08 : 1,2
e) 35,68 : 0,16 f) 4,025 : 0,5 g) 7,203 : 0,03 h) 1,152 : 3,6

25 Für eine Soße sollen laut Rezept $\frac{1}{2}$ l Milch und $\frac{3}{8}$ l Sahne vermischt werden.
Wie viel Flüssigkeit erhält man?

26 $\frac{1}{8}$ l Fruchtsirup wird mit Mineralwasser verdünnt, sodass man insgesamt 0,7 l Limonade erhält. Wie viel Mineralwasser muss man zugeben?

27 Das Foto rechts zeigt einen auf $\frac{2}{3}$ seiner wirklichen Größe verkleinerten Schmetterling.
Bestimme seine wahre Größe.

28 Ein 12,7 cm · 18,3 cm großes Bild soll mit einer rahmenlosen Glasscheibe versehen werden.
Wie groß ist diese?

29 $\frac{3}{4}$ l Apfelsaft und 0,5 l Mineralwasser werden zu Apfelschorle gemischt. Die Apfelschorle wird auf Gläser verteilt, die 0,2 l fassen.
Wie viele Gläser kann man ganz füllen, wie viel Apfelschorle bleibt übrig?

1.1 Darstellen einer Zuordnung

Einstieg

Das Kino „Moviepalast“ hat besondere Eintrittspreise für Schülerinnen und Schüler. Notiert in einer Tabelle, wie viel der Eintritt für eine Gruppe von 2, 3, ... 15 Schülerinnen und Schülern im günstigsten Fall kostet.
Zeichnet ein Diagramm.

Aufgabe mit Lösung

Darstellen einer Zuordnung

Für ein Forschungsprojekt zum Thema „Unser Wetter“ hat Romy an einem Tag die Temperaturen gemessen. Dafür hat sie zwischen 7:00 Uhr und 21:00 Uhr alle zwei Stunden auf das Thermometer geschaut und die Werte in einer Tabelle notiert.

Uhrzeit	Temperatur (in °C)
7:00	6
9:00	8
11:00	11
13:00	13
15:00	14
17:00	14
19:00	12
21:00	10

→ Veranschaulich die Daten in einem Diagramm.

Lösung

In der Tabelle werden den Werten der *Ausgangsgröße Uhrzeit* die Werte der *zugeordneten Größe Temperatur* zugeordnet. So entstehen verschiedene Wertepaare, die sich im Koordinatensystem einzeichnen lassen.

Man trägt dazu auf der nach rechts gerichteten x-Achse die Uhrzeiten und auf der nach oben gerichteten y-Achse die Temperaturen ein.

Die Wertepaare (7 | 6), (9 | 8), (11 | 11), ..., (21 | 10) werden wie Punkte im Koordinatensystem gezeichnet. Da es Zwischenwerte gibt, werden die einzelnen Punkte miteinander verbunden.

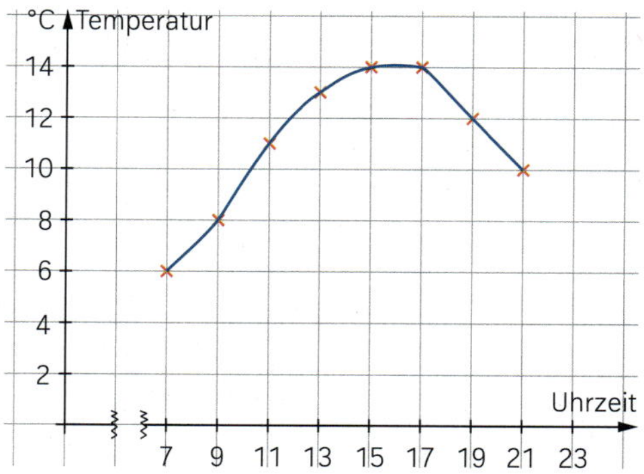

Information

Darstellen von Zuordnungen – Zuordnungstabellen und Graphen

Mithilfe einer **Zuordnungstabelle** können zwei verschiedene Größen einander zugeordnet werden. Dabei stehen in der ersten Spalte die *Werte der Ausgangsgröße* und in der zweiten Spalte die *Werte der zugeordneten Größe*.
Beachte: Statt in Spalten kann man Zuordnungstabellen auch in Zeilen anlegen.

Eine **Zuordnung** zwischen Größen kann man durch einen **Graphen** im Koordinatensystem darstellen. Auf der nach rechts gerichteten *x-Achse* werden die *Werte der Ausgangsgröße* markiert, auf der nach oben gerichteten *y-Achse* die *Werte der zugeordneten Größe*.

Jedem Paar einander zugeordneter Werte entspricht ein Punkt.

Eine leere Trinkflasche wiegt 80 g.
100 ml Wasser wiegen 100 g.

Füllmenge (in ml)	Gesamtgewicht (in g)
0	80
100	180
200	280
300	380
400	480
500	580

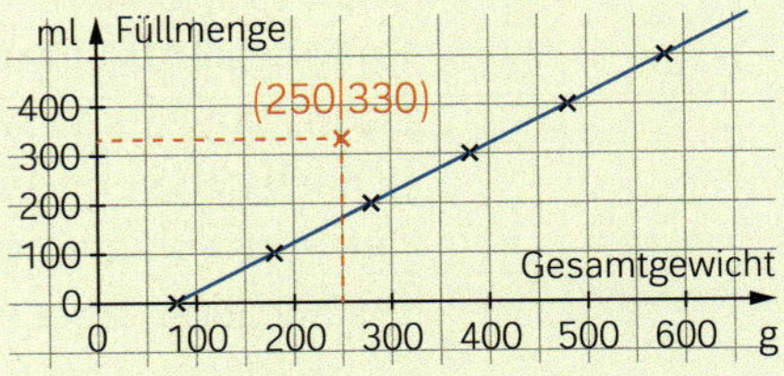

Dem Paar (250 ml | 330 g) entspricht der Punkt P. Der Punkt P wird auch durch P (250 | 330) angegeben.

Üben

1 Eine 25 cm lange Kerze brennt pro Stunde um 4 cm ab.
Lege für die Zuordnung *Brenndauer → Kerzenlänge* eine Tabelle an.
Wähle als Brenndauer 0, $\frac{1}{2}$, 1, $1\frac{1}{2}$, 2, ..., 5 Stunden.

2 Herr Cremers möchte für den Nachmittagskaffee Quarkbällchen kaufen. Es gibt folgende Angebote: 1 Quarkbällchen für 0,40 €; „Schlemmertüte": 5 Quarkbällchen für 1,80 €, „Familientüte": 10 Quarkbällchen für 3,50 €.
Erstelle für die Zuordnung *Anzahl der Quarkbällchen → Preis* eine Tabelle für 1,2,3, ..., 12 Quarkbällchen.

3 Nach einem Handballspiel verlassen die 12 000 Zuschauer die Handballarena durch vier verschiedene Ausgänge. Dabei wird jeder Ausgang pro Minute von 200 Besuchern passiert. Wie viele Zuschauer sind nach 1, 2, 3, ... Minuten noch in der Arena? Erstelle eine Zuordnungstabelle.

4 In manchen Regionen gibt es Milchtankstellen, bei denen man Milch in eigene Flaschen oder Behälter füllen kann. Ein Liter Milch kostet dabei 1,35 €. Erstelle eine Tabelle und berechne den Preis für 2 l; 2,5 l; 4 l; 7,5 l; 10 l.

5 ≡ Notiere im Heft in einer Tabelle, wie viele Münzen du mindestens brauchst, um den jeweiligen Betrag zu zahlen. Du darfst dabei nur 1-Cent-, 2-Cent-, 5-Cent- oder 10-Cent-Münzen verwenden.

Betrag (in Cent)	1	2	3	4	5	6	7	8	9	10	11	12	13	14	15
Anzahl der Münzen															

Zur Kontrolle: Die Gesamtzahl aller Münzen in der zweiten Zeile ist 30.

6 ≡ Fast 90 Rettungshubschrauber-Stationen , die den Rettungs- und Notarztdienst am Boden flächendeckend ergänzen, gibt es in Deutschland. Rettungshubschrauber kommen immer dann zum Einsatz, wenn es besonders schnell gehen muss. In einer Minute fliegt der Hubschrauber 4 km weit.
Erstelle eine Tabelle, wie weit der Hubschrauber nach 2, 4, 10, 15, 30, 60 Minuten geflogen ist.

7 ≡ Frau Cameron, Herr Schulze und Herr Lauer haben Fotos der Größe 10 × 15 cm anfertigen lassen.
a) Wie viel muss Frau Cameron für 10, 15, 35 Bilder bezahlen?
b) Herr Schulze muss 8,80 € zahlen. Wie viele Bilder hat er anfertigen lassen?
c) Herr Lauer überlegt: „Hätte ich ein Bild mehr genommen, hätte ich 0,18 € gespart."

Fotoabzüge Sofort-Mitnahme

5 × 15 cm	0,27 €
10 × 15 cm	0,27 €
ab 15 Bildern (ab dem 1. Bild)	0,24 €
ab 30 Bildern (ab dem 1. Bild)	0,22 €
ab 50 Bildern (ab dem 1. Bild	0,19 €
13 × 18 cm (mit weißem Rand)	0,39 €
15 × 15 cm	0,49 €
15 × 20 cm	0,49 €

8 ≡ Theaterbesuche kosten je nach Aufführung und Platz unterschiedlich viel.

Reihe	Musiktheater	Musical	Sprechtheater	Gastspiele	Märchen
1–5 (Orchestersessel)	32 €	42 €	28 €	35 €	10 €
6–10 (1. Sperrsitz)	30 €	39 €	27 €	33 €	10 €
11–14 (2. Sperrsitz)	29 €	38 €	25 €	31 €	9 €
15–18 (1. Parkett)	25 €	32 €	21 €	27 €	9 €
19–21 (2. Parkett)	20 €	25 €	16 €	23 €	8 €

a) Wie viel kostet der Theaterbesuch, wenn man einen Platz in der 10. Reihe bei einer Gastspiel-Aufführung kauft?
b) Mike hat einen Theater-Gutschein im Wert von 25 € geschenkt bekommen. Gib alle Möglichkeiten für ihn an, eine Vorstellung zu besuchen.
c) Mia war im Theater und sagt: „Ein Platz weiter vorne war um 2 € teuer, einer weiter hinten um 4 € preiswerter." Folgere aus diesen Informationen eine Aussage über Mias Theaterbesuch.

Graph einer Zuordnung – sinnlose Zwischenwerte

9 Robin muss für die Schule neue Hefte kaufen. Im Schreibwarenladen „Tinte & mehr" kosten die Einzelhefte 0,55 €. Im Sparangebot zu Schuljahresbeginn werden 5 Hefte für 2,60 € und 10 Hefte für 5 € verkauft.

a) Wie viel kosten 1, 2, ..., 10 Hefte bei günstigem Einkauf?
Lege eine Tabelle für die Zuordnung *Anzahl der Hefte → Gesamtpreis* an.

b) Zeichne den Graphen der Zuordnung. Verbinde die Punkte.
Welche Informationen liefern die Verbindungslinien? Begründe, dass es korrekter wäre, die Punkte nicht zu verbinden.

c) Zeichne für die Zuordnung
Anzahl der Hefte → Gesamtpreis
ein Säulendiagramm.

Der Graph einer Zuordnung kann aus einzelnen Punkten bestehen.
Die gezeichneten Punkte werden nicht verbunden, wenn es bei der Zuordnung keine (sinnvollen) Zwischenwerte gibt:
Anzahl an Eiskugeln → Preis (in €)

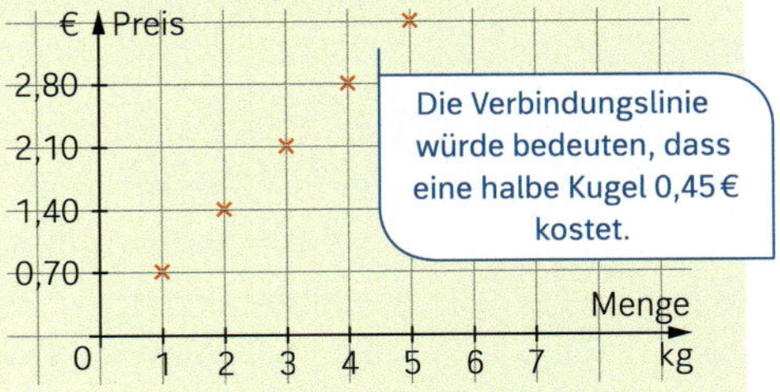

Daher ist es geschickter, ein Säulendiagramm zu zeichnen, wenn es keine Zwischenwerte gibt.

10 Ben geht im Sommer gerne in das Freibad. Erstelle eine Tabelle, wie viel 2, 3, 4, ..., 10 Besuche im günstigsten Fall kosten. Zeichne den zugehörigen Graphen.

Karten	Preis
Einzelkarte	3,00 €
Fünferkarte	13,00 €
Zehnerkarte	25,00 €

11 Bei Quadraten hängt der Flächeninhalt nur von der Seitenlänge ab. Erstelle für die Zuordnung *Seitenlänge → Flächeninhalt* eine Tabelle mit den Seitenlängen 0 cm, 0,5 cm, 1 cm, ..., 5 cm und zeichne den Graphen der Zuordnung.
Prüfe, ob und ggf. wie du die Punkte verbinden kannst.

12 Im *Somatogramm* ist dargestellt, wie groß Jungen in der Regel in einem bestimmten Alter sind.
Wie groß sollte ein Junge in einem Alter von 5, 6, 7, ..., 16 Jahren sein?
Erstelle eine Tabelle für die Zuordnungen
(1) *Alter → Mindestgröße*;
(2) *Alter → Höchstgröße*.

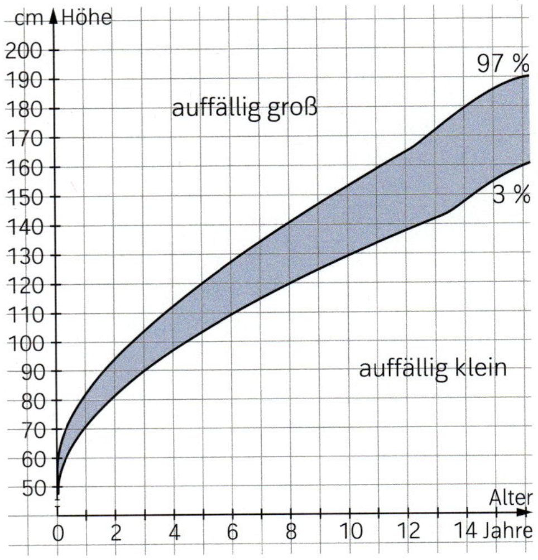

13 Das Reinigungsunternehmen „Die Fensterperlen" zahlt seinen Mitarbeiterinnen und Mitarbeitern einheitlich 11,50 € pro Stunde.

a) Zeichne den Graphen der Zuordnung *Anzahl der Stunden → Arbeitslohn*; wähle als Ausgangsgrößen 10, 15, 20, ..., 40 Stunden.

b) Bestimme (ohne zu rechnen) mithilfe des Graphen den Arbeitslohn für 18 Stunden, für 25 Stunden, für 32 Stunden. Überprüfe jeweils durch Rechnung.

14 Das Diagramm zeigt den Fahrplan einer U-Bahn-Linie.

a) Wie lange hält die U-Bahn an den Haltestellen?

b) Zwischen welchen Stationen fährt die U-Bahn am schnellsten?

c) Zwischen welchen Haltestellen ist die Fahrzeit am längsten?

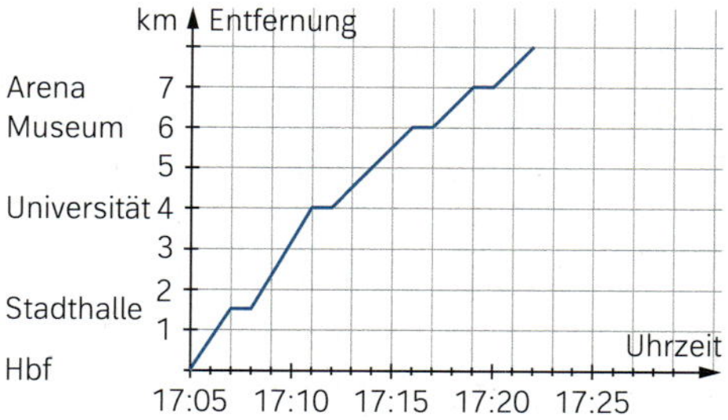

15 Am 4. März 2006 gab es Rekordschneefälle im Süden Deutschlands. Herr Eisig hat zu unterschiedlichen Zeiten die Schneehöhen gemessen und eine Tabelle angelegt.

Uhrzeit	8:00	9:00	10:00	11:00	12:00	13:00	14:00	15:00	16:00	17:00	18:00
Schneehöhe (in cm)	14	14	14	20	27	39	47	54	60	60	62

a) Zeichne den zugehörigen Graphen der Zuordnung *Zeit → Schneehöhe*.

b) Wie hoch wird der Schnee um 13:30 Uhr gelegen haben?

c) Wann hat es vermutlich geschneit? Wann waren die Schneefälle besonders heftig?

16 Rechts siehst du die Form eines Schwimmbeckens. In dieses Becken wird gleichmäßig Wasser eingelassen.

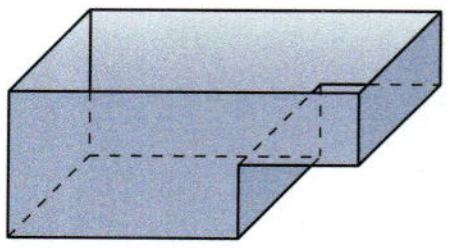

a) Welcher der Graphen (1) bis (4) kann dazu passen? Begründe.

(1)
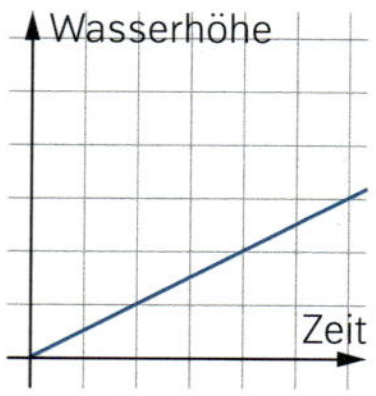

(2)
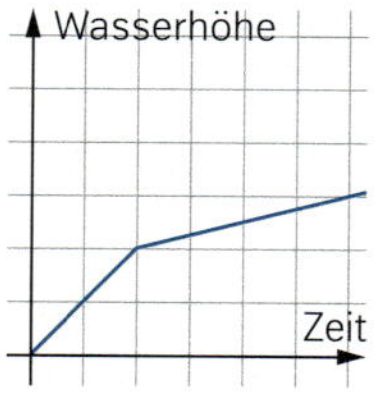

(3)
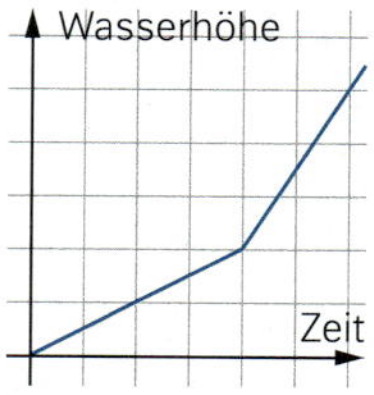

(4)
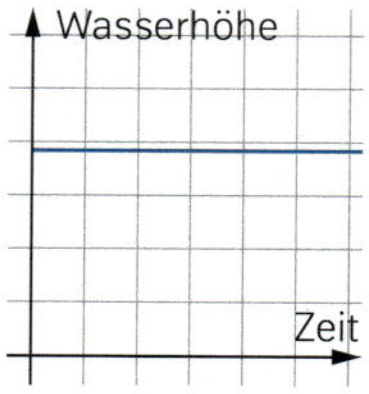

b) Skizziere zu den übrigen Graphen ein passendes Schwimmbecken.

c) Ordne den Gefäßen den passenden Graphen zu.

(1)

(2)
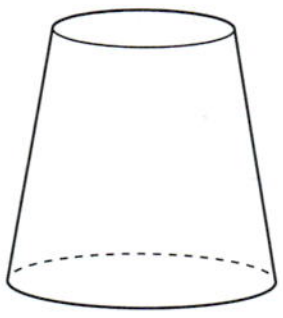

(3)
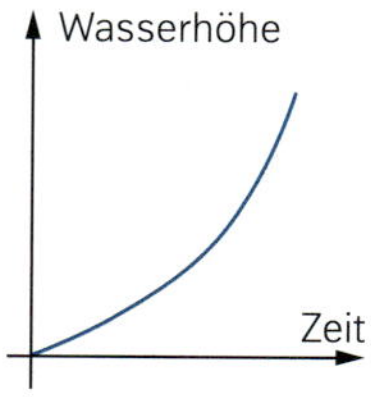

(4)
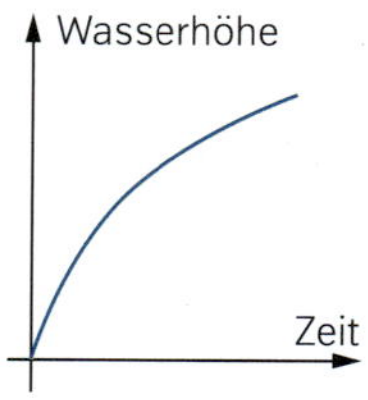

17 ≡ Tobias und Lara haben das Zurücklegen des Schulwegs grafisch dargestellt und einen Graphen für die Zuordnung *Uhrzeit* → *Entfernung von zu Hause* gezeichnet.

a) Welchen Graphen hat Tobias gezeichnet, welchen Lara?

An meinem Schulweg liegt ein Computerladen. Da es viele neue Angebote gab, habe ich lange vor dem Schaufenster gestanden. Obwohl ich danach gerannt bin, war ich zu spät in der Schule.

Weil ich verschlafen habe, bin ich bis zur Ampel gelaufen. Dort musste ich warten und habe auf die Uhr geguckt. Da ich schon viel Zeit aufgeholt hatte, konnte ich nun gemütlicher gehen und war trotzdem pünktlich.

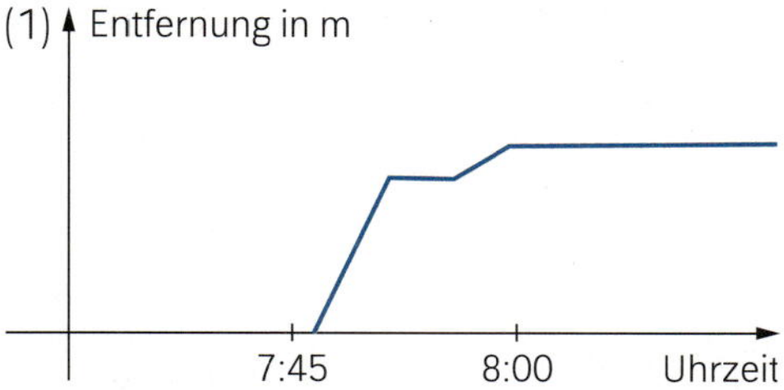

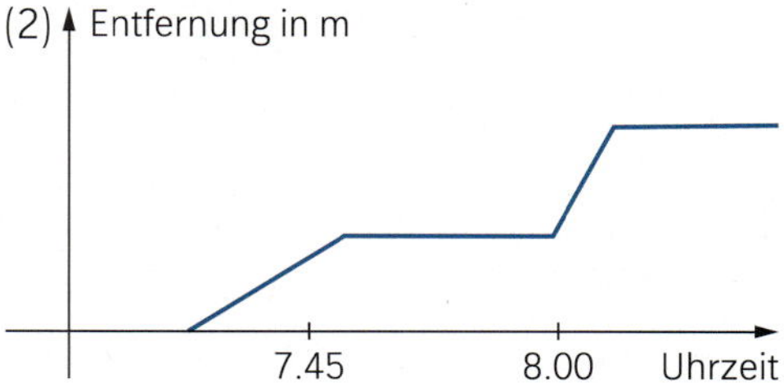

b) Schreibe Schulweg-Geschichten zu den folgenden Graphen.

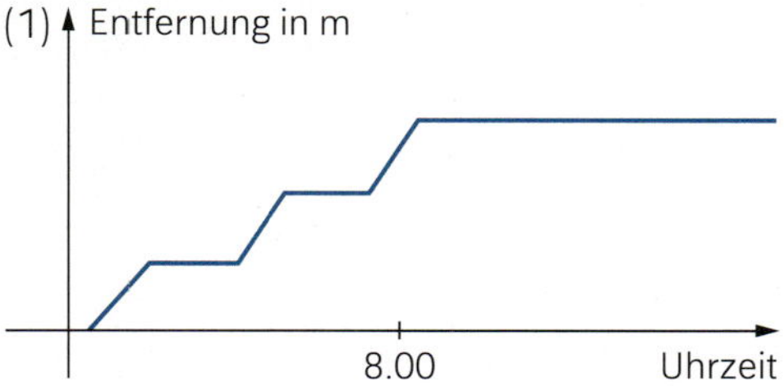

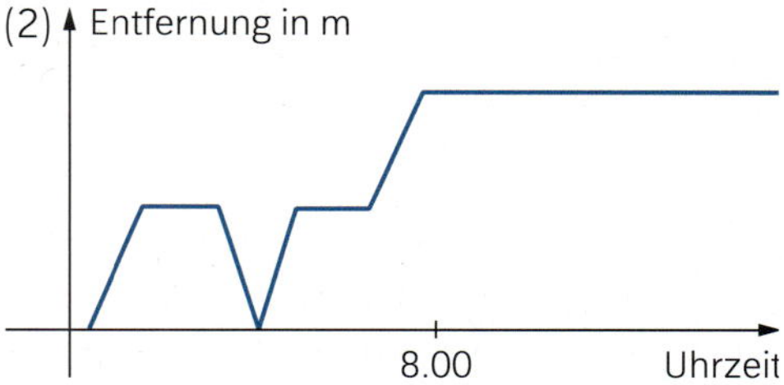

c) Zeichne solch einen Graphen für deinen Schulweg. Lass deinen Nachbarn dazu eine Geschichte schreiben.

Weiterüben

18 ≡ Der Graph rechts unten zeigt die Geschwindigkeit eines Formel 1-Rennwagens während der ersten Runde. Welche Rennstrecke passt dazu?

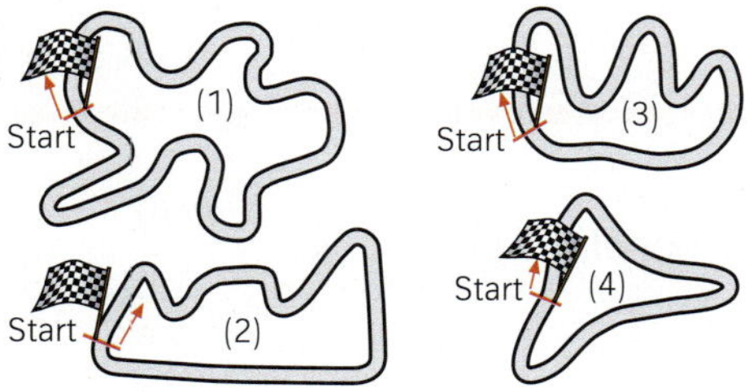

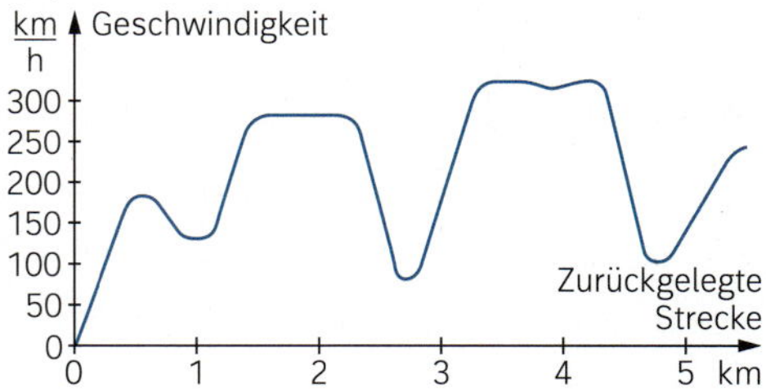

Das kann ich noch!

A Rechts siehst du einen Würfel, bei dem eine Ecke gefärbt ist. Skizziere die gezeichneten Netze in dein Heft und markiere alle Quadratecken, die an der gefärbten Ecke zusammenstoßen.

(1)
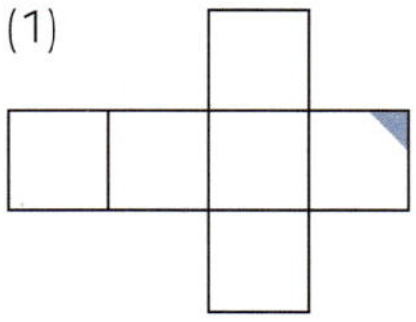

(2)
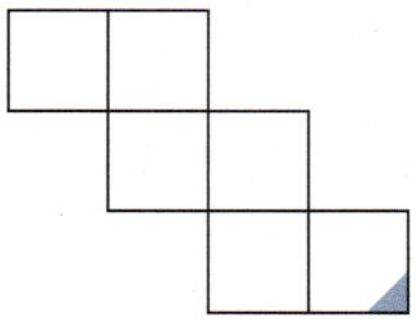

(3)
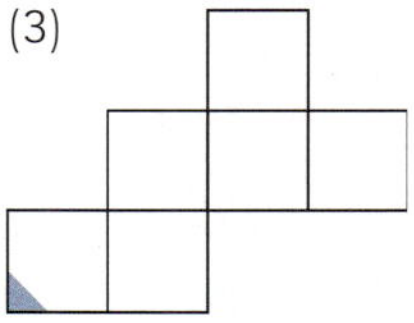

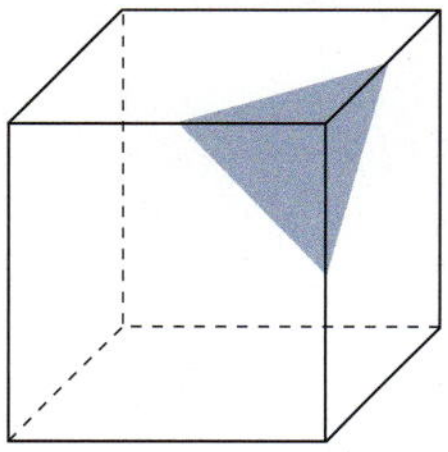

1.2 Proportionale Zuordnungen

Einstieg

Der neue Elektro

Besonders sparsam nur 11,5 kWh pro 100 km. Da freut sich nicht nur der Geldbeutel.

Bei Elektroautos wird der Verbrauch an Strom dadurch angegeben, wie viel Kilowattstunden (kWh) man für 100 km benötigt. Berechnet, wie viel kWh Strom der neue *Elettro* für eine Fahrstrecke von 25 km, 50 km, 75 km, 125 km, 200 km benötigt. Erläutert, welche Voraussetzungen ihr dazu machen müsst.

Aufgabe mit Lösung

Proportionale Zuordnungen

Lea kauft im Biomarkt ein spezielles Früchtemüsli, das dort abgepackt wird.

→ Berechne die Preise für 300 g; 150 g; 600 g und 120 g Müsli. Lege eine Tabelle an, die verdeutlicht, wie du die Preise berechnest. Begründe deine Überlegungen.

Lösung

Zur doppelten Müslimenge gehört der doppelte Preis.
Zur dreifachen Müslimenge gehört der dreifache Preis, …
Kauft man andererseits nur die Hälfte (ein Drittel, …), so bezahlt man auch nur die Hälfte (ein Drittel, …) des Ausgangspreises. Daher kann man die gesuchten Preise wie in der Tabelle rechts einfach im Kopf berechnen.

	Müslimenge	Preis	
	100 g	1,40 €	
·3	300 g	4,20 €	·3
:2	150 g	2,10 €	:2
·4	600 g	8,40 €	·4
:5	120 g	1,68 €	:5

Information

Proportionale Zuordnungen

Eine Zuordnung heißt **proportional**, wenn folgende Regel gilt:
Verdoppelt (verdreifacht, vervierfacht, …) man eine Ausgangsgröße, so verdoppelt (verdreifacht, vervierfacht, …) sich auch die zugeordnete Größe.

Käse kaufen:

	Gewicht (in g)	Preis (in €)	
	100	1,20	
·2	200	2,40	·2
·3	600	7,20	·3
·4	2 400	28,80	·4

Betrachtet man die Pfeile für das Vervielfachen in umgekehrter Richtung, so erkennt man die folgende Regel für das Teilen:
Halbiert (drittelt, viertelt, …) man eine Ausgangsgröße bei einer proportionalen Zuordnung, so halbiert (drittelt, viertelt, …) sich auch die zugeordnete Größe.

Üben

1 Auf der Kirmes kaufen sich vier Freunde an einem Stand Fruchtgummis. Annas Mischung wiegt 300 g, Sörens 150 g, Bens 75 g und Sarahs 60 g. Wie viel muss jeder bezahlen? Stelle die Mengen und Preise in einer Tabelle zusammen.

2 Nach ihrer Klassenfahrt hat Janna Fotos im Drogeriemarkt ausgedruckt. Sie zahlt für 15 Bilder 3,75 €. Wie viel kosten 3, 10, 20, 30 Bilder? Erstelle eine Tabelle und verdeutliche dein Vorgehen durch Pfeile.

3 Zucker wird aus Zuckerrüben hergestellt. Aus 100 kg Rüben erhält man 18 kg Zucker.
a) Wie viel Zucker kann man aus 300 kg; 150 kg; 600 kg; 900 kg; 1,8 t; 3 t Zuckerrüben erzeugen?
b) Es sollen 180 kg; 90 kg; 900 kg; 450 kg; 45 kg Zucker hergestellt werden. Welche Menge an Zuckerrüben werden dazu benötigt?

4 Milas Mutter näht in ihrer Freizeit. Dazu kauft sie gerne Stoff als Meterware vom Ballen. Fülle die Tabelle im Heft aus.

Länge (in m)	2	3	4	6	12
Preis (in €)				42	

5 Auf einem Basar kann man Kerzen aus flüssigem Wachs durch „Ziehen“ herstellen. Der Preis richtet sich anschließend nach dem Gewicht. Eine 60 g schwere Kerze kostet 0,80 €. Stellt euch Fragen zu Preisen anderer Kerzen und beantwortet sie.

6 Auf Joghurt-Bechern findet man häufig Tabellen, die die enthaltenen Nährwerte des Joghurts zeigen. Eine solche Tabelle ist rechts abgebildet. Anna isst 300 g, Christian 150 g, Sophie 75 g, Philipp 225 g dieses Joghurts. Stellt für diese Portionen in einer Tabelle zusammen:

Nährwert pro 100 g

Energiewert	440 kJ
Eiweiß	4,0 g
Fett	2,8 g
Kohlehydrate	15,0 g

a) Energiewert
b) Kohlenhydrat-Menge
c) Eiweiß-Menge
d) Fett-Menge

Vergleicht euer Vorgehen.

Graph einer proportionalen Zuordnung

7 ≡ Emma freut sich. In dieser Woche ist ihre Lieblingsschokolade im Angebot. Sie kauft fünf Tafeln und bezahlt dafür 3,95 €. Auch ihre Tabea hat zugeschlagen und sich acht Tafeln für 6,32 € gekauft.

a) Was müsste man für 1, 2, 4, 10 Tafeln bezahlen? Erstelle eine Tabelle.

b) Zeichne den zugehörigen Graphen und beschreibe ihn.

c) Erkläre, weshalb der Graph einer proportionalen Zuordnung immer durch den Ursprung (0|0) gehen muss.

Bei einer proportionalen Zuordnung liegen die Punkte des Graphen auf einer Geraden, die durch den Ursprung O(0|0) läuft.

Kartoffeln kaufen

Menge (in kg) → Preis (in €)

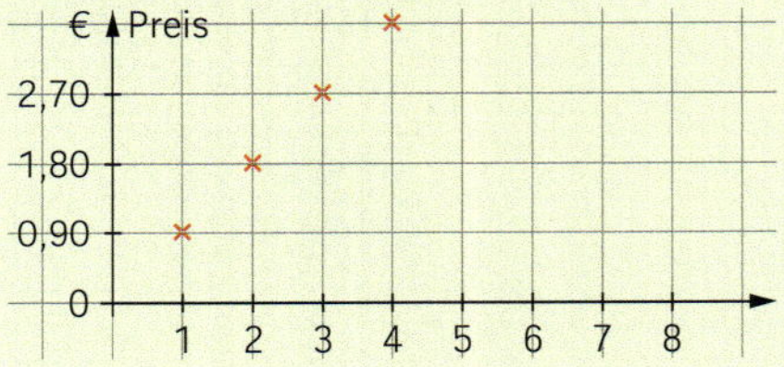

8 ≡ Ein quaderförmiges Aquarium wird mit Wasser gefüllt. Im Bild rechts siehst du den Graphen der Zuordnung *Wasservolumen → Höhe des Wasserspiegels*.

a) Wie hoch steht das Wasser im Aquarium, wenn man 14 l, 6 l, 2 l, 5 l, 7 l, 15 l, 12 l einfüllt?

b) Wie viel Liter Wasser enthält das Aquarium bei einem Wasserstand von 30 cm, 15 cm, 19 cm, 9 cm?

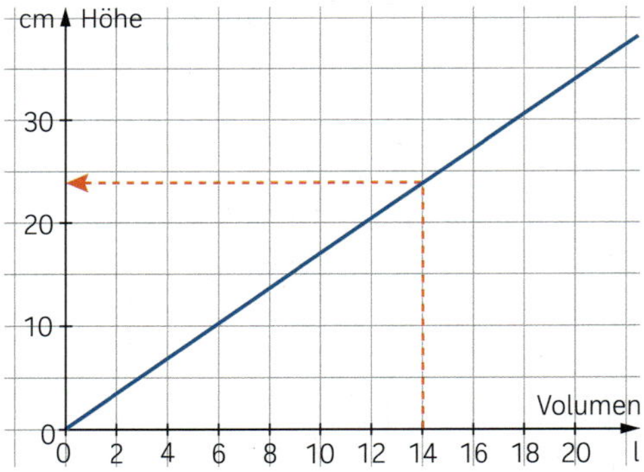

9 ≡ 500 g Bio-Rinderhackfleisch kosten beim Metzger 5,50 €.

a) Zeichne für die Zuordnung *Menge → Preis* einen Graphen in ein geeignetes Koordinatensystem.

b) Nach einer Preiserhöhung kosten 500 g Rinderhackfleisch 6,40 €. Zeichne den zugehörigen Graphen in das gleiche Koordinatensystem. Vergleiche die beiden Graphen.

c) Ein Supermarkt bietet ebenfalls Bio-Hackfleisch an. 500 g kosten dort 4,80 €. Zeichne auch hier den zugehörigen Graphen in das gleiche Koordinatensystem. Vergleiche diesen Graphen mit den anderen beiden Graphen.

Nicht jede „Je mehr – desto mehr"-Zuordnung ist proportional

10 ≡ Im „Essig- und Öl-Shop" kann man sich die gewünschte Menge Essig oder Öl abfüllen lassen oder fertige Flaschen kaufen.
Eine besondere Sorte Balsamico-Essig kostet 2,15 € pro 100 ml. Ein spezielles Olivenöl der Sorte „Extra-Plus" wird in Flaschen zu 100 ml, 200 ml, 500 ml und 1 l angeboten. Sie kosten 3,95 €; 7,50 €; 14,00 € und 29,50 €.
Prüfe sowohl für diesen Essig als auch für dieses Öl, ob die Zuordnung *Menge → Preis* proportional ist.

Eine Zuordnung, bei der eine Erhöhung eines Wertes der Ausgangsgröße auch zu einer Erhöhung des zugehörigen Wertes der zugeordneten Größe führt, nennt man eine **„Je mehr – desto mehr"**-Zuordnung.

Nicht jede „Je mehr – desto mehr"-Zuordnung ist proportional. Aber es gilt: Jede proportionale Zuordnung ist eine „Je mehr – desto mehr"-Zuordnung.

Preis von Kartoffelchips
Inhalt (in g) → Preis (in €)

Inhalt (in g)	Preis (in €)
50	0,59
100	1,09
250	2,89

11 ≡ Gib für den Sachverhalt eine Zuordnung an. Handelt es sich um eine „Je mehr – desto mehr"-Zuordnung? Ist sie auch proportional? Begründe.

a) Für das verbrauchte *Wasservolumen* ist monatlich *Wassergeld* zu zahlen. Dieses setzt sich zusammen aus der Grundgebühr von 3 € und 2,80 € pro m^3 Wasser.

b) Eine bestimmte Cola enthält pro Liter 110 g Zucker. Zu jedem *Volumen* gehört eine entsprechende *Zuckermenge*.

c) Für Quadrate gehört zur *Seitenlänge* ein bestimmter *Flächeninhalt*.

d) Für Würfel gehört zur *Seitenlänge* ein bestimmtes *Volumen*.

e) Jeder Inlandsbrief hat ein bestimmtes *Briefgewicht* und ein entsprechendes *Porto*.

f) Klebebilder für ein Fußball-Sammelalbum werden in Fünferpackungen verkauft. Zu jeder *Anzahl von Packungen* gehört eine entsprechende *Anzahl von Bildern*.

g) Bei gebundenen Büchern gehört zu jeder *Anzahl von Seiten* eine *Dicke* des Buches.

h) Schokolade einer Sorte wird in verschieden großen Tafeln verkauft. Zu jedem *Tafelgewicht (in g)* gehört ein *Nährwert (in kJ)*.

12 ≡ Gib ein Beispiel einer „Je mehr – desto mehr"-Zuordnung an, die nicht proportional ist.

Addieren und Subtrahieren bei proportionalen Zuordnungen

13 ≡ Familie Schneider isst zum Frühstück gerne frische Brötchen.

a) Lisa kauft 13 Brötchen. Der Verkäufer berechnet zuerst den Preis für 10 Brötchen, dann den Preis für 3 Brötchen.

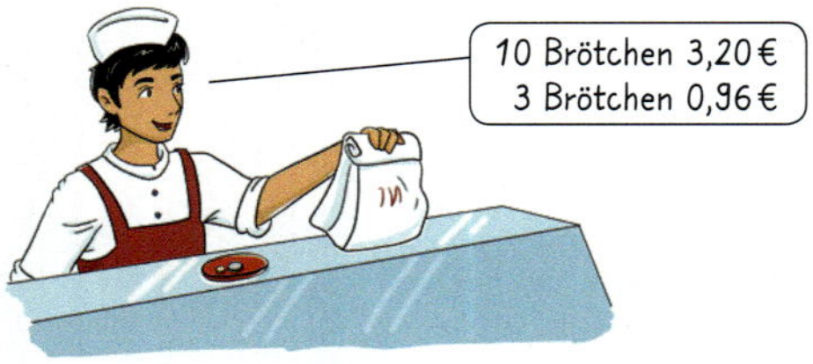

Wie rechnet er weiter?

b) Berechne vorteilhaft den Preis für 15, 18 und 8 Brötchen.

Bei proportionalen Zuordnungen gehört zur Summe (Differenz) zweier Werte der Ausgangsgröße die Summe (Differenz) der Werte der zugeordneten der Größe.

Anzahl der Eier	Preis (in €)
6	1,74
4	1,16
10	2,90
2	0,58

(6 ⊕ 4 → 10; 1,74 ⊕ 1,16 → 2,90; 6 ⊖ 4 → 2; 1,74 ⊖ 1,16 → 0,58)

14 ≡ Louisa und Lukas verbringen ihre Ferien in Großbritannien. Bei der Bank haben sie vor ihrem Urlaub Euro (€) in englische Pfund (GBP) gewechselt. Die Bankangestellte gibt den beiden die nebenstehende Umrechnungstabelle mit.

a) Rechne im Kopf mithilfe der Kurstabelle folgende Preise in Euro um: 15 £, 95 £, 33 £; 79 £, 205 £.

b) Bestätige folgende Regeln:
(1) Zur Summe zweier Preise in Pfund gehört die Summe der zugehörige Preise in Euro.
(2) Zur Differenz zweier Preise in Pfund gehört die Differenz der zugehörigen Preise in Euro.

c) Bestätige an mehreren Beispielen, dass die Zuordnung *Preis (in £) → Preis (in €)* proportional ist.

Kurstabelle (Schwankungen möglich)	
Englische Pfund (£)	Euro (€)

5	4,45
10	8,90
20	17,80
30	26,70
40	35,60
50	44,50
60	53,40
70	62,30
80	71,20
90	80,10

15 ≡ Familie Sauer hat einen Pool aufgestellt, der nun mit Wasser gefüllt wird. Jonas misst alle 15 Minuten die Höhe des Wasserstandes und trägt in eine Tabelle ein. Zwischendurch hat er dies vergessen. Wie hoch stand das Wasser nach 30, 75 und 90 Minuten? Zeichne den zugehörigen Graphen und bestimme die fehlenden Werte.

Zeit (in min)	Höhe des Wasserstandes (in cm)
15	30
30	
45	90
60	120
75	
90	

16 Banken und Sparkassen verteilen für den Urlaub in Kanada eine kleine Währungstabelle zum Umrechnen der Preise.

a) Erkundigt euch (z. B. im Internet) nach dem aktuellen Umrechnungskurs von kanadischen Dollar in Euro. Ergänzt damit im Heft die Währungstabelle, rundet auf ganze Cent.

b) Ein Partner überschlägt zunächst im Kopf, was die einzelnen Dinge ungefähr in Euro kosten. Der andere Partner berechnet dann mithilfe der Tabelle die Preise in Euro. Anschließend werden die Rollen getauscht.

(1) Ansichtskarte	0,80 C$	(2) Saft	2,30 C$
(3) Eisbecher	4,90 C$	(4) Zeitschrift	7,30 C$
(5) Souvenir	12 C$	(6) Mittagessen	25 C$
(7) Bildband	39 C$	(8) T-Shirt	48 C$

Kanadische Dollar (C$)	Euro (€)
0,10	
1,00	
5,00	
10,00	
50,00	
100,00	

Weiterüben

17 Die beiden angegebenen Größen sind nicht in jedem Fall proportional zueinander. Arbeite mit einem Partner zusammen. Der eine gibt Bedingungen dafür an, dass sie proportional zueinander sind, der andere dafür, dass sie nicht proportional zueinander sind. Vergleicht eure Bedingungen.

a) Familie Reiser überlegt, einen Kurzurlaub in Berlin zu buchen. Für die Planung der *Anzahl der Übernachtungen* spielt der *Gesamtpreis* eine große Rolle.

b) Ein Landwirt verkauft Weizen an verschiedene Abnehmer. Für jeden notiert er die *Menge* und den vereinbarten *Preis*.

c) Finn läuft im Ausdauer-Training um den Sportplatz. Er stoppt die Zeit nach jeder Runde und vergleicht die *Länge der Laufstrecke* mit der dafür *benötigten Zeit*.

18 Gib für den Sachverhalt eine Zuordnung an. Handelt es sich um eine „Je mehr – desto mehr"-Zuordnung? Ist sie auch proportional? Begründe mithilfe des Graphen.

a) Eine Limonade gibt es in verschiedenen Flaschen.

Inhalt der Flasche (in l)	0,25	0,5	0,75	1,5
Gesamtgewicht (in g)	440	880	1320	1670

b) Herr Zoll hat seine Tochter Tina gemessen.

Alter (in Jahre)	1	2	3	4
Größe (in cm)	7	88	97	104

c) Eine Zeitschrift ist nicht immer gleich dick.

Anzahl der Seiten	64	128	192	256
Dicke (in mm)	3	6	9	12

Das kann ich noch!

A Berechne den Umfang und den Flächeninhalt.

1)

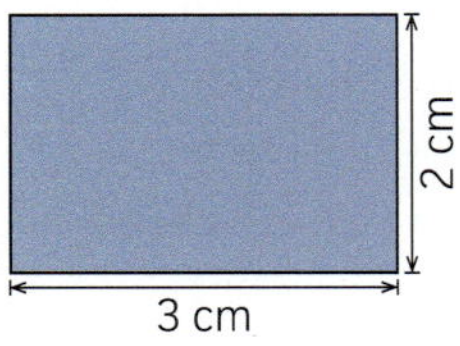

2)

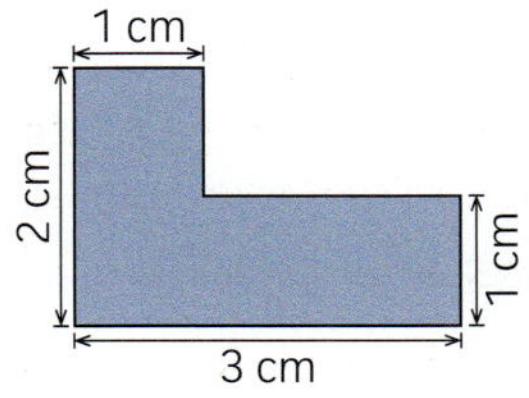

3)

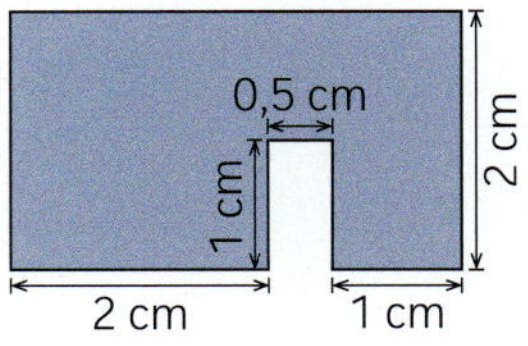

1.3 Dreisatz bei proportionalen Zuordnungen

Ziel

Hier lernst du, wie du fehlende Werte bei proportionalen Zuordnungen berechnest.

Aufgabe mit Lösung

Dreisatz bei proportionalen Zuordnungen

Tabea möchte 5 kg dieser Pflaumen kaufen.

→ Bestimme den Preis für 5 kg Pflaumen.

Lösung

Der Preis für die Pflaumen richtet sich nach der Menge. Für die dreifache Menge Pflaumen zahlt man den dreifachen Preis. Da 5 kein Vielfaches von 3 ist, muss man einen Zwischenschritt machen.

Rechnung in drei Schritten:

3 kg Pflaumen kosten 3,45 €.
1 kg Pflaumen kostet 1,15 €.
5 kg Pflaumen kosten 5,75 €.

Darstellung in einer Tabelle:

	Pflaumenmenge (in kg)	Preis (in €)	
:3 ↓	3	3,45	↓ :3
·5 ↓	1	1,15	↓ ·5
	5	5,75	

Information

Lösungsverfahren für Dreisatzaufgaben

Überlege, ob zu einer verdoppelten Ausgangsgröße auch das Doppelte der zugeordneten Größe gehört.

(1) Trage das gegebene Wertepaar und den dritten bekannten Wert in eine Tabelle ein.
(2) Suche einen geeigneten Hilfswert.
(3) Fülle die Lücken mit den Regeln für proportionale Zuordnungen aus.

3 kg Kirschen kosten 12,60 €.
Wie viel kosten 7 kg Kirschen?
Voraussetzung:
Doppelt so viele Kirschen kosten doppelt so viel.

	Kirschenmenge (in kg)	Preis (in €)	
:3 ↓	3	12,60	↓ :3
·7 ↓	1	4,20	↓ ·7
	7	29,40	

Üben

1 Vier 2-€-Münzen wiegen 34 g. Wie viel wiegen sieben 2-€-Münzen?

2 Drei Mangos kosten 3,57 €. Berechne den Preis von
(1) 4 Mangos,
(2) 5 Mangos,
(3) 7 Mangos,
(4) 11 Mangos.

3 Familie König lässt seit Jahren aus den Äpfel ihres riesigen Apfelbaum Saft pressen. Sie erhalten aus 14 kg Äpfeln 10 l naturtrüben Apfelsaft. In diesem Jahr beträgt die Ernte 98 kg Äpfel. Wie viel Liter Apfelsaft werden sie dafür bekommen?

4 Felix hat am Samstag zwei Freunde zu sich eingeladen und möchte zum Mittagessen insgesamt 7 Portionen Penne mit Porree und Lachs zubereiten. Berechne, wie viel er von den einzelnen Zutaten benötigt.

Penne mit Porree und Lachs
(für 4 Personen)

500 g Penne (oder ähnliche Nudeln)
400 g Lachs
2 Stangen Porree
8 Esslöffel Olivenöl
2 Zitronen
100 g Parmesan

5 Herr Höhne benötigt für die 108 km lange Fahrt von Emmerich nach Köln auf der Autobahn 80 Minuten. Welche Zeit sollte er für die 33 km lange Weiterfahrt nach Düsseldorf einkalkulieren?
Nenne auch die Voraussetzungen, von denen er dazu ausgehen muss.

6 Frau Violet hat im Vorgarten große Lavendelsträucher. In einer Zeitschrift hat sie ein Rezept für Lavendelsirup gefunden. Nun hat sie 50 g Lavendelblüten gepflückt. Welche Mengen benötigt sie von den übrigen Zutaten?

Rezept
Lavendelblütensirup
1 kg Zucker
15 g Zitronensäure
40 g Lavendelblüten

7 250 g lose verkaufte Bonbons kosten 3,00 €. Löse folgende Aufgaben mithilfe einer Tabelle im Heft.
a) Wie viel kosten 600 g dieser Bonbons?
b) Wie viel Bonbons kann man für 10,50 € kaufen?

Bonbonmenge (in g)	Preis (in €)
250	3,00
600	
	10,50

8 Achtung, schau genau!
a) 10 Musiker spielen einen Tanz in 4 Minuten. Wie lange brauchen 5 Musiker?
b) Friedrich, Jakob und Johannes fahren morgens mit dem Fahrrad zur Schule. Sie benötigen dafür 18 Minuten. Wie lange brauchen sie, wenn Friedrich nicht mitfährt?
c) 500 g Hackfleisch kosten 4,99 €. Wie viel kosten 400 g Hackfleisch?
d) Finja liebt Mini-Schokoküsse. In 15 Sekunden kann sie 5 Stück essen. Wie viele schafft sie in 5 Minuten?
e) 125 g Nudeln sollen 8 Minuten kochen bis sie „al dente“ sind. Wie lange brauchen 350 g Nudeln?
f) 4 Fußbälle wiegen 1,7 kg. Wie viel wiegen 6 Fußbälle?
g) Die Fußballmannschaft des 1. FC Neustadt hat 3 Stürmer, die in der vergangenen Saison insgesamt 33 Tore geschossen haben. Die Mannschaft des VFB Altstadt hat 5 Stürmer. Wie oft haben sie in der letzten Saison das Tor getroffen?

al dente
(italienisch)
bissfest

9 Malte hat für 16 Klebebildchen 2,40 € bezahlt. Wie viel kosten 12 dieser Klebebildchen? Vervollständige im Heft und vergleiche folgende Rechnungen:

Annabell

	An-zahl	Preis (in €)
	16	2,40
: 16	1	
· 12	12	

Björn

	An-zahl	Preis (in €)
	16	2,40
: 4	4	
· 3	12	

Carlotta

	An-zahl	Preis (in €)
	16	2,40
$\cdot \frac{3}{4}$	12	

David

	An-zahl	Preis (in €)
	16	2,40
· 3	48	
: 4	12	

10 Ein Fuhrunternehmer soll 180 m^3 Erde abtransportieren.

a) Mit 18 Fuhren hat er schon 108 m^3 Erde abgefahren. Wie viele Fahrten sind für den Rest noch erforderlich?

b) Wie viele Fuhren sind notwendig, um 258 m^3 Erde abzutransportieren?

11 Frau Renz ist in der letzten Woche viel mit dem Auto unterwegs gewesen. Sie ist 525 km gefahren. Beim Tanken hat sie festgestellt, dass sie dafür 42 l Benzin verbraucht hat. Sie musste 44,50 € bezahlen. Sie rechnet damit, dass sie in der nächsten Woche sogar 750 km fahren muss. Stellt einander Fragen und beantwortet sie unter geeigneten Voraussetzungen; gebt diese an.

12 In einem neuen Baugebiet werden die Grundstücke zu einem festen Preis pro Quadratmeter verkauft. Ein 30 m langes und 20 m breites Grundstück kostet 81 000 €. Wie viel kostet dort ein 24 m langes und 18 m breites Grundstück?

13 Die Prämie für eine Gebäudeversicherung richtet sich nach dem Volumen des umbauten Raumes. Für ein Haus mit dem Volumen 500 m^3 sind jährlich 270 € zu zahlen. Welche Prämie ist für den Flachdach-Bungalow zu zahlen?

Weiterüben

14 Für ein 3-tägiges Seminar mit 18 Personen musste eine Firma 9 720 € an den Veranstalter zahlen. Wegen des großen Erfolgs plant die Firma nun, ein 5-tägiges Seminar für 30 Personen durchzuführen. Erläutere das Vorgehen rechts zur Bestimmung der Kosten dieses Seminars und vervollständige die Tabelle.
Welche Voraussetzung ist dabei gemacht worden?

Anzahl der Personen	Anzahl der Tage	Kosten (in €)
18	3	9 720
18	1	
18	5	
1	5	
30	5	

15 In einer kleinen Fahrrad-Schmiede werden spezielle Rennradrahmen hergestellt. 8 Arbeiter können in 5 Tagen 320 Fahrradrahmen schweißen.
Wie viele Fahrradrahmen können 7 Arbeiter in 3 Tagen schweißen? Erläutere auch, welche Annahmen du zur Lösung machst.

1.4 Quotientengleichheit

Einstieg

Herr Kober muss noch Holzpellets für den Winter bestellen. Er überlegt, welche Menge günstig ist. Prüft, ob die Pellets beim Kauf einer bestimmten Menge besonders günstig sind. Liegt eine proportionale Zuordnung vor?

Aufgabe mit Lösung

Quotientengleichung

Auf einem Wochenmarkt verkauft ein Teehändler losen Tee in Tüten. Er kann seinen Tee in verschiedenen Größen von unterschiedlichen Großhändlern beziehen.

Händler	Grüner Tee	
Tee-Eve	5 kg	310 €
Tea & more	12 kg	744 €
Teehaus	20 kg	1 240 €
T 4 U	30 kg	1 830 €

→ Ist die Zuordnung proportional? Begründe.

Lösung

Man berechnet für jede Packung den Preis pro kg. Die Ergebnisse lassen sich übersichtlich aufschreiben.

Menge (in kg)	Preis (in €)	Preis $\left(\text{in } \frac{€}{\text{kg}}\right)$
5	310	310 : 5 = 62
12	744	744 : 12 = 62
20	1240	1240 : 20 = 62
30	1830	1830 : 30 = 61

Bei den ersten drei Packungen stimmt der Preis pro kg bei den verschiedenen Teegroßhändlern überein, nur bei der 30-kg-Packung des Händlers T 4 U gibt es einen Mengenrabatt. Das führt dazu, dass die 30-kg-Packung nicht 6-mal so viel kostet wie die 5-kg-Packung: $6 \cdot 310\,€ = 1\,860\,€ > 1\,830\,€$

Weil nicht alle Preise pro kg gleich sind, ist die Zuordnung *Teemenge (in kg) → Preis (in €)* nicht proportional.

Information

Quotientengleichheit bei proportionalen Zuordnungen

Bei proportionalen Zuordnungen haben die Quotienten einander zugeordneter Größen stets den gleichen Wert. Dieser Quotient wird **Proportionalitätsfaktor** genannt:

$$\frac{\text{zugeordnete Größe}}{\text{Ausgangsgröße}} = \text{Proportionalitätsfaktor}$$

Menge (in l)	Preis (in €)	Preis $\left(\text{in } \frac{€}{\text{l}}\right)$
0,5	0,60	0,6 : 0,5 = 1,2
0,75	0,90	0,9 : 0,75 = 1,2
1	1,20	1,2 : 1 = 1,2
1,5	1,80	1,8 : 1,5 = 1,2

Der Quotient aus Preis und Menge beträgt für alle Wertepaare $1{,}2\,\frac{€}{\text{l}}$. Daher ist die Zuordnung *Menge (in l) → Preis (in €)* proportional.

Üben

1 Luise kauft im Bioladen 3 Kiwis und bezahlt 1,17 €. Inka hat für 4 Kiwis 1,56 € bezahlt. Untersuche mit der Quotientengleichheit, ob die Zuordnung *Anzahl der Kiwis* → *Preis (in €)* proportional ist.

2 Arbeite mit einem Partner zusammen.

a) Einer entscheidet mithilfe der Quotientengleichheit, ob die Tabelle eine proportionale Zuordnung darstellt, der andere überprüft dieses Ergebnis mithilfe der Information von Seite 27. Tauscht die Rollen nach jeder Aufgabe.
Falls Quotientengleichheit besteht: Notiert den Proportionalitätsfaktor. Was gibt er an?

(1)

Masse (in kg)	Preis (in €)
1,5	6
4,5	18
0,5	2
2	8

(2)

Volumen (in cm^3)	Masse (in g)
120	180
30	45
150	235
270	425

(3)

Länge (in m)	Zeit (in s)
6	15,6
4	10,4
9	22,5
13	32,5

(4)

Stückzahl	Preis (in €)
240	655,20
180	491,40
150	409,50
330	900,90

b) Überlegt gemeinsam, welches Vorgehen geschickter ist, um zu entscheiden, ob eine Zuordnung proportional ist.

3 Zeige am Beispiel einer „Je mehr – desto mehr"-Zuordnung, die nicht proportional ist, dass die Quotienten einander zugeordneter Größen nicht immer den gleichen Wert haben.

4 Die Umwelt-AG hat für das Energiesparen der Schule geworben. Zur Erfolgskontrolle wird der Stand des Stromzählers abgelesen. Dabei werden die Unterrichtstage gezählt. Untersucht, ob der Verbrauch proportional zur Anzahl der Unterrichtstage ist.

Ablesedatum	Anzahl der Unterrichtstage seit der letzten Ablesung	Zählerstand (in kWh)	Verbrauch seit der letzten Ablesung
6.11.2019	–	115 710	–
8.11.2019	2	128 850	
13.11.2019	3	148 560	
19.11.2019	4	174 840	
26.11.2019	5	207 690	

Das kann ich noch!

A In einem Getränkemarkt stehen 3 Stapel mit je 5 Kisten Mineralwasser. Jede Kiste enthält 12 Flaschen mit 0,7 l Mineralwasser.
(1) Wie viel Liter Mineralwasser sind vorrätig?
(2) Wie viele gleichartige Stapel müssten noch angeliefert werden, damit ein Vorrat von mindestens 1 m^3 Mineralwasser vorhanden ist?

Berechnungen mit dem Proportionalitätsfaktor

5 ≡ Auf dem Kassenbon rechts steht auch der Proportionalitätsfaktor.

a) Gib den Proportionalitätsfaktor an und nenne seine Bedeutung.

b) Bestimme mithilfe des Proportionalitätsfaktors den Preis für 2 kg; 2,5 kg; 7 kg; 500 g; 750 g und 1,25 kg Birnen.

Birnen **OBST-RENZ**

Grundpreis	Nettogewicht
1,98 €/kg	1,5 kg

PREIS **2,97 €**

Mithilfe des Proportionalitätsfaktors lässt sich zu jeder Ausgangsgröße sofort die zugehörige Größe berechnen.

Ausgangsgröße —(· Proportionalitätsfaktor)→ zugeordnete Größe

Der Preis für 1,75 l Apfelsaft lässt sich leicht berechnen, wenn man den Preis pro Liter, also den Proportionalitätsfaktor, kennt:
Proportionalitätsfaktor: $1{,}2\frac{€}{l}$
$1{,}75\,l \cdot 1{,}2\frac{€}{l} = 2{,}10\,€$
1,75 l Apfelsaft kosten 2,10 €.

---

6 ≡ Julias Mutter tauscht 300 € in schwedische Kronen (Kr). Der Bankabrechnung entnimmt sie:

eingezahlt: 300 €
ausgezahlt: 3 225 Kr
Kurs: $10{,}75\frac{Kr}{€}$

Betrag (in €)	Betrag (in Kr)
1	
20	
500	
45	
275	

a) Was gibt der Kurs auf der Bankrechnung an? Vervollständige die obenstehende Tabelle in deinem Heft.

b) Erstelle eine Formel, mit deren Hilfe man den Kronen-Betrag aus dem Euro-Betrag berechnen kann.

c) Begründe, warum bei der so hergestellten Tabelle in jeder Zeile der Quotient von *Betrag (in Kr)* und *Betrag (in €)* den gleichen Wert haben muss.

7 ≡ In Deutschland ist festgelegt:
Bei allen Lebensmitteln, die nach Gewicht oder Volumen angeboten werden, ist der Grundpreis anzugeben. Der Grundpreis ist der Preis pro 100 g oder pro 100 ml bzw. pro kg oder pro l. Ziel der Angabe ist die Möglichkeit zum Preisvergleich unabhängig von der angebotenen Menge. Frau Petz zeichnet Käse für die Käsetheke aus. Vervollständige die Tabelle im Heft.

Maigouda: Grundpreis $4{,}80\frac{€}{kg}$

Gewicht (in kg)	Preis (in €)
0,350	1,68
0,398	
0,344	
0,423	
0,456	
0,503	
0,517	

8 Die Tabelle enthält die Gewichte von drei Eisenstangen.

a) Bestätige mithilfe der Quotientengleichheit, dass die Zuordnung *Länge → Gewicht* proportional ist. Notiere den Proportionalitätsfaktor. Was gibt er an?

b) Setze die Tabelle für 8 m, 13 m und 17 m mithilfe des Proportionalitätsfaktors im Heft fort.

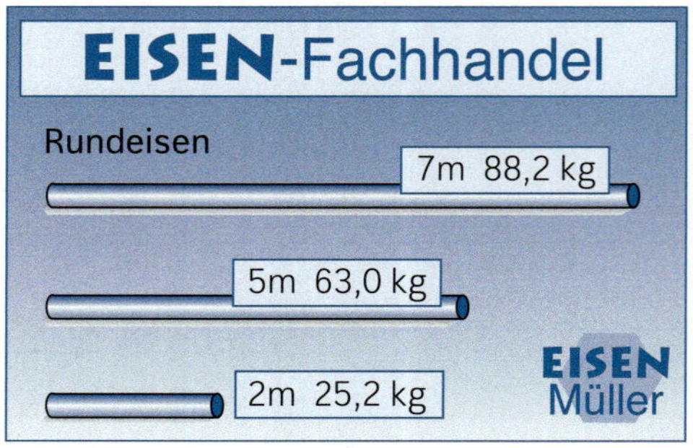

Weiterüben

9 Im September 2017 wurde in Deutschland ein neuer Bundestag gewählt. Die Tabelle zeigt die Stimmenanteile der verschiedenen Parteien und die Anzahl der Sitze im Bundestag. Ist diese Zuordnung proportional?

Partei	CDU/CSU	SPD	AfD	FDP	Bündnis 90/ Die Grünen	Die Linke	Sonstige
Stimmenanteil	33 %	20,5 %	12,6 %	10,7 %	8,9 %	9,2 %	5 %
Sitze im Bundestag	246	152	91	80	67	69	–

10 Mats behauptet: „Eine proportionale Zuordnung lässt sich einfach daran erkennen, dass immer je mehr – desto mehr gilt."

a) Diskutiert Mats' Aussage.

b) Erstellt eine Übersicht, mithilfe welcher Kriterien ihr erkennen könnt, ob eine Zuordnung proportional ist.

11 Für 100 € bekommt man bei der Bank 110 $ ausgezahlt.

a) Wie viel US-Dollar ($) bekommt man für 50 €, 110 €, 180 €, 200 €, 300 €? Notiere den Proportionalitätsfaktor der Zuordnung *Wert (in €) → Wert (in $)* und erstelle eine Tabelle.

b) Wie viel Euro muss man für 600 $, 1 000 $, 1 500 $, 2 000 $, 5 000 $ zahlen?

c) Welches ist der Kurs des Euro in US-Dollar, d. h. der Proportionalitätsfaktor der Zuordnung *Wert (in $) → Wert (in €)*?

12 Beim Echoloten sendet man Schallwellen auf den Meeresgrund. Bei einer Wassertiefe von 1 500 m kehren diese nach 2 s zurück. Wie tief ist das Wasser, wenn die Schallwellen nach

(1) 1,5 s; (2) 2,9 s; (3) 0,6 s;
(4) 0,2 s; (5) 2,2 s; (6) 4,1 s

zurückkehren?

Erstellen einer Zuordnungstabelle mit einer Tabellenkalkulationen

1 Sarah nimmt an einem Schüleraustausch in England teil. Die dortige Währung ist das englische Pfund (£). Beim Einkaufen muss Sarah die Preise der Waren im Kopf umrechnen. Dafür verwendet sie eine Faustformel: *Multipliziere den Preis in Pfund mit 1,2 und du erhältst den Preis in Euro.* Du kannst die Zuordnung *Preis (in £) → Preis (in €)* mithilfe einer Tabellenkalkulation erstellen:

Daten eingeben und verarbeiten

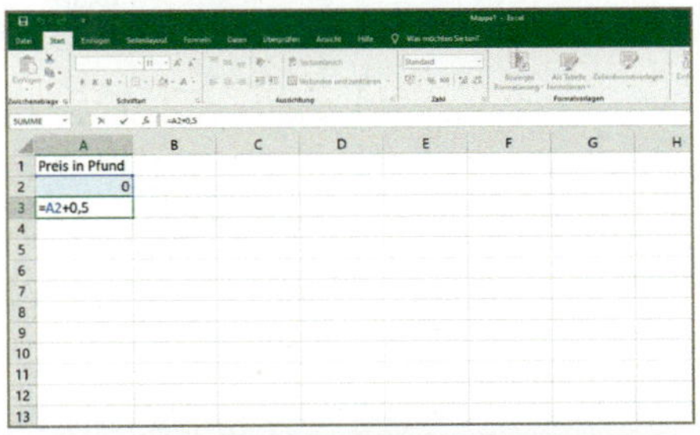

Lege zunächst zwei Spalten mit entsprechenden Überschriften an. Statt die Preise in Pfund per Hand einzutragen, kannst du sie auch automatisch erzeugen lassen.

- Trage in das Feld A2 den Startwert ein.
- Trage in das Feld A3 ein, wie du die Zahl A3 aus der in A2 erhältst: =A2+0,5.
- Ziehe mit der Maus den quadratischen Eckpunkt des dick umrandeten Feldes A3 herunter, so weit, wie du möchtest. Das Tabellenkalkulationsprogramm berechnet die weiteren Werte automatisch nach der entsprechenden Regelmäßigkeit: A4=A3+0,5; A5=A4+0,5; A6=A5+0,5; …

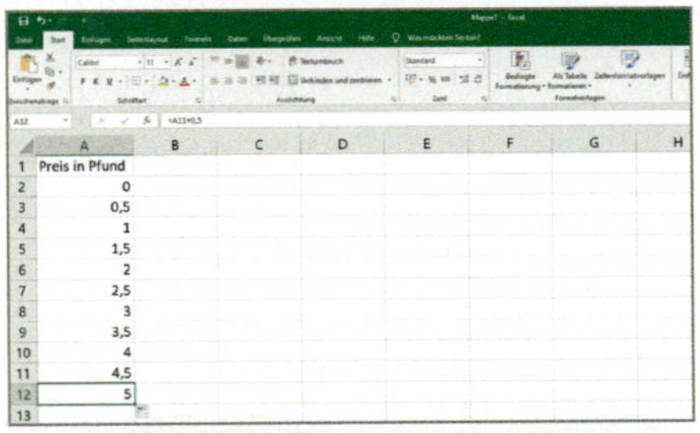

Zugeordnete Werte automatisch berechnen lassen

Um Preise in Pfund umzurechnen, gib die Formel in das Feld B2 ein: =A2*1,2. Ziehe mit der Maus den quadratischen Eckpunkt des dick umrandeten Feldes B2 herunter, so erhältst du die umgerechneten Preise in Euro.

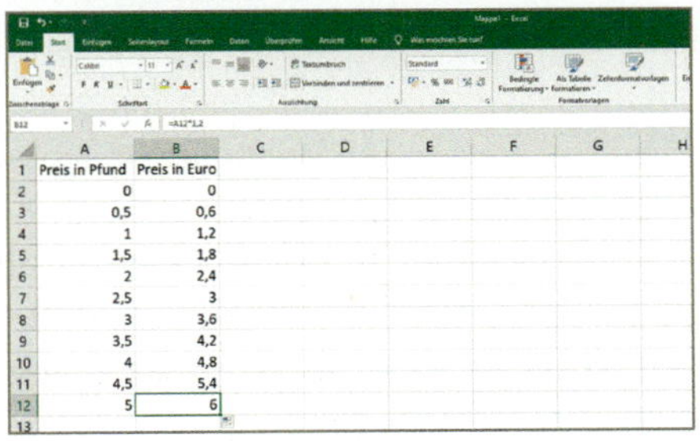

2 Da sich Kurse für Währungen ändern, ist es sinnvoll, den Kurs an einer festen Stelle im Tabellenblatt einzugeben. Rechts wurde der Kurs im Feld D1 eingegeben. In Aufgabe 1 hast du gesehen, dass das Programm zum vorteilhaften Berechnen Felder anpasst: Die Formel B2=A2*1,2 wird in der nächsten Zeile automatisch zu B3=A3*1,2.

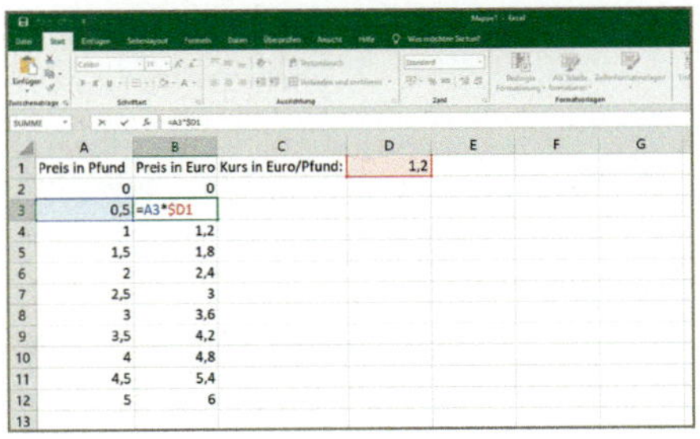

Das Kursfeld D1 soll aber unverändert für alle Berechnungen verwendet werden. Dies erreichst du, indem du mit dem Dollarzeichen ($) die Feldbezeichnungen als fest markierst: D1. Probiere das mit deiner Tabellenkalkulation aus.

1.5 Antiproportionale Zuordnungen – Dreisatz

Einstieg

Eine Anhängerladung Futter für 12 Pferde reicht 9 Tage.
Wie lange reicht die Ladung, wenn nur 6 Pferde versorgt werden, wie lange bei 18 Pferden?
Welche Annahmen müsst ihr für diese Berechnungen machen?

Aufgabe mit Lösung

Antiproportionale Zuordnungen

Der Trinkwasservorrat eines Schiffes ist so groß, dass er für 10 Personen an Bord 24 Tage reicht.

→ Wie lange reicht dieser Vorrat für 20, 5, 15, 3 Personen? Rechne im Kopf und lege eine Tabelle an, in der du dein Vorgehen verdeutlichst. Begründe deine Überlegungen.

Lösung

Vorüberlegung: Wenn man voraussetzt, dass jeder Mensch an Bord an jedem Tag gleich viel Trinkwasser benötigt, dann gilt:
Für doppelt so viele Menschen reicht der Vorrat nur halb so lange.
Für dreimal so viele Menschen reicht der Vorrat nur ein Drittel der Zeit, ...
Fahren andererseits nur halb so viele Menschen mit, so reicht der Vorrat doppelt so lange.
Und für ein Drittel der Menschen reicht der Vorrat dreimal so lange, ...
Daher kann man so rechnen, wie in der Tabelle angegeben.

	Anzahl der Personen an Bord	Zeit (in Tagen)	
	10	24	
·2	20	12	:2
:4	5	48	·4
·3	15	16	:3
:5	3	80	·5

Information

Antiproportionale Zuordnungen

Eine Zuordnung heißt **antiproportional**, wenn die folgende Regel gilt:
Verdoppelt (verdreifacht, vervierfacht, ...) man eine Ausgangsgröße, so halbiert (drittelt, viertelt, ...) sich die zugeordnete Größe.

Abfüllen von 240 l Apfelsaft:

	Verpackungseinheit (in l)	Anzahl der Verpackungen	
	0,25	960	
·2	0,5	480	:2
·3	1,5	160	:3

Betrachtet man die Pfeile für das Vervielfachen in umgekehrter Richtung, so erkennt man die folgende Regel für das Teilen:
Halbiert (drittelt, viertelt, ...) man eine Ausgangsgröße bei einer antiproportionalen Zuordnung, so verdoppelt (verdreifacht, vervierfacht, ...) sich die zugeordnete Größe.

Üben

1 Die Lebensmittelvorräte in einem Basislager reichen bei 12 Expeditionsmitgliedern 36 Tage. Wie lange reichen dieselben Vorräte bei 6 Mitgliedern, wie lange bei 18, 9, 3, 24 Mitgliedern? Erstelle eine Tabelle und verdeutliche dein Vorgehen durch Pfeile.

2 In einer Getränkefabrik sollen 1000 Flaschen Saft abgefüllt werden. Vier Abfüllmaschinen brauchen dafür 24 Minuten. Wie lange dauert das Abfüllen, wenn 2, 12, 6, 1, 3 Maschinen gleichzeitig arbeiten?

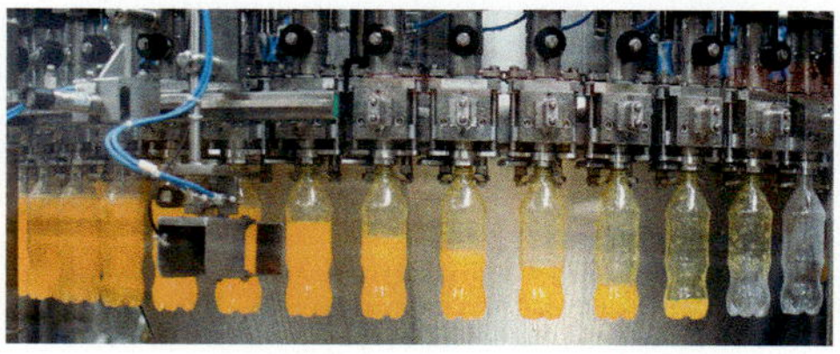

3 Durch eine Zuflussleitung kann man ein Wasserbecken in $1\frac{1}{2}$ Stunden füllen. Wie lange dauert es, wenn man das Becken durch 2, 3, 4, 5, 6 gleich starke Zuflussleitungen füllt?

4 In der Hauptverkehrszeit verkehren auf einer U-Bahnlinie einer Großstadt 36 Züge im Abstand von 6 Minuten. Wie viele Züge können in der gleichen Zeit fahren, wenn der Abstand zwischen zwei Zügen jeweils 3 min, 2 min, 4 min, 8 min beträgt?

Graph einer antiproportionalen Zuordnung

5 Ein Schäfer möchte eine 360 m² große Schafweide für seine Schafe einzäunen. Erstelle eine Tabelle für die Zuordnung *Länge → Breite.*
Zeichne den Graphen dieser Zuordnung. Beschreibe ihn.

Bei einer antiproportionalen Zuordnung liegen die Punkte des Graphen auf einer Kurve. Diese Kurve nennt man **Hyperbel**. Sie nähert sich den beiden Achsen an, trifft sie aber nicht.

6 m² großes Rechteck
Länge (in cm) → Breite (in cm)

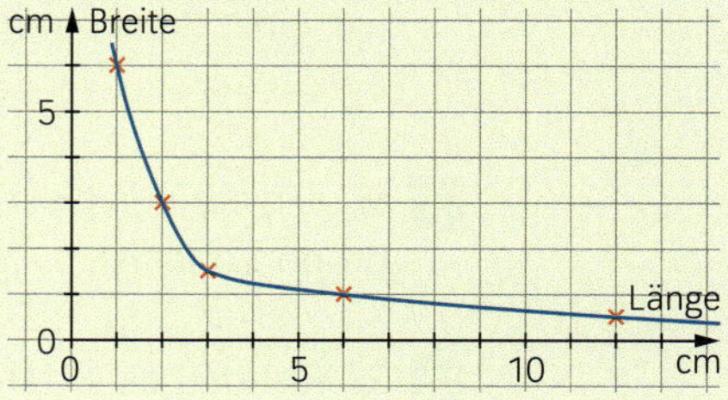

6 Ein Rechteck ist 72 cm lang und 36 cm breit.

a) Wie breit ist ein Rechteck mit dem gleichen Flächeninhalt, wenn es 36 cm, 24 cm, 18 cm, 12 cm, 9 cm lang ist?

b) Zeichne den Graphen der Zuordnung *Länge → Breite*.

7 ≡ Die Garten-AG der Schule möchte den Schulgarten neu gestalten. Auf einer Fläche von $120\,m^2$ sollen gleich große Beete angelegt werden.

a) Lege eine Tabelle für die Zuordnung *Anzahl der Beete → Größe eines Beetes* an. Zeichne den Graphen. Wähle 1 cm für 10 Beete.

b) Arbeite mit einem Partner zusammen. Einer liest am Graphen ab, der andere kontrolliert durch Rechnung. Nach jeder Aufgabe werden die Rollen getauscht.

(1) Es sollen 25 Beete entstehen. Wie groß wird jedes Beet?
(2) Wie groß wird jedes Beet bei insgesamt 16 Beeten?
(3) Jedes Beet soll $4\,m^2$ groß werden. Wie viele Beete erhält man?
(4) Wie viele Beete erhält man bei $2{,}5\,m^2$ Beetgröße?

Nicht jede „Je mehr – desto weniger“-Zuordnung ist antiproportional

8 ≡ Der Schiffskapitän führt Buch über den Dieselvorrat des Schiffes, indem er jeden Tag die Tankanzeige notiert. Der Vorrat nimmt von Tag zu Tag ab. Überprüfe, ob die Zuordnung *Fahrzeit → Dieselvorrat* antiproportional ist.

Fahrzeit (in Tagen)	Dieselvorrat (in l)
1	20 000
2	19 100
3	19 000
4	18 500

Eine Zuordnung, bei der eine Erhöhung eines Wertes der Ausgangsgröße zu einer Verringerung des zugehörigen Wertes der zugeordneten Größe führt, nennt man eine „Je mehr – desto weniger“-Zuordnung.

Nicht jede „Je mehr – desto weniger“-Zuordnung ist antiproportional.
Aber es gilt: Jede antiproportionale Zuordnung ist eine „Je mehr – desto weniger“-Zuordnung.

Brenndauer einer Kerze
Brenndauer (in min) → Länge (in cm)

Brenndauer (in min)	Länge (in cm)
1	8
2	7
3	6

9 ≡ Gib ein Beispiel einer „Je mehr – desto weniger“-Zuordnung an, die nicht antiproportional ist.

10 ≡ Handelt es sich bei den folgenden Sachverhalten um eine „Je mehr – desto weniger“-Zuordnung? Ist sie auch antiproportional?
Begründe deine Entscheidung, gib gegebenenfalls nötige Annahmen an.

a) Abtransport von Schutt: *Anzahl der Lastwagen → Zahl der Fahrten pro Lastwagen*
b) Ladegewicht eines Aufzugs: *Gewicht jeder Person → Anzahl der Fahrgäste*
c) Kosten für den Reisebus: *Anzahl der Reisenden → Preis pro Person*
d) Gleiches Aufteilen eines Geldbetrages: *Anzahl der Kinder → Betrag für jedes Kind*
e) Käse: *Löcher im Käse → Käsemenge*

Dreisatz bei einer antiproportionalen Zuordnung

11 ≡ Die Schülerinnen und Schüler dürfen die Wände des Pausenraums mit eigenen Wandzeichnungen gestalten. Frau Kraus, die Kunstlehrerin, geht davon aus, dass 4 Schüler dafür 6 Tage benötigen. Leider wird Max noch vor Beginn krank und kann nicht helfen. Wie lange werden seine drei Mitschüler für diese Arbeit brauchen?

Lösungsverfahren für den Dreisatz bei antiproportionalen Zuordnungen
Prüfe zuerst, ob die Zuordnung antiproportional ist.
(1) Trage das gegebene Wertepaar und den dritten bekannten Wert in eine Tabelle ein.
(2) Suche einen geeigneten Hilfswert.
(3) Fülle die Lücken mit den Regeln für antiproportionale Zuordnungen aus.

Für drei Wellensittiche reicht ein Futtervorrat vier Tage. Wie lange reicht er für zwei Wellensittiche?
Für doppelt so viele Vögel reicht der Futtervorrat nur halb so lange.

	Anzahl der Wellensittiche	Zeit (in Tagen)	
	3	4	
:3	1	12	·3
·4	4	3	:4

12 ≡ Für die Erarbeitung eines neuen Computerprogramms sehen die Planungen vor, dass 10 Programmierer dafür 35 Arbeitstage benötigen. Wegen dringender anderer Arbeiten können nur 7 Programmierer eingesetzt werden.
Wie viele Tage dauert die Arbeit nun voraussichtlich?

13 ≡ Der Sportplatz des Gymnasiums soll erneuert werden. Sechs Bauarbeiter benötigen mit ihren Rüttelmaschinen 18 Arbeitsstunden.
a) Weil zwei Rüttelmaschinen nicht mitgeliefert werden, stehen nur vier Maschinen für dieselbe Arbeit zur Verfügung. Wie lange dauert die Arbeit nun voraussichtlich?
b) Die Zeit drängt, weil der Schulbetrieb bald wieder beginnt. Die Arbeit muss in 12 Stunden erledigt sein. Wie viele Rüttelmaschinen werden gebraucht?

14 ≡ Für die Schwimm-WM 2019 in Südkorea wurde in einem Stadion ein Wasserbecken für die Wasserball-Spiele gebaut. Dazu mussten 720 000 l Wasser in das Becken gepumpt werden. Zwei Pumpen schaffen in einer Stunde 160 000 l.
Nach wie vielen Stunden ist das Becken gefüllt, wenn 3, 4, 6, 12 Pumpen im Einsatz sind?

15 Drei Lastwagen transportieren einen Schuttberg ab. Jeder Wagen muss 36-mal fahren.

a) Es stehen vier Lastwagen zur Verfügung. Wie oft muss jeder Wagen fahren?

b) Jeder Wagen soll höchstens achtmal fahren. Wie viele Wagen sind dann erforderlich?

16 Prüfe an der Zuordnungstabelle der Aufgabe mit Lösung (Trinkwasservorrat) auf Seite 32, ob es auch bei antiproportionalen Zuordnungen einfache Regeln der Art *Addiert man zwei Größen, so ...* bzw. *Subtrahiert man zwei Größen, so ...* gibt.

17 Kontrolliere Lenas Hausaufgabe.

(1) Batteriepakete

Anzahl der Pakete	Preis (in €)
6	26
3	13
9	39

(links: ⊖ :2; rechts: ·2 ⊕)

(2) Rechtecke gleichen Flächeninhalts

Länge (in cm)	Breite (in cm)
60	80
20	240
40	320

(links: ⊖ :3; rechts: ·3 ⊕)

(3) Füllen eines Wasserbeckens

Anzahl der Pumpen	Füllzeit (in h)
2	16
4	8
6	8
24	2

(links: ⊕ ·2, ·4; rechts: :2 ⊖, :4)

18 Im Schulpark soll ein Teich angelegt werden. Man schätzt, dass 6 Schüler für das Ausheben der Grube 2 Tage benötigen. Alle 96 Siebtklässler wollen sich an der Arbeit beteiligen. Wie lange dauert die Arbeit nun?
Welche Annahmen hast du gemacht? Nimm Stellung zu deiner Lösung.

Weiterüben

19 Bei Navigationssystemen kann man in den Einstellungen häufig wählen, mit welchem Fahrzeug die Strecke zurückgelegt werden soll.
Lisa lässt die Route von Wesel nach Duisburg berechnen. Ein Pkw mit einer Durchschnittsgeschwindigkeit von $80\,\frac{km}{h}$ hat eine Fahrzeit von 30 Minuten. Ein schneller Pkw mit einer Durchschnittsgeschwindigkeit von $100\,\frac{km}{h}$ hat eine Fahrzeit von 24 Minuten.

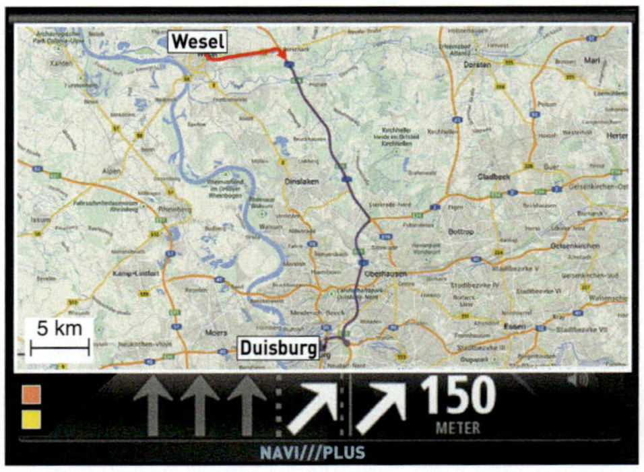

a) Welche Fahrzeiten erhält sie für ein Motorrad $\left(70\,\frac{km}{h}\right)$ oder einen Lkw $\left(60\,\frac{km}{h}\right)$?

b) Zeichne den Graphen der Zuordnung *Geschwindigkeit* $\left(in\ \frac{km}{h}\right)$ → *Fahrzeit (in min).*

c) Welche Annahmen hast du bei allen Berechnungen machen müssen?
Welche Beziehungen bestehen zwischen den beiden Größen?

1.6 Produktgleichheit

Ziel

Hier lernst du, wie bei einer antiproportionalen Zuordnung die Werte der Ausgangsgröße mit den Werten der zugeordneten Größe zusammenhängen.

Aufgabe mit Lösung

Produktgleichheit

In den Sommerferien soll der Schulhof eines Gymnasiums neu gepflastert werden. Der Unternehmer erstellt eine Übersicht über die Anzahl der Pflasterer und den zugehörigen Zeitbedarf.

Anzahl der Pflasterer	Zeitbedarf (in Tagen)
6	6
7	5
8	$4\frac{1}{2}$

→ Untersuche, ob der Unternehmer von einer antiproportionalen Zuordnung *Anzahl der Pflasterer → Zeitbedarf (in Tagen)* ausgegangen ist.

Lösung

Man kann auf verschiedenen Wegen prüfen, ob diese Zuordnung antiproportional ist.

1. Weg:
Ausgehend von dem ersten Wertepaar berechnet man die übrigen Werte mithilfe des Dreisatzverfahrens.

Anzahl der Pflasterer	Zeitbedarf (in Tagen)
6	6
1	36
7	$5\frac{1}{7}$
8	$4\frac{1}{2}$

2. Weg:
Man multipliziert in jeder Zeile die Anzahl der Pflasterer mit dem Zeitbedarf, um die Gesamtarbeitszeit zu erhalten.

Anzahl der Pflasterer	Zeitbedarf (in Tagen)	Gesamtarbeitszeit (in Tagen)
6	6	$6 \cdot 6 = 36$
1	36	$1 \cdot 36 = 36$
7	5	$7 \cdot 5 = 35$
8	$4\frac{1}{2}$	$8 \cdot 4\frac{1}{2} = 36$

Ergebnis: Auf beiden Wegen ergibt sich, dass – bis auf die Anzahl von 7 Pflasterern – eine antiproportionale Zuordnung vorliegt. Für den Fall von 7 Pflasterern liegt anscheinend eine Rundung von $5\frac{1}{7}$ Tagen, d. h. von einer Arbeitszeit von 5 Tagen und einer Stunde, auf 5 Tage vor.

Information

Produktgleichheit bei antiproportionalen Zuordnungen

Bei antiproportionalen Zuordnungen haben die Produkte einander zugeordneter Größen stets den gleichen Wert. Dieser Wert wird **Gesamtgröße** genannt:

Ausgangsgröße · zugeordnete Größe = Gesamtgröße

Gärtner pflegen einen Park.

Gärtner	Stunden	Gesamtgröße
4	22,5	$4 \cdot 22{,}5 = 90$
3	30	$3 \cdot 30 = 90$
5	18	$5 \cdot 18 = 90$
6	15	$6 \cdot 15 = 90$

Da für alle Wertepaare das Produkt gleich groß ist, ist die Zuordnung antiproportional.

Üben

1 ≡ Ein rechteckiger Acker ist 80 m lang und 30 m breit. Carlotta hat die Maße anderer Äcker berechnet, die die gleiche Größe haben. Kontrolliere, ob sie die Zuordnungstabelle der Zuordnung *Länge → Breite* korrekt erstellt hat. Erkläre, wie du vorgegangen bist.

Länge des Ackers (in m)	Breite des Ackers (in m)
80	30
25	96
48	50
125	20

2 ≡ Jonas hat im Baumarkt 12 m Maschendrahtzaun gekauft und möchte für seine Meerschweinchen ein Außengehege bauen. Er hat sich verschiedene Möglichkeiten überlegt, welche Maße der Zaun haben kann. Überprüfe, ob die Zuordnung *Länge → Breite* antiproportional ist.

Länge (in m)	4	3	2,5	2	1
Breite (in m)	2	3	3,5	4	5

3 ≡ Zeige, dass bei einer „Je mehr – desto weniger"-Zuordnung, die nicht antiproportional ist, die Produkte zugeordneter Größen nicht immer den gleichen Wert haben.

Berechnungen mit der Produktgleichheit

4 ≡ Für die Fertigstellung des Parkplatzes hat der Unternehmer einen Zeitbedarf von 18 Arbeitstagen eingeplant, wenn 5 Arbeiter gleichzeitig arbeiten. Nun überlegt er, welche Möglichkeiten er hat.

a) Bestimme die Gesamtgröße der Zuordnung *Anzahl der Arbeiter → Zeitbedarf*. Erstelle damit eine Tabelle, die zeigt, wie viele Arbeiter gleichzeitig tätig sein müssen, damit der Parkplatz in 2; 3; 4; 5; 6; 9; 15 Arbeitstagen fertig ist.

b) Gib die Formel an, mit der man den Zeitbedarf aus der Anzahl der Arbeiter berechnen kann.

Produktgleichheit bei antiproportionalen Zuordnungen

Mithilfe der Gesamtgröße lässt sich zu jeder Ausgangsgröße sofort die zugehörige Größe berechnen.

$$\text{zugeordnete Größe} = \frac{\text{Gesamtgröße}}{\text{Ausgangsgröße}}$$

Ausgehend von der Gesamtgröße von 90 Stunden lässt sich die Anzahl der Stunden berechnen, die 12 Landschaftspfleger brauchen würden:
$90 : 12 = 7{,}5$
Sie würden 7,5 Stunden benötigen.

5 ≡ Übertrage die Tabelle in dein Heft und erweitere sie um eine dritte Spalte.

a) Bestätige mithilfe der Produktgleichheit, dass die Zuordnung *Geschwindigkeit → Fahrzeit* antiproportional ist. Was gibt die Gesamtgröße an?

b) Setze die Tabelle mithilfe der Gesamtgröße für $160\,\frac{km}{h}$, $48\,\frac{km}{h}$, $40\,\frac{km}{h}$, $32\,\frac{km}{h}$ fort.

Geschwindigkeit (in km/h)	Fahrzeit (in h)
60	2
80	$1\frac{1}{2}$
96	$1\frac{1}{4}$
150	4/5

6 ≡ Entscheide mithilfe der Produktgleichheit, ob eine antiproportionale Zuordnung vorliegt. Falls sie antiproportional ist: Notiere die Gesamtgröße. Was gibt sie an?

a)

Länge (in m)	54	45	30	36
Breite (in m)	38	45,6	68,4	57

b)

Zahl der Personen	56	42	48	21
Zeit (in Tagen)	24	32	28	64

c)

Zahl der Personen	48	35	31	25
Anteil pro Person (in €)	27,50	35,72	43,10	52,80

7 ≡ Im Lotto wird in der Gewinnklasse IV ein Gewinn von 3240 € ausgeschüttet. Verschiedene Tippgemeinschaften mit 12, 9, 8, 6 Mitgliedern teilen den Gewinn auf. Erstelle eine Tabelle für die Zuordnung *Anzahl der Mitglieder → Gewinn pro Mitglied*.

8 ≡ Die Freitreppe von Schloss Hohenstein hat 50 Stufen, die jeweils 18 cm hoch sind. Diese Treppe wird durch eine Treppe ersetzt, deren Stufen 3 cm niedriger sind. Wie viele Stufen hat die Freitreppe jetzt?

Weiterüben

9 ≡ Untersuche, ob die Tabellen zu antiproportionalen Zuordnungen gehören.

(1)

1. Größe	2. Größe
2	3,75
0,5	15
2,5	3
5	1,5
4	1,9

(2)

1. Größe	2. Größe
5	40
10	20
25	8
75	4
100	2

(3)

1. Größe	2. Größe
10	60
30	20
40	15
50	12
75	8

(4)

1. Größe	2. Größe
4	60
5	48
8	30
11	20
15	16

10 ≡ Ela behauptet: „Eine antiproportionale Zuordnung lässt sich einfach daran erkennen, dass immer je mehr – desto weniger gilt."

a) Diskutiert Elas Aussage.

b) Erstellt eine Übersicht, mithilfe welcher Kriterien ihr erkennen könnt, ob eine Zuordnung antiproportional ist.

1.7 Wahl eines geeigneten Zuordnungsmodells

Ziel

Hier lernst du, wie du erkennen kannst, ob eine Zuordnung proportional, antiproportional oder keines von beidem ist.

Aufgabe mit Lösung

Alina versucht ihre Hausaufgaben zu lösen. Als sie nicht weiter weiß, stellt sie eine Frage in einem Online-Mathe-Forum.

Tags: antiproportional, Mathe, Sachaufgaben
Alinchen 16:25 Uhr, 12.11.2018
Hallo!
Ich verstehe zwar, wie man diese Aufgaben ausrechnen soll, aber ich verstehe nicht, woher man weiß, dass sie antiproportional sind und nicht proportional!
Ich komme nie bei diesen Aufgaben weiter, wenn ich nicht weiß, ob sie proportional sind oder antiproportional. Kann mir jemand sagen woran man dies erkennt?
Hier eine Beispielaufgabe:
Die Türen der Schule werden zum Teil neu lackiert. Für 3 Türen brauchten die Maler 1,2 Liter Lack, für 7 Türen brauchten sie 2,8 Liter Lack. Ein Lackeimer von 2 Litern ist noch vorhanden.
Wie viele Türen können sie damit streichen?
Danke an all die klugen Köpfe ;-)

→ Hilf Alina und löse die Aufgabe.

Lösung

Überlege dazu zunächst, ob sich der gegebene Sachverhalt mit „je mehr – desto mehr ...“ oder mit „je mehr – desto weniger ...“ beschreiben lässt:
„Je mehr Türen gestrichen werden, desto mehr Lack wird benötigt.“ Demnach könnte die Zuordnung proportional sein.
Zur Berechnung gibt es zwei mögliche Wege:

1. Weg: Dreisatz
Wenn nur ein Wertepaar gegeben ist, z. B. 1,2 l Lack für 3 Türen, muss man die Proportionalität vom Sachverhalt her überlegen: Für doppelt so viele gleich große Türen benötigt man doppelt so viel Lack. Dann fertigt man eine Dreisatz-Tabelle an.

Lackmenge (in l)	Anzahl der Türen
1,2	3
0,2	0,5
2	5

Mit zwei Liter Lack lassen sich also 5 Türen streichen.

2. Weg: Proportionalitätsfaktor
Sind mehrere Wertepaare gegeben, kann man die Proportionalität prüfen, indem man die Quotienten bildet:

Lackmenge (in l)	Anzahl der Türen	Türenanzahl pro Liter Lack
1,2	3	$3:1,2=2,5$
2,8	7	$7:2,8=2,5$

Da beide Quotienten gleich sind, ist die Zuordnung
Lackmenge → Anzahl der Türen proportional. Mit dem Proportionalitätsfaktor ergibt sich die Anzahl der Türen zu $2\,\text{l} \cdot \frac{2,5}{\text{l}} = 5$.

Information

Wahl eines geeigneten Zuordnungsmodells

1. Schritt
Prüfe den Sachverhalt:
- „Je mehr – desto mehr" könnte eine proportionale Zuordnung bedeuten.
- „Je mehr – desto weniger" könnte eine antiproportionale Zuordnung bedeuten.
- Es gibt aber auch Zuordnungen, die weder proportional noch antiproportional sind.

2. Schritt
Prüfe die Zuordnung:
- auf Proportionalität oder
- auf Antiproportionalität.

3. Schritt
Bestimme, falls möglich, die fehlenden Größen mithilfe der bereits bekannten Verfahrensschritte.

Apfelmus wird in Gläsern zu 400 ml abgefüllt. Man erhält 210 Gläser. Wie viele Gläser erhält man bei einer Gläsergröße von 700 ml?

1. Schritt:
Hier gilt: „Je mehr Apfelmus in ein Glas passt, desto weniger Gläser können gefüllt werden." Demnach könnte die Zuordnung antiproportional sein.

2. Schritt:
Es gilt sogar: Die doppelte Menge Apfelmus wird in die Hälfte der Gläser eingefüllt.

3. Schritt:

	Füllmenge pro Glas (in ml)	Anzahl der Gläser	
	400	210	
:4	100	840	·4
·7	700	120	:7

Üben

1 In einer Getränkefabrik sollen 1 000 Flaschen Saft abgefüllt werden. Vier Abfüllmaschinen brauchen dafür 24 Minuten.
Wie lange dauert das Abfüllen, wenn 2, 12, 6, 3 Maschinen gleichzeitig arbeiten?

2 In einer Konservenfabrik werden 5 000 Konservendosen Mais zu je 850 ml gefüllt. Für kleinere Haushalte gibt es auch Dosen mit 580 ml Inhalt.
Wie viele solcher Dosen können mit dem Mais gefüllt werden?

3 Eine Jugendherberge berechnet für einen 4-tägigen Aufenthalt 140 €, für einen 5-tägigen Aufenthalt 170 €. Was kostet ein 7-tägiger Aufenthalt?

4 Prüfe, ob die folgende Zuordnung proportional oder antiproportional oder keines von beidem ist.

a)

Volumen (in m³)	3	5	2,5	11	4,5
Preis (in €)	75,00	125,00	62,50	275,00	112,50

b)

Länge (in cm)	178	158	185	170	166
Preis (in €)	76,00	36,00	105,00	70,00	65,20

c)

Anzahl der Maschinen	5	12	8	6	4
Arbeitszeit (in Stunden)	48	20	30	40	60

5 In einer Zoohandlung werden auch Hamster verkauft. Der Futtervorrat reicht noch für 20 Tiere 32 Tage.
Wie lange reicht der Futtervorrat, wenn ein neuer Hamster hinzukommt und keiner verkauft wird?

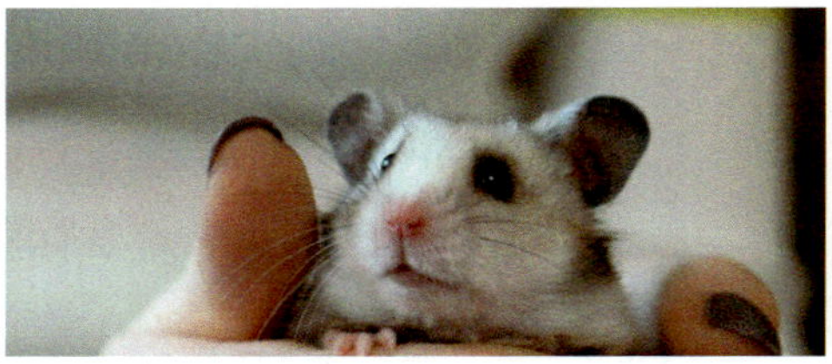

6 Marisa und Lennard spielen Schiffe versenken. Nach 3 Minuten hat Marisa nur noch 8 von ihren 10 Schiffen, Lennard jedoch noch alle. Wann hat Lennard gewonnen?

7 Der neue Roman von Ama Scrittore umfasst 196 Seiten mit jeweils 60 Zeilen. Der Verleger überlegt nun, ob es sinnvoll wäre, diesen Roman in einem anderen Format zu veröffentlichen.
Wie viele Buchseiten bräuchte man, wenn auf einer Seite des Romans nur 40, 42 oder 49 Zeilen wären?

8 Lea behauptet: „Sobald ich weiß, dass eine Zuordnung proportional ist, brauche ich nicht mehr zu prüfen, ob sie auch antiproportional ist und umgekehrt.“ Was meinst du?

9 Speisen kann man auf dem Herd kochen oder in einem Mirkowellengerät erwärmen.
a) Ein Ei hart zu kochen, dauert 5 Minuten. Wie lange dauert es bei 4 Eiern?
b) Der Zeitbedarf beim Aufwärmen von Speisen in Mikrowellengeräten ist proportional zur Menge der Speise und antiproportional zur Leistung des Gerätes. Um 150 ml Milch zum Kochen zu bringen, benötigt ein Mikrowellengerät mit 600 W Leistung 8 Minuten. Wie lange benötigt ein Gerät mit 850 W Leistung, um 200 ml zum Kochen zu bringen?

10 Mira kauft in einer Zoohandlung besonderes Vogelfutter, das dort abgepackt wird.
a) 75 g Vogelfutter kosten 2,10 €. Wie viel kosten 150 g, 50 g, 350 g, 70 g dieses Tierfutters?
b) Eine große Tüte dieses Spezialvogelfutters reicht für 10 Kanarienvögel 12 Tage. Wie lange reicht sie für 20, 5, 15, 3 Kanarienvögel?

11 ≡ Surfer und Segler messen die Windstärke nicht als Geschwindigkeit, sondern in Beaufort.

a) Prüfe anhand der nachstehenden Tabelle, ob die Zuordnung *Windstärke (in Beaufort)* → *Windgeschwindigkeit* $\left(\text{in } \frac{km}{h}\right)$ proportional ist.

Surfsport
Übersicht über Windstärken

Windstärke (in Beaufort)	Bezeichnung	Mittlere Windgeschwindigkeit $\left(\text{in } \frac{km}{h}\right)$
0	Windstille	0
1	sehr leichter Wind	3
2	leichter Wind	8
3	schwache Brise	16
4	mäßige Brise	24
5	frischer wind	34
6	starker Wind	44
7	steife Brise	56
8	stürmischer Wind	68
9	Sturm	82
10	schwerer Sturm	96
11	orkanartiger Sturm	110
12	Orkan	125

Bereich, in dem Einsteiger surfen (1 bis 3 Beaufort)

Bereich, den Könner beherrschen (4 bis 8 Beaufort)

Surflehrer Bodo Neospreen empfiehlt:

Windstärke (in Beaufort)	Segelgröße (in m^2)
3	8,0
4	6,0
5	4,8
6	4,0

b) Die kleine Tabelle rechts oben zeigt die empfohlene Segelgröße in Abhängigkeit von der Windstärke. Ist die Zuordnung antiproportional?

Das kann ich noch!

A Vervollständige die Lücken im Heft.

(1)

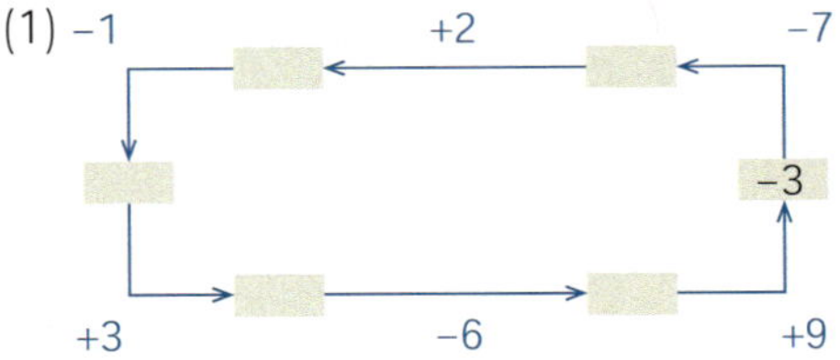

(2)

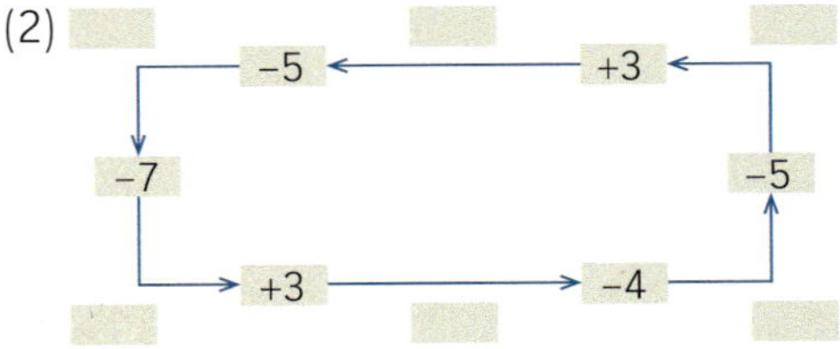

B Auf der Zahlengeraden sind Zahlen durch Pfeile markiert. Notiere diese Zahlen.

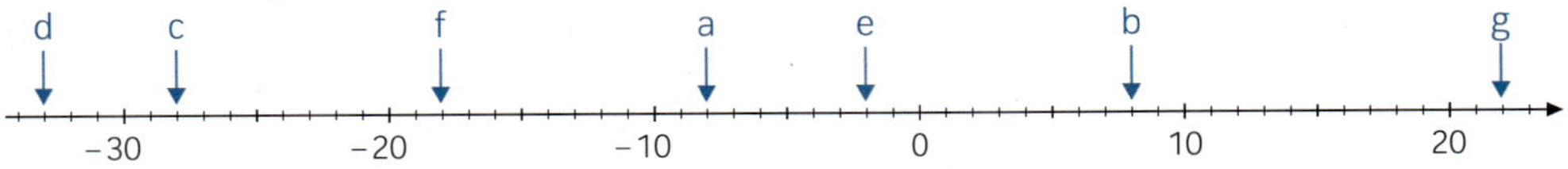

C Übertrage in dein Heft und fülle die Lücken aus.

(1) ■ $\xrightarrow{+6}$ +4 (2) −2 $\xrightarrow{+3}$ ■ (3) −8 $\xrightarrow{■}$ −2 (4) +8 $\xrightarrow{-3}$ ■

(5) +3 $\xrightarrow{■}$ −7 (6) ■ $\xrightarrow{-10}$ −2 (7) ■ $\xrightarrow{-3}$ +1 (8) +2 $\xrightarrow{-12}$ ■

Veränderte Bedingungen bei einer antiproportionalen Zuordnung

12 ≡ Für das Mauern der Wände eines Bungalows benötigen 5 Mauerer 8 Tage. Nach dem 2. Tag hat sich ein Maurer den Rücken verhoben und fällt bis auf weiteres aus. Wie lange benötigen die übrigen Arbeiter nun?

Anzahl der Maurer	Anzahl der Tage für die Restarbeit
5	6

13 ≡ Florian hilft seinem Vater beim Verlegen der Terrassensteine. Wenn er jedes Mal 5 Steine trägt, muss er 24 Mal gehen.

a) Wie oft muss er gehen, wenn er stattdessen 8 Steine trägt?

b) Nachdem er bereits 8 Mal gegangen ist, kommt sein Bruder Felix dazu und hilft. Wie viele Steine müssen sie gemeinsam tragen, damit sie insgesamt nur noch 5 Mal gehen müssen?

14 ≡ Zwei Bagger benötigen zum Ausbaggern einer Hafeneinfahrt 14 Monate.

a) Jeder Bagger schafft pro Tag etwa 13000 m³ und kostet die Auftraggeber 23000 € pro Tag. Wie viel m³ werden die beiden Bagger nach 14 Monaten geschaufelt haben und wie hoch werden die Kosten sein?

b) Die Arbeit soll in 4 Monaten erledigt sein. Wie viele Bagger muss man einsetzen?

c) Wie lange danach ist die Arbeit voraussichtlich, wenn 8 Bagger eingesetzt werden?

d) Von den beiden Baggern fällt einer nach 7 Monaten wegen eines Defektes aus. Wie lange muss der andere insgesamt baggern?

15 ≡ Frau Rose möchte auf dem Gestüt Neuenhof zwei Stuten unterbringen.

a) Berechne die Stall- und Futterkosten für ein Jahr.

b) Der Pferdewirt Herr Otten hat den Futtervorrat für 16 Pferde bestellt, dieser reicht erfahrungsgemäß 105 Tage lang. Nach 9 Tagen werden 4 Pferde verkauft und nach weiteren 23 Tagen wieder 3 Pferde erworben. Wie lang wird der Futtervorrat vermutlich reichen?

Gestüt Neuenhof

Unterbringung für bis zu 25 Tiere. Wir bieten eine gepflegte Anlage mit großer Reithalle, einen pfützenfreien Reitplatz und saubere Stallungen. Die Tiere werden von unseren ausgebildeten Fachkräften versorgt und regelmäßig auf die hütesicheren Weiden gebracht.

Stallkosten: 270 €/Monat

Futter: 50 €/Monat

16 ≡ Für das Mauern eines Kellers benötigen 6 Maurer 12 Arbeitstage.

a) Wie viele Maurer müssen eingesetzt werden, wenn der Keller innerhalb von 10 Arbeitstagen fertig werden soll?

b) Wie lange benötigen 9 Maurer für dieselbe Arbeit?

c) Prüfe folgende Behauptung: Wenn die Anzahl der Maurer um die Hälfte ansteigt, muss die benötigte Arbeitszeit um die Hälfte absinken.

d) Wie lange dauern die Maurerarbeiten an diesem Keller, wenn zunächst 3 Tage lang 6 Maurer arbeiten und vom 4. Tag an zusätzlich 2 weitere Maurer eingesetzt werden?

Modellieren mit proportionalen und antiproportionalen Zuordnungen

1 An Tankstellen sind die Kraftstoffpreise auf zehntel Cent genau angegeben. Die Zapfsäule weist nach dem Tanken aber einen auf ganze Cent gerundeten Preis auf. Berechne die Preise, die beim Tanken von 2 l, 8 l sowie 10 l Superbenzin zu zahlen sind. Fasse deine Ergebnisse im Heft in einer Tabelle zusammen.

Benzinmenge (in l)	Theoretischer Preis (in €)	Zu zahlender Preis (in €)

Zeige dann, dass die Zuordnung *Benzinmenge (in l) → zu zahlender Preis (in €)* genau genommen keine proportionale Zuordnung ist.

Wenn sich die Werte einer Zuordnung bis auf kleine Abweichungen durch eine proportionale Zuordnung beschreiben lassen, so spricht man davon, dass diese Daten gut durch eine proportionale Zuordnung modelliert werden können. Entsprechend verfährt man bei antiproportionalen Zuordnungen.

2 Zeichne den Graphen der Zuordnung. Entscheide daran, ob sich die Daten durch eine proportionale Zuordnung modellieren lassen.

a)

Lebensalter (in Jahren)	Körpergröße (in cm)
0	52
1	80
5	116
10	142
15	180
20	189
40	189
70	188
90	185

b)

Speiseölmenge (in l)	Masse (in g)
0	0
1	705
1,5	1048
3	2102
5,5	3855
10	7010
15	10503
20	13996
25	17515

Anhand des Graphen lässt sich auf einen Blick erkennen, ob die Daten mit einer proportionalen Zuordnung modelliert werden können:
Die Punkte des Graphen einer proportionalen Zuordnung liegen auf einer Geraden durch den Ursprung.

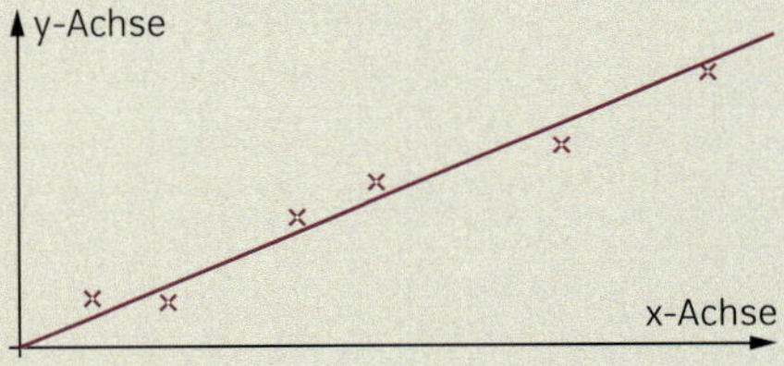

3 Man kann am Graphen schwer entscheiden, ob eine Zuordnung antiproportional ist.

a) Zeichne den Graphen der Zuordnung. Begründe, dass du daran nicht auf einen Blick entscheiden kannst, ob eine antiproportionale Zuordnung vorliegt.

(1)

Anzahl Personen, die ein Geschenk besorgen	Kosten je Person (in €)
1	9,99
2	5,00
3	3,33
4	2,50
5	2,00
6	1,67
7	1,43

(2)

Höhe eines 1 l großen Quaders mit quadratischer Grundfläche (in cm)	Seitenlänge dieses Quaders (in cm)
1	32
5	14
10	10
20	7
40	5
50	4
100	3

b) TAB Du weißt, dass bei einer antiproportionalen Zuordnung die Produkte einander zugeordneter Größen gleich sind. Bei Zuordnungen, die sich nur näherungsweise antiproportional modellieren lassen, sind diese Werte nicht alle exakt gleich. Entwickle ein graphisches Verfahren, um auf einen Blick zu entscheiden, ob die Werte als näherungsweise gleich betrachtet werden können. Untersuche so, ob die obigen Zuordnungen als antiproportional modelliert werden können.

c) Die grafische Untersuchung auf Produktgleichheit lässt sich bequem mit einer Tabellenkalkulation durchführen. Erläutere das Vorgehen rechts.

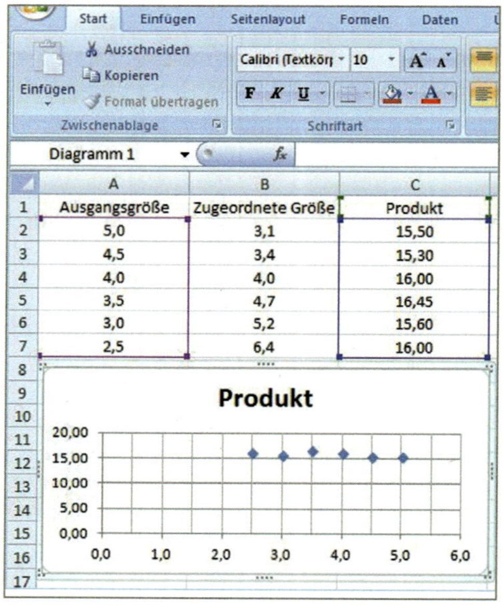

4 TAB Entwickelt an den Beispielen von Aufgabe 2 ein Verfahren, um grafisch zu entscheiden, ob Quotientengleichheit vorliegt. Verwendet eine Tabellenkalkulation.

Mithilfe von Quotienten- und Produktgleichheit kann man untersuchen, ob Daten mit einer proportionalen oder antiportionalen Zuordnung modelliert werden können. Wenn man anhand der Zahlen nicht gut entscheiden kann, kann man eine grafische Auftragung wählen, anhand derer man feststellen kann, ob die Werte um einen konstanten Wert schwanken oder systematisch davon abweichen.

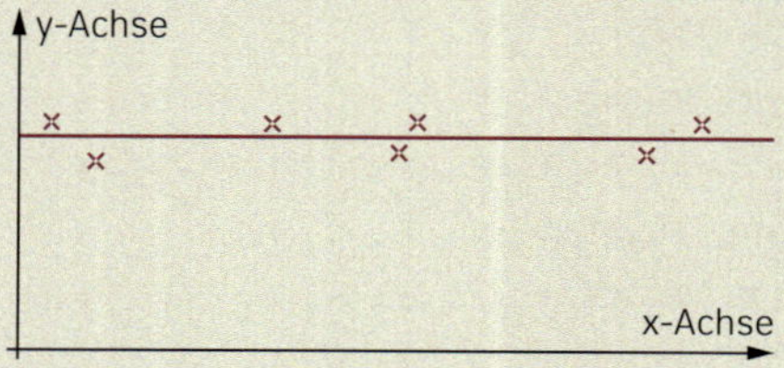

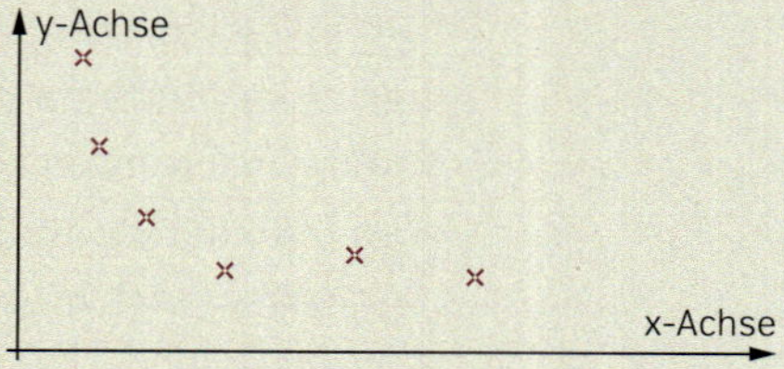

Zuordnung – Zuordnungstabelle – Graph

Zuordnungen kann man in Zuordnungstabellen und als Graph darstellen. Jedem Wert der ersten Größe *(Ausgangsgröße)* ist ein Wert der zweiten Größe *(zugeordnete Größe)* zugeordnet.
Im Koordinatensystem entspricht jedem Paar einander zugeordneter Größen ein Punkt.

Anhänger mit Kies: *Volumen (in m³) → Gesamtgewicht des Anhängers (in kg)*

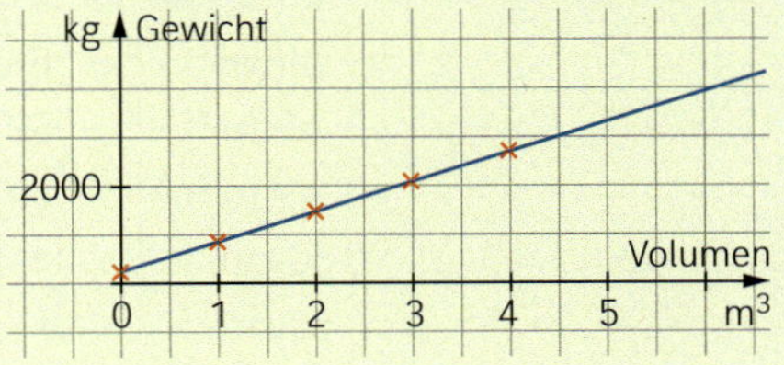

Proportionale Zuordnungen

Eine Zuordnung heißt **proportional**, wenn gilt: Verdoppelt (verdreifacht, ...) man eine Ausgangsgröße, so verdoppelt (verdreifacht , ...) sich auch die zugeordnete Größe. Bei proportionalen Zuordnungen liegen die Punkte des Graphen auf einem Strahl *durch den Koordinatenursprung O(0|0)*.
Proportionale Zuordnungen können mit dem **Dreisatz** gelöst werden.
Bei proportionalen Zuordnungen haben die *Quotienten* der zugeordneten Größen stets den gleichen Wert.
Es gilt:

$$\textbf{Proportionalitätsfaktor} = \frac{\textbf{zugeordnete Größe}}{\textbf{Ausgangsgröße}}$$

Kettenlänge (in m) → Preis (in €)

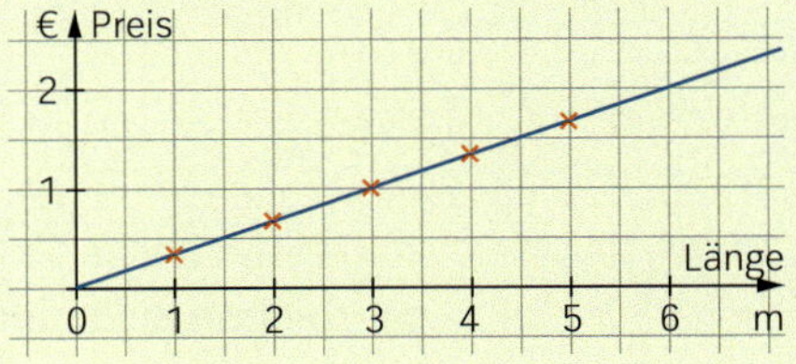

	Länge (in m)	Preis (in €)	
	6	33,60	
:6	1	5,60	:6
·9	9	50,40	·9

$\frac{\text{Preis}}{\text{Länge}} = \frac{33{,}60\,€}{6\,\text{m}} = 5{,}60\,\frac{€}{\text{m}}$

Antiproportionale Zuordnungen

Eine Zuordnung heißt **antiproportional**, wenn gilt:
Verdoppelt (verdreifacht, ...) man eine Ausgangsgröße, so halbiert (drittelt, ...) sich die zugeordnete Größe. Bei antiproportionalen Zuordnungen liegen die Punkte des Graphen auf einer Kurve, diese nennt man *Hyperbel*. Sie trifft keine der beiden Achsen.
Antiproportionale Zuordnungen können mit dem **Dreisatz** gelöst werden.
Bei antiproportionalen Zuordnungen haben die Produkte der zugeordneten Größen stets den gleichen Wert.
Es gilt:

Gesamtgröße = **Ausgangsgröße** · **zugeordnete Größe**

Geschwindigkeit $\left(\text{in } \frac{km}{h}\right)$ → benötigte Zeit (in h)

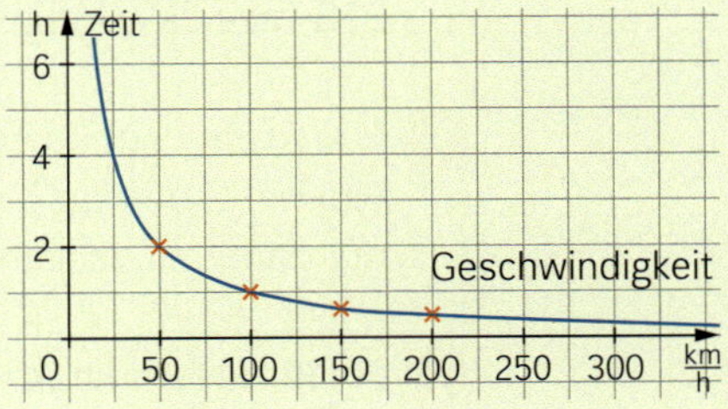

	Geschwindigkeit $\left(\text{in } \frac{km}{h}\right)$	Zeit (in h)	
	100	2	
:10	10	20	·10
·32	320	0,625	:32

Geschwindigkeit · Zeit
$= 100\,\frac{km}{h} \cdot 2\,h = 200\,km$

1 **a)** Entscheide, ob eine proportionale oder eine antiproportionale Zuordnung vorliegt oder keines von beidem.

(1) *Rechteck*

Länge	Breite
10 cm	57 cm
30 cm	19 cm
50 cm	11,4 cm
60 cm	9,5 cm

(2) *Äpfel einer Sorte*

Menge	Preis
1 kg	1,99 €
2 kg	3,98 €
5 kg	9,95 €
10 kg	19,90 €

(3) *Taxifahrt*

Entfernung	Preis
2 km	3,60 €
6 km	6,80 €
8 km	8,40 €
14 km	13,20 €

(4) *Vorrat*

Anzahl der Personen	Zeit
56	24 Tage
42	32 Tage
48	28 Tage
21	68 Tage

(5) *Erdbeeren*

Menge	Preis
250 g	0,95 €
400 g	1,52 €
1,4 kg	5,32 €
3,0 kg	11,40 €
4,5 kg	17,10 €

(6) *Kosten*

Anzahl der Personen	Anteil pro Person
48	27,50 €
35	35,72 €
31	43,10 €
25	52,80 €

b) Zeichne auch den Graphen bei (1), (2) und (3).

2 Ein Paket mit 3 kg Rasensamen reicht für 40 m^2 Rasen. Wie viel Rasensamen benötigt man für eine 600 m^2 große Rasenfläche?

3 Drei Mähdrescher schaffen die Ernte eines großen Feldes in 12 Stunden. Wie lange benötigen fünf Mähdrescher?

4 375 ml eines Farblackes reichen aus, um 3 m^2 zu streichen. Wie viel Lack muss man für eine Fläche von 10 m^2 haben?

5 Der Heuvorrat einer Landwirtin reicht für 60 Kühe 210 Tage. Wie lange reicht er für 72 Kühe?

6 100 g rote Paprika enthalten 107 mg Vitamin C. Der Tagesbedarf eines Erwachsenen an Vitamin C beträgt 75 mg. Wie viel rote Paprika muss man essen, um den Tagesbedarf nur damit zu decken?

7 Ein Reiseveranstalter bietet Flugreisen nach Mallorca mit Unterbringung und Verpflegung in einem Aparthotel an. Eine Reise von 7 Tagen kostet pro Person 374 €, für eine 14-tägige Reise werden 535 € verlangt.

a) Herr Lang will 21 Tage auf Mallorca buchen. Mit welchen Kosten kann er rechnen?

b) Frau Kurz kann nur 10 Tage bleiben. Wie teuer wird der Urlaub für sie?

c) Zeichne für die Zuordnung *Reisedauer* → *Preis* einen Graphen und begründe, dass es sich nicht um eine proportionale Zuordnung handelt.

8 Zum Fliesen eines Schwimmbeckens brauchen 3 Fliesenleger 7 Tage. Nach einem Tag wird ein Fliesenleger krank. Wie lange dauern die Arbeiten nun noch?

Prozentrechnung

2

▲ *Im Alltag werden viele Anteile nicht mithilfe von Brüchen, sondern in Prozent angegeben. Berechne den Preis der Jacke mit dem genannten Preisnachlass.*

In diesem Kapitel

- lernst du mit Angaben zu rechnen, die in Prozent gegeben.
- Insbesondere rechnest du mit Zinsen. ▸

2.1 Berechnen des Prozentsatzes

Einstieg

Arne hat ein neues Smartphone geschenkt bekommen und schon Apps darauf gespeichert.
Er möchte nun wissen, welcher Anteil des Speicherplatzes noch nicht belegt ist.
Berechnet diesen Anteil in Prozent.

Aufgabe mit Lösung

Berechnen des Prozentsatzes

Bei vielen verpackten Nahrungsmitteln ist angegeben, wie viel Prozent Fett enthalten ist, siehe dazu den Slim & Fit-Käse rechts.

→ Berechne, wie viel Prozent Fett im Leerdamer-Käse enthalten ist.

Lösung

Das Streifendiagramm veranschaulicht den Anteil von Fett am Gesamtinhalt.

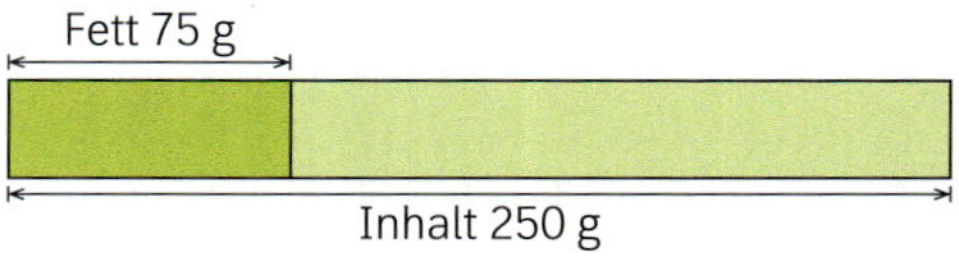

Die Berechnung lässt sich mit dem Pfeilbild veranschaulichen.
250 g ist das Ganze,
1 g ist ist dann $\frac{1}{250}$ des Ganzen.
75 g ist dann 75-mal so viel.
Also beträgt der Fettanteil $75 \cdot \frac{1}{250} = \frac{75}{250}$.

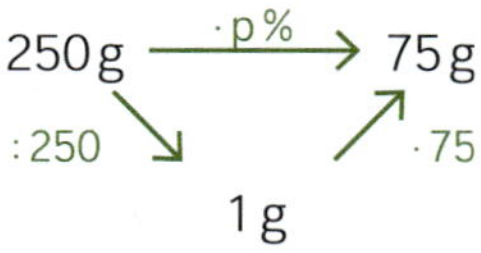

Diesen Bruch können wir auf zwei Wegen in die Prozentschreibweise umformen:

1. Weg (mit Hundertstelbrüchen):

Erweitern auf den Nenner 100 — In Prozent umwandeln

$$p\,\% = \frac{75}{250} = \frac{3}{10} = \frac{30}{100} = 30\,\%$$

2. Weg (mit Dezimalzahlen):

Als Quotient schreiben — Dividieren — In Prozent umwandeln

$$p\,\% = \frac{75}{250} = 75 : 250 = 0{,}30 = 30\,\%$$

Der Leerdamer-Käse enthält 30 % Fett.

Information

In der Prozentrechnung kann man wie in der Bruchrechnung verfahren. Man verwendet anstelle der Begriffe Ganzes, Anteil und Teil die Bezeichnungen **Grundwert**, **Prozentsatz** und **Prozentwert**.

Man berechnet den Prozentsatz, indem man den Prozentwert durch den Grundwert dividiert und das Ergebnis in der Prozentschreibweise notiert.

38 %	von 200 km	sind 76 km
↑	↑	↑
Prozentsatz p % (Anteil)	Grundwert G (Ganzes)	Prozentwert W (Teil)

Wie viel % sind 168 m von 600 m?
600 m ist das Ganze, also G = 600 m.
168 m entspricht dem Teil, also W = 168 m.

Ansatz: $600\,\text{m} \xrightarrow{\cdot\, p\,\%} 168\,\text{m}$

Rechnung:

$p\% = \frac{168\,\text{m}}{600\,\text{m}} = \frac{28}{100} = 0{,}28 = 28\,\%$

Üben

1 Du kennst schon den Zusammenhang zwischen Brüchen, Dezimalzahlen und Prozentangaben. Finde die Karten, die zusammengehören.

3 % | $\frac{1}{2}$ | $\frac{20}{40}$ | 0,03 | 0,5 | $\frac{3}{100}$ | 50 % | $\frac{1}{4}$ | 25 % | 0,25 | $\frac{25}{100}$

2 Bei der Klassensprecherwahl der Klasse 7 b wurden 25 gültige Stimmen abgegeben.
Berechne in Prozent, wie viele Stimmen jeweils auf Mia, Louisa und Luke entfallen sind.

3 Berechne den passenden Prozentsatz im Kopf.
a) Grundwert: 20 kg; Prozentwert:
(1) 10 kg; (2) 15 kg; (3) 5 kg; (4) 1 kg; (5) 2 kg; (6) 4 kg
b) Grundwert: 800 €; Prozentwert:
(1) 200 €; (2) 80 €; (3) 600 €; (4) 8 €; (5) 40 €; (6) 720 €

4 Berechne den Prozentsatz im Kopf.
a) 6 m von 24 m **b)** 18 l von 90 l **c)** 150 g von 150 g **d)** $9\,\text{m}^3$ von $72\,\text{m}^3$

5 Gib den Anteil in Prozent an. Beachte dabei die verschiedenen Maßeinheiten.
a) 15 cm von 1 m **b)** 10 dm von 10 m **c)** 7 mm von 14 cm **d)** 900 m von 6 km

6 Herr Meyer verdient monatlich 1 750 €. Davon zahlt er 250 € auf ein Sparkonto. Wie viel Prozent des Gehaltes sind das?

7 Ein Mitschüler war krank. Erklärt ihm die Berechnung des Prozentsatzes.

8 ≡ Wie viel Prozent Thunfisch, wie viel Prozent Flüssigkeit sind in der Dose?

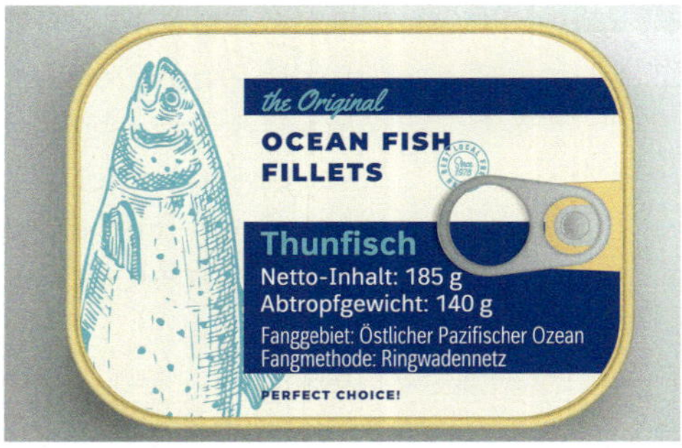

9 ≡ In Lenas Klasse gehen 25 Schülerinnen und Schüler; davon gaben 4 an, ohne Helm Fahrrad zu fahren.

a) Gib den Anteil der Schülerinnen und Schüler in Lenas Klasse, die ohne Helm Fahrrad fahren, in Prozent an.

b) Vergleiche den Prozentsatz aus Teilaufgabe a) mit dem Wert im Zeitungsartikel rechts.

c) Wie viel Prozent der Schülerinnen und Schüler in Lenas Klasse fahren mit Helm Fahrrad?

Jedes fünfte Kind ohne Fahrradhelm

Düsseldorf
Bei einer Schwerpunktaktion der Polizei im Stadtteil Eller fuhr jedes fünfte Kind ohne Fahrradhelm.

10 ≡ Mia, Pit und Tim haben berechnet, wie viel Prozent 15 € von 75 € sind. Kontrolliere.

Mia:	Pit:	Tim:
$\frac{15}{75} = \frac{30}{300} = \frac{20}{100} = 20\,\%$	$\frac{15}{75} = \frac{1}{5} = 5\,\%$	$\frac{15}{75} \cdot 100 = 1500 : 75 = 20\,\%$

Bequeme Prozentsätze
$\frac{1}{2} = 50\,\%$
$\frac{1}{5} = 20\,\%$
$\frac{1}{4} = 25\,\%$
$\frac{1}{10} = 10\,\%$

11 ≡ Gib einen Näherungswert für den Prozentsatz an. Bei der Überschlagsrechnung kannst du den Prozentwert, den Grundwert oder beide runden. Nutze die bequemen Prozentsätze als Näherungshilfe.

a) 40 m von 81 m **b)** 24 kg von 50 kg **c)** 58 € von 600 € **d)** 12 m^2 von 47 m^2

Weiterüben

12 ≡ Die meisten Deutschen machen im eigenen Land Urlaub.
Viele Deutsche zieht es aber auch in benachbarte oder weit entfernte Länder.

a) Wie viel Prozent der Urlauber verreisen nach Italien? Runde sinnvoll.

b) Stellt weitere Aufgaben und löst sie.

13 ≡ Welches Nahrungsmittel hat den höchsten, welches den niedrigsten Wassergehalt? Gib den Wassergehalt in Prozent an. Rechne im Kopf.

a) 200 g Roggenbrot enthält 82 g Wasser **b)** 2 kg Kartoffeln enthalten 1,5 kg Wasser
c) 250 g Tomaten enthalten 225 g Wasser **d)** 150 g Magerkäse enthält 66 g Wasser

2.2 Berechnen des Prozentwertes

Einstieg

Gesetzlich festglegte Bezeichnungen für Getränke mit Orangensaft

Orangensaft:	100 % Fruchtsaft
Orangennektar:	50 % Fruchtsaft
Orangen-fruchtsaftgetränk:	6 % Fruchtsaft
Orangenlimonade mit Fruchtsaft:	3 % Fruchtsaft

Saft, Nektar und Fruchtsaftgetränk unterscheiden sich im Anteil an reinem Fruchtsaft. Jan trinkt eine Flasche Orangensaft zu 0,7 l.
Wie viel gezuckertes Wasser hätte Jan zu sich genommen, wenn er stattdessen Orangennektar oder ein Orangenfruchtsaftgetränk oder Orangenlimonade getrunken hätte?

Aufgabe mit Lösung

Berechnen des Prozentwertes

Das Bundesland Nordrhein-Westfalen ist etwa 34 100 Quadratkilometer groß. Die Waldfläche beträgt ungefähr 27 %.

→ Berechne die Größe der Waldfläche.

Lösung

Das Streifendiagramm veranschaulicht den prozentualen Anteil der Waldfläche an der Gesamtfläche.

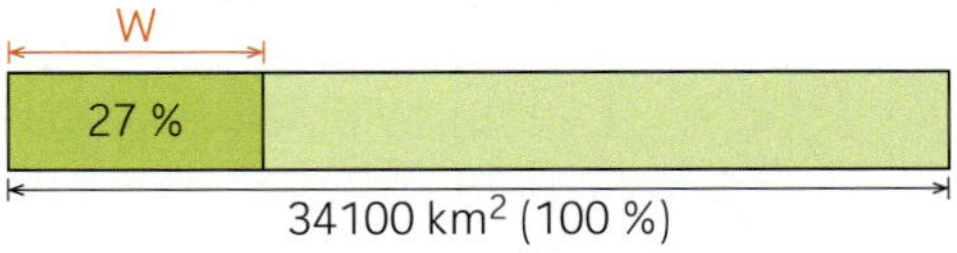

Gegeben: Grundwert $G = 34\,100\,km^2$
Prozentsatz $p\,\% = 27\,\%$
Gesucht: Prozentwert W

Aus der Dreisatz-Tabelle rechts ergibt sich der Ansatz zur Berechnung des Prozentwerts:

$W = 34\,100\,km^2 \cdot \frac{27}{100}$

	Prozentsatz	Wert	
: 100	100 %	$34\,100\,km^2$	: 100
· 27	1 %		· 27
	27 %		$\cdot \frac{27}{100}$

Zur Berechnung kannst du den Hundertstelbruch oder die Dezimalzahl verwenden:

1. Weg (mit Hundertstelbrüchen)
$W = 34\,100\,km^2 \cdot \frac{27}{100}$
$W = 9\,207\,km^2$

2. Weg (mit Dezimalzahlen)
$W = 34\,100\,km^2 \cdot 0{,}27$
$W = 9\,207\,km^2$

Ergebnis: Die Waldfläche beträgt gerundet $9\,200\,km^2$.

Information

Man berechnet den **Prozentwert**, indem man den Grundwert mit dem Prozentsatz multipliziert.

Wie viel sind 15 % von 200 €?
Ansatz: G = 200 €; p % = 15 %
$200\,€ \xrightarrow{\cdot 15\,\%} W$
Rechnung:
$W = 200\,€ \cdot \frac{15}{100} = 200\,€ \cdot 0{,}15 = 30\,€$

Üben

1 Die Schülerzeitung ZACK veranstaltet ein Preisausschreiben. In der nächsten Ausgabe erscheint der nebenstehende Artikel. Wie viele richtige Lösungen sind eingegangen?

Glückliche Gewinnerin!

800 Schülerinnen und Schüler haben beim Sommerrätsel teilgenommen. Von den 32 % richtiger Antworten wurde Lena ausgelost und gewinnt einen Pizza-Gutschein.

2 Berechne den Prozentwert.

a) 10 % von 700 kg **b)** 25 % von 28 m^2
c) 30 % von 150 € **d)** 90 % von 28 m
e) 60 % von 50 cm **f)** 99 % von 25 m
g) $33\frac{1}{3}$ % von 360 € **h)** $12\frac{1}{2}$ % von 8 m^2

3 Eine Mitschülerin war krank und muss daher den Unterricht nachholen. Erklärt ihr die Berechnung des Prozentwertes.

4 Berechne $\frac{1}{2}$ %, $\frac{1}{4}$ %, $\frac{2}{3}$ %, $5\frac{1}{2}$ % von:

a) 2 400 kg **b)** 72 € **c)** 144 m **d)** 360 m^2

5 Der menschliche Körper besteht zu etwa 60 % seines Gewichts aus Wasser.
a) Henry wiegt 40 kg. Wie viel Kilogramm Wasser sind in seinem Körper enthalten?
b) Wie viel Kilogramm Wasser enthält dein Körper etwa?
c) Bei starkem Schwitzen kann ein Mensch bis zu 2 % seines Gewichts an Wasser verlieren. Wie viel Kilogramm Wasser sind das bei Henry?

6 Jan behauptet: „Um 10 % von einem Grundwert zu berechnen, kann man auch einfach durch 10 dividieren. Also berechnet man 25 % des Grundwerts, indem man ihn durch 25 dividiert." Nimm Stellung.

7 Kontrolliere die Hausaufgaben von Victoria. Achte auch auf die Genauigkeit.

18 % von 13,61 €
W = 2,4498 €

68 % von 12,66 €
W = 8,60 €

3 % von 391 km
W = 11,73 km

17 % von 51,2 km
W = 8,704 km

Kreisdiagramme mit prozentualen Angaben

8 Die Tabelle enthält das Ergebnis einer Verkehrszählung.

Fahrzeugart	Lkw	Pkw	Sonstige
Anteil	15 %	75 %	10 %

a) Berechne den Mittelpunktswinkel.
b) Insgesamt wurden 5 000 Fahrzeuge an einem Tag gezählt. Berechne, wie viele Pkw das waren.

Hast du Geschwister?

Ja	80 %
Nein	20 %

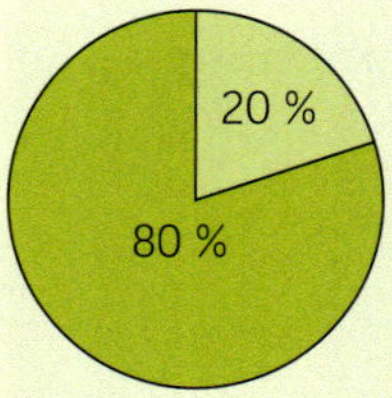

Berechne den Mittelpunktswinkel für 80 %.

80 % von 360° = $360° \cdot \frac{80}{100} = 288°$

9 Ein Verein hat 240 Mitglieder.

a) Wie viele Mitglieder des Vereins sind Kinder?

b) Wie viele Mitglieder verteilen sich auf die übrigen Altersgruppen?

c) Zeichne auch ein Streifendiagramm.

d) Erkundet in Gruppen die Sportvereine in eurer Umgebung und erstellt Plakate für eine Ausstellung: „Unsere Sportgemeinde".

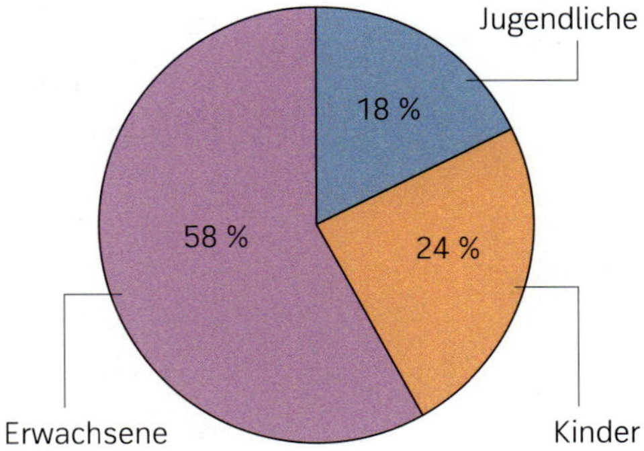

10 Luft enthält 78 % Stickstoff und 21 % Sauerstoff; der Rest entfällt auf andere Stoffe.

a) Zeichne ein Kreisdiagramm.

b) Schätzt die Größe eures Klassenraumes. Wie viel Sauerstoff ist darin?

11 Oft gibt es nicht nur einen richtigen Rechenweg. Erkläre die beiden Lösungen.

Aufgabe: Berechne 12,5 % von 56 l.	
Ben: Rechnung: 12,5 % von 56 l $= \frac{1}{8}$ von 56 l $= \frac{1}{8} \cdot 56\,l = 7\,l$ Ergebnis: 7 l	Louisa: Rechnung: 10 % von 56 l sind 5,6 l Ein Viertel von 5,6 l sind 1,4 l. 5,6 l + 1,4 l sind 7 l. Ergebnis: 7 l

12 Kombiniere jeweils ein grünes und ein blaues Kärtchen. Auf den blauen Kärtchen stehen die Prozentsätze, auf den grünen verschiedene Grundwerte. Erstelle so Aufgaben und berechne den Prozentwert im Kopf.

a) 25 %, 50 %, 75 %, 20 %, 1 %, 10 %, 120 kg, 800 €, 50 m

b) $33\frac{1}{3}$ %, $66\frac{2}{3}$ %, 12,5 %, 240 €, 480 kg, 144 l

13 Nicht immer sind exakte Ergebnisse notwendig. Dann ist die Strategie des Überschlags sinnvoll. Erkläre die Vorgehensweise von Moritz rechts.

Aufgabe: Überschlage 19 % von 2 517 g
Rechnung: 19 % von 2 517 g
≈ 20 % von 2 500 g
$= \frac{1}{5}$ von 2 500 g
Ergebnis: ungefähr 500 g

14 Bestimme einen Näherungswert für den Prozentwert mit einem Überschlag. Du kannst einen bequemen Prozentsatz oder einen gerundeten Grundwert verwenden.

a) 9 % von 26 l b) 52 % von 2600 t c) 65 % von 930 € d) 28 % von 985 m

e) 61 % von 0,9 m^2 f) 20 % von 583 € g) 25 % von 409 l h) $33\frac{1}{3}$ % von 62 l

2.3 Berechnen des Grundwertes – Vermischte Übungen

Einstieg

Olympische Spiele live im Fernsehen

Die Eröffnungsfeier von Pyeongchang sahen rund 4,24 Millionen Zuschauer im deutschen Fernsehen. Das entsprach einem Marktanteil von 35,6 Prozent.

Die Olympischen Spiele sind ein sportliches Highlight alle vier Jahre. Fernsehsender zahlen viel Geld für die Übertragungsrechte und Millionen Menschen rund um die Welt verfolgen die Wettkämpfe.
Berechnet, wie viele Zuschauer insgesamt an diesem Abend in Deutschland ferngesehen haben.

Aufgabe mit Lösung

Berechnen des Grundwertes

Frau Fröhlich kauft das E-Bike aus dem Angebot.

E-Bike für 1 200 €! Das sind 60 % des alten Preises!

→ Berechne, wie viel Frau Fröhlich regulär hätte bezahlen müssen.

Lösung

Das Streifendiagramm veranschaulicht den Teil und den Anteil am Gesamtpreis.

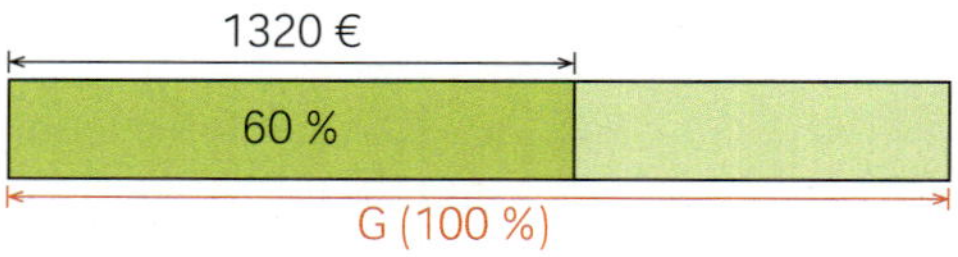

Gegeben: Prozentwert W = 1320 €
Prozentsatz p % = 60 %

Gesucht: Grundwert G

Die Rechnung kann am Pfeilschema oder der Dreisatz-Tabelle veranschaulicht werden.

Pfeilschema:

$G \xrightarrow{\cdot 60\,\%} 1\,320\,€$, zurück: $:60\,\%$

Multiplizieren mit 60 % durch Dividieren rückgängig machen

Dreisatz-Tabelle:

	Prozentsatz	Wert	
	60 %	1 320 €	
:60	1 %		:60
·100	100 %		·100

(Wert-Spalte insgesamt: $\cdot \frac{100}{60}$)

$\cdot \frac{100}{60}$ bedeutet $: \frac{60}{100}$

Am Pfeilschema oder der Dreisatz-Tabelle erkennst du:
Zum Berechnen des Grundwertes muss man den Prozentwert durch den Prozentsatz dividieren.

1. Weg (mit Hundertstelbrüchen)

$G = 1\,320\,€ : \frac{60}{100}$ (60 %)

$= 1\,320\,€ \cdot \frac{100}{60}$

$= 2\,200\,€$

2. Weg (mit Dezimalzahlen)

$G = 1\,320\,€ : 0{,}6$ (60 %)

$= 13\,200\,€ : 6$

$= 2\,200\,€$

Frau Fröhlich hätte 2 200 € bezahlen müssen.

Information

Man berechnet den **Grundwert**, indem man den Prozentwert durch den Prozentsatz dividiert.

30 % eines Grundwertes sind 150 kg.

Ansatz: p % = 30 %; W = 150 kg

$G \xrightarrow{\cdot 30\,\%} 150\,kg$

Rechnung:

$G = 150\,kg : \frac{30}{100} = 150\,kg \cdot \frac{100}{30} = 500\,kg$

Üben

1 Berechne aus den Angaben rechts die Menge Vitamin C, die ein Erwachsener bei gesunder Ernährung täglich benötigt.

Fit for Fun Juice
100 ml unseres neuen Vitamin-Safts enthalten 21 mg Vitamin C, also 35 % des empfohlenen Vitaminbedarfs eines Erwachsenen.

2 Berechne den Grundwert.

a) 72 kg sind 8 % von G
b) 54 € sind 6 % von G
c) 42 kg sind 14 % von G
d) 15 km sind 12 % von G
e) 28,50 € sind 95 % von G
f) 11,6 l sind 56 % von G

3 An einer Schifffahrt nehmen 280 Personen teil. Der Kapitän sagt: „Leider ist das Schiff nur zu 70 % ausgebucht." Wie viele Fahrgäste kann das Schiff befördern?

4 Geröstete Nüsse sind sehr energiereich. Auf einer Packung ist angegeben, dass eine 30 g umfassende Portion 781 kJ enthält und damit 9 % des täglichen Energiebedarfs eines Erwachsenen deckt.
Berechne, von welchem täglichen Energiebedarf bei dieser Angabe ausgegangen wurde.

5 Du wirst im Internet gefragt, wie man den Grundwert berechnen kann. Schreibe eine Antwort oder drehe ein Video.

6 Kombiniere den Prozentwert auf den grünen Kärtchen mit dem Prozentsatz auf den blauen Kärtchen und berechne den Grundwert im Kopf.

50 % | 25 % | 10 % | 75 % | 20 % | 1 % | 12 € | 30 kg | 75 m

7 Bestimme durch Überschlagsrechnung einen Näherungswert für den Grundwert.

a) 291 € sind 20 % von G
b) 70 m sind 12 % von G
c) 318 € sind 74 % von G
d) 28 kg sind 75 % von G
e) 350 € sind 48 % von G
f) 496 km sind 34 % von G

Vermischte Übungen

8 ≡ Aus Kartoffeln kann Stärke gewonnen werden.

a) Aus 50 t Kartoffeln gewinnt man 9 t Stärke. Wie viel Prozent Stärke ist in den Kartoffeln enthalten?

b) Eine Stärkefabrik erhält eine Lieferung von 400 t Kartoffeln. Wie viel t Stärke können daraus hergestellt werden?

c) Wie viel Kilogramm Kartoffeln muss man für 60 kg Stärke verarbeiten?

Berechne den Prozentsatz p%:
$G = 700;\ W = 140$
$p\% = \frac{140}{700} = \frac{20}{100} = 20\,\%$

Berechne den Prozentwert W:
$G = 60;\ p\% = 40\,\%$
$W = 60 \cdot \frac{40}{100} = 24$

Berechne den Grundwert G:
$W = 24;\ p\% = 60\,\%$
$G = 24 : \frac{60}{100}\% = 40$

9 ≡ An Schulen werden viele statistische Daten erhoben.

a) 144 Schülerinnen und Schüler kommen zu Fuß; das sind 25 % aller Schüler. Wie viele Schülerinnen und Schüler hat die Schule?

b) Von 550 Schülerinnen und Schüler kommen 38 % von auswärts. Wie viele Schülerinnen und Schüler sind das?

c) Von 840 Schülerinnen und Schüler sind 126 in der Klasse 7. Wie viel Prozent aller Schülerinnen und Schüler sind in den anderen Klassenstufen?

10 ≡ Auf den Verpackungen von Lebensmitteln finden sich viele Informationen zum Nährstoffgehalt. Betrachtet die Milchpackung rechts.

a) Berechnet den Tagesbedarf an einzelnen Spurenelementen und Vitaminen.

b) Stellt euch weitere geeignete Fragen und beantwortet sie.

11 ≡ Beim Schulausflug stöhnt die Klasse über die lange Wanderung. Nach einer Stunde und 22 Minuten jammern einige besonders: „Wie lange sollen wir denn noch laufen?" Die Lehrerin antwortet: „Wir haben schon 40 % geschafft."
Was kannst du daraus entnehmen?

12 ≡ Für das Neubaugebiet in Neustadt schreibt die städtische Baubehörde vor, dass höchstens 55 % der Grundstücksfläche bebaut werden darf. Die restliche Fläche muss als Grünfläche bestehen bleiben.
Familie Schulze hat sich ein Fertighaus ausgesucht, das sie bauen möchte. Das Haus soll 11 m breit und 13,50 m lang werden. Berechne die Größe, die das Grundstück mindestens haben muss.

13 ≡ Prüfe bei den folgenden Aussagen, ob sie wahr oder falsch sind. Begründe.
Bei einem Prozentsatz von 10 % erhalt man den Prozentwert, indem man den Grundwert

(1) mit $\frac{1}{10}$ multipliziert;
(2) durch 10 dividiert;
(3) mit 0,10 multipliziert;
(4) durch 0,10 dividiert.

14 ≡ Stellt euch gegenseitig geeignete Aufgaben zum Bericht rechts und löst sie.

Bericht einer Verkehrskontrolle

Von 86 Fahrrädern hatten 31,4 % eine defekte Beleuchtung.
Bei 2,8 % der 57 kontrollierten Motorräder war die Auspuffanlage zu laut. Bei 371 Autos waren 12,4 % der Fahrer nicht angeschnallt.

15 ≡ Die Tankuhr von Frau Schäfers Auto zeigt an, dass der Tank noch zu 25 % gefüllt ist. Frau Schäfer tankt 54 l, bis der Tank voll ist. Bestimme das Fassungsvermögen des Tanks.

16 ≡ Die Jahrgangsstufe 7 des Albert-Einstein-Gymnasiums fährt nach England. Pro Person kostet die Fahrt 340 €. Davon entfallen 130 € auf Unterkunft und Verpflegung, 106 € auf die Fahrtkosten, 79 € auf Ausflüge und Besichtigungen sowie 25 € auf die Leihgebühr für ein Fahrrad und eine Kanutour. Gib die Anteile der einzelnen Ausgaben in Prozent an.

17 ≡ Der tägliche Wasserverbrauch pro Person beträgt im Durchschnitt 140 Liter. In der Übersicht erkennst du, wofür das Wasser verbraucht wird.

a) Welcher Anteil entfällt auf den sonstigen Verbrauch?

b) Zeichne ein Streifen- oder Kreisdiagramm.

c) Berechne den Wasserverbrauch der einzelnen Angaben.

d) Für die Toilettenspülung, die Wäschereinigung und die Gartenpflege kann man auch gefiltertes Regenwasser verwenden. Wie groß ist der Anteil?

So verwenden wir das Trinkwasser

Körperpflege: 36 %
Toilettenspülung: 2 %
Wäsche waschen: 12 %
Kochen/Küche: 10 %
Garten/Pflanzen: 6 %

18 ≡ Im Jahr 2016 wurden Jugendliche aus Deutschland nach ihren Freizeitaktivitäten befragt. Rechts siehst du die häufigsten Antworten auf die Frage, was die Jugendlichen mindestens 1–2 mal pro Woche machen.
Wie viele von 1 200 Jugendliche haben die jeweiligen Antworten gegeben?

Freizeitaktivitäten Jugendlicher in Deutschland

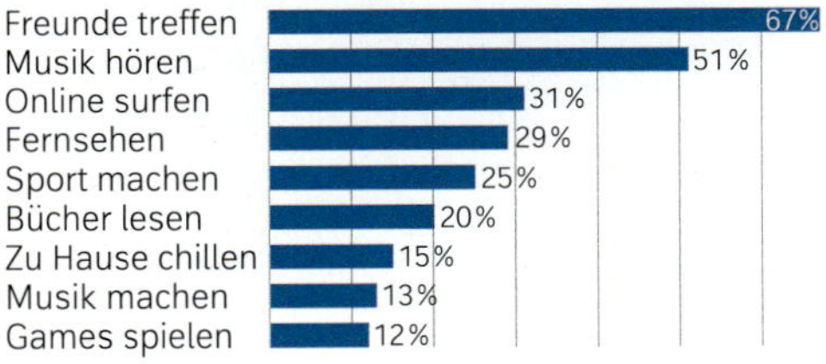

19 ≡ Auf alle Waren wird die sogenannte Mehrwertsteuer erhoben.
Im Großhandel werden Preise ohne Mehrwertsteuer angegeben. Im Jahr 2020 betrug der Mehrwertsteuersatz auf die rechts angegebenen Waren 19 %.

Kopfhörer	45,– €
Mountain-Bike	390,– €
Skateboard	75,– €
Tablet	280,– €
Tennisschläger	60,– €
Rucksack	120,– €

Preise ohne Mehrwertsteuer

a) Wie viel Mehrwertsteuer wird auf die Preise aufgeschlagen?
b) Auf einige Waren, wie z. B. Bücher, Grundnahrungsmittel, Brennholz, ... wird nur ein reduzierter Mehrwertsteuersatz fällig, im Jahr 2020 beträgt er in Deutschland 7 %. Im Großhandel wird Brennholz für 95 € ohne Mehrwertsteuer angeboten.
Berechne, wie viel Mehrwertsteuer dafür gezahlt werden muss.
c) Erkundige dich nach dem aktuellen Mehrwertsteuersatz.

20 ≡ Täglich verursachen wir zu Hause und in der Schule viel Müll. Einen Großteil unseres Mülls trennen wir.

Müllmengen im Jahr 2018 in Deutschland (in Mio. t)

Hausmüll	Wertstoffe	Bioabfälle	Sperrmüll	Sonstiges
13,1	12,2	10,3	2,5	0,2

Zeichne ein Kreisdiagramm mit den prozentualen Anteilen.

21 ≡ Berechnet für jede Walart den ursprünglichen Bestand.

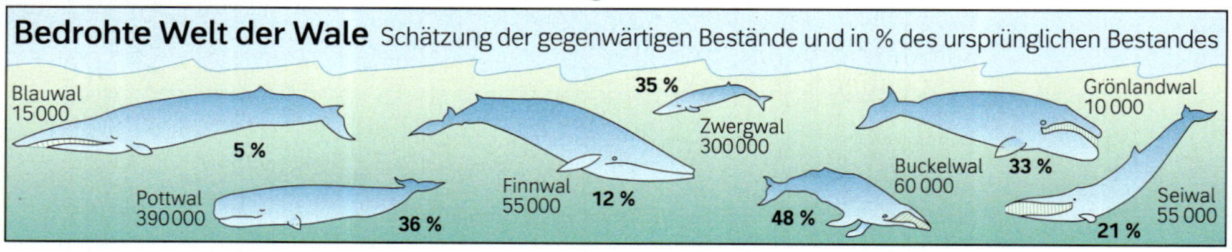

22 ≡ Wie viele Einwohner hat die Stadt, in der dieser Artikel in der Zeitung stand?

Einwohnerzahl um 6,8 % gesunken

Die statistische Erhebung zum Ende des letzten Jahres hat einen Rückgang der Bevölkerung um 2 000 Einwohner ergeben.

23 ≡ Bronze ist eine Legierung aus Kupfer und Zinn. Eine 160 kg schwere Glocke aus Bronze enthält 104 kg Kupfer.
Wie viel Prozent Kupfer, wie viel Prozent Zinn enthält die Bronzelegierung?

24 ≡ TAB Mit Tabellenkalkulationsprogrammen kann man Kreisdiagramme zeichnen, ohne zuvor Prozentsätze und Mittelpunktswinkel zu berechnen.
Rechts siehst du die Anteile der Farben für die fabrikneu zugelassenen Pkw im Jahr 2018.

a) Schätze die Anteile als Bruch.

b) Hier die Mittelpunktswinkel:
Grau: 106° *Blau:* 40° *Weiß:* 75° *Braun:* 7° *Schwarz:* 89° *Rot:* 24° *Sonstige:* 19°
Berechne damit die Prozentsätze.
Vergleiche mit deiner Schätzung.

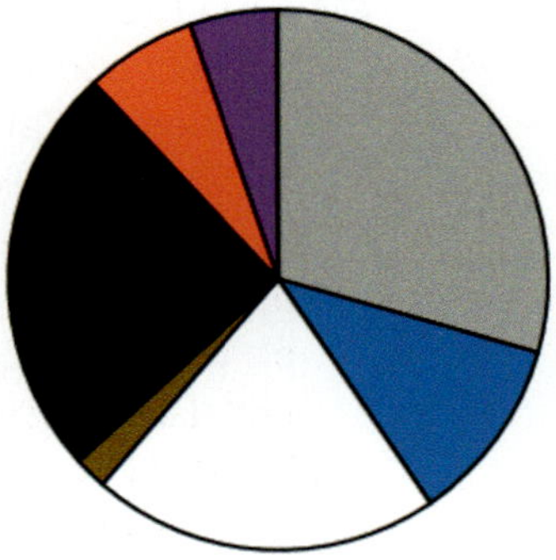

25 ≡ Erfinde eine Rechengeschichte zu:

a) $G \xrightarrow{\cdot 3\,\%} 21\,€$

b) $240\,km \xrightarrow{\cdot p\,\%} 150\,km$

c) $36\,kg \xrightarrow{\cdot 5\,\%} W$

d) $G \xrightarrow{\cdot 60\,\%} 120\,m$

26 ≡ Rechts findest du einige Informationen zur Stromerzeugung aus den verschiedenen Energieträgern.

a) Wie viel Kilowattstunden wurden aus den einzelnen Energieträgern erzeugt?

b) Welchen Anteil haben Wasserkraft, Windenergie und Fotovoltaik an der gesamten Strommenge?

c) Welchen Anteil haben Wasserkraft, Windkraft und Sonnenenergie an den erneuerbaren Energieträgern?

d) Stellt weitere Fragen, beantwortet sie und stellt sie dann euren Mitschülern.

Zusammensetzung der Stromerzeugung in Deutschland im ersten Halbjahr 2018

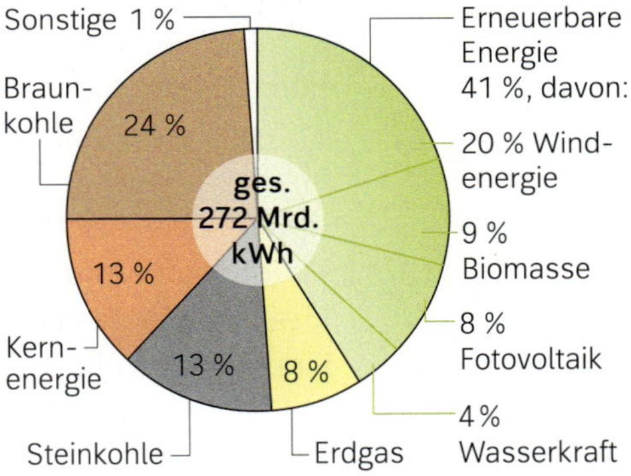

27 ≡ Am Mittelmeer wird Salz aus Meerwasser gewonnen. Dessen Salzgehalt liegt zwischen 2,5 % und 3,9 %.
Wie viel Meerwasser benötigt man zur Herstellung von 250 g Salz?

28 ≡ Gurken haben unter den Gemüsearten den höchsten Wassergehalt. Eine frische Gurke mit einem Wassergehalt von 90 % wiegt 400 g. Man geht davon aus, dass sie bei der Lagerung durch Austrocknen nur Wasser verliert.
Wie hoch ist der Wassergehalt, wenn die Gurke so ausgetrocknet ist, dass sie nur noch 300 g wiegt? Schätze zunächst und rechne dann.

Weiterüben

29 ≡ LED-Leuchten sind sehr sparsam im Energieverbrauch. Die Abkürzung LED steht für Licht emittierende Diode. Herr Lumos vom Elektrogeschäft hat während der letzten Wochen die Zahlen rund um LED-Leuchten festgehalten.

a) Von 800 gelieferten LED-Leuchten waren 2 defekt. Wie viel Prozent sind das?

b) Bei einer anderen Lieferung waren 12 LED-Leuchten nicht in Ordnung. Das waren 0,5 %. Wie viele LED-Leuchten umfasste diese Lieferung?

c) Von 600 LED-Leuchten wurden innerhalb einer Woche 54 % verkauft. Wie viele LED-Leuchten waren das?

30 ≡ Ein neugeborener Elefant wiegt ungefähr 90 kg. Er hat etwa 3 % des Gewichts vom erwachsenen Elefanten.
Wie schwer ist der erwachsene Elefant?

31 ≡ Täglich wird veröffentlicht, wie viele Zuschauer welche Sendungen angeschaltet haben. Die Zahlen entstehen durch Beobachtungen in Testhaushalten.

a) Welche Bedeutung haben die Zahlen für die Sender?

b) Wie viele Zuschauer hatten zu den betreffenden Zeiten das Fernsehgerät insgesamt angeschaltet, wie viele haben einen anderen Sender verfolgt?

c) Erkundet die Daten der letzten Tage.

DAS ERSTE
Die *TopFive* Einschaltquoten am 16.09.2019

Platz	Sendung	Beginn	Mio.	%
1.	Tageschau	20:00	4,95	17,5
2.	Gefragt – Gejagt	18:00	2,68	15,4
3.	Hirschhausen	20:15	2,61	8,7
4.	Tagesthemen	22:17	2,45	11,8
5.	Hart aber fair	21:00	2,40	8,5

32 ≡ Bestimme, in welchem der abgebildeten Nahrungsmittel der Kohlenhydrat-Anteil, in welchem der Eiweiß-Anteil und in welchem der Fettanteil am größten ist.

Erdnüsse
30 g enthalten
16,0 g Fett
4,1 g Kohlenhydrate
6,1 g Eiweiß

Äpfel
125 g enthält
0,5 g Fett
14,3 g Kohlenhydrate
0,4 g Eiweiß

Kartoffeln
200 g enthalten
0,4 g Fett
33,6 g Kohlenhydrate
4,2 g Eiweiß

Erbsen
80 g enthalten
0,4 g Fett
9,1 g Kohlenhydrate
5,1 Eiweiß

Promille – nicht nur im Straßenverkehr

Pro (lat.) von, für
Mille (lat.) Tausend

Im Alltag wird der Begriff Promille fast immer mit Alkohol im Straßenverkehr in Verbindung gebracht. Dabei dient das Promille nur zur Angabe kleiner Anteile: $p\,‰ = \frac{p}{1000}$
Mithilfe des Promille wird dann der Anteil des Alkohols im Blut beschrieben.

Promillegrenze	Punkte	Bußgeld	Fahrverbot
Null-Promille-Regel: als Fahranfänger nicht eingehalten bis unter 0,5 ‰	1	250 €	nein
Fahren mit einer Blutalkoholkonzentration von 0,5 ‰ bis 1,09 ‰			
• ohne vorherigen Alkoholverstoß	2	500 €	1 Monat
• bei Eintrag eines vorherigen Alkoholverstoßes	2	1 000 €	3 Monate
• bei Eintrag zweier vorherigen Alkoholverstöße	2	1 500 €	3 Monate
Fahren mit einer Blutalkoholkonzentration von 1,1 ‰ und mehr (absolute Fahruntüchtigkeit) wird als Straftat geahndet	3	Freiheits- oder Geldstrafe	variiert

1 l = 1 000 ml

1 Betrachte die Tabelle oben. Ein erwachsener Mensch hat ungefähr 5 l Blut. Berechne, wie viel Alkohol bei den angegebenen Promillewerten in seinem Blut ist.

2 Herr Arend trinkt Gin mit einem Alkoholgehalt von 42 %, Frau Bernd Wein mit einem Alkoholgehalt von 11 %, Herr Cord Bier mit einem Alkoholgehalt von 4,5 %. Wir nehmen in starker Vereinfachung an, dass der getrunkene Alkohol sofort vollständig ins Blut übergeht. Ermittle, nach welcher Trinkmenge die drei 0,5 bzw. 1,1 Promille haben.

3 Auch Versicherungsprämien werden gelegentlich in Promille angegeben. Herr Brand zahlt jährlich 280 € für die Feuerversicherung seines Hauses, das 200 000 € wert ist. Bestimme, wie viel Promille des Gebäudewertes die Versicherungsprämie ausmacht.

4 Der Stempel 925 auf Silberstücken bedeutet, dass 925 ‰ des Gewichts auf Silber und der Rest auf unedlere Metalle entfallen.
Ein Löffel hat ein Gewicht von 120 g, eine Gabel 100 g und ein Teelöffel 45 g. Bestimme, wie viel Gramm Silber in jedem Besteckteil enthalten ist.

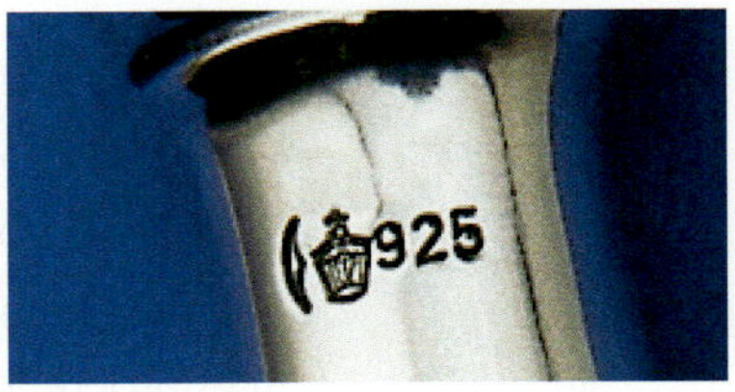

5 Lies die Zeitungsnotiz unten. Stelle eine Aufgabe und löse sie.

Ein Promille gegen Artensterben
Der Mensch ist in hohem Maße an der Ausrottung vieler Tier- und Pflanzenarten beteiligt, z. B. durch Roden des tropischen Regenwaldes. Dabei ist der Schutz der natürlichen Artenvielfalt wohl teuer, aber dennoch bezahlbar. Ein Forscher-Team um Stuart L. Pimm an der New Yorker Columbia-Universität schätzt, dass 30 Milliarden Dollar jährlich ausreichen, um extrem bedrohte Regenwaldregionen zu schützen. Das ist nur ein Promille der Summe, die der Mensch aus den Ökosystemen jährlich erwirtschaftet.

2.4 Prozentuale Änderungen

Einstieg

Im Durchschnitt fährt jeder Neustädter 40 km pro Monat mit dem Fahrrad und 130 km mit dem Auto. Ziel ist eine Zunahme der Fahrradfahrten um 40 % und eine Abnahme der Autofahrten um 20 % bis zum nächsten Jahr.
Berechnet die dann mit dem Fahrrad bzw. Auto zurückgelegte Strecke.

Aufgabe mit Lösung

Prozentuale Zu- und Abnahme

Arten verschwinden – Arten erholen sich

Die Entwicklung der Bestände verschiedener Tierarten ist in Deutschland sehr unterschiedlich. Manche Tierarten fast gänzlich ausgestorben, bei anderen hat die Anzahl der Tiere hingegen stark zugenommen. So nimmt etwa die Zahl der Wölfe seitdem zu. Ihre Anzahl betrug im Jahr 2018 ca. 140 und hat sich bis zum Jahr 2019 um 10 % erhöht.

→ Berechne die Anzahl der Wölfe im Jahr 2019.

Lösung

Die Zahl der Wölfe im Jahr 2018 ist der Grundwert $G = 140$.
1. Weg: Man kann zunächst die Erhöhung bestimmen. Der Prozentsatz beträgt 10 %.
Die gesuchte Erhöhung ist der Prozentwert W. Für diese gilt:
$10\,\%$ von $140 = 140 \cdot \frac{10}{100} = 14$
Die Zahl der Wölfe im Jahr 2019 ergibt sich dann aus der Zahl im Jahr 2018 zusammen mit der Erhöhung: $140 + 14 = 154$

2. Weg: Man kann die Anzahl in einem Schritt berechnen. Das Diagramm zeigt die Idee. Die neue Anzahl setzt sich zusammen aus der alten Anzahl (100 %) und der Erhöhung (10 %). Die neue Zahl ist also 110 % der alten Zahl:
$p\,\% = 110\,\% = 1{,}1$.
Bei diesem Weg ist der Prozentwert W die neue Anzahl.
$W = 140 \cdot 1{,}10 = 154$
Die aktuelle Zahl erwachsener Wölfe beträgt im Jahr 2019 also 154.

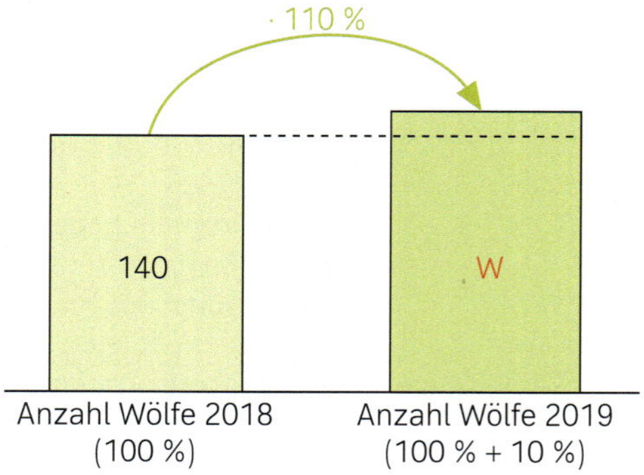

→ Berechne die Anzahl der Brutpaare bei den Rebhühnern im Jahr 2017.

Rebhühner – eine gefährdete Art
Die Zahl der brütenden Paare hat von 115 000 Brutpaaren im Jahr 2009 bis hin zum Jahr 2017 um 44 % abgenommen.

Lösung
Die Zahl der Brutpaare im Jahr 2009 ist der Grundwert $G = 115\,000$.

1. Weg: Man kann zunächst die Verringerung bestimmen. Der Prozentsatz beträgt 44 %. Die gesuchte Verringerung ist der Prozentwert W. Für diese gilt: 44 % von
$115\,000 = 115\,000 \cdot \frac{44}{100} = 50\,600$
Zahl der im Jahr 2017 brütenden Rebhuhnpaare: $115\,000 - 50\,600 = 64\,400$

2. Weg: Man kann die Anzahl in einem Schritt berechnen. Das Diagramm zeigt die Idee:
Man erhält den neuen Bestand, indem man vom alten (100 %) die Verringerung (44 %) subtrahiert:
$p\,\% = 100\,\% - 44\,\% = 56\,\%$
Bei diesem Weg ist der Prozentwert W die neue Anzahl:

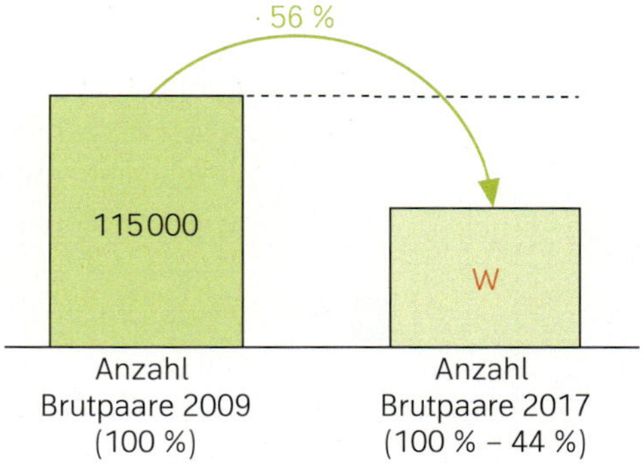

$115\,000 \xrightarrow{\cdot 56\,\%} W$
$W = 115\,000 \cdot 0{,}56 = 64\,400$
Im Jahr 2017 betrug die Zahl der brütenden Rebhuhnpaare also 64 400.

Information

Prozentuale Zunahme

(1) *Angabe der Veränderung*
Erhöhung um p %
(2) *Angabe des neuen Wertes*
Erhöhung auf $(100 + p)\,\%$, also Multiplikation mit dem
Zunahmefaktor $1 + \frac{p}{100}$.

(1) *Angabe der Veränderung*
Die Größe wird um 15 % erhöht.
(2) *Angabe des neuen Wertes*
Die Größe erhöht sich auf 115 %.
Hierbei bezeichnet man den Prozentsatz $p\,\% = 115\,\% = 1{,}15$ als Zunahmefaktor.

Prozentuale Abnahme

(1) *Angabe der Veränderung*
Verminderung um p %
(2) *Angabe des neuen Wertes*
Verminderung auf $(100 - p)\,\%$, also Multiplikation mit dem
Abnahmefaktor $1 - \frac{p}{100}$.

(1) *Angabe der Veränderung*
Die Größe wird um 6 % vermindert.
(2) *Angabe des neuen Wertes*
Die Größe vermindert sich auf 94 %. Hierbei bezeichnet man den Prozentsatz $p\,\% = 94\,\% = 0{,}94$ als Abnahmefaktor.

Üben

1 ≡ Familie Sommer will ihr gebrauchtes Auto verkaufen. Im Internet finden sie eine Preistabelle. Ihr Automodell ist mit 8 600 € angegeben. Da mit dem Auto nur wenig gefahren worden ist und es eine Sonderausstattung besitzt, können 12 % aufgeschlagen werden. Berechne den möglichen Preis.

2 ≡ Durch energiesparende Geräte konnte Familie Kohl den jährlichen Energiebedarf von 3 600 kWh (Kilowattstunden) um 6 % senken. Berechne den neuen Energiebedarf.

3 ≡ Mache dir den Unterschied zwischen *Zunahme um, Zunahme auf, Abnahme um* und *Abnahme auf* deutlich.

a) Ein Preis steigt um (1) 20 %, (2) 3 %, (3) 17,5 %
Auf das Wievielfache steigt er an?

b) Ein Preis sinkt um (1) 20 %, (2) 3 %, (3) 17,5 %
Auf das Wievielfache sinkt er ab?

c) Ein Preis steigt auf das (1) 1,15-fache, (2) 1,2-fache, (3) Doppelte
Um wie viel Prozent steigt er an?

d) Ein Preis steigt auf (1) 300 %, (2) 175 %, (3) 210 %
Um wie viel Prozent steigt er an?

e) Ein Preis sinkt auf (1) drei Viertel, (2) 90 %, (3) 84,5 %
Um wie viel Prozent sinkt er ab?

4 ≡ Der Goldpreis ist sehr starken Veränderungen unterworfen; er wird häufig in € pro Feinunze (31,103 g) angeben.

a) Vom Jahresbeginn 2019 ist er bis zum 9.12.209 von 1 135,78 € um 16,2 % angestiegen. Berechne den Preis vom 9.12.2019.

b) Am 2.10.2012 betrug der Preis 1 379,08 €. Bis zum 2.1.2014 fiel er um 36,4 %. Berechne den Preis am 2.1.2014.

Berechnung des Prozentsatzes

5 ≡ Ein Obstbauer hat den Ernteertrag von 15 800 kg auf 18 600 kg steigern können. Um wie viel Prozent nahm der Ertrag zu? Runde auf zehntel Prozent.

6 ≡ Durch eine neue Heizung hat Familie Sparsam die Heizkosten von 525 € auf 462 € gesenkt. *Auf* wie viel Prozent der alten Kosten wurden die neuen Kosten gesenkt? *Um* wie viel Prozent konnten die Heizkosten gesenkt werden?

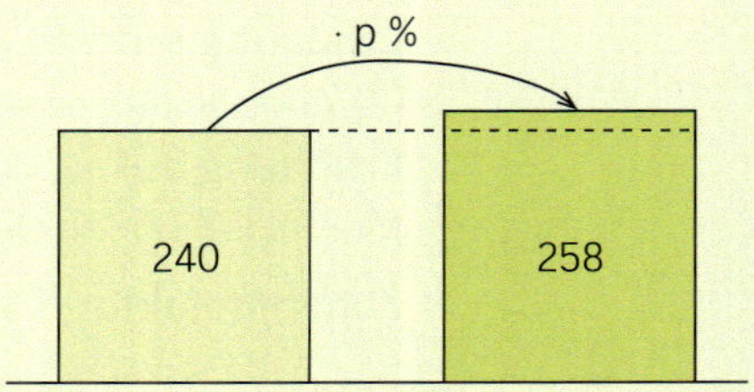

$p\% = \frac{258}{240} = 107{,}5\,\%$

Erhöhung **auf** 107,5 %

Erhöhung **um** 7,5 %

7 ≡ Tims Mutter fährt jeden Arbeitstag 67,5 km zu ihrer Arbeitsstelle. Sie hat in einem anderen Ort eine neue Wohnung gefunden, die nur noch 21,3 km von der Arbeitsstelle entfernt ist. Um wie viel Prozent wird die Fahrstrecke nach dem Umzug kürzer?

Aufgabe mit Lösung

Berechnung des Grundwertes

Matheo liebt Honig. Jetzt gibt es im Bauernladen auch extra große Gläser neben den normalen Größen.

→ Berechne, wie viel Gramm Honig in einem normal großen Glas sind.

Lösung

Die neue Menge 700 g ist entstanden aus der alten Menge (Grundwert) und der Erhöhung um 40 %. Die neue Menge ist also 100 % + 40 % = 140 % der alten Menge.

Also W = 700 g; p % = 140 % = 1,4.

Dann ergibt sich G = 700 g : 1,4 = 500 g.

In einem normalen Glas sind 500 g Honig.

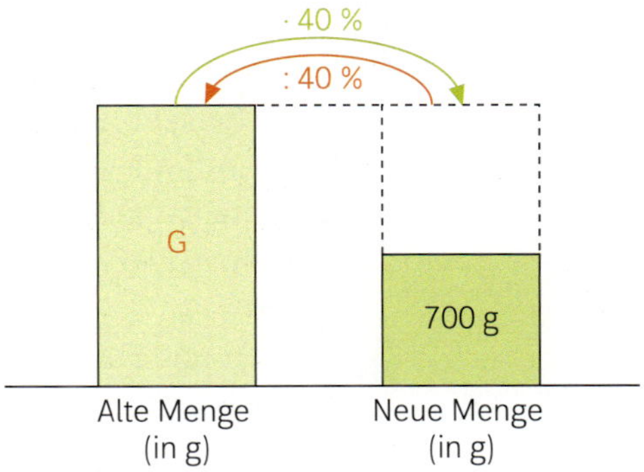

Information

Berechnen des Grundwertes aus dem veränderten Wert

Auch bei der Veränderung von Größen sind drei Grundaufgaben möglich:

- Berechnen des Prozentsatzes
- Berechnen des Prozentwertes
- Berechnen des Grundwertes.

Die Zuordnung der gegebenen und gesuchten Größen zum Grundwert, Prozentwert und Prozentsatz kann man gut an Säulendiagrammen veranschaulichen.

Der Preis eines Fahrrads wurde um 20 % gesenkt und beträgt jetzt 320 €. Wie hoch war er vorher?

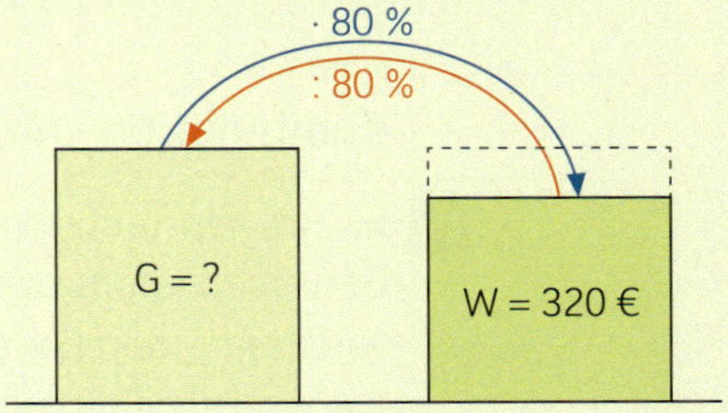

W = 320 €, p % = 80 %, gesucht G.

8 Die Miete von Familie Schreiber wurde um 8 % erhöht und beträgt jetzt 573,70 €. Berechne die Höhe der Miete vor der Erhöhung.

9 Berechnet, wie viel vorher in den Packungen im Bild unten waren. Sucht selber Packungen mit solchen Angaben und rechnet.

10 ≡ Paula war einkaufen. Auf dem Kassenbon findet sie die nebenstehende Information.
Berechne, für wie viel Geld Paula insgesamt einkaufen war.

11 ≡ Lisa und Ahmed gehen gerne in die Bücherei.

a) Ihre Stadtbücherei hat einen Bestand von 6 350 Büchern. Im nächsten Jahr soll der Bestand um 2 % steigen. Berechne den neuen Bestand.

b) In diesem Jahr stieg die Anzahl der Spiele-DVDs in der Bücherei von 2 720 auf 3 060. Auf wie viel Prozent des Anfangsbestandes ist die Zahl der DVDs angewachsen?

c) Der Bestand der Musik-CDs nahm um 17 % ab. Früher waren es 1 250. Berechne, wie viele es jetzt sind.

12 ≡ Herr und Frau Meier haben 2019 für ihr Geschäft einen Spiegel für 145 € (einschließlich 19 % Mehrwertsteuer) gekauft. Für ihre Buchführung gegenüber dem Finanzamt benötigen sie den Preis ohne Mehrwertsteuer.
Entscheide, welcher Rechenweg korrekt ist.

Frau Meier
145 · 0,19 = 27,55
145 − 27,55 = 117,45
Preis ohne MwSt. = 117,45 €

Herr Meier
145 : 1,19 = 121,85
Preis ohne MwSt. = 121,85 €

Kombination von Wachstumsfaktoren

13 ≡ Bei den Tarifverhandlungen der Gewerkschaft mit den Arbeitgebern wird vereinbart, den Lohn in diesem Jahr um 2,4 % zu erhöhen und im nächsten Jahr um 1,8 %.
Berechne die gesamte Erhöhung.

Ein Preis wird von 120 € zuerst um 10 % erhöht, der erhöhte Preis später um 10 % herabgesetzt.

$120\,€ \xrightarrow{\cdot 1{,}1} 13{,}20\,€ \xrightarrow{\cdot 0{,}9} 118{,}80\,€$

14 ≡ Ein Bett kostet 215 €. Der Preis wird um 5 % erhöht, der erhöhte Preis später nochmals um 5 %. „Dann ist der Preis um 10 % erhöht worden", sagt Herr Kaiser. Was meinst du?

15 ≡ Ein Technikmarkt verkauft ein neues Smartphone für schnell entschlossene Kunden 20 % unter der Preisempfehlung. Nach zwei Tagen wird der Preis um 25 % auf 200 € erhöht. Bestimme den empfohlenen Preis.

16 ≡ Nachdem Möbelhaus Arlt seine Preise um 5 % erhöht hat und das Möbelgeschäft Buse seine Preise um 5 % gesenkt hat, kostet ein Schrank in beiden Geschäften 975 €. Kommentiere die Aussage eines interessierten Kunden: „Vor den Preisveränderungen in den beiden Geschäften lag zwischen den Preisen eine Spanne von 10 %."

Besondere Arten von Preisnachlass – Rabatt und Skonto

brutto (ital.) ohne Abzug
netto (ital.) nach Abzug
Rabatt (ital.) Abschlag

17 Ein Fernsehgerat kostet brutto 520 €. Da es ein Vorführgerät ist, gewährt die Händlerin einen Preisnachlass von 15 %. Wie viel kostet der Fernseher netto?

18 Jettes Mutter muss 455 € bezahlen. Sie erhält bei Barzahlung 2 % Skonto. Wie viel Euro muss sie noch zahlen?

19 Ben kauft Inline-Skater für 112 €. Da es sich um ein Ausstellungsstück handelt, bekommt er 20 % Rabatt. Wie viel muss er für die Skater bezahlen?

Beim Verkauf von Waren wird oft ein Preisnachlass **(Rabatt)** gewährt. Anlass dazu ist z.B. ein Mengenrabatt oder ein Treuerabatt. Ein Rabatt bei kurzfristiger Zahlung von hohen Preisen heißt auch **Skonto**. Der ursprüngliche Preis wird dabei als **Bruttopreis**, der Preis nach Abzug des Preisnachlasses als **Nettopreis** bezeichnet.

20 Ein Fernseher kostet im Großhandel 450 € plus 19 % Mehrwertsteuer. Bei Barzahlung gewährt der Händler einen Rabatt von 5 % des Gesamtpreises. Lasse behauptet: „Das kann man ja einfacher rechnen, indem man 450 € um 14 % erhöht.“ Nimm Stellung.

21 Frau Zander hat das Sondermodell zum ermäßigten Preis gekauft. Ihre Töchter möchten den Preis vor der Preissenkung berechnen. Entscheide, welcher Rechenweg korrekt ist.

Unglaubliche Preissenkung um 9 %!
Der Stadtflitzer jetzt für nur noch 14 500 €

Jasmin:
14500 · 9 % = 1305
14500 + 1305 = 15805
Alter Preis: 15805

Sophie:
14500 : 91 % = 15934,07
Alter Preis: 15934,07 €

22 Nach Tarifverhandlungen wurden die Löhne um 50 € erhöht. Die Tabelle zeigt die neuen Löhne. Um wie viel Prozent sind die Löhne gestiegen?

Herr Sachse	Frau Weber	Frau Haase	Herr Weise
940 €	1 230 €	1 410 €	1 670 €

23 Stellt geeignete Aufgaben und löst sie. Sucht Packungen und rechnet.

Weiterüben

24 ≡ Ein Kaufhaus wirbt zu Beginn des Jahres mit vielen Angeboten.

a) Alexander will ein City-Bike kaufen. Es kostet 470 €. Da es sich um ein Modell aus dem Vorjahr handelt, wird der Preis um 15 % herabgesetzt. Berechne den neuen Preis.

b) Sarina hat sich einen Fotoapparat für 212 € ausgesucht. Nun wird er für 185,50 € verkauft. Berechne, wie viel Prozent Preisnachlass Sarina erhält.

c) Mats Opa erhält beim Kauf eines Computers einen Preisnachlass von 5 %. Daher zahlt er nur 551 €. Berechne den Preis des Computers ohne Preisnachlass.

25 ≡ TAB Im Großhandel sind die Preise ohne Mehrwertsteuer ausgezeichnet. Auf alle Waren ist Mehrwertsteuer zu zahlen; rechne mit dem 2019 gültigen Satz von 19 %. Betrachte die Zuordnung *Preis ohne Mehrwertsteuer → Preis einschließlich Mehrwertsteuer*.

a) Lege mithilfe einer Tabellenkalkulation für diese Zuordnung eine Tabelle an: Preise ohne Mehrwertsteuer von 100 € bis 1 000 € in 50-€-Schritten

b) Untersuche, ob die Zuordnung proportional ist.

c) Zeichne den Graphen dieser Zuordnung.

26 ≡ Wer eine Fundsache im Fundbüro abgibt, hat Anspruch auf Finderlohn: Bis 500 € beträgt er 5 % vom Wert der Fundsache. Ist die Fundsache mehr als 500 € wert, so beträgt der Finderlohn 5 % von 500 € und zusätzlich 3 % des Wertes, der 500 € übersteigt. Berechne jeweils den möglichen Wert des Fundstücks.

a) Tobias hat eine Uhr gefunden. Er erhält dafür 9 € Finderlohn.

b) Sarah hat eine Kette gefunden. Dafür erhält sie 34 € Finderlohn.

27 ≡ Betrachte die Anzeige rechts. Kontrolliere die prozentualen Angaben.

28 ≡ Auf den Jahreshauptversammlungen des Sportvereins stellen die Abteilungsleiter der Abteilungen Fußball, Handball, Schwimmen und Turnen ihre Jahresberichte vor. Diese betonen verschiedene Zahlen in unterschiedlicher Weise.

Fußball: „Unsere Abteilung zählt stolze 357 Mitglieder."

Handball: „Wir konnten unsere Mitgliederzahl auf 306 erhöhen."

Schwimmen: „20 % aller Vereinsmitglieder sind Schwimmer."

Turnen: „Nur noch 2 % aller Mitglieder turnen."

a) Kannst du weitere Angaben zu Mitgliederzahlen des Sportvereins angeben und Prozentangaben ermitteln?

b) Marlon sagt stolz: „Ich spiele Handball und Fußball im TSV." Hat das Auswirkungen auf deine Überlegungen?

Prozent oder Prozentpunkte

1 Dem Waldschadensbericht der Bundesregierung für das Jahr 2018 kann man folgende Daten entnehmen:

Die Trockenheit setzte den Bäumen zu

Der Kronenzustand hat sich gegenüber dem Vorjahr bei allen Baumarten verschlechtert. Die anhaltende Dürre in der Vegetationszeit 2018 führte verbreitet zum vorzeitigen Abfallen der Blätter. Bei der Fichte begünstigte sie die Massenvermehrung von Borkenkäfern. Das volle Ausmaß der Dürreschäden wird aber voraussichtlich erst in der kommenden Vegetationsperiode 2019 sichtbar werden. Bei der Fichte ist der Anteil der deutlichen Kronenverlichtungen von 25 % auf 30 % gestiegen.

Ein Journalist veröffentlicht: „Der Anteil der Fichten mit deutlicher Kronenverlichtung hat um 5 % zugenommen." Ein anderer Journalist schreibt: „Der Anteil der Eichen mit deutlicher Kronenverlichtung ist um dramatische 20 % gestiegen."
Beide meinen etwas Richtiges, obwohl sich ihre Aussagen unterscheiden. Erläutere die Überlegungen der beiden Journalisten.

Prozent – Prozentpunkt

Man verwendet die Bezeichnung Prozentpunkt, um zwischen mehreren in Prozent angegebenen Anteilen zu vergleichen. Ein Prozentpunkt entspricht der Veränderung, die notwendig ist, um eine prozentuale Angabe z. B. von 2 % auf 3 % zu erhöhen. Prozentpunkte werden unter anderem zum Vergleichen von Wahlergebnissen oder Zinssätzen verwendet. In § 288 des Bürgerlichen Gesetzbuches ist. z. B. festgelegt: *„Der Verzugszinssatz beträgt für das Jahr fünf Prozentpunkte über dem Basiszinssatz."*
Eine Steigerung um einen Prozentpunkt darf nicht mit einer Steigerung um ein Prozent verwechselt werden. Eine Steigerung von einem Prozentpunkt, etwa von 2 % auf 3 %, entspricht einer Steigerung von 50 %. Dieser Unterschied von Prozentpunkten und Prozent wird häufig übersehen und kann zu Missverständnissen führen.

2 Im Waldschadensbericht der Bundesregierung für das Jahr 2018 ist auch angegeben:

Bei der Buche ist der Anteil der deutlichen Kronenverlichtungen auf 39 % gestiegen. Dies ist eine Verschlechterung gegenüber dem Vorjahr mit 31 %, bleibt aber hinter anderen Jahren mit sehr hoher Kronenverlichtung zurück. Auf die Warnstufe entfielen 42 % (2017: 44 %). Der Anteil ohne Verlichtung betrug 19 % (2017: 25 %).

Beschreibe die Veränderungen in Prozentpunkten und in Prozent.

3 Berechne die rechts angegebenen prozentualen Veränderungen zur Eiche aus dem Waldzustandsbericht 2018.

Der Zustand der Wälder
Bei der Eiche ist in den Wäldern der Anteil der deutlichen Kronenverlichtungen gegenüber dem Vorjahr von 32 % auf 42 % gestiegen.
Der Anteil der Warnstufe ist von 43 % auf 38 % gesunken. Der Anteil ohne Verlichtung ist von 25 % auf 20 % gefallen. Die mittlere Kronenverlichtung ist von 22,9 % auf 25,7 % gestiegen.

Prozentuale Veränderungen von Anteilen

Beim Berechnen der Veränderung von Anteilen kann man Prozente von Prozenten bilden. Dann ist der Grundwert selbst auch eine Angabe in Prozent.

Bestimme 25 % von 80 %.
G = 80 %
p = 25 %
W = 25 · 80 % = 20 %

4 Berechne den Fettanteil gewöhnlicher Crème fraîche.

Crème fraîche light
15 % weniger Fett als übliche Crèmes.
Unsere neue Packung hat nur noch 15 % Fett!

5 Ein Bürgermeister berichtet: „Im letzten Jahr konnte der Anteil der Kindertagesstättenplätze für unter 3-jährige von 30 % auf 37,5 % gesteigert werden."
Berechne den prozentualen Anstieg.

6 Prüfe die Beispiele. Formuliere sie gegebenenfalls um.

Mit dem Jahreswechsel von 2013 auf 2014 sank der einheitliche Beitragssatz zur Krankenversicherung von 15,5 % um 0,6 % auf 14,6 %.
Der Arbeitgeberanteil beträgt 7,3 %, der Arbeitnehmeranteil sank von 7,9 % auf 7,3 %.

Obwohl diese Partei ihren Stimmenanteil um mehr als 10 % auf 5,2 % erhöhen konnte, bleibt sie noch in bedenklicher Nähe zur Fünfprozentklausel.

7 Sammelt aus Zeitungen, dem Internet, ... Pressemeldungen über prozentuale Erhöhungen. Prüft, ob sie richtig formuliert sind.

2.5 Zinsrechnung

Ziel

Wenn du Geld zu einer Bank oder Sparkasse bringst, bekommst du später dein Geld zurück und einen bestimmten Prozentsatz davon zusätzlich. Dieser zusätzliche Betrag heißt Zinsen. Wenn man sich Geld bei einer Bank oder Sparkasse leiht, muss man dafür Zinsen zahlen. Hier lernst du, wie man Berechnungen mit Zinsen durchführt.

Aufgabe mit Lösung

Berechnen von Jahreszinsen

Marie bringt am Jahresanfang 450 € zur Bank. Nach einem Jahr erhält sie dafür 0,5 % Zinsen.

→ Wie viel Euro Zinsen sind das?

Lösung

Der Grundwert ist $G = 450\,€$, der Prozentsatz $p\,\% = 0{,}5\,\%$.
Gesucht sind die Zinsen, also der Prozentwert.
Zinsen: $450\,€ \cdot 0{,}005 = 2{,}25\,€$
Am Jahresende werden auf Maries Sparbuch 2,25 € als Zinsen gutgeschrieben.

Berechnen des Kapitals

Frau Siede hat sich zu Beginn des Jahres Geld für den Kauf eines Autos zu 3 % geliehen. Am Jahresende zahlt sie 480 € Zinsen.

→ Wie viel Geld hat sie sich geliehen?

Lösung

Der Grundwert ist das geliehene Geld, diesen kennen wir nicht. Der Prozentsatz beträgt 3 %, der Prozentwert ist der Betrag 480 € für die Zinsen.
Geliehenes Geld: $480\,€ : 0{,}03 = 16\,000\,€$
Frau Siede hat sich 16 000 € für den Kauf des Autos geliehen.

Berechnen des Zinssatzes

Mia hat am 1. Januar 620 € auf dem Sparbuch. Am Jahresende erhält sie 3,72 € Zinsen.

→ Wie viel Prozent Zinsen gewährt die Sparkasse für Guthaben auf diesem Konto?

Lösung

Der Grundwert ist Mias Guthaben, also 620 €, der Prozentwert die Zinsen für ein Jahr, also 3,72 €. Gesucht ist der Prozentsatz p % für die Berechnung der Zinsen.
$p\,\% = 3{,}72\,€ : 620\,€ = 0{,}006 = 0{,}6\,\%$
Das Geld wurde mit 0,6 % verzinst.

Information

In der Zinsrechnung kann man wie in der Prozentrechnung verfahren. Man verwendet anstelle der Begriffe Prozentsatz, Grundwert und Prozentwert die Bezeichnung **Zinssatz**, **Kapital** und **Zinsen.**

2 %	von 4 000 €	sind 80 €
↑	↑	↑
Zinssatz	Kapital	Zinsen

Üben

1 Alexander hatte einen Betrag von 480 € bei einem Zinssatz von $\frac{3}{4}$ % angelegt, während Nina 600 € zu 0,6 % angelegt hatte. Wer erhielt mehr Zinsen?

2 Laura bekam nach 1 Jahr für 800 € Guthaben 10 € Zinsen, Michelle für 1 500 € Guthaben 15 € Zinsen. Wer erhielt den höheren Zinssatz?

3 Tim und Paul haben jeweils am Jahresanfang Geld auf einem Sparkonto angelegt. Am Jahresende wurden Tim 12,50 € Zinsen bei einem Zinssatz von 0,8 % gutgeschrieben. Pauls Gutschrift betrug 14 € bei 0,9 %. Wer hatte mehr Geld angelegt?

4 Sarahs Mutter möchte ihr Arbeitszimmer neu einrichten. Dafür fehlen ihr noch 1 400 €. Die Bank bietet ihr ein Darlehen an, das im Jahr 4,5 % der Darlehenssumme als Zinsen kostet.
Wie viel Euro Zinsen muss sie für das geliehene Geld in einem Jahr bezahlen?

5 Familie Krüger braucht zur Finanzierung eines Zweifamilienhauses ein möglichst hohes Darlehen. Für Zinsen kann sie jährlich 5 000 € aufbringen.
Wie viel Euro kann sie bei einem Zinssatz von 1,2 % als Darlehen aufnehmen?

6 Familie Homburg benötigt für den Kauf eines Autos 6 000 €, die sie nach einem Jahr zurückzahlen will. Der Autohändler verlangt dafür 390 € Zinsen.
Welchen Zinssatz fordert er?

7 Anna erhält auf ihrem Sparbuch einen Zinssatz von 0,3 %. Für ein Darlehen wird ein Zinssatz von 1,9 % von der Bank berechnet.
Überlege, warum Zinssätze für Darlehen in der Regel höher sind.

8 Auf Daniels Sparbuch waren am Jahresanfang 950 € Guthaben, am Jahresende 968 € Guthaben. Während des Jahres hat Daniel nichts eingezahlt und nichts abgehoben. Wie hoch ist der Zinssatz?

9 Für den Kauf eines Hauses kann Familie Wehrmann drei Darlehensverträge abschließen: 25 000 € zu 0,8 %, 14 000 € zu 1 % und 40 000 € zu 1,3 %. Ein Finanzierungsbüro macht das Angebot, stattdessen die Gesamtsumme zu 1,1 % aufzunehmen.
Sollte Familie Wehrmann auf dieses Angebot eingehen?

10 Es gibt verschiedene Möglichkeiten, Geld bei der Bank oder Sparkasse zum Sparen anzulegen. Die Zinssätze sind dabei unterschiedlich. Ebenso gibt es verschiedene Möglichkeiten, sich Geld zu leihen. Auch diese unterscheiden sich im Zinssatz.
Informiert euch über die verschiedenen Möglichkeiten, Geld anzulegen und Geld zu leihen. Stellt die Möglichkeiten übersichtlich auf einem Plakat zusammen.

Zinsen für Bruchteile eines Jahres

11 ≡ Kristina hat zu Jahresbeginn 600 € auf ihrem Sparbuch. Der Zinssatz beträgt 1,5 %.
a) Sie hebt ihr Geld bereits nach einem $\frac{3}{4}$ Jahr ab. Wie viel Zinsen erhält sie?
b) Sie hebt ihr Geld schon nach 5 Monaten ab. Wie viel Zinsen erhält sie nun?

Grundschema der Zinsrechnung

Kapital $\xrightarrow{\cdot \text{Zinssatz}}$ Jahreszinsen

Jahreszinsen $\xrightarrow{\cdot \text{Anteil am Jahr}}$ Zinsen

Kapital: 5 000 €
Zinssatz: 0,8 %
Jahreszinsen: 5 000 € · 0,8 % = 40 €
Laufzeit: 9 Monate
Zinsen: $40\,€ \cdot \frac{9}{12} = 30\,€$

Alle Monate werden als gleichlang mit 30 Tagen gerechnet; das Jahr mit 360 Zinstagen.

12 ≡ Manche Geldinstitute bieten sogenannte Tagesgeldkonten an.
Von einem solchen Konto kann man jederzeit wieder Geld abheben. Oft muss man aber einen Mindestbetrag anlegen. Der Zinssatz richtet sich nach der Höhe des angelegten Geldes.

Bankhaus Röder

Angelegter Betrag (in €)	Zinssatz
5 000,00– 9 999,99	1,40 %
10 000,00–24 999,99	1,65 %
25 000,00–49 999,99	1,89 %
ab 50 000,00	2,13 %

a) Herr Müller zahlt auf ein Tagesgeldkonto 7 000 € ein und hebt das Geld nach einem $\frac{3}{4}$ Jahr wieder ab. Berechne die Höhe der Zinsen.
b) Frau Linde zahlt 18 000 € ein und hebt das Geld nach 7 Monaten ab. Berechne die Höhe der Zinsen.
c) Frau Bode zahlt 43 000 € ein und hebt das Geld nach 164 Tagen ab. Berechne die Höhe der Zinsen.

13 ≡ Herr Franke hat bei seiner Sparkasse 17 500 € zu 1,0 % angelegt. Nach 10 Monaten hebt er sein Geld ab. Wie viel Zinsen bekommt er?

14 ≡ Frau Maselli hat 8 700 € zu 0,95 % angelegt. Sie hebt das Geld nach 275 Tagen ab. Wie viel Zinsen bekommt sie?

15 ≡ Eine Unternehmerin braucht ein Darlehen von 125 000 € für ein Vierteljahr. Der Zinssatz beträgt 4,5 %.

überziehen
mehr abheben als das Konto enthält

16 ≡ Herr Meyer hat sein Konto 18 Tage um 1 160 € überzogen. Für diese Schulden werden 9,5 % jährlich berechnet. Wie viel Zinsen sind zu zahlen?

17 ≡ Annika sagt: „Wenn man das Konto nur ein paar Tage überzieht, macht das gar nicht viel aus". Was meinst du dazu?

Zinsen für mehrere Jahre

18 ≡ Lena hat 8000€ geerbt. Sie will das Geld zu Beginn des Jahres für 5 Jahre bei einer Bank anlegen. Da sie das Geld fest bei der Bank für 5 Jahre lässt, erhält sie einen Jahreszinssatz von 2%. Da die Zinsen nach einem Jahr nicht abgehoben werden, werden Sie im nächsten Jahr mit verzinst.
Berechne Lenas Kapital inklusive der Zinsen nach 5 Jahren.

Zinseszinsen

Werden die Zinsen aus einem Jahr vom Konto nicht abgehoben, so werden sie im nächsten Jahr mitverzinst. Die Zinsen von den Zinsen heißen **Zinseszinsen**.

Zinseszinsformel – Kapitalwachstum nach 1, 2, 3, ... Jahren

Ein Kapital wächst zusammen mit den Zinseszinsen beim Zinssatz 5%
nach 1 Jahr auf das 1,05-fache,
nach 2 Jahren auf das 1,05 · 1,05-fache (das $1{,}05^2$-fache),
nach 3 Jahren auf das 1,05 · 1,05 · 1,05-fache (das $1{,}05^3$-fache)
usw.

Kapital: 400€
Zinssatz: 5%
Zinsen: $400 \cdot \frac{5}{100} = 20$€
Kapital nach 1 Jahr:
400€ + 20€ = 420€
Zinsen: $420 \cdot \frac{5}{100} = 21$€
Kapital nach 2 Jahren:
420€ + 21€ = 441€

Kürzere Berechnung:

$400€ \xrightarrow{\cdot 1{,}05} 420€ \xrightarrow{\cdot 1{,}05} 441€$

19 ≡ Sarah hat 600€ gespart. Sie legt das Geld für 4 Jahre bei einer Bank mit einem Zinssatz von 0,7% an. Die Zinsen werden am Jahresende dem Sparguthaben hinzugerechnet und jeweils im nächsten Jahr mitverzinst.
a) Auf wie viel Euro wächst Sarahs Sparguthaben an?
b) Wie viel Euro Zinsen erhält sie in den 4 Jahren insgesamt?
c) Wie viel Euro Zinsen würde Sarah insgesamt erhalten, wenn sie sich die Zinsen am Ende eines jeden Jahres auszahlen ließe?

20 ≡ TAB Berechne das Endkapital zuerst nach 6, dann nach 8, 10, 20 und 40 Jahren. Nach wie vielen Jahren hat sich das Kapital verdoppelt? Benutze eine Tabellenkalkulation.
a) Anfangskapital 500€; Zinssatz 1,2% **b)** Anfangskapital 975€; Zinssatz 1%

21 ≡ Bestimme die Zeitspanne, die bei 1,5% Verzinsung für die Verdoppelung eines Kapitals von (1) 200€, (2) 57000€ benötigt wird.
a) Was fällt auf?
b) Begründe: Die für die Verdoppelung eines Kapitals benötigte Zeitspanne hängt nur vom Zinssatz ab.
c) Bestimme die Zeitspanne, die zur Verdoppelung eines Kapitals benötigt wird, für die Zinssätze 3%; 4%; 5%; 6%; 7%. Was fällt auf?

Das Wichtigste auf einen Blick

Prozent

$p\,\% = \frac{p}{100}$

Es gilt:

Grundwert $\xrightarrow{\text{Prozentsatz}}$ **Prozentwert**

$40\,\% = \frac{40}{100} = 0{,}4$

Grundaufgaben der Prozentrechnung

Berechnung des Prozentwertes
Multipliziere den Grundwert mit dem Prozentsatz.

Berechne 40 % von 300 €.
$G = 300\,€$
$p = 40\,\%$
$W = 300\,€ \cdot 0{,}4 = 120\,€$

Berechnung des Prozentsatzes
Dividiere den Prozentwert durch den Grundwert und gib das Ergebnis in Prozentschreibweise an.

Wie viel sind 150 € von 7 050 €?
$G = 7\,050\,€$
$W = 150\,€$
$p\,\% = \frac{150\,€}{750\,€} = 0{,}2 = 20\,\%$

Berechnung des Grundwerts
Dividiere den Prozentwert durch den Prozentsatz.

70 % eines Grundwerts sind 980 €.
$W = 980\,€$
$p\,\% = 70$
$G = 980\,€ : 0{,}7 = 1\,400\,€$

Prozentuale Erhöhung

Die Erhöhung einer Größe um p % bedeutet eine Erhöhung der Größe auf $(100 + p)\,\%$. Den Prozentsatz $1 + \frac{p}{100}$ bezeichnet man als *Zunahmefaktor*.

Erhöhung um 25 %
Erhöhung auf $125\,\% = 1{,}25$

Prozentuale Abnahme

Die Abnahme einer Größe um p % bedeutet eine Abnahme auf $(100 - p)\,\%$. Den Prozentsatz $1 - \frac{p}{100}$ bezeichnet man als *Abnahmefaktor*.

Senkung um 25 %
Senkung auf $75\,\% = 0{,}75$

Zinsen

Zinsrechnung als besondere Prozentrechnung:

Kapital $\xrightarrow{\text{Zinssatz}}$ Jahreszinsen

Zinsen für Bruchteile werden anteilig berechnet. Dabei werden alle Monate gleich lang mit 30 Tagen und das Jahr mit 360 Zinstagen berechnet.
Werden Zinsen aus einem Jahr nicht abgehoben, so werden sie im nächsten Jahr mitverzinst. Die Zinsen von Zinsen heißen **Zinseszinsen**.

Kapital: 400 €
Zinssatz: 1,5 %
Jahreszinsen: $400\,€ \cdot 1{,}5\,\%$
$= 400\,€ \cdot 0{,}015 = 6\,€$
Zinsen für 5 Monate: $6\,€ \cdot \frac{5}{12} = 2{,}50\,€$

Kapitel: 2 500 €
Zinssatz: 1,2 %
Zeitraum: 3 Jahre
Kapital nach 3 Jahren:
$2\,500\,€ \cdot 1{,}012^3 = 2\,591{,}08\,€$

---

1 a) Gib den Anteil in Prozent an: (1) 200 g von 1500 g (2) 18 kg von 0,24 t
b) Berechne den Prozentwert: (1) 17 % von 258 € (2) 60 % von 341,7 l
c) Berechne den Grundwert: (1) 23 % von G sind 125 m (2) 4,5 % von G sind 81 €

2 Das Erich-Kästner-Gymnasium hat 950 Schülerinnen und Schüler. 48 % davon sind Fahrschüler(innen). Wie viele sind das?

3 132 der 240 Mitglieder der Jugendabteilung haben mindestens das silberne Schwimmabzeichen. Wie viel Prozent sind das?

4 Eine Tageszeitung hat 12 000 Abonnenten; das sind 80 % aller Käufer. Wie viele Käufer hat die Zeitung?

5 In der Musikschule sind 324 Schüler(innen) angemeldet. Davon spielen 128 ein Streich- und 65 ein Blasinstrument. Zum Klavierunterricht sind 42 Schüler(innen) angemeldet und 20 nehmen Gesangunterricht.
a) Wie groß ist der Anteil der sonstigen Instrumente in Prozent?
b) Zeichne ein Streifen- und ein Kreisdiagramm für die Verteilung auf die Instrumente.

6 Durch einen Anbau konnte die Wohnfläche eines Einfamilienhauses von 148 m^2 um 28 m^2 vergrößert werden. Um wie viel Prozent wurde die Wohnfläche vergrößert?

7 Frau Müller hat einen Tisch gekauft und selbst abgeholt; sie hat 169,10 € gezahlt. Wie viel Euro hat sie gespart?

Wochenknüller

Selbstabholer werden mit einem Rabatt von ***5 %*** *belohnt!*

8 Ein Flachbildschirm kostet 259 €. Ein Geschäft erhöht den Preis um 20 %. Nach einiger Zeit stellt der Inhaber fest, dass sich der Flachbildschirm nach der Preiserhöhung nicht mehr gut verkauft. Deswegen ordnet er an, den aktuellen Preis um 20 % zu verringern.
Der für die Preisauszeichnung zuständige Mitarbeiter freut sich: „Prima. Arbeit gespart: Dann muss ich ja nur das alte Preisschild wieder aufstellen.“ Was meinst du dazu? Begründe deine Meinung auch rechnerisch.

9 Frau Köhler hat am Jahresanfang 7 350 € auf ihrem Sparbuch. Der Zinssatz beträgt 0,5 %. Sie nimmt keine weiteren Einzahlungen vor.
Berechne den Kontostand am Jahresende.

10 Luca hat 500 € gewonnen und legt diese auf einem Sparbuch mit 2 % Verzinsung an. Welchen tand hat das Sparbuch nach 4 Jahren, wenn er nichts abhebt oder einzahlt.

11 Herr Moser hat bei der Bank ein Darlehen von 5 600 € zu einem Zinssatz von 7,5 % aufgenommen. Wie viel muss er nach 7 Monaten zurückzahlen?

Winkel in Figuren – Flächeninhalte

3

▲ *Paul Klee hat in seinen Bildern viele geometrische Objekte benutzt. Betrachte die Flächen und vergleiche sie. Sieh dir auch die Winkel in den Figuren an und vergleiche sie.*

In diesem Kapitel

- lernst du Winkel in Figuren zu berechnen.
- Weiterhin wirst du Flächeninhalte von Vielecken bestimmen. ▸

Winkel

Aktivieren

1 Miss die Größe des Winkels.

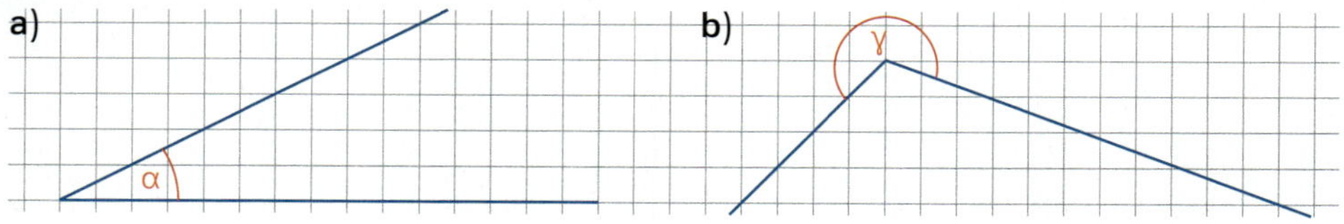

2 Zeichne einen Winkel der angegebenen Größe.

a) 45° **b)** 120° **c)** 180° **d)** 295°

Erinnern

Winkel

Dreht man einen Strahl um seinen Anfangspunkt S, so wird eine Fläche überstrichen, die man **Winkel** nennt. Der Punkt S ist der **Scheitel**, die Strahlen heißen **Schenkel** des Winkels. Winkel werden durch griechische Kleinbuchstaben wie α, β oder γ bezeichnet. Man kann Winkel auch mit drei Punkten auf den Schenkeln bezeichnen: ∢ASB ist der Winkel, der entsteht, wenn man den Schenkel $\overline{SA}$ linksherum auf den Schenkel $\overline{SB}$ dreht.

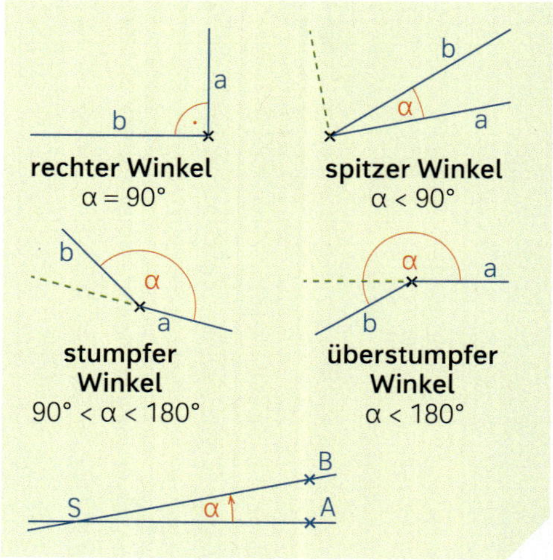

Festigen

3 Gib die Art der Winkel im Viereck an. Bestimme auch ihre Größe.

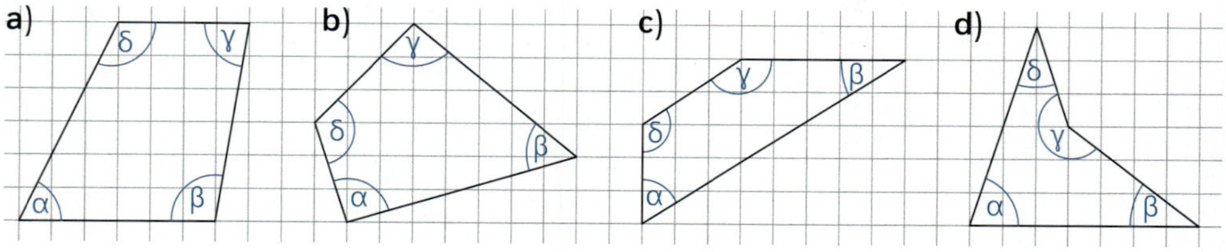

4 Zeichne in ein Koordinatensystem den Strahl $\overline{SP}$.
Trage an dem Strahl $\overline{SP}$ den Winkel α ab.

a) S(4|3), P(6|5), α = 75° **b)** S(5|9), P(6|1), α = 215°

5 Zeichne in ein Koordinatensystem ein Dreieck mit den angegebenen Eckpunkten. Miss die Größe der Innenwinkel des Dreiecks.

a) A(2|1), B(5|0), C(4|6) **b)** A(1|3), B(4|4), C(5|7)

Zeichnen mit einem DGS

1 DGS Mit einem DGS kann man Strecken bestimmter Länge sowie Winkel bestimmter Größe zeichnen und auch messen lassen.

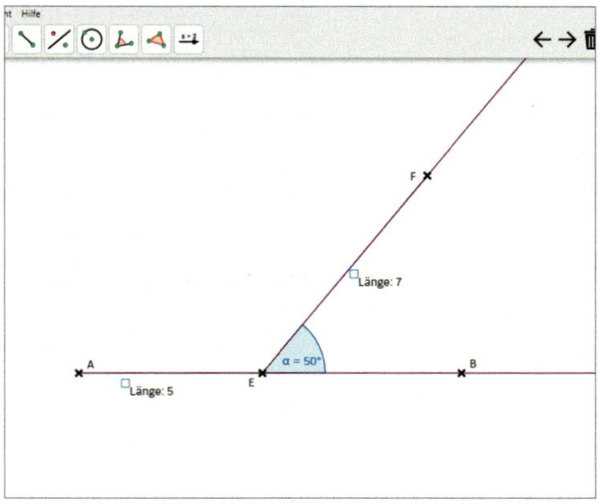

a) Ein Schiff fährt von einem Punkt A aus 5 km direkt in östlicher Richtung zu einem Punkt E. Dort ändert es seinen Kurs um 50° zur Nordrichtung hin und fährt von dort aus 7 km weiter zu einem Punkt F. Zeichne diesen Weg, indem du mit einem Strahl für die Ostrichtung beginnst. Um den Punkt F an die richtige Stelle zu ziehen, kannst du Streckenlängen und Winkelgrößen messen lassen.

b) Stelle fest, in welchem Winkel zur Nordrichtung und wie weit das Schiff fahren müsste, um von A direkt nach F zu gelangen.

2 DGS In Aufgabe 1 hast du gemerkt, dass sich beim Ziehen am Punkt F auch der Punkt E mit bewegt hat. Günstiger ist es daher, wenn du Strecken bestimmter Länge mithilfe von Kreisen und Winkel durch Antragen konstruierst. Nicht mehr benötigte Hilfslinien kannst du anschließend verbergen lassen.

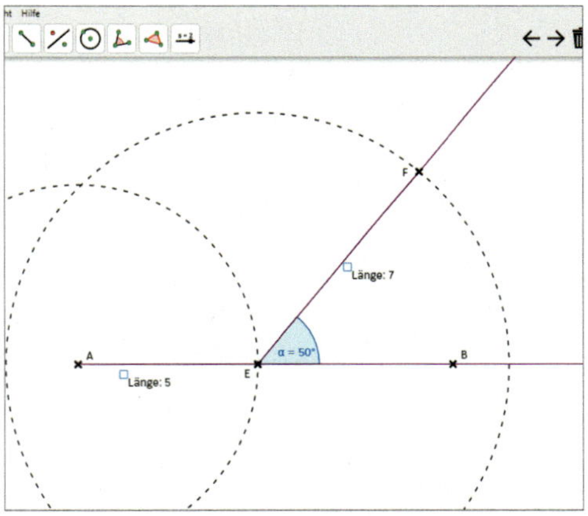

a) Führe das für das Beispiel aus Aufgabe 1 durch.

b) Konstruiere mit dem dynamischen Geometrie-System eine parallele Gerade zu der Geraden EF durch den Punkt A.

3 DGS Von vielen Programmen kannst du dir auch die Beschreibung der Konstruktion anzeigen lassen, die du durchgeführt hast.
Erstelle eine Zeichnung und gib deinem Partner eine solche Konstruktionsbeschreibung. Lasse ihn damit die Zeichnung anfertigen. Vergleiche seine Zeichnung mit deiner Vorlage.

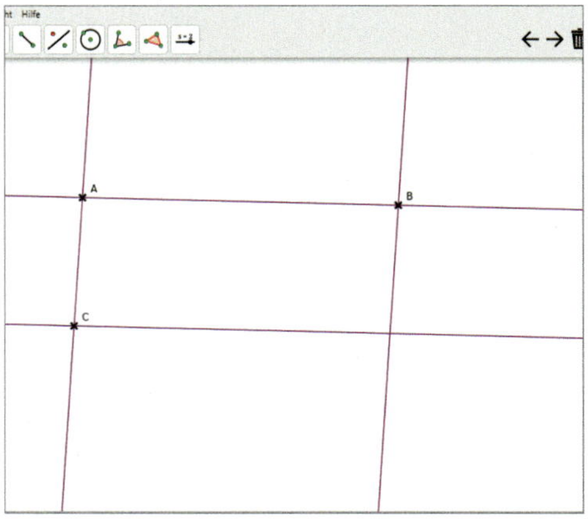

3.1 Winkel an sich schneidenden Geraden

Einstieg

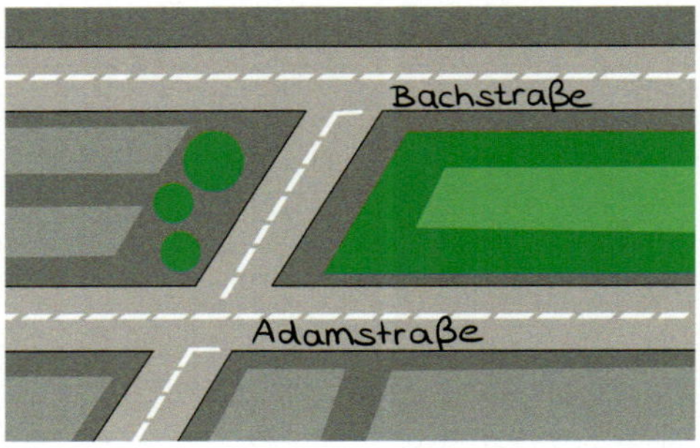

In Städten findet man Straßenkreuzungen, bei denen eine gerade verlaufende Straße mehrere Querstraßen kreuzt. Zeichnet verschiedene Kreuzungen und nehmt Geraden für Straßen. Tauscht eure Zeichnungen aus und messt alle an den Kreuzungen auftretenden Winkel. Was fällt euch auf? Stellt Vermutungen auf und versucht sie zu begründen.

Aufgabe mit Lösung

Winkel an sich schneidenden Geraden

Zwei sich schneidende Geraden bilden die vier gezeichneten Winkel.
Der Winkel α ist 34° groß.

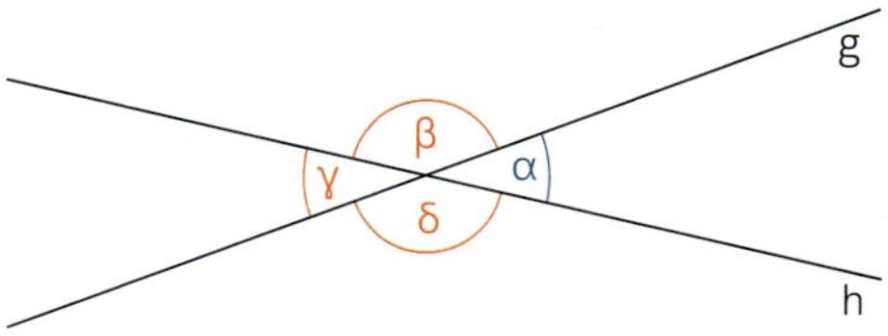

→ Wie groß sind die anderen drei Winkel? Begründe.

Lösung

α und β bilden zusammen einen gestreckten Winkel an der Geraden h. Deshalb ist $\beta = 180° - 34° = 146°$. β und γ bilden zusammen einen gestreckten Winkel an der Geraden g. Deshalb ist $\gamma = 34°$.
γ und δ bilden zusammen einen gestreckten Winkel an der Geraden h. Deshalb gilt $\delta = 180° - \gamma = 180° - 34° = 146°$.

→ Rechts siehst du zwei zueinander parallele Geraden, die von einer dritten Geraden geschnitten werden. Der Winkel α_1 soll genau 56° groß sein. Bestimme die übrigen Winkel ohne zu messen.

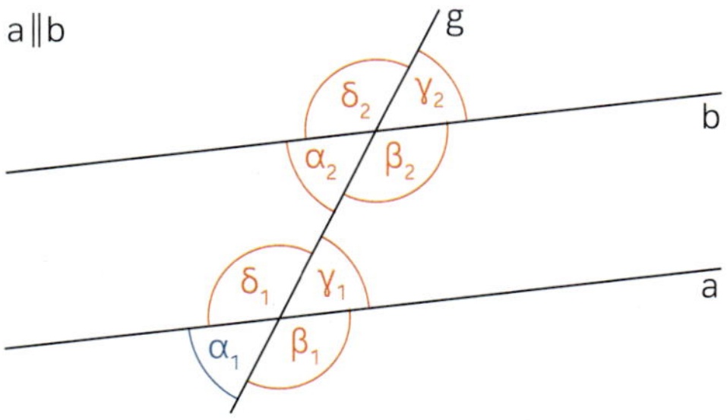

Lösung

Da $\alpha_1 = 56°$ gegeben ist, lassen sich die drei Winkel an den sich schneidenden Geraden a und b sofort berechnen:
$\gamma_1 = \alpha_1 = 56°$, da α_1 und γ_1 gleich groß sind.
$\beta_1 = 180° - 56° = 124°$, da α_1 und β_1 zusammen 180° betragen.
$\delta_1 = \beta_1 = 124°$, da β_1 und δ_1 gleich groß sind.
Da die Geraden a und b parallel zueinander sind, kann man den Winkel α_1 entlang des Pfeils $\overrightarrow{S_1 S_2}$ auf den Winkel α_2 verschieben. Also gilt:

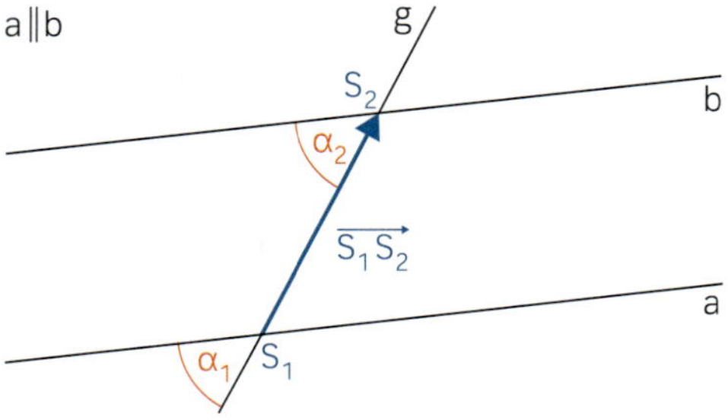

$\alpha_1 = \alpha_2 = 56°$, $\beta_2 = \beta_1 = 124°$, $\gamma_2 = \gamma_1 = 56°$, $\delta_2 = \delta_1 = 124°$

Information

Nebenwinkel

Definition: Zwei Winkel α und β, die an sich schneidenden Geraden nebeneinander liegen, heißen **Nebenwinkel**.

Nebenwinkelsatz:
Nebenwinkel ergänzen sich zu 180°.

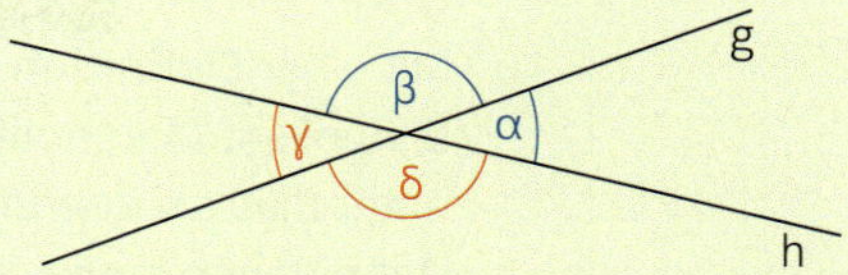

α und β sind Nebenwinkel zueinander: $\alpha + \beta = 180°$

Scheitelwinkel

Definition: Zwei Winkel α und γ, die an sich schneidenden Geraden einander gegenüberliegen, heißen **Scheitelwinkel**.

Scheitelwinkelsatz:
Scheitelwinkel sind gleich groß.

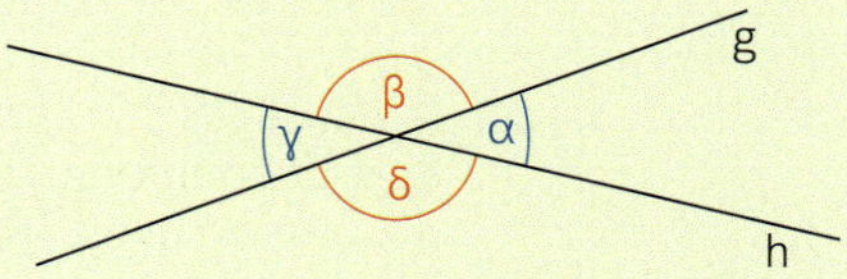

α und γ sind Scheitelwinkel zueinander: $\alpha = \gamma$

Stufenwinkel

Definition: Zwei Winkel α und β, die auf derselben Seite der schneidenden Geraden g und auf entsprechenden Seiten der geschnittenen Geraden a und b liegen, heißen **Stufenwinkel**.

Stufenwinkelsatz:
Stufenwinkel an geschnittenen Parallelen sind gleich groß.

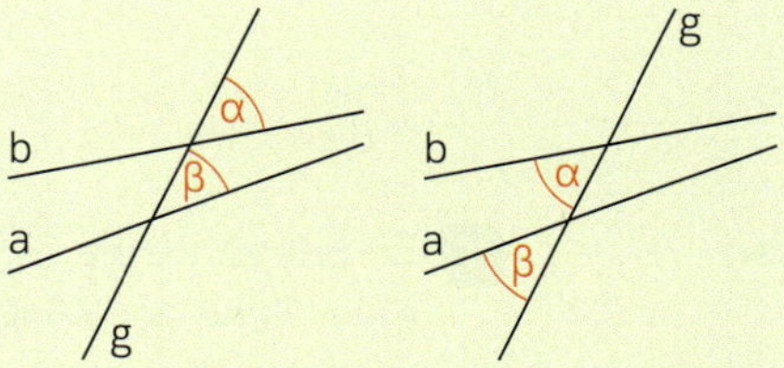

α und β sind Stufenwinkel zueinander.

a ∥ b

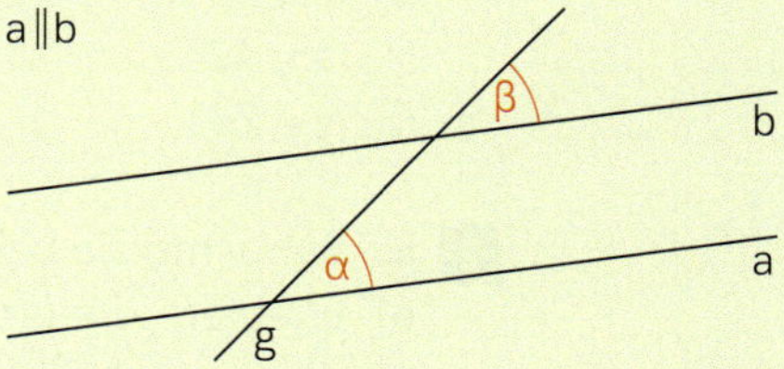

$\alpha = \beta$

Wechselwinkel

Definition: Zwei Winkel α und γ, die auf verschiedenen Seiten der schneidenden Geraden g und auf entgegengesetzten Seiten der geschnittenen Geraden a und b liegen, heißen **Wechselwinkel**.

Wechselwinkelsatz:
Wechselwinkel an geschnittenen Parallelen sind gleich groß.

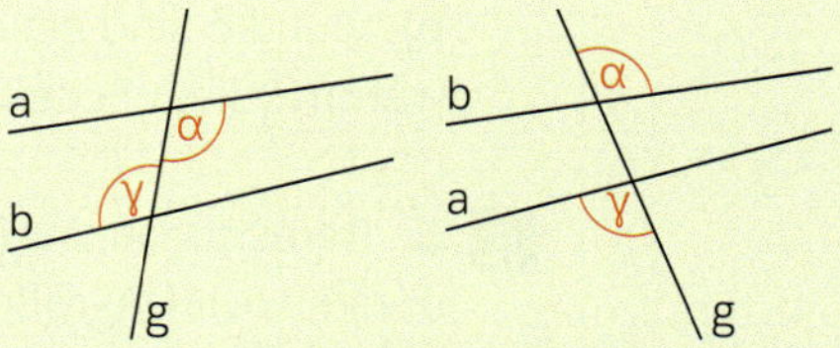

α und γ sind Wechselwinkel zueinander.

a ∥ b

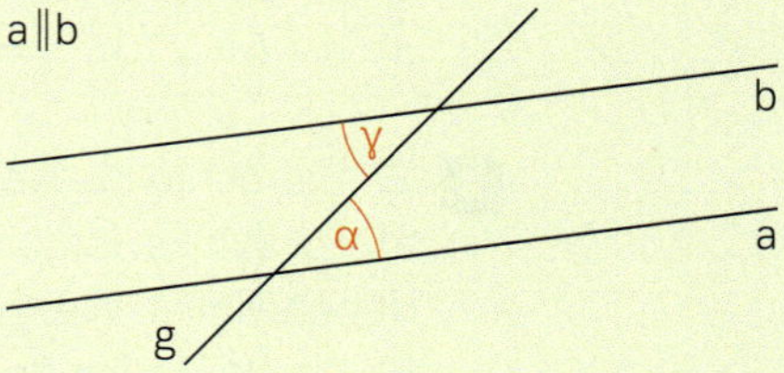

$\alpha = \gamma$

Information

Unterscheidung: Definition – Satz

Mit einer **Definition** wird ein Begriff festgelegt. Man notiert also, was man unter diesem Begriff verstehen will. Definitionen sind somit Vereinbarungen.

Definition:
Einander gegenüberliegende Winkel an sich schneidenden Geraden nennt man Scheitelwinkel.

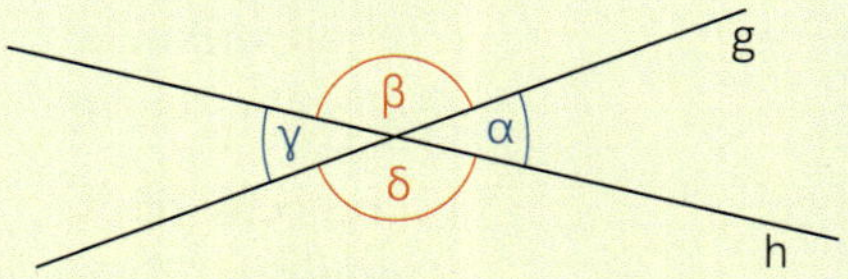

Eine Behauptung, die man begründen (beweisen) muss, bezeichnet man in der Mathematik als **Satz**.

Scheitelwinkelsatz:
Scheitelwinkel sind gleich groß.
Begründung:
Sowohl α als auch γ ergänzen β zu 180°. Daher müssen α und γ gleich groß sein.

Üben

1 Betrachte die Geraden rechts.
a) Welche der Winkel sind Scheitelwinkel, welche Nebenwinkel zueinander?
Berechne die übrigen Winkelgrößen für
b) Es gilt:
(1) $\alpha = 42°$ (2) $\delta = 92°$
(3) $\gamma = 23°$ (4) $\beta = 176°$

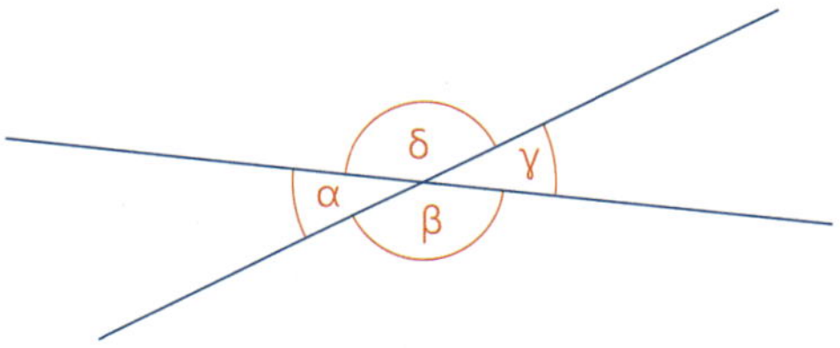

2 Betrachte die beiden Zeichnungen.
a) Erläutere, warum α kein Nebenwinkel von β ist, obwohl α und β liegen nebeneinander liegen.
b) γ und δ sind gleich groß. Erläutere, warum γ kein Scheitelwinkel zu δ ist.

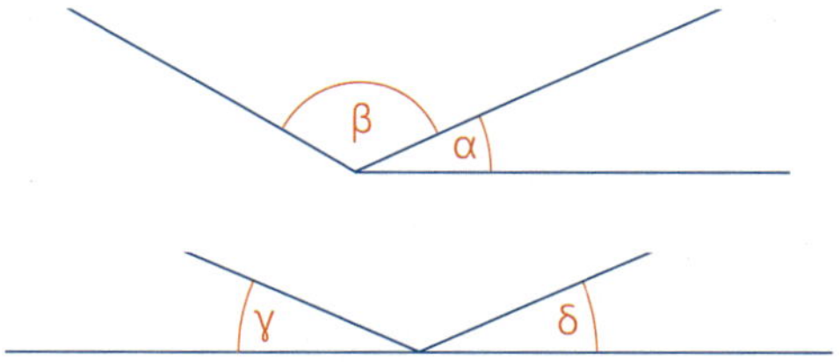

3 Berechne in der Figur rechts die übrigen Winkelgrößen.
a) $\alpha = 37°$, $\gamma = 52°$
b) $\beta = 19°$, $\delta = 63°$
c) $\varepsilon = 96°$, $\beta = 34°$
d) $\alpha + \delta = 210°$, $\gamma = 30°$

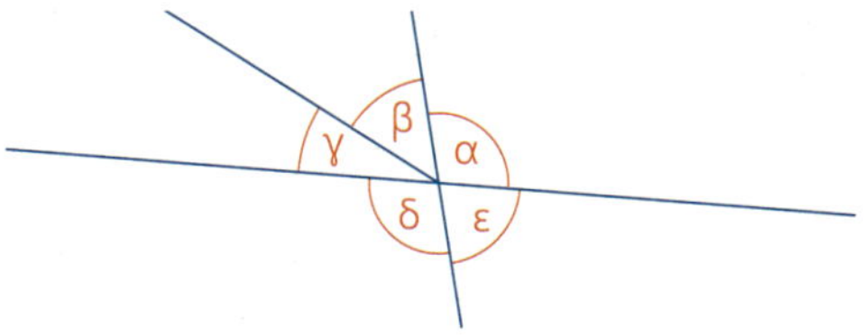

4 Betrachte die Nebenwinkel.
a) Ein Winkel ist um 30° größer als sein Nebenwinkel. Wie groß sind die Winkel?
b) Ein Winkel ist dreimal so groß wie sein Nebenwinkel. Wie groß sind die beiden Winkel?

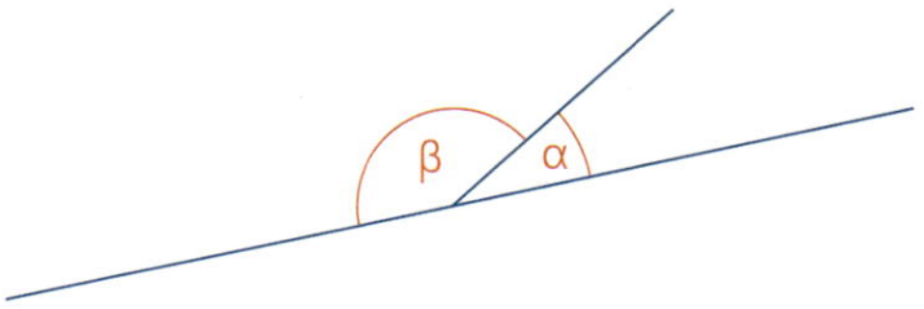

5 Zeichne zwei sich schneidende Geraden mit den Winkeln α, β, γ, δ.

a) β soll doppelt so groß sein wie α.

b) γ soll halb so groß sein wie β.

c) α und γ sollen zusammen genauso groß sein wie β und δ zusammen.

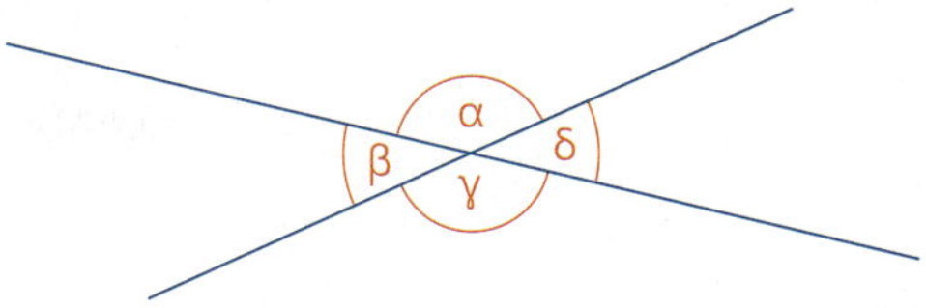

6 Begründe: Wenn an zwei sich schneidenden Geraden ein Winkel ein rechter ist, dann sind alle Winkel dort rechte Winkel.

7 Betrachte eine doppelte Geradenkreuzung wie rechts gezeichnet.

a) Zeichne die Geraden a und b mit einem Abstand von 3 cm und die Gerade g, so dass gilt $\alpha = 33°$. Markiere dann den zum gegebenen Winkel gehörigen Stufenwinkel blau, den zum gegebenen Winkel gehörigen Wechselwinkel grün.
Berechne die übrigen sieben Winkel und trage die Ergebnisse in die Figur ein.

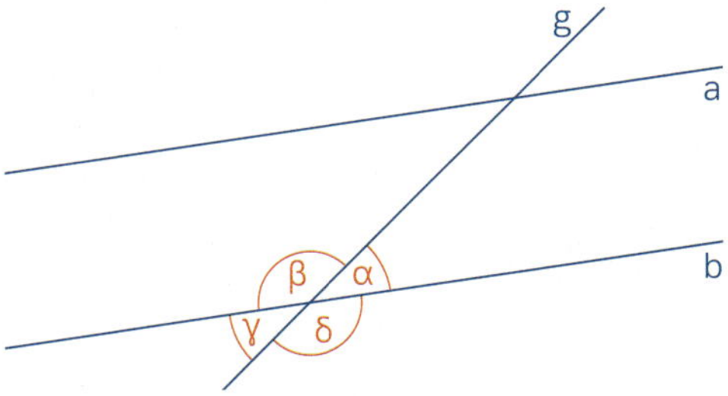

b) Führe den Auftrag von Teilaufgabe a) durch für eine Gerade g mit
(1) $\alpha = 96°$; (2) $\beta = 125°$; (3) $\gamma = 137°$; (4) $\delta = 68°$.

8 Betrachtet das Foto rechts.

a) Auf dem Foto könnt ihr Stufen- und Wechselwinkel entdecken. Gebt sie an.

b) Sucht in eurer Umwelt weitere Beispiele für Stufen- und Wechselwinkel. Fotografiert sie und hängt die Fotos im Klassenraum aus.

9 Bestimme die übrigen Winkel. Du kannst auch ein DGS benutzen.
Es soll gelten:

a) δ_2 ist doppelt so groß wie α_1.

b) β_1 ist dreimal so groß wie α_1.

c) δ_2 ist um 60° größer als γ_2.

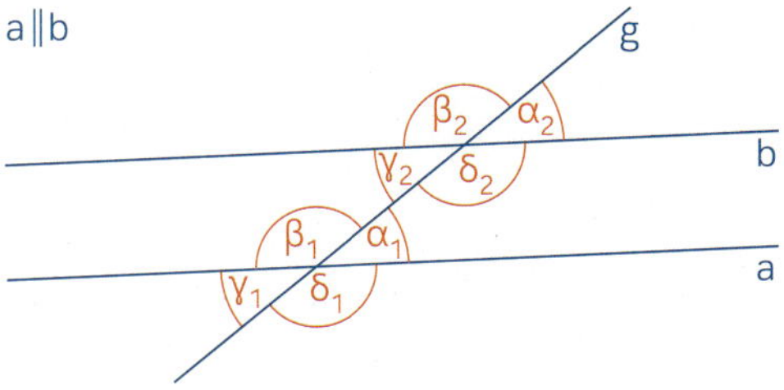

10 Es soll g parallel zu h sein. Wie groß sind die eingezeichneten Winkel? Begründe.

a) g∥h

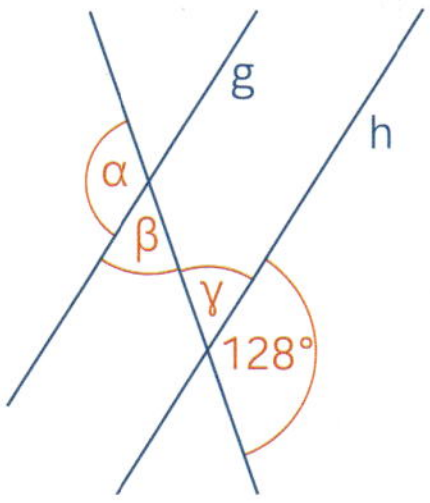

b)

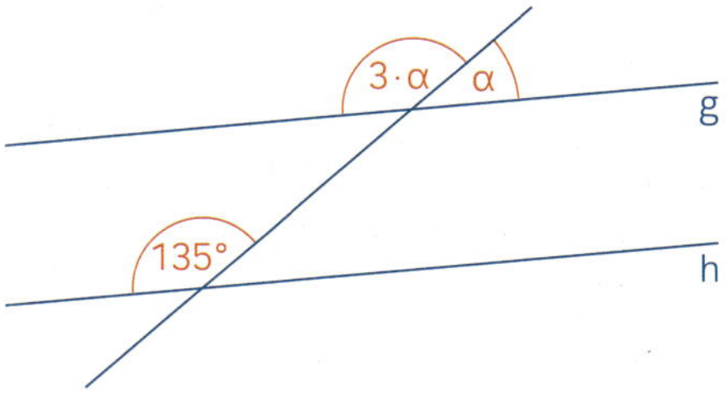

Winkel im Parallelogramm

11 ≡ Betrachte das Parallelogramm rechts.

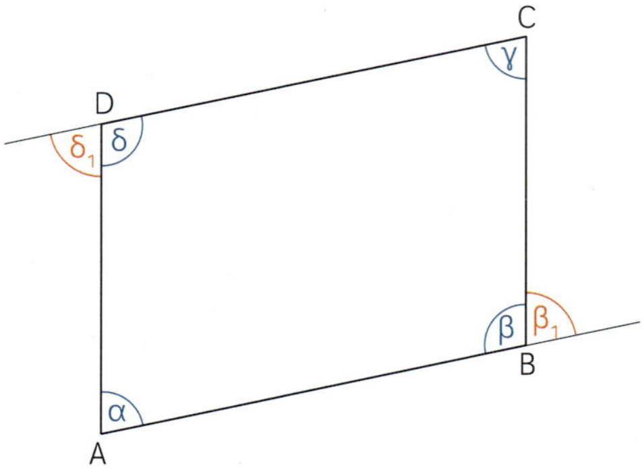

a) Gib Innenwinkel im Parallelogramm an, die gleich groß sind. Begründe.
b) Gib Innenwinkel im Parallelogramm an, die sich zu 180° ergänzen. Begründe.
c) Wie groß sind alle vier Innenwinkel im Parallelogramm zusammen?
d) Begründe: Wenn in einem Parallelogramm ein Winkel ein rechter ist, dann ist das Parallelogramm ein Rechteck.

Parallelogramm

Definition: Ein Viereck, bei dem gegenüberliegende Seiten parallel zueinander sind, heißt **Parallelogramm**.

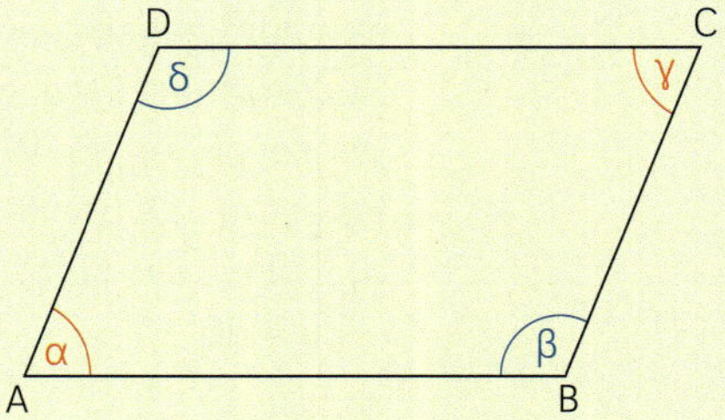

Satz

Für jedes Parallelogramm gilt:
- Benachbarte Winkel ergänzen sich zu 180°.
- Gegenüberliegende Winkel sind gleich groß.
- Die Summe aller vier Winkelgrößen beträgt 360°.

(1) $\alpha + \beta = 180°$; $\gamma + \delta = 180°$
$\alpha + \gamma = 180°$; $\alpha + \delta = 180°$
(2) $\alpha = \gamma$ und $\beta = \delta$
(3) $\alpha + \beta + \gamma + \delta = 360°$

12 ≡ Im Parallelogramm ABCD ist nur ein Winkel bekannt. Berechne die übrigen Winkel.
a) $\gamma = 59°$ **b)** $\beta = 117°$ **c)** $\alpha = 23°$ **d)** $\gamma = 90°$ **e)** $\alpha = 1°$ **f)** $\beta = 60°$

13 ≡ Berechne alle vier Winkel in einem Parallelogramm ABCD, in dem gilt:
a) α ist doppelt so groß wie β; **b)** α ist viermal so groß wie β.

14 ≡ Rechts siehst du ein Parallelogramm.

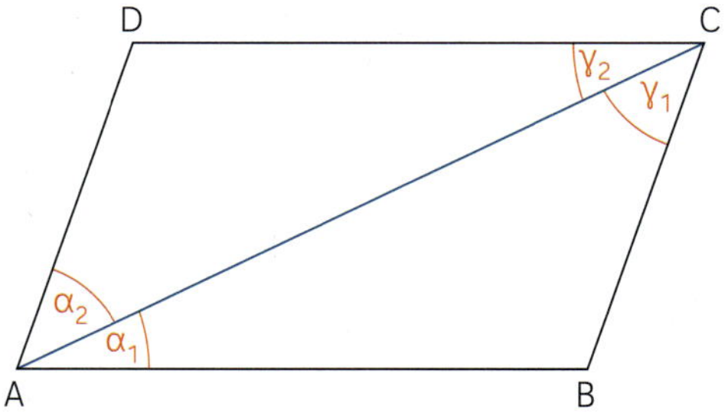

a) Die Winkel bei A und C werden durch die Diagonale $\overline{AC}$ in jeweils zwei Winkel zerlegt. Welche Winkel sind gleich groß? Begründe.
b) Zeichne ein Parallelogramm mit den beiden Diagonalen. Markiere gleich große Winkel. Begründe.

Winkel im Trapez

15 Betrachte das Trapez rechts.
a) Berechne die fehlenden Winkel.
Was fällt dir auf?
(1) $\alpha = 70°$, $\beta = 50°$;
(2) $\beta = 40°$, $\delta = 135°$.
b) Verallgemeinere deine Entdeckung aus Teilaufgabe a).
Formuliere einen Satz und begründe ihn.

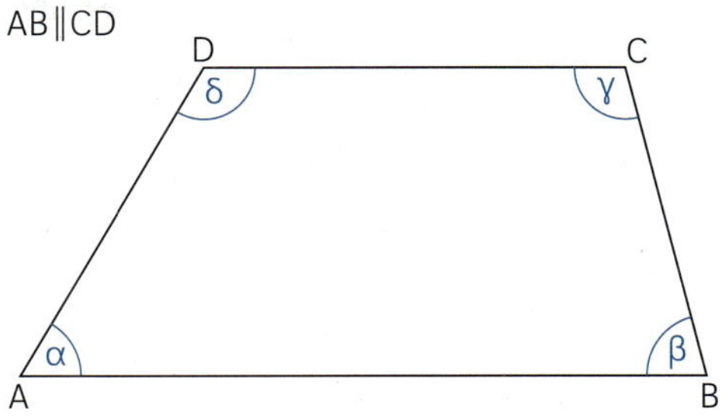

Trapez

Definition:
Ein Viereck, bei dem wenigstens zwei gegenüberliegende Seiten parallel zueinander sind, heißt **Trapez**. Die beiden zueinander parallelen Seiten heißen **Grundseiten**, die beiden anderen Seiten nennt man **Schenkel** des Trapezes.

Satz
In jedem Trapez gilt: Zwei Winkel, die an einem gemeinsamen Schenkel des Trapezes liegen, ergänzen sich zu 180°.

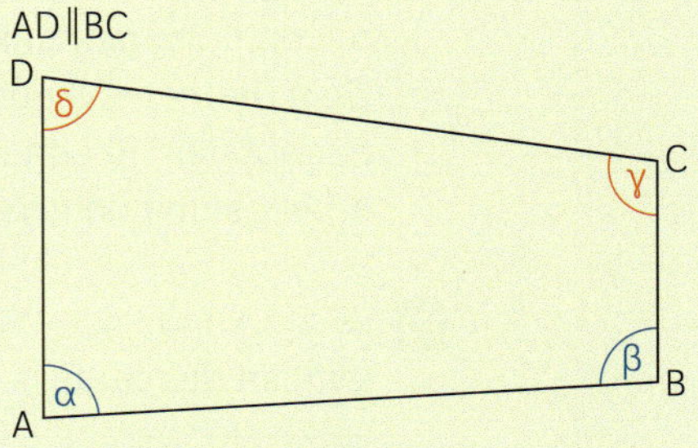

$\alpha + \beta = 180°$ und $\gamma + \delta = 180°$

16 Übertrage die Tabelle in dein Heft. Berechne die übrigen Winkel des Trapezes und fülle die Tabelle aus.

	a)	b)	c)	d)	e)	f)
α		85°		127°		61°
β	63°	42°		99°	25°	
γ			30°			39°
δ	108°		55°		5°	

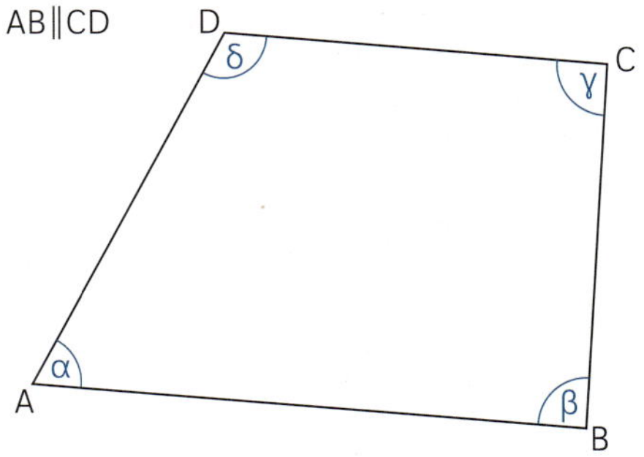

17 Betrachte die sechs Vierecke. Welche sind Parallelogramme, welche sind Trapeze?

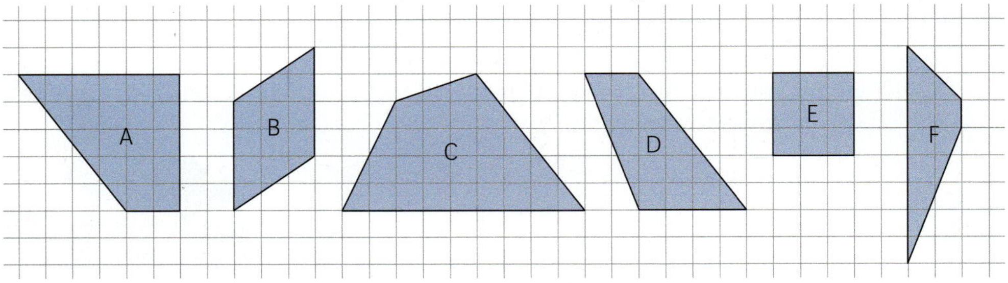

18 Sucht in eurer Umwelt Beispiele für Parallelogramme und Trapeze.

19 Zeichnet jeder auf ein loses Blatt Papier sich schneidende Geraden. Trenne nun den Teil des Blattes ab, der den Schnittpunkt enthält und gib deinem Nachbarn den Rest des Blattes. Den Teil mit dem Schnittpunkt behältst du.

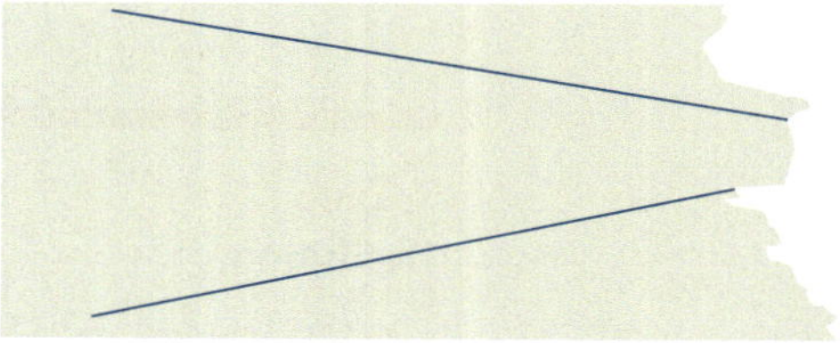

Dein Partner soll nun die Schnittwinkel der beiden Geraden bestimmen; dabei darf er nur auf dem Restblatt arbeiten, also keinen anderen Papierbogen zu Hilfe nehmen. Du arbeitest mit dem Restblatt deines Nachbarn. Vergleicht anschließend euer Vorgehen.

20 Begründe den Wechselwinkelsatz mithilfe des Stufen- und Scheitelwinkelsatzes für parallele Geraden a und b.

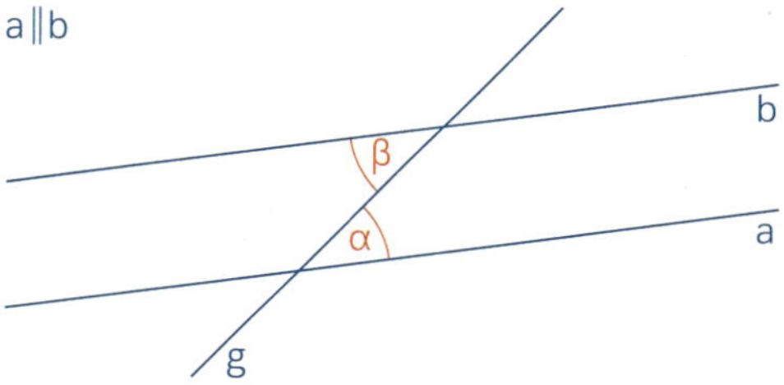

21 Skizziere die Figur in dein Heft. Berechne die rot markierten Winkel und trage die Ergebnisse ein.

a)

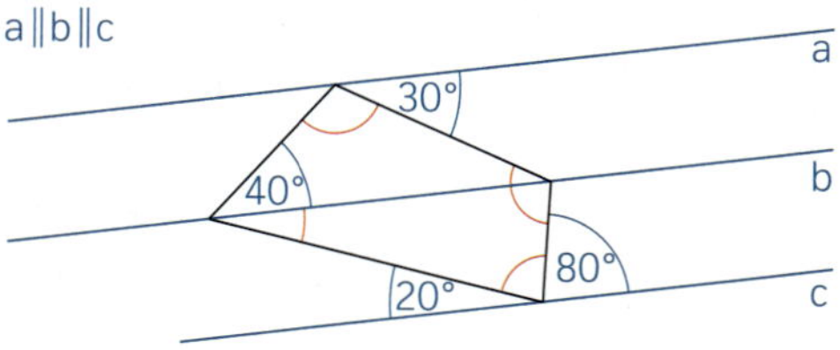

b)

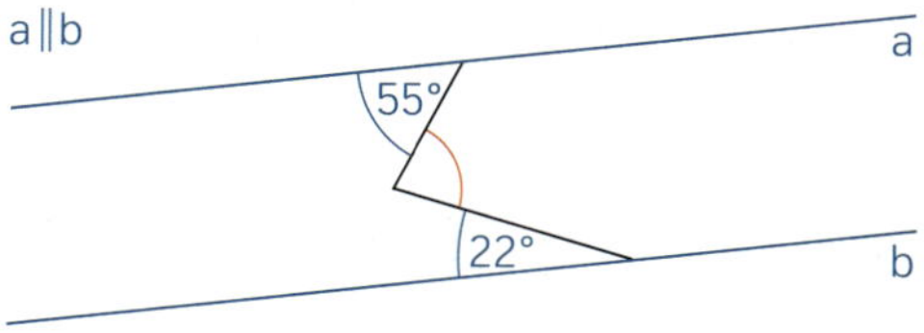

22 Der Kranführer kann den Kranarm um den Winkel α heben oder senken. Wie ändert sich dadurch der Winkel γ, den der Kranarm und das Lastenseil bei S miteinander bilden?

Weiterüben

23 ≡ Zeichne den Zaun in dein Heft. Vereinfache dabei die Latten zu Geraden. Wo findest du gleich große Winkel? Markiere sie farbig und begründe.

Jägerzaun

Der Jägerzaun, auch Scherengitter oder Kreuzzaun genannt, wird in manchen Gegenden gern beim Privathausbau angelegt. Der Zaun besteht aus sich x-förmig kreuzenden Halbrundprofilplatten, die an zwei Querbalken befestigt sind. Ursprünglich stammen solche Holzzäune wie der Jägerzaun aus holzreichen Gegenden, wo sie zum Schutz gegen Wild preiswerte Einfriedungen für Nutzerflächen waren. Jägerzäune werden heute aus vorgefertigten, ausziehbaren Zaunfeldern hergestellt, wobei die Zaunpfähle etwa im Abstand von 2,8 m gesetzt werden.

24 ≡ Der Leuchtturm auf Süderoogsand wird von einem Schiff aus in Richtung N 8° O gesehen, d. h. sieht man genau in Richtung Norden, muss man sich um 8° in Richtung Osten drehen, um den Leuchtturm zu sehen. Der Leuchtturm Westerheversand wird in Richtung N 79° O gesehen. Die Lage der Leuchttürme ist in einem Koordinatensystem mit der Einheit km gegeben: Süderoogsand (3 | 10) und Westerheversand (7 | 4). Bestimme die Position des Schiffes.

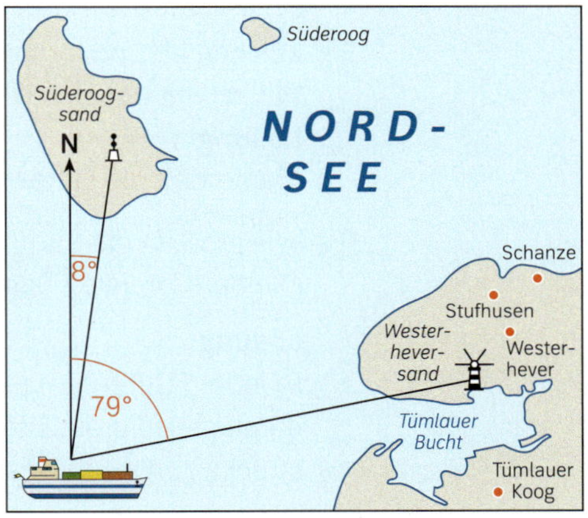

25 ≡ Zeichne eine Gerade g und einen Punkt P, der nicht auf g liegt. Zeichne dann durch P eine Gerade h, die mit g einen Winkel von 75° bildet. Erläutere dein Vorgehen.

Das kann ich noch!

A Berechne.

1) $\frac{1}{2} + \frac{2}{3}$ 2) $\frac{2}{3} - \frac{1}{2}$ 3) $\frac{1}{2} \cdot \frac{2}{3}$ 4) $\frac{1}{2} : \frac{2}{3}$

5) $\left(\frac{2}{3}\right)^4$ 6) $1\frac{1}{2} + \frac{3}{4}$ 7) $1\frac{1}{2} - \frac{3}{4}$ 8) $1\frac{1}{2} \cdot \frac{3}{4}$

B Schreibe die Anteile sowohl als Bruch als auch in Prozent.

1) jeder Fünfte 2) zwei von 25 3) jeder Achte 4) drei von 200

C Berechne im Kopf.

1) $0{,}2 + 0{,}95$ 2) $1{,}47 - 0{,}83$ 3) $0{,}26 \cdot 4$ 4) $1{,}96 : 4$

5) $1{,}5 \cdot 0{,}2$ 6) $2{,}4 : 0{,}6$ 7) $0{,}4 \cdot 0{,}3$ 8) $1{,}05 : 0{,}5$

3.2 Winkelsumme in Dreiecken

Einstieg

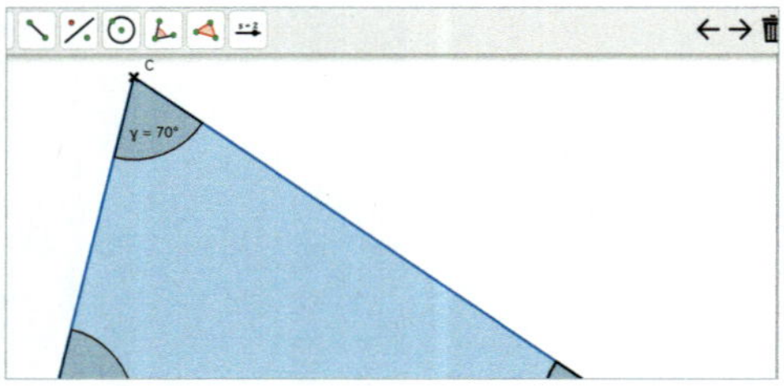

DGS Zeichnet ein Dreieck. Messt die Innenwinkel. Was fällt euch auf? Formuliert eine Vermutung.
Ihr könnt auch ein DGS benutzen.

Aufgabe mit Lösung

Parkettmuster mit Dreiecken

Rechts im Bild siehst du ein Parkettmuster, das aus deckungsgleichen Dreiecken hergestellt worden ist. In einem Dreieck sind die Winkel bereits gefärbt.

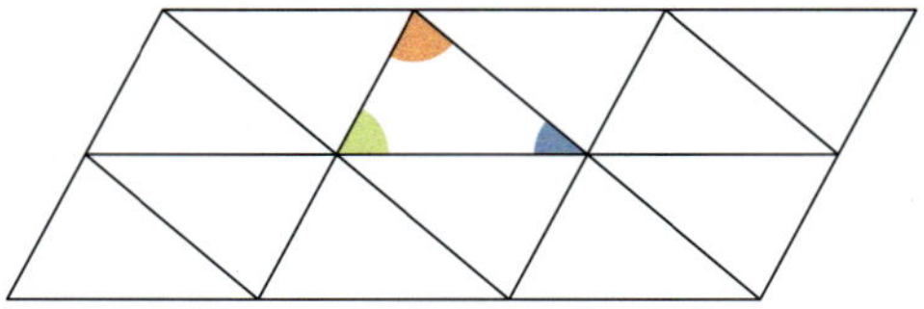

→ Zeichne ab und färbe in den daneben und darunter liegenden Dreiecken gleich große Winkel mit der gleichen Farbe.

Lösung
Man erhält die Färbung rechts.

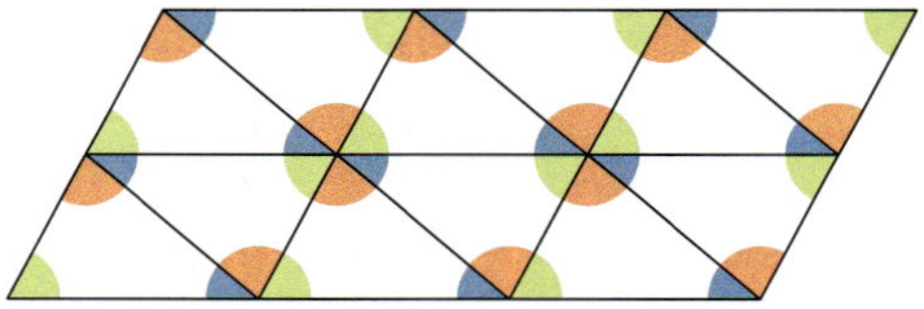

→ Wie groß ist die Summe der Innenwinkel in einem Dreieck? Begründe.

Lösung
In jedem Gitterpunkt stoßen sechs Winkel aneinander. Je zwei sind Scheitelwinkel und damit gleich groß. Drei unterschiedlich gefärbte Winkel ergeben zusammen einen gestreckten Winkel. Deshalb beträgt die Summe der Innenwinkel in einem Dreieck 180°.

Information

Innenwinkelsatz für Dreiecke
In *jedem* Dreieck sind die drei Innenwinkel zusammen 180° groß:
$\alpha + \beta + \gamma = 180°$

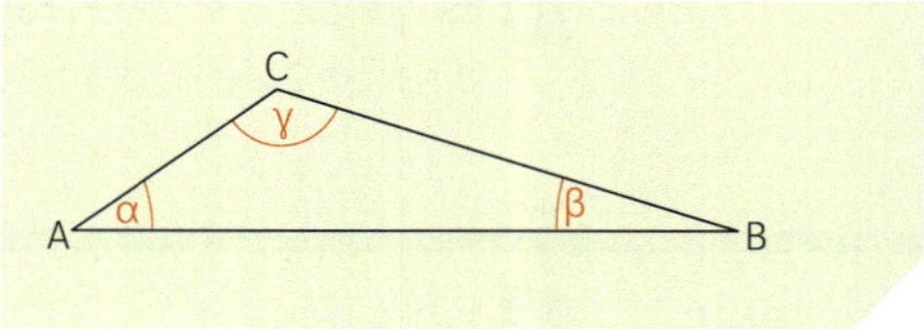

Begründung des Innenwinkelsatzes
Man zeichnet zur Seite $\overline{AB}$ des Dreiecks ABC die Parallele g durch C. Dann gilt:
$\alpha_1 + \gamma + \beta_1 = 180°$.
Ferner gilt: $\alpha_1 = \alpha$ und $\beta_1 = \beta$, da α_1 und α bzw. β_1 und β als Wechselwinkel an geschnittenen Parallelen gleich groß sind.
Daraus folgt: $\alpha + \beta + \gamma = 180°$.

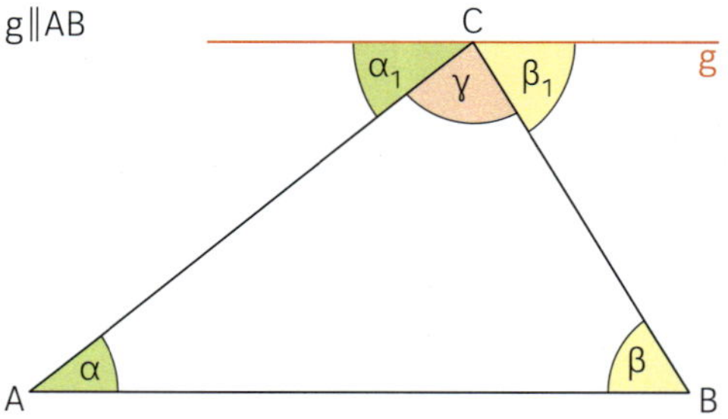

Üben

1 Berechne den dritten Innenwinkel des Dreiecks ABC.

a) $\alpha = 56°$, $\gamma = 85°$ **b)** $\alpha = 90°$, $\gamma = 61°$ **c)** $\beta = 77°$, $\gamma = 56°$ **d)** $\beta = 90°$, $\gamma = 27°$ **e)** $\alpha = 112°$, $\beta = 25°$ **f)** $\alpha = 126°$, $\gamma = 43°$

2 Gegeben sind zwei Winkel eines Dreiecks.

a) Beschreibe, wie man den dritten Winkel berechnen kann.

b) Kann man ein Dreieck ABC mit den angegebenen Winkeln zeichnen?

(1) $\alpha = 89°$, $\beta = 89°$ (2) $\alpha = 89°$, $\beta = 91°$

(3) $\beta = 86°$, $\gamma = 25°$ (4) $\alpha = 107°$, $\beta = 25°$

3 Julia hat Dreiecke gezeichnet und die Ecken abgerissen.

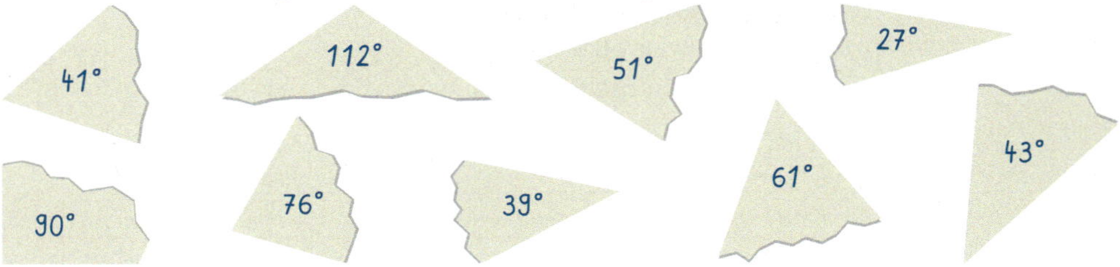

a) Welche Ecken gehören zum selben Dreieck?

b) Zeichnet vier Dreiecke. Messt alle Innenwinkel und tragt die Werte in die Winkel ein. Reißt dann alle Ecken ab, mischt sie und gebt sie eurem Partner. Er soll dann herausfinden, welche Ecken zusammengehören.

4 Zeichnet auf ein DIN-A4-Blatt ein möglichst großes, beliebiges Dreieck. Legt einen kleinen Bleistift in die Lage (1). Verschiebt dann den Bleistift längs der Seite $\overline{AB}$ in die Lage (2), dreht ihn um B in die Lage (3); fahrt fort, bis er wieder auf der Seite $\overline{AB}$ in der Ecke A liegt. Was stellt ihr fest? Um wie viel Grad wurde der Bleistift insgesamt gedreht?

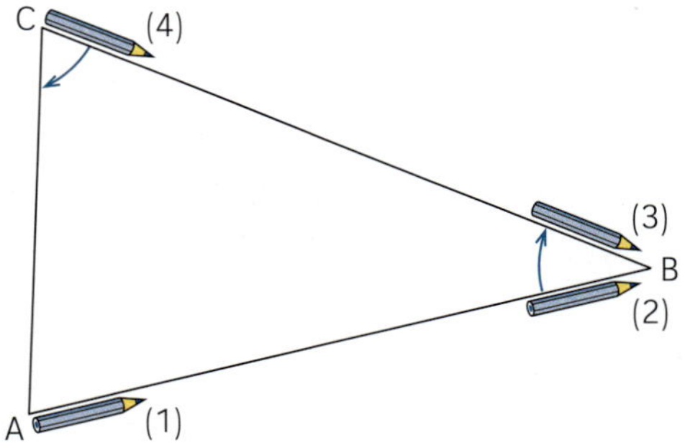

5 Zeichne die Figur in dein Heft. Berechne die Größe der rot markierten Winkel und trage die Ergebnisse ein.

a)

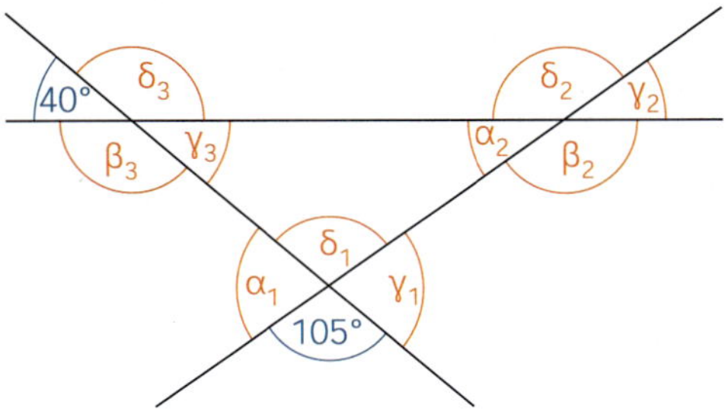

b)

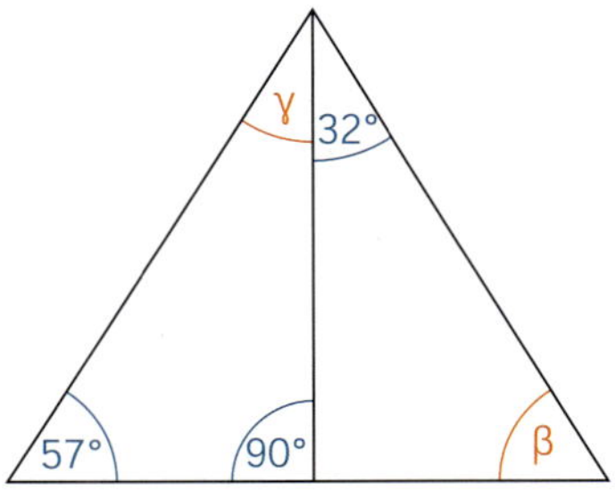

Spitzwinklige, rechtwinklige und stumpfwinklige Dreiecke

6 Die Winkel in einem Dreieck können unterschiedlich groß sein.
Wie viele spitze, wie viele rechte, wie viele stumpfe Winkel kann ein Dreieck besitzen? Begründe.

Definition:
Ein Dreieck heißt **spitzwinklig**, wenn *jeder* der drei Innenwinkel kleiner als 90° ist.
Ein Dreieck heißt **stumpfwinklig**, wenn *ein* Innenwinkel größer als 90° ist.
Ein Dreieck heißt **rechtwinklig**, wenn *ein* Innenwinkel 90° groß ist.

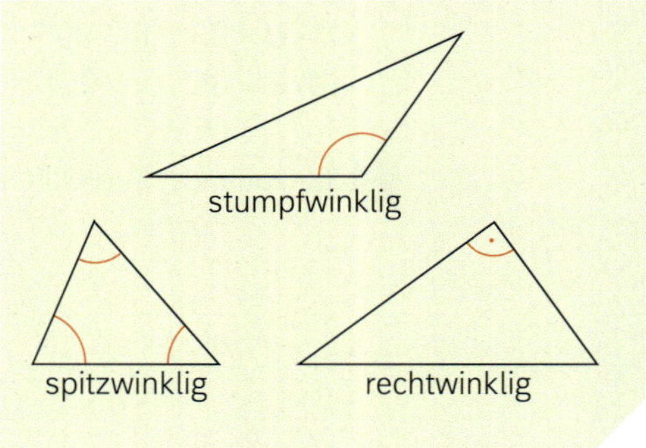

7 Entscheide, ob das Dreieck spitzwinklig, rechtwinklig oder stumpfwinklig ist.
a) $\alpha = 67°$; $\beta = 23°$
b) $\gamma = 19°$; $\beta = 54°$
c) $\beta = 60°$; $\gamma = 60°$
d) $\alpha = 37°$; $\gamma = 53°$
e) $\beta = 15°$; $\gamma = 10°$
f) $\alpha = 45°$; $\beta = 45°$

8 Betrachte das Bild „Composition" von Wassily Kandinsky, in dem du viele Dreiecke erkennen kannst. Beschreibe, wo du ein spitzwinkliges, ein rechtwinkliges und ein stumpfwinkliges Dreieck findest.

9 Das Dreieck ABC ist rechtwinklig mit dem rechten Winkel bei C.
a) Gegeben ist
(1) $\alpha = 37°$; (2) $\beta = 49°$;
(3) $\beta = 71°$; (4) $\alpha = 53°$.
Berechne die Größe des dritten Winkels.
b) Beschreibe, wie man α aus β bzw. β aus α berechnen kann.

10 Mia sagt: „Ich habe ein Dreieck gezeichnet, in dem der größte Innenwinkel 58° groß ist." Nimm Stellung dazu.

11 In einem Dreieck soll die Summe zweier Innenwinkel so groß wie der dritte Innenwinkel sein. Um was für ein Dreieck handelt es sich?

Außenwinkel

12 Das Dreieck ABC ist ein beliebiges Dreieck. Die sechs rot gefärbten Winkel nennt man Außenwinkel des Dreiecks. Welche Beziehung besteht zwischen einem Innenwinkel und einem benachbarten Außenwinkel?

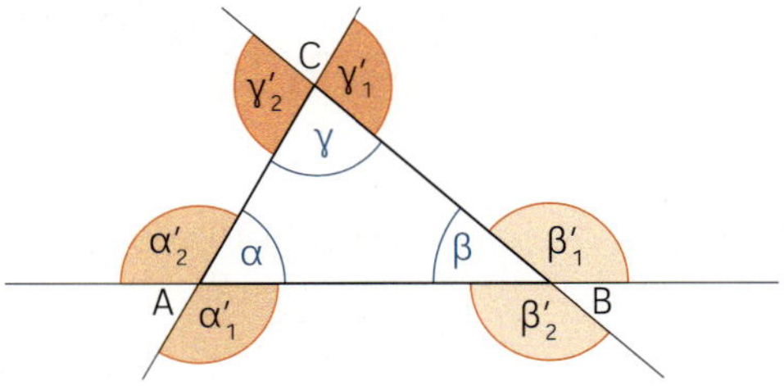

Außenwinkelsatz für Dreiecke

In einem Dreieck ist ein Außenwinkel genau so groß wie die beiden nicht anliegenden Innenwinkel zusammen, z. B. $\boldsymbol{\alpha' = \beta + \gamma}$.

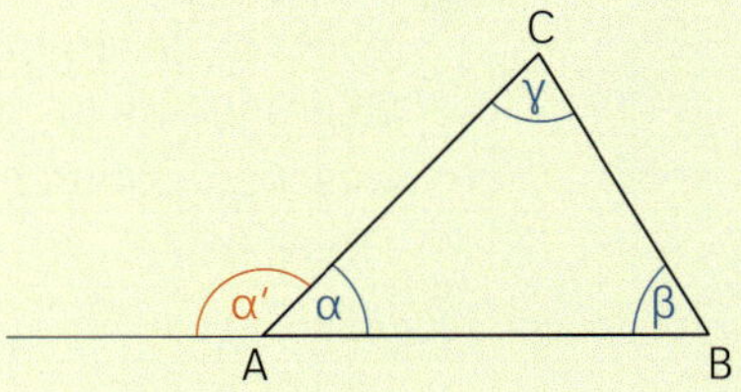

13 Berechne die Winkel im Dreieck rechts auf zwei verschiedene Weisen.

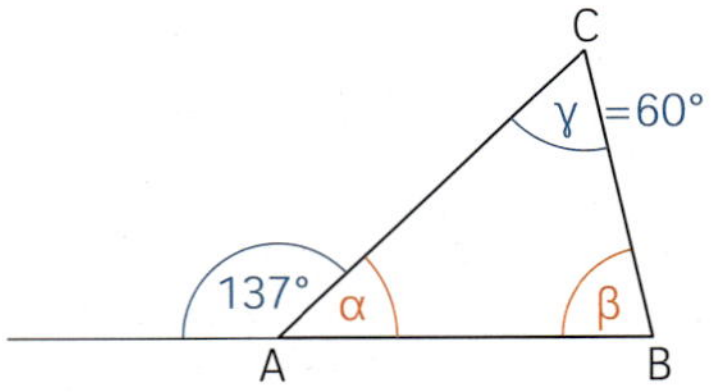

Weiterüben

14 Berechne die Größe der Winkel im Dreieck ABC.

a) $\beta = 2 \cdot \alpha$ und $\gamma = 5 \cdot \alpha$

b) $\beta = \frac{1}{2} \cdot \alpha$ und $\gamma = \frac{3}{2} \cdot \alpha$

c) $\beta = 2 \cdot \alpha$ und $\alpha = 3 \cdot \gamma$

d) $\beta = \alpha + 25°$ und $\gamma = \alpha + 35°$

e) β ist 50 % von α und γ ist 30 % von α

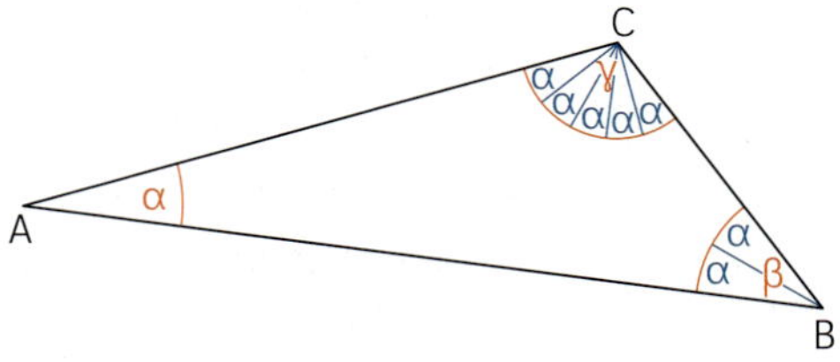

15 Berechne die Größe der rot markierten Winkel.

a)

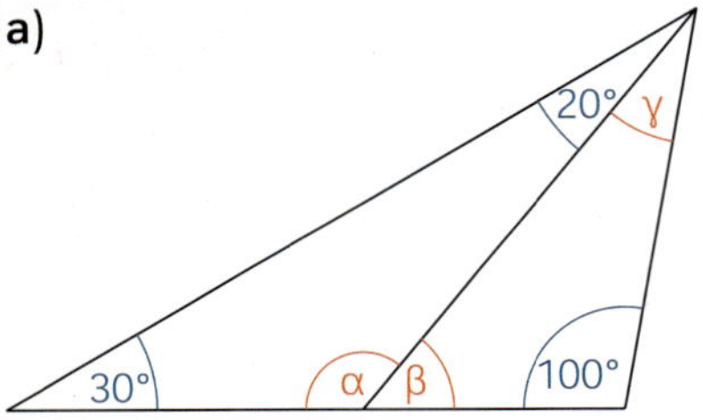

b)

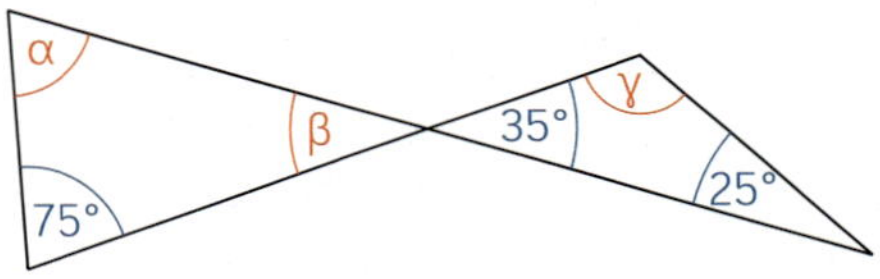

3.3 Winkelsumme in Vierecken und anderen Vielecken

Ziel

Du hast im vorigen Abschnitt erfahren, dass in jedem Dreieck die Innenwinkelsumme 180° beträgt. Hier untersuchst du, ob eine entsprechende Gesetzmäßigkeit auch bei anderen Vielecken gilt.

Aufgabe mit Lösung

Winkelsumme im Viereck

→ Wie groß sind die vier Innenwinkel eines Vierecks zusammen?
Begründe deine Vermutung. Zerlege dazu das Viereck durch eine Diagonale in zwei Dreiecke.

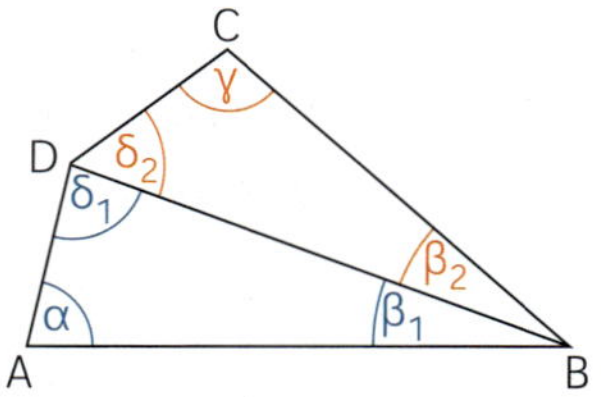

Lösung

In jedem der beiden Teildreiecke beträgt die Winkelsumme 180°, also gilt:
$\alpha + \beta_1 + \delta_1 = 180°$ sowie $\delta_2 + \beta_2 + \gamma = 180°$
Durch Addieren folgt daraus:
$\alpha + \beta_1 + \delta_1 + \delta_2 + \beta_2 + \gamma = 180° + 180° = 360°$
Durch Umsortieren ergibt sich:
$\alpha + \beta_1 + \beta_2 + \gamma + \delta_2 + \delta_1 = 360°$
Da aber $\beta_1 + \beta_2 = \beta$ und $\delta_1 + \delta_2 = \delta$ ist, folgt daraus: $\alpha + \beta + \gamma + \delta = 360°$
Das bedeutet, dass alle vier Winkel im Viereck zusammen 360° groß sind.

→ Die Begründung für die Winkelsumme eines Vierecks erfolgte oben an einem Viereck ohne einspringende Ecke.
Begründe, dass sich dieselbe Winkelsumme auch bei einem Viereck mit einspringender Ecke ergibt.

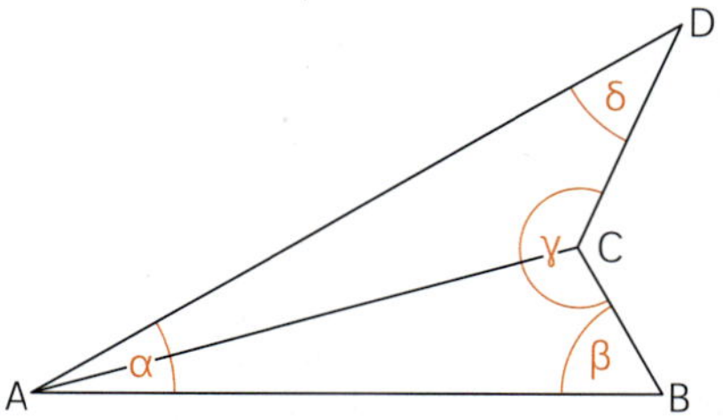

Lösung

Man kann dieses Viereck nicht durch die Diagonale $\overline{BD}$ in zwei Teildreiecke zerlegen, da diese Diagonale außerhalb des Vierecks liegt. Aber mit der anderen Diagonale $\overline{AC}$ kann man es in zwei Teildreiecke zerlegen, aus denen man wieder 360° als Winkelsumme des Vierecks erhält.

Information

Innenwinkelsatz für Vierecke

In *jedem* Viereck sind die vier Innenwinkel zusammen 360° groß.
$\boldsymbol{\alpha + \beta + \gamma + \delta = 360°}$

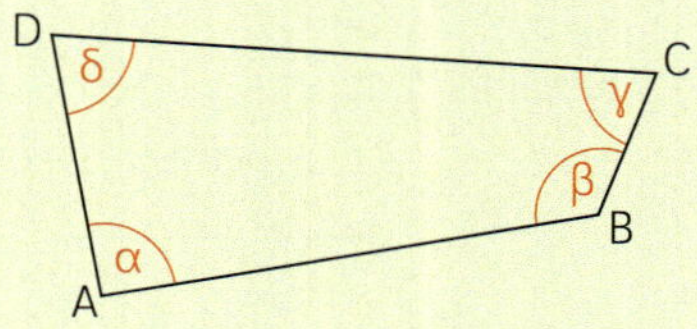

Üben

1 Berechne die rot markierten Innenwinkel. Beachte bei (4) die Symmetrieachse.

(1) (2) (3) (4)

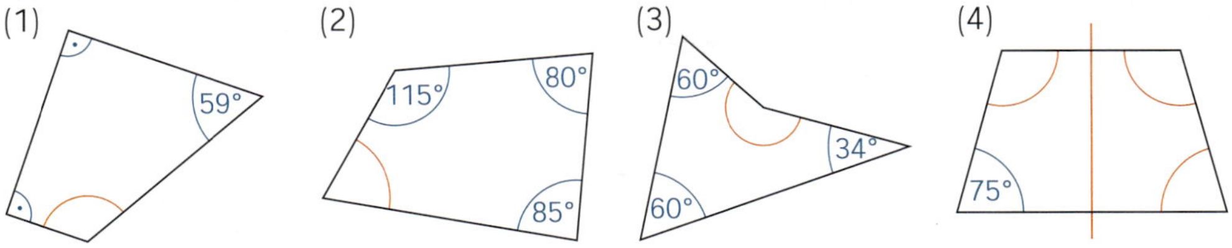

2 Tim zeichnet das Viereck rechts an die Tafel und meint:
„Ich kann ein Viereck in vier Dreiecke zerlegen. Also beträgt die Winkelsumme im Viereck $4 \cdot 180°$. Das sind 720°."
Wo steckt Tims Fehler?

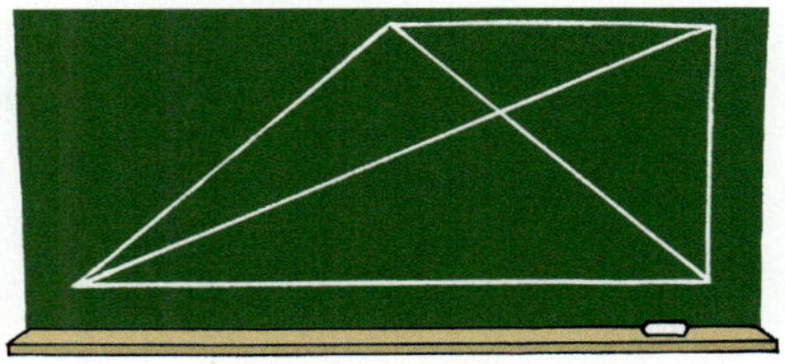

3 Zeichne ein großes, beliebiges Viereck. Lege einen möglichst kleinen Bleistift in die Lage (1). Verschiebe dann den Bleistift längs der Seite $\overline{AB}$ in Lage (2), drehe ihn um B in die Lage (3); fahre fort bis er wieder auf der Seite $\overline{AB}$ liegt. Was stellst du fest? Begründe auf diese Weise, dass die Winkelsumme des Vierecks 360° beträgt.

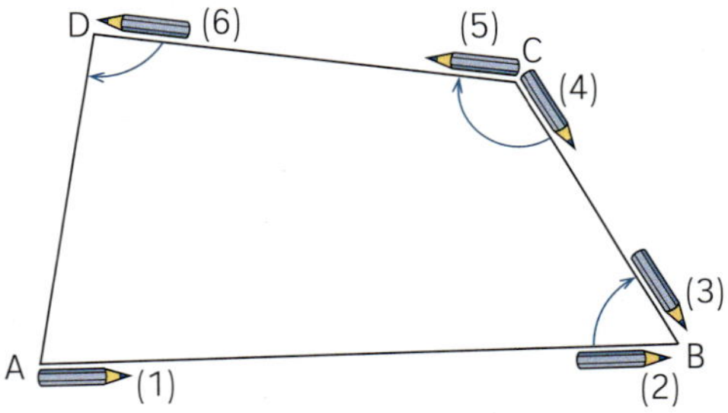

4 Zeichne ein Viereck ABCD. Es soll gelten:
a) $\alpha = 50°$; γ ist doppelt so groß wie α; δ ist doppelt so groß wie β.
b) β ist doppelt so groß wie α; γ ist dreimal so groß wie α; δ ist viermal so groß wie α.

5 Betrachte ein Viereck, welches kein Rechteck ist.
a) Wie viele spitze Winkel hat das Viereck mindestens, wie viele höchstens?
b) Wie viele stumpfe Winkel hat das Viereck mindestens, wie viele höchstens?
c) Wie viele überstumpfe Winkel hat das Viereck mindestens, wie viele höchstens?

Weiterüben

6 Die Winkelsumme in Dreiecken und Vierecken kennst du schon.
a) Untersuche, wie groß jeweils alle Innenwinkel eines
(1) Fünfecks; (2) Sechsecks; (3) Siebenecks; ... zusammen sind.
b) Versuche herauszufinden, wie man aus der Anzahl n der Ecken eines Vielecks die Winkelsumme der Innenwinkel berechnen kann.

7 Vivian hat das Fünfeck rechts gezeichnet und sagt: „Mein Fünfeck hat nur eine Winkelsumme von 360°."

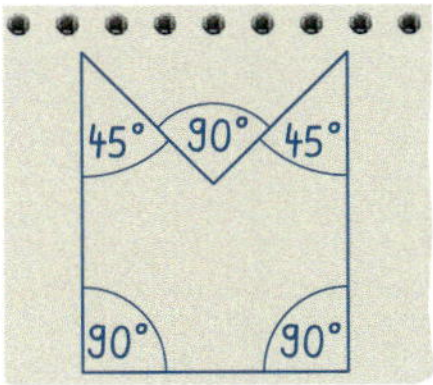

8 Wie viele Ecken hat ein Vieleck mit der Winkelsumme
a) 3600°; **b)** 1800°?

3.4 Gleichschenklige Dreiecke

Einstieg

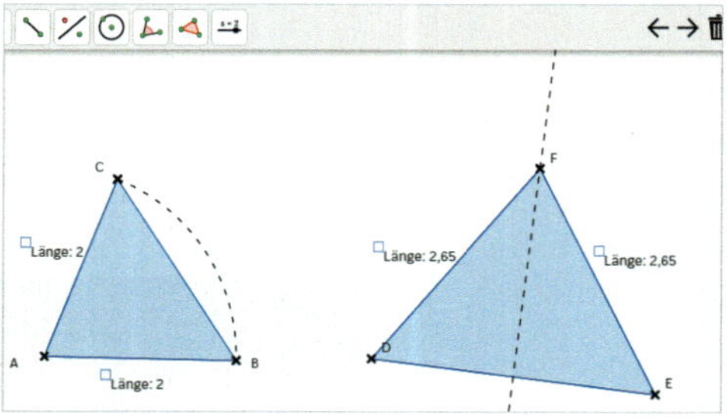

DGS Mit einem DGS kann man Dreiecke so zeichnen, dass man an den Ecken ziehen und so die Form verändern kann. Konstruiert ein solches Dreieck, bei dem zwei Seiten stets gleich lang bleiben. Vergleicht eure Konstruktionsschritte. Welche besonderen Eigenschaften weist das Dreieck auf?

Aufgabe mit Lösung

Besondere Häuser

Zwei Straßen kreuzen sich unter einem Winkel von 50°. Auf dem Grundstück zwischen ihnen soll ein Bürohochhaus errichtet werden. Die beiden Schenkel des 50° großen Winkels sind 50 m lang.

→ Zeichne die dreieckige Grundfläche in einem geeigneten Maßstab.

Lösung

Wählt man den Maßstab 1:1000, d. h. für 10 m in der Wirklichkeit, so zeichnet man 1 cm = 10 mm.

(1) Man zeichnet eine 5 cm lange Strecke $\overline{AB}$.

(2) Man trägt im Punkt A der Strecke $\overline{AB}$ den Winkel $\alpha = 50°$ ein.

(3) Auf dem freien Schenkel von α trägt man den Eckpunkt C in 5 cm Entfernung von A ein.

(4) Danach verbindet man B und C.

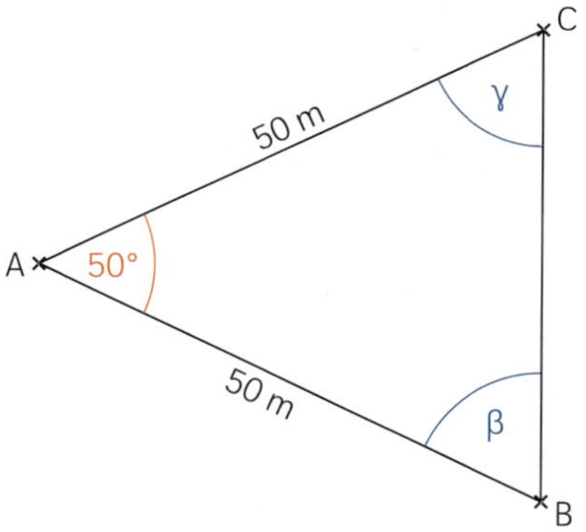

→ Welche besonderen Eigenschaften hat das Dreieck?

Lösung

Das Dreieck ist achsensymmetrisch zu dem Strahl, der den Winkel α halbiert (Winkelhalbierende von α).
Also sind die Winkel β und γ gleich groß.
Wegen $\alpha = 50°$ sind β und γ wegen der Winkelsumme von 180° somit 65° groß.

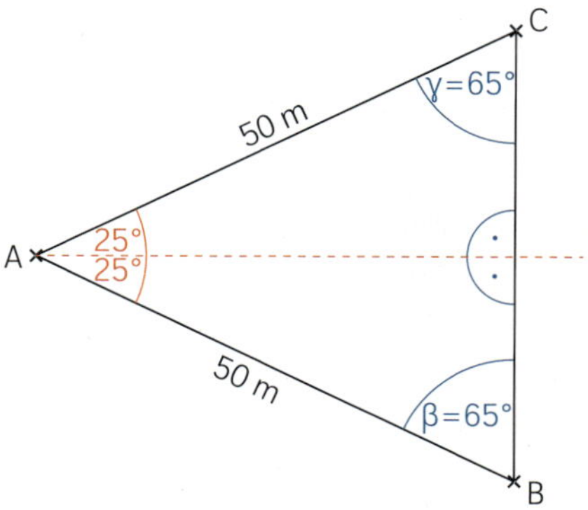

Information

Gleichschenkliges Dreieck

Definition:
Ein Dreieck mit (mindestens) zwei gleich langen Seiten nennt man **gleichschenkliges Dreieck**. Die beiden gleich langen Seiten heißen **Schenkel**, die dritte Seite heißt **Basis**. Die an der Basis liegenden Winkel heißen **Basiswinkel**.

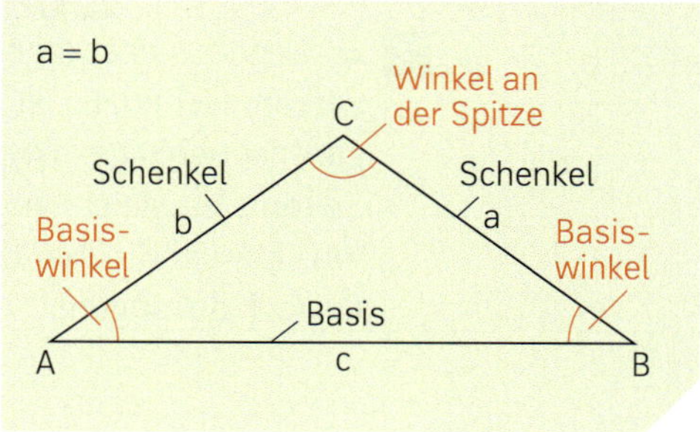

Bezeichnungen am Dreieck

Du weißt, dass man in einem Dreieck ABC den Winkel am Eckpunkt A mit α bezeichnet. Weiter vereinbaren wir, die Seite gegenüber dem Eckpunkt A mit a zu bezeichnen; wir verwenden a auch für die Länge dieser Seite. Entsprechendes gilt für die übrigen Seiten und Winkel.

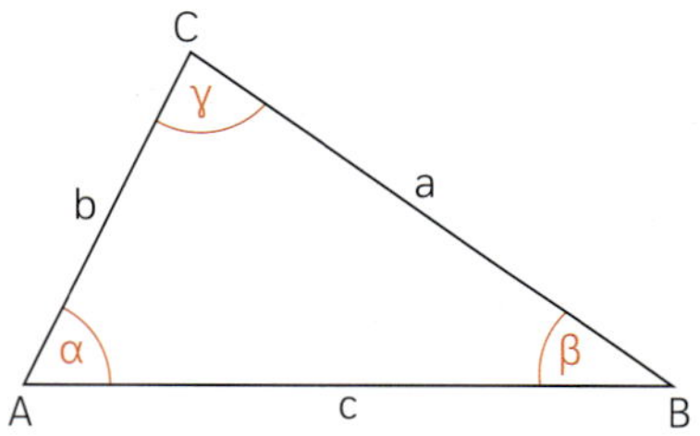

Basiswinkelsatz

Für jedes *gleichschenklige* Dreieck gilt:
Die beiden Basiswinkel sind gleich groß.
Wenn $a = b$, dann $\alpha = \beta$.

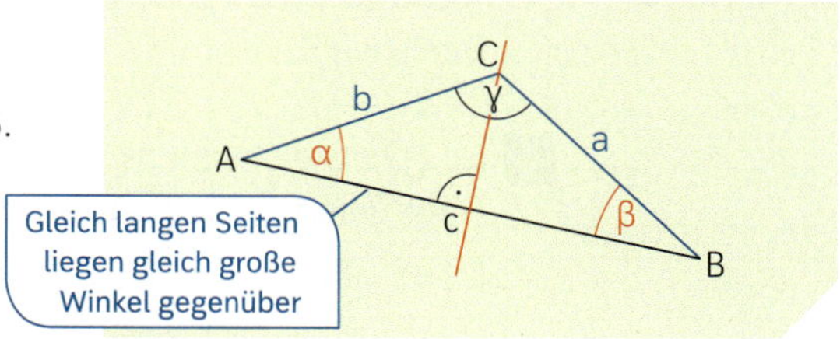

Üben

1 Der Hausgiebel rechts ist ein Dreieck mit zwei gleich langen Seiten. Die rechte Dachfläche hat eine Neigung von 45°.
a) Wie groß ist die Neigung der linken Dachfläche? Wie groß ist der Winkel an der Spitze des Hauses?
Begründe deine Antwort.
b) Für Dachneigungen in einem neuen Baugebiet sind Winkel zwischen 30° und 45° zugelassen. Was kannst du dann über den Winkel an der Spitze aussagen?

2 Gegeben sind Dreiecke mit zwei gleichlangen Seiten.
a) In einem Dreieck ABC gilt $a = c$. Welche Winkel sind gleich groß?
b) In einem Dreieck DEF gilt $d = e$. Welche Winkel sind gleich groß?

Gleichseitige Dreiecke

3 Rechts siehst du ein dreieckiges Verkehrsschild. Es ist ein besonderes gleichschenkliges Dreieck. Alle drei Seiten sind gleich lang.
Was kannst du über die Winkel in diesem Dreieck aussagen?

Gleichseitiges Dreieck

Definition: Ein Dreieck, in dem alle drei Seiten gleich lang sind, heißt **gleichseitiges Dreieck**.

Satz
Für jedes *gleichseitige* Dreieck gilt:
Alle drei Winkel sind 60° groß.

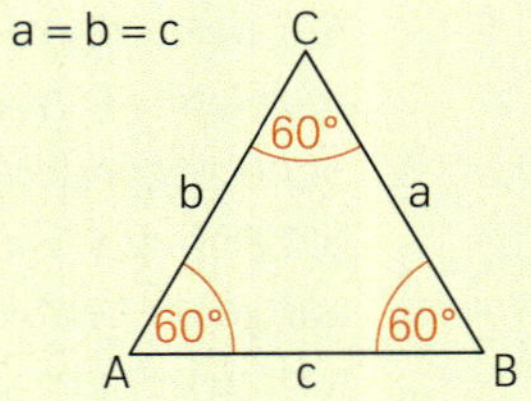

Beachte: Jedes gleichseitige Dreieck ist auch gleichschenklig. Jede Seite kann man als Basis wählen.

4 Gleichschenklige Dreiecke und gleichseitige Dreiecke findet ihr in eurer Umwelt. Gebt Beispiele an. Ihr könnt sie auch fotografieren und ein Plakat für eure Klasse gestalten.

5 Gib bei dem Dreieck an, welches die Basis, welches die Basiswinkel, welches der Winkel an der Spitze, welches die Schenkel sind. Berechne die rot markierten Winkel.
Hinweis: Der Kreisbogen zeigt gleich lange Seiten.

a)
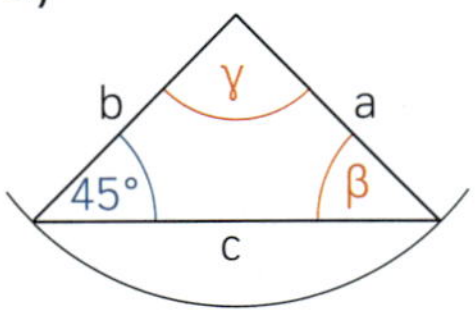

b)
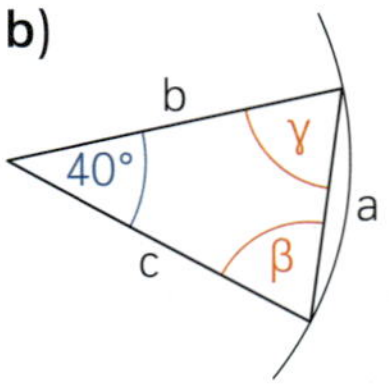

c)
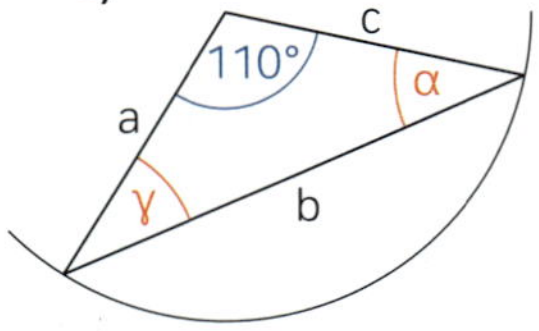

d)
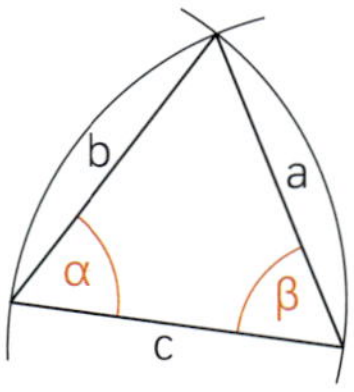

6 Entscheide, welche der folgenden Aussagen wahr oder falsch sind.
(1) Es gibt gleichschenklige Dreiecke, die gleichseitig sind.
(2) Nicht alle gleichschenkligen Dreiecke sind gleichseitig.
(3) Nicht alle gleichseitigen Dreiecke sind gleichschenklig.
(4) Es gibt gleichschenklige Dreiecke, die rechtwinklig sind.
(5) Es gibt gleichseitige Dreiecke, die stumpfwinklig sind.
(6) Es gibt gleichschenklige Dreiecke, die stumpfwinklig sind.

Parkettierungen

1 Flächen kann man lückenlos mit Rechtecken pflastern. Nur am Rand muss man gegebenenfalls Rechtecke zerschneiden.
Unten siehst du zwei besondere Pflastersteine.
Zeichne einen Ausschnitt, wie man mit ihnen lückenlos eine Fläche auslegen kann.

a)

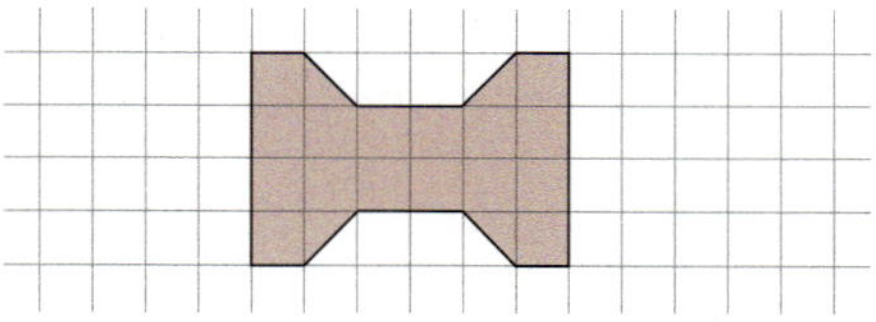

b)

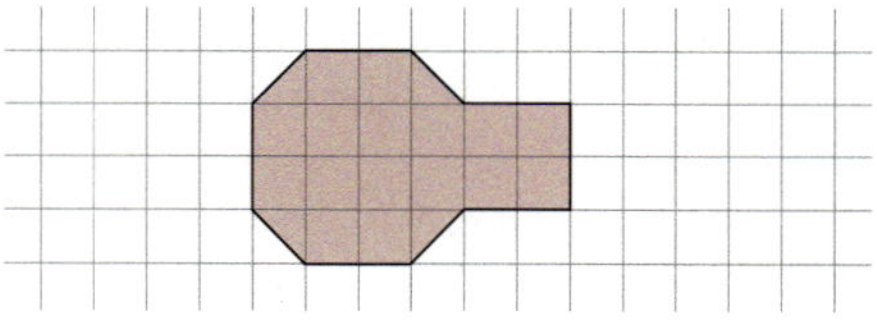

2 Du weißt vom Beweis des Innenwinkelsatzes für Dreiecke, dass man auch mit beliebigen Dreiecken lückenlos parkettieren kann. Untersuche, ob das auch mit beliebigen Vierecken möglich ist.

3 Vielecke, bei denen alle Seiten gleich lang und alle Innenwinkel gleich groß sind, nennt man **regelmäßige Vielecke**.
a) Unter welchem Namen kennst du diese Dreiecke und Vierecke schon?
b) Berechne bei regelmäßigen Fünfecken, Sechsecken, ... Zehnecken die Größe der Innenwinkel. Begründe dann, mit welchen regelmäßigen Vielecken man lückenlos parkettieren kann.

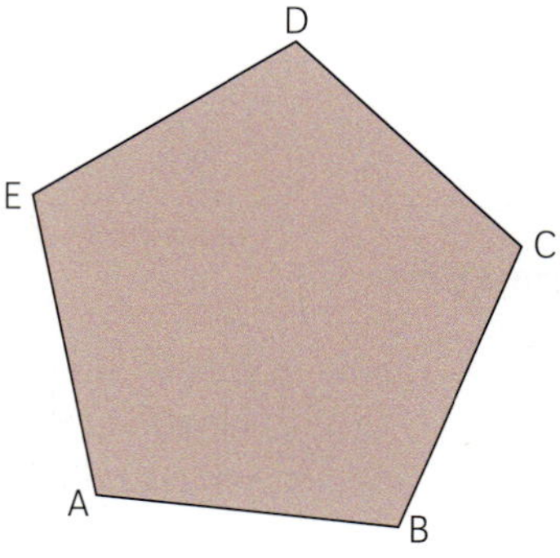

4 Du hast gesehen, dass man mit regelmäßigen Achtecken allein nicht lückenlos parkettieren kann. Untersuche, ob es möglich ist, mit ihnen und anderen regelmäßigen Vielecken zusammen lückenlos zu parkettieren.

3.5 Berechnen von Winkeln mithilfe der Winkelsätze

Einstieg

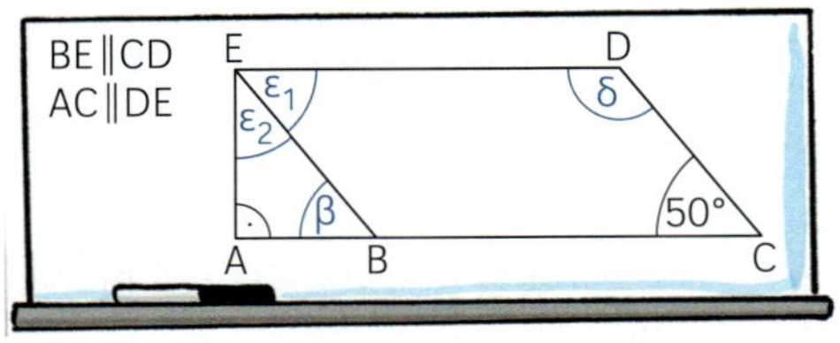

Im Bild fehlen einige der Größenangaben der Winkel. Ergänzt die fehlenden Winkelgrößen im Heft.
Erläutert und begründet euer Vorgehen.

Aufgabe mit Lösung

Schrittweises Berechnen von Winkeln

In der nicht maßstabsgetreu skizzierten Figur rechts halbiert die Gerade w den Winkel bei A. Der eingezeichnete Kreisbogen um A zeigt, dass die Strecken $\overline{AB}$ und $\overline{AC}$ gleich lang sind.

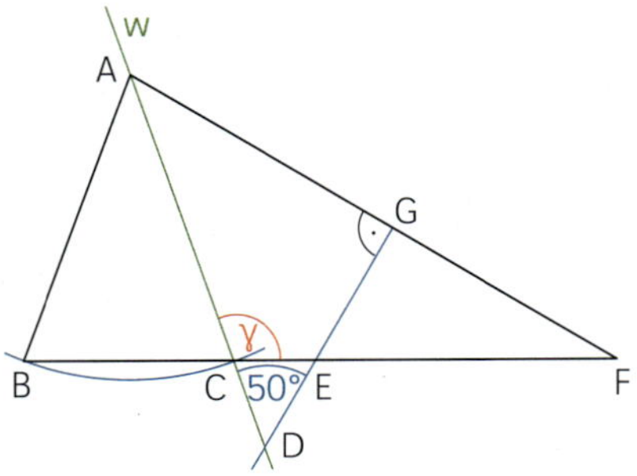

→ Berechne schrittweise die Winkel, bis du den Winkel γ angeben kannst. Begründe jeweils mit einem Winkelsatz.

Lösung

Man kann die Schritte übersichtlich in einer Tabelle notieren.

Winkel	Begründung
$\alpha_1 = 180° - 90° - 50° = 40°$	Winkelsumme im Dreieck ADG
$\alpha_2 = \alpha_1 = 40°$	w halbiert den Winkel bei A
$\beta = \gamma' = (180° - \alpha_2) : 2 = 70°$	Basiswinkel β und γ im gleichschenkligen Dreieck ABC
$\gamma = 180° - \gamma' = 110°$	γ ist Nebenwinkel von γ'

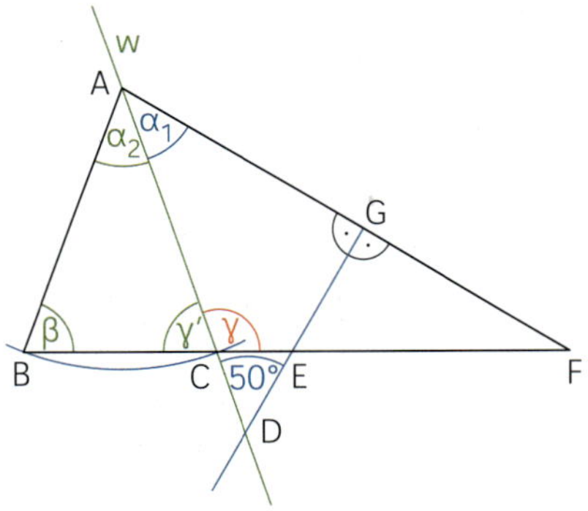

Information

Strategie: Berechnen von Winkeln

Winkelberechnungen lassen sich gut mithilfe einer Tabelle notieren.
Man kann folgende Sätze verwenden: Nebenwinkelsatz, Scheitelwinkelsatz, Stufenwinkelsatz, Wechselwinkelsatz, Innenwinkelsatz für Dreiecke, Basiswinkelsatz, …

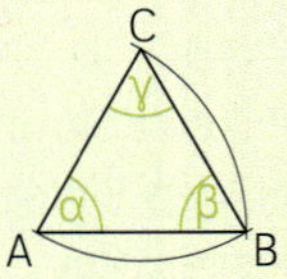

Winkel	Begründung
$\alpha = \beta$	Basiswinkel, da a = b
$\beta = \gamma$	Basiswinkel, da b = c
$\alpha = \beta = \gamma = 180° : 3 = 60°$	Winkelsumme in ABC

Üben

1 Stellt auf einem Poster eure Kenntnisse über Winkel in Figuren zusammen. Ihr könnt dieses Poster anschließend als Hilfe für die folgenden Aufgaben auch im Klassenraum aushängen.

2 Die Geraden a und b sind parallel zueinander. Berechne die rot markierten Winkel.

a)

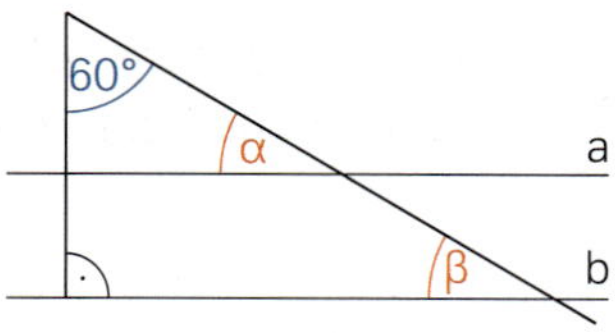

b)

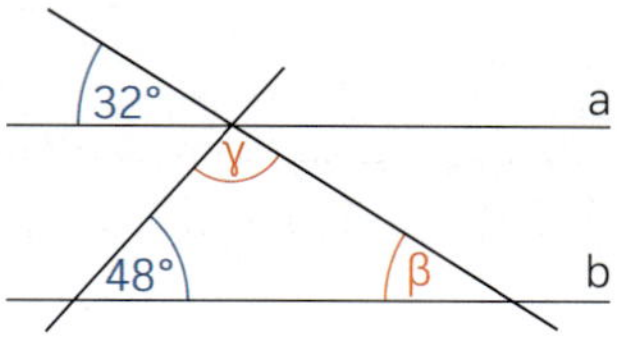

c)

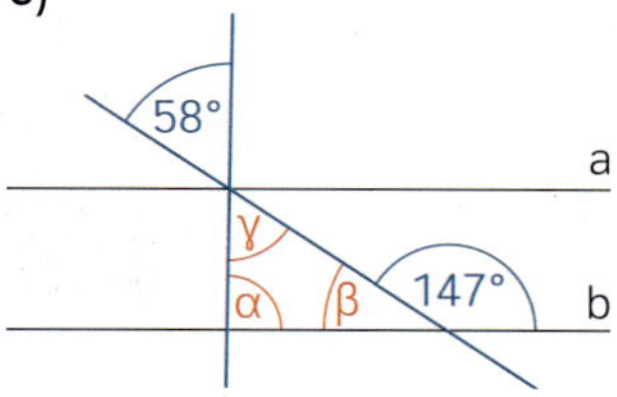

3 Berechne die Größe des Winkels β.

a) $\alpha_1 = 70°$; $\alpha_2 = 30°$

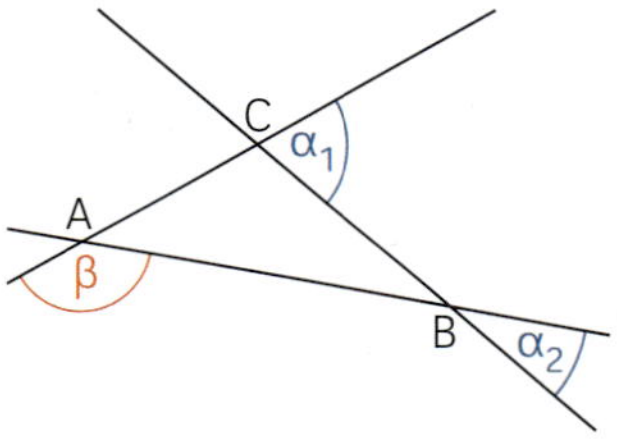

b) $\alpha_1 = 50°$; $\alpha_2 = 70°$

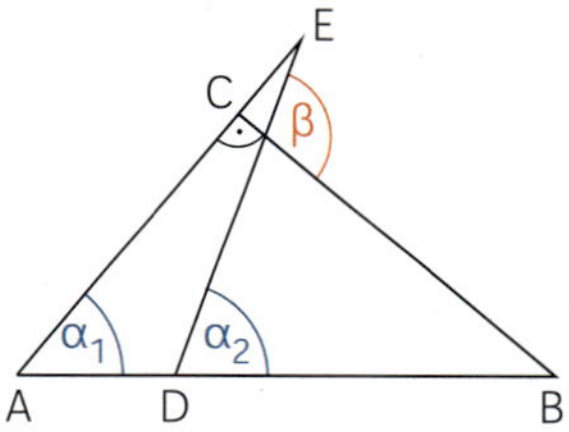

c) $\alpha_1 = 50°$; $\alpha_2 = \alpha_3 = 35°$

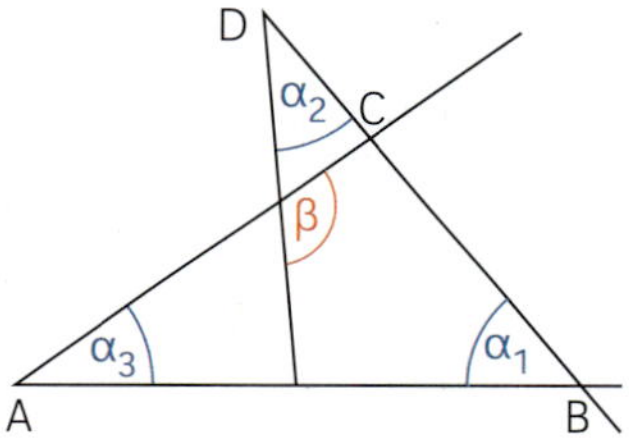

d) $\alpha = 20°$

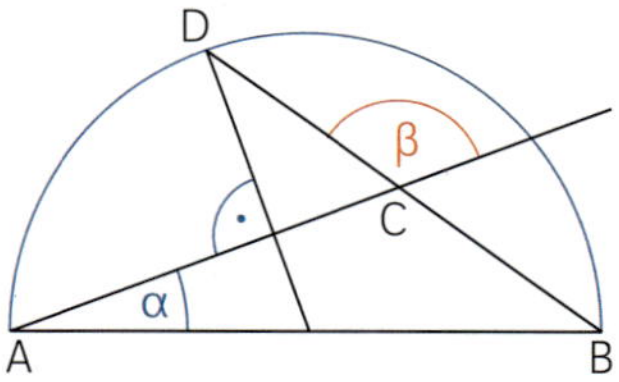

e) $\alpha = 150°$

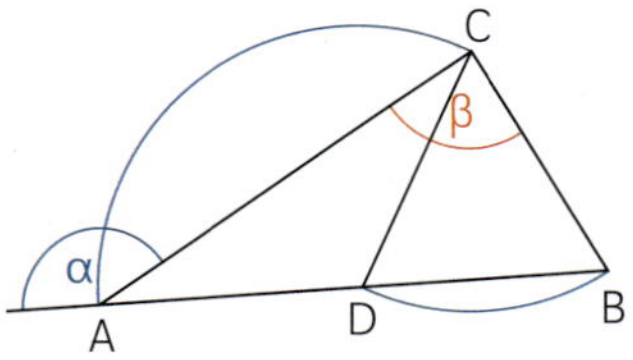

f) $\alpha = 40°$

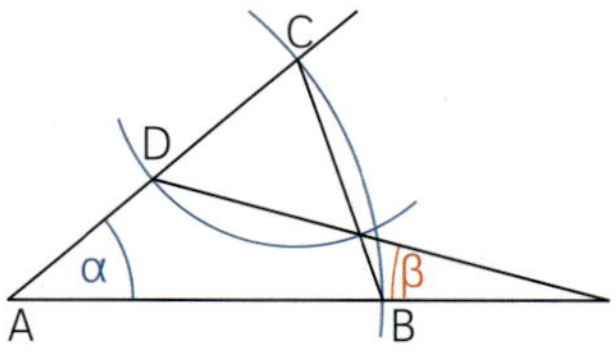

4 Gegeben ist die Figur mit g ∥ h und $\alpha = 112°$.
Berechne die Größe des Winkels β.
Anleitung: Suche Teildreiecke in der Figur. Ergänze dazu die Figur durch eine geeignete Strecke als Hilfslinie.

g∥h

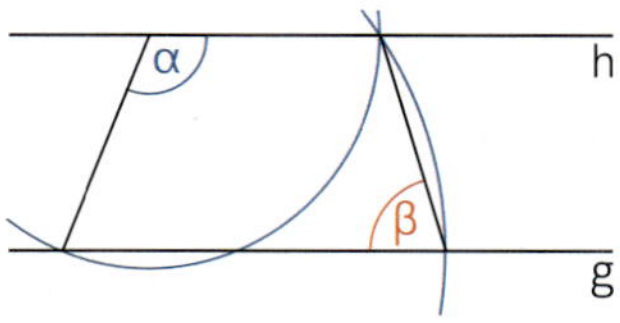

Weiterüben

5 Berechne die Größe des Winkels β.

a) $\alpha = 28°$

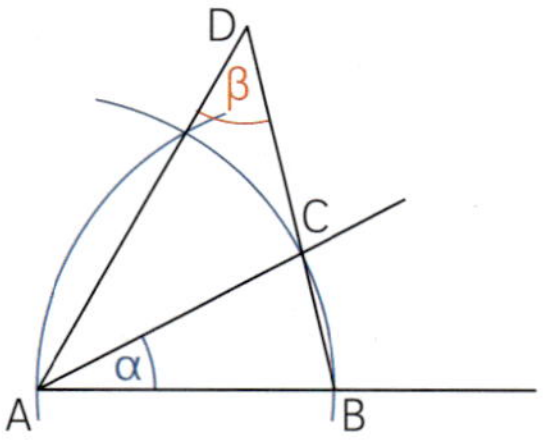

b) $\alpha = 80°$

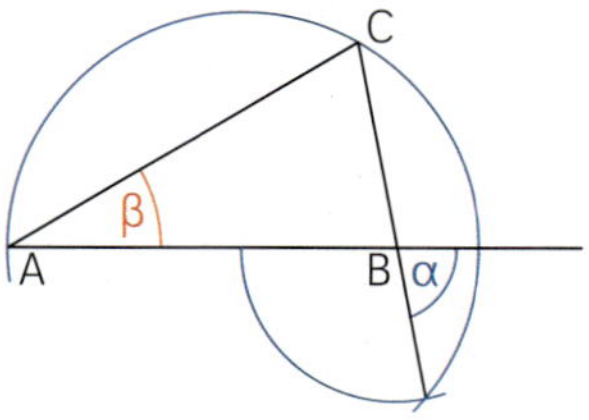

c) $\alpha = 22°$

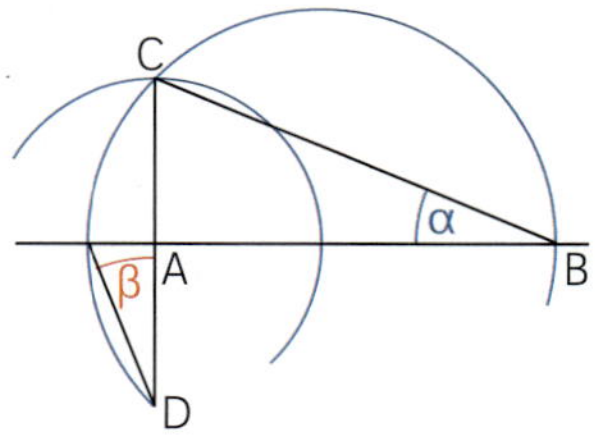

3.6 Symmetrische Vierecke

Einstieg

Links im Bild seht ihr eine Fachwerkscheune.
Welche Arten von Vierecken erkennt ihr? Untersucht diese auf Symmetrie.
Weiterhin kennt ihr auch noch viereckige Drachen aus dem Alltag. Welche Symmetrieeigenschaften weisen diese auf?

Aufgabe mit Lösung

Besondere Vierecke

→ Zeichne ein Quadrat und beschreibe alle seine Symmetrien.

Lösung

Das Quadrat ABCD hat vier Symmetrieachsen und zwar die beiden *Diagonalgeraden* AC und BD sowie die beiden *Mittellinien* EG und HF. Außerdem ist das Quadrat punktsymmetrisch zum Schnittpunkt Z der Symmetrieachsen.

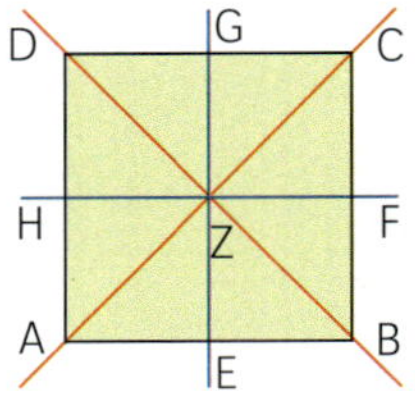

→ Schneide ein Quadrat aus und schneide dann davon Teile so ab, dass es nur noch zwei Symmetrieachsen übrig bleiben.

Lösung

Man faltet das Quadrat jeweils an einer Symmetrieachse, die erhalten bleiben soll.
Faltet man an einer Mittellinie und schneidet parallel dazu, so erhält man ein Rechteck.
Faltet man an einer Diagonalen und schneidet zweimal zur anderen Diagonalen, so erhält man eine Raute.

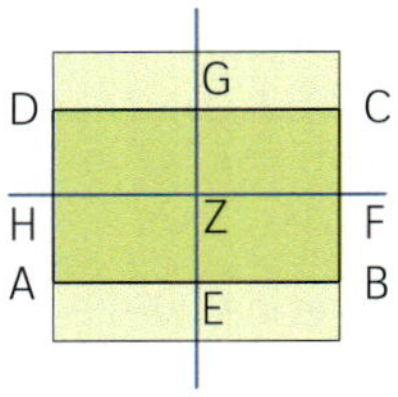

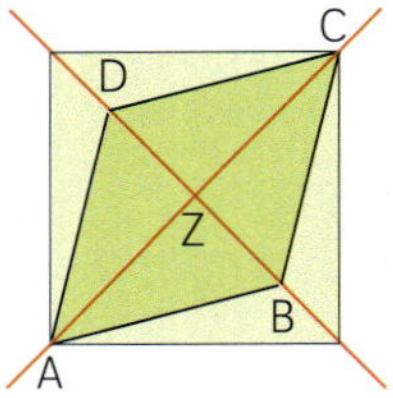

→ Schneide ein Rechteck und eine Raute aus. Schneide dann von ihnen Teile ab, sodass nur noch eine Symmetrieachse übrig bleibt.

Lösung

Man faltet jeweils wieder an der Symmetrieachse, die erhalten bleiben soll.
Beim gefalteten Rechteck erhält man mit einem Schnitt, der nicht parallel zur Faltlinie ist, ein achsensymmetrisches Trapez.

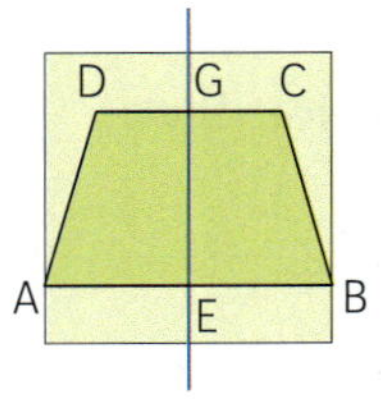

Bei der gefalteten Raute erhält man mit zwei Schnitten einen Drachen, der auch eine einspringende Ecke besitzen kann.

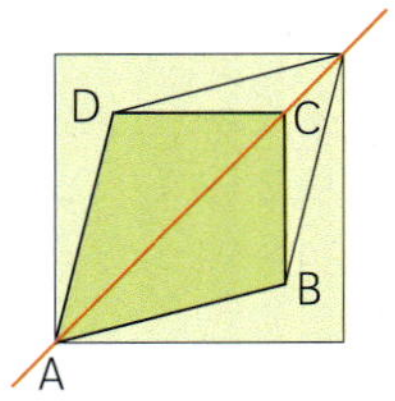

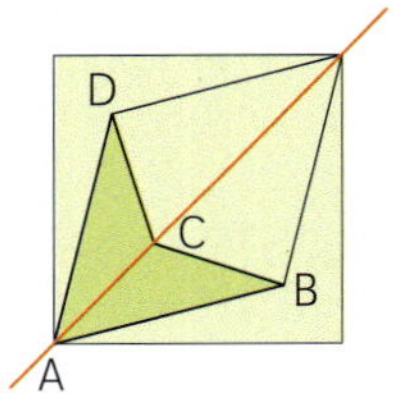

Schneide bei einem Rechteck und bei einer Raute Teile so ab, dass keine Symmetrieachse, aber das Symmetriezentrum übrig bleibt.

Lösung

In beiden Fällen erhält man ein Parallelogramm. Dieses ist punktsymmetrisch zum Schnittpunkt seiner Diagonalen.

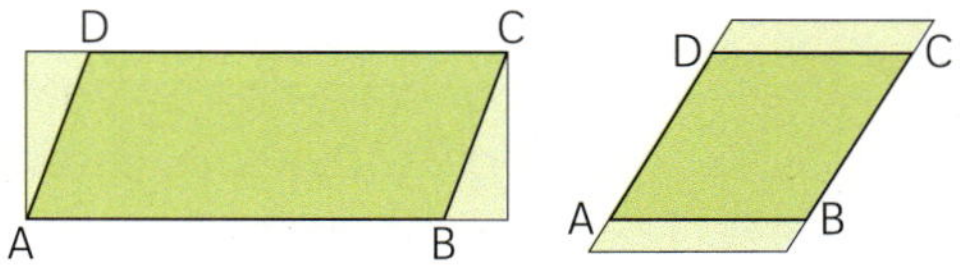

Information

Trapez und Drachenviereck

Definition:

Ein Trapez, bei dem zwei Winkel an einer gemeinsamen Grundseite gleich groß sind, heißt **gleichschenkliges Trapez**.

Ein Viereck, bei dem zwei benachbarte Seiten und ebenso die beiden anderen benachbarten Seiten jeweils gleich lang sind, heißt **Drachenviereck**.

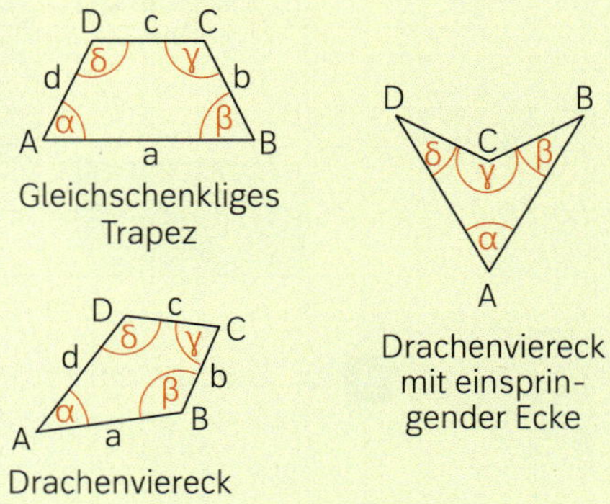

Haus der symmetrischen Vierecke

Die Übersicht über die achsen- und punktsymmetrischen Vierecke rechts nennt man Haus der symmetrischen Vierecke.

Die Verbindungslinien zeigen Beziehungen zwischen den Vierecken. So ist zum Beispiel das Quadrat (über das Rechteck) mit dem Parallelogramm verbunden, weil es ein besonderes Parallelogramm ist.

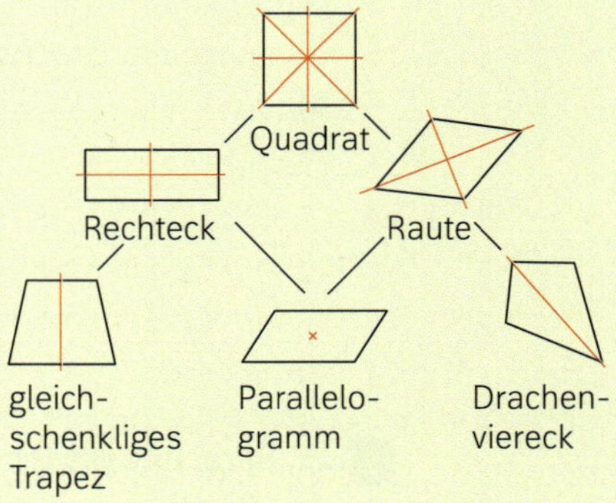

Das Haus der Vierecke lässt sich in zwei Richtungen lesen:

Von oben nach unten:

Jedes Quadrat ist ein Rechteck; jedes Rechteck ist ein Parallelogramm; jedes Quadrat ist ein Parallelogramm.

Von unten nach oben:

Manche Rechtecke sind Quadrate; manche Parallelogramme sind Rechtecke; manche Parallelogramme sind Quadrate.

Üben

1 Im Alltag begegnen euch verschiedene Vierecke. Sucht Beispiele für achsensymmetrische Vierecke. Ihr könnt sie fotografieren, sie beschriften und damit eure Bildersammlung im Klassenraum ergänzen.

2 Fertige im Heft eine Tabelle wie rechts an; kreuze an, falls für die Figur die Besonderheit zutrifft. Falls die Figur symmetrisch ist, zeichne sie ab und trage die Symmetrieachsen und Symmetriezentren ein.

	A	B	
Quadrat			
Rechteck		X	
Parallelogramm		X	

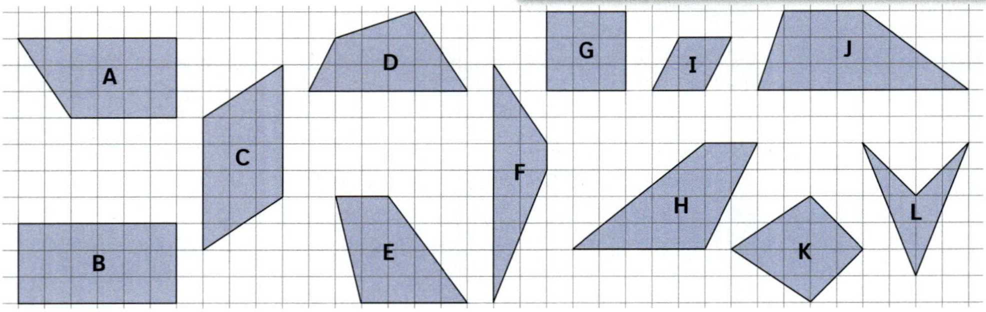

3 Zeichne ein symmetrisches Viereck mit seinen Diagonalen. Welche besonderen Dreiecke entdeckst du?

4 Zeichne die Figur ins Heft und ergänze sie, wenn möglich,
(1) zu einem Trapez;
(2) zu einem gleichschenkligen Trapez;
(3) zu einem Drachenviereck;
(4) zu einem Parallelogramm.

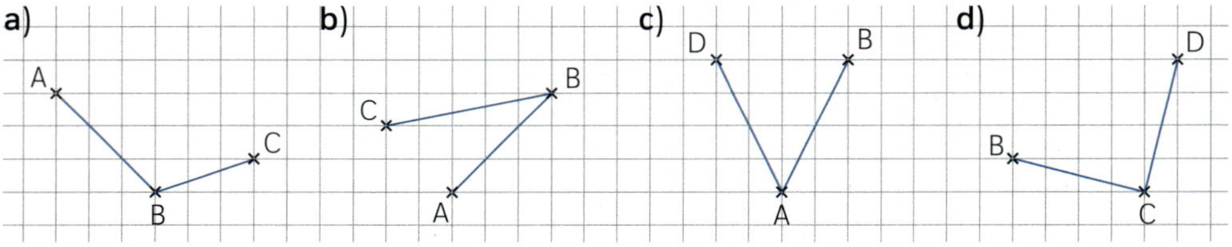

5 Berechne die fehlenden Winkel des Drachenvierecks ABCD mit BD als Symmetrieachse.

a) $\beta = 36°$, $\delta = 120°$
b) $\gamma = 105°$, $\delta = 80°$
c) $\beta = 90°$, $\gamma = 62°$
d) $\gamma = 100°$, $\beta = 100°$

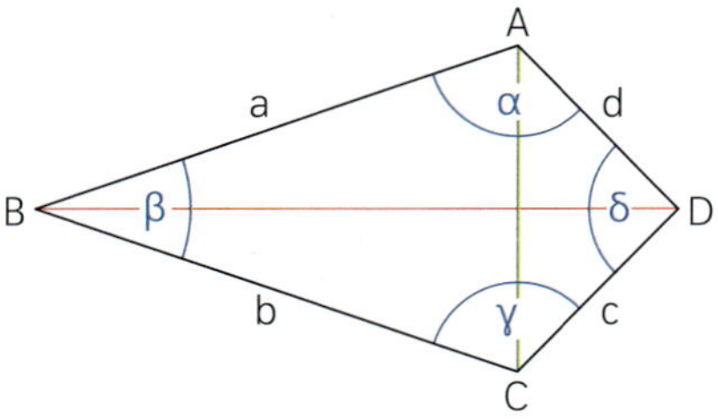

6 Berechne die übrigen Winkel in dem gleichschenkligen Trapez ABCD mit AB ∥ CD und

a) $\alpha = 72°$;
b) $\beta = 124°$;
c) $\gamma = 109°$;
d) $\delta = 56°$.

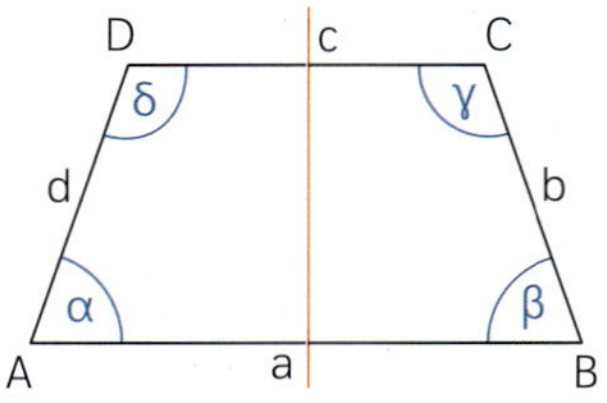

7 Zeichne drei *nicht* zueinander deckungsgleiche Drachenvierecke, deren Diagonalen 3 cm und 5 cm lang sind.

8 Zeichne drei verschiedene nicht zueinander deckungsgleiche Parallelogramme, deren Seiten 3 cm und 5 cm lang sind.

9 Zum Bau eines Drachens werden zwei Holzleisten der Länge 70 cm und 40 cm verwendet. Der Schnittpunkt beider Leisten zerlegt die längere Leiste in 20 cm und 50 cm lange Teilstrecken. Fertige eine Zeichnung an. Wähle den Maßstab 1 : 10.

10 Ein Drachenviereck hat 3 cm und 5 cm lange Seiten und einen Winkel von 40°. Zeichne solche Drachenvierecke.

11 Zeichne die halben Diagonalen der Vierecke ab und ergänze die Figur zu einem punktsymmetrischen Viereck. Um was für ein Viereck handelt es sich?

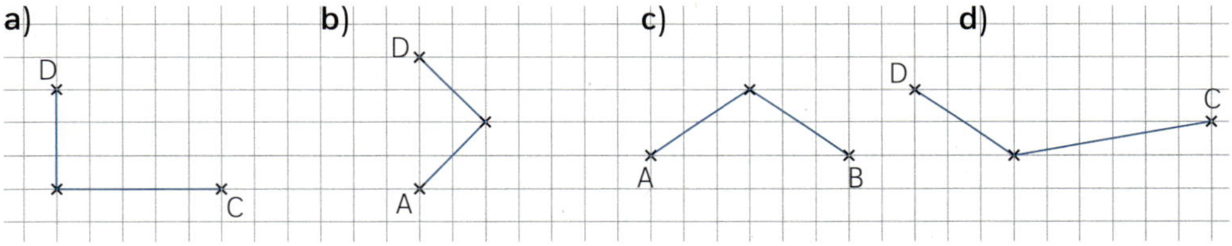

12 Felix sagt: „Mein Viereck ist punktsymmetrisch, besitzt aber keine Symmetrieachse." Welches Viereck hat Felix gezeichnet?
Findet weitere Rätsel und lasst sie eure Mitschülerin oder euren Mitschüler lösen.

Weiterüben

13 Aus Dreiecken kann man Vierecke erzeugen.

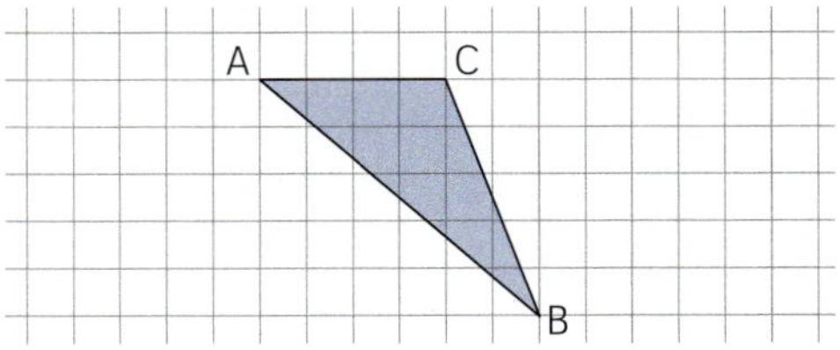

a) Ergänze das stumpfwinklige Dreieck ABC zu einem achsensymmetrischen Viereck. Es gibt mehrere Möglichkeiten. Um was für ein Viereck handelt es sich?
b) Ergänze das stumpfwinklige Dreieck nun durch Punktspiegelung zu einem punktsymmetrischen Viereck. Wie viele Möglichkeiten gibt es? Was für ein Viereck entsteht?
c) Wähle einen anderen Dreieckstyp und verfahre entsprechend.

14 Zeichnet jeder ein Viereck, das die angegebenen Eigenschaften besitzt. Vergleicht eure Vierecke. Um was für ein Viereck handelt es sich?
a) Zwei benachbarte Seiten sind orthogonal zueinander.
b) Je zwei Seiten sind orthogonal zueinander.
c) Zwei Seiten sind parallel zueinander.
d) Je zwei gegenüberliegende Seiten sind parallel zueinander.
e) Zwei gegenüberliegende Winkel sind gleich groß.
f) Die Diagonalen halbieren einander.
g) Die Diagonalen sind orthogonal zueinander.

Argumentieren

1 Paul behauptet: „In allen Vierecken mit mindestens einer Symmetrieachse halbiert jede der beiden Diagonalen die andere. Ich habe das für folgende Vierecke überprüft.

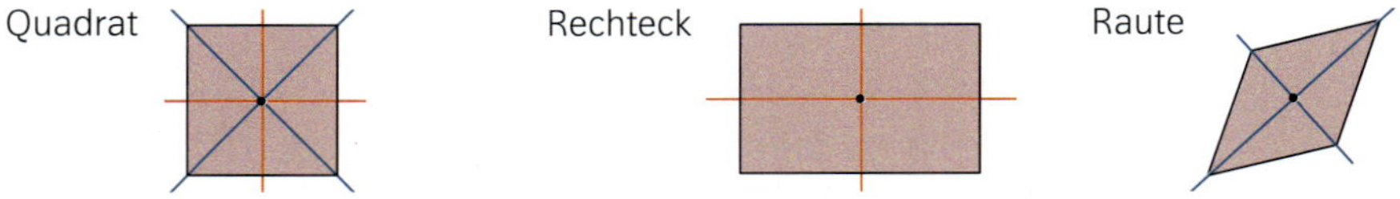

Was meinst du zur Behauptung von Paul?

> Viele Beispiele und ein überzeugendes Auftreten sind noch kein sicheres Argument für die Wahrheit einer mathematischen Behauptung. Wohl aber genügt ein einziges **Gegenbeispiel**, um eine Behauptung zu widerlegen. Andererseits können viele Beispiele und das aufmerksame Beobachten helfen, neue Erkenntnisse zu gewinnen.

2 Bei allen symmetrischen Dreiecken, die Miriam bisher gesehen hat, geht die Symmetrieachse durch einen der Eckpunkte. Sie fragt sich, ob es immer so sein muss und wenn ja, warum? Jens sagt: „Das sieht man doch!" Inka meint: „Aber das ist doch keine Begründung."

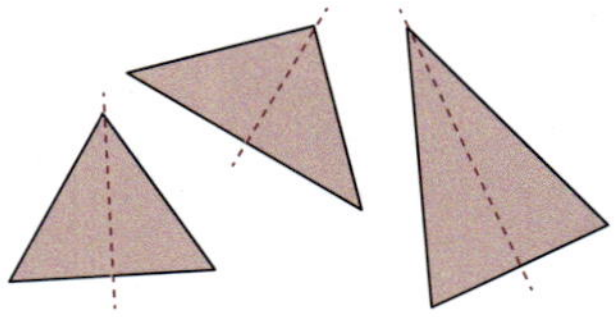

a) Lies dir Inkas Begründung durch und untersuche, ob sie einwandfrei ist.

> Wenn das Dreieck achsensymmetrisch ist, muss für jeden Eckpunkt auch der Symmetriepartner zum Dreieck gehören.
> Liegt ein Eckpunkt neben der Achse, dann liegt auch sein Symmetriepartner neben der Achse auf der gegenüberliegenden Seite und wir haben zwei Eckpunkte.
> Liegt ein Eckpunkt auf der Achse, dann bleibt er an seiner Stelle und wir haben weiterhin nur einen.
> Also kann es nur eine gerade Anzahl von Eckpunkten geben, die nicht auf der Achse liegen. Das sind zwei. Der dritte Eckpunkt muss auf der Achse liegen, sonst gäbe es mit seinem Symmetriepartner vier Eckpunkte.

b) Können beim Dreieck auch zwei Eckpunkte auf der Symmetrieachse liegen?

c) Wie viele Eckpunkte können bei Vierecken auf der Symmetrieachse liegen?

> Beim Begründen einer Behauptung dürfen nur Tatsachen verwendet werden, die vorher festgelegt wurden (als Voraussetzung) oder solche, die schon vorher begründet (bewiesen) worden sind.

3 Begründet oder widerlegt folgende Aussagen.

a) Jedes Quadrat ist eine Raute.

b) Jedes Drachenviereck mit zwei Symmetrieachsen ist ein Quadrat.

c) Jedes Viereck, bei dem die Diagonalen orthogonal zueinander sind, ist eine Raute.

Flächeninhalte

Aktivieren

1 Zeichne die Figur und bestimme ihren Flächeninhalt:
a) Quadrat mit der Seitenlänge 3 cm;
b) Rechteck mit den Seitenlängen 2 cm und 5,5 cm.

2 Erläutere am Quadrat rechts den Zusammenhang zwischen den Flächeninhaltseinheiten mm^2 und cm^2.

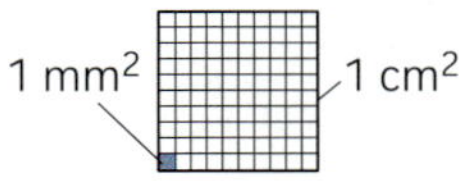

3 Rechne in die angegebene Einheit um.
a) $72\,m^2$ (dm^2) **b)** $54{,}6\,cm^2$ (mm^2) **c)** $0{,}98\,dm^2$ (cm^2) **d)** $6{,}7\,km^2$ (a)

Erinnern

Flächeninhalt

Der **Flächeninhalt** ist ein Maß für die Größe einer Fläche. Die Umrechnungszahl für Flächeninhaltseinheiten ist 100.

$1\,km^2 = 100\,ha$ $\quad 1\,m^2 = 100\,dm^2$
$1\,ha = 100\,a$ $\quad 1\,dm^2 = 100\,cm^2$
$1\,a = 100\,m^2$ $\quad 1\,cm^2 = 100\,mm^2$

$500\,cm^2 = 5\,dm^2$
$840\,cm^2 = 8{,}4\,dm^2$
$2\,345\,dm^2 = 23\,m^2\;45\,dm^2$
$27\,ha = 2\,700\,a = 270\,000\,m^2$
$6{,}2\,km^2 = 620\,ha$

Flächeninhalt eines Rechtecks

Für den Flächeninhalt A eines Rechtecks mit den Seitenlängen a und b gilt:
$A = a \cdot b$

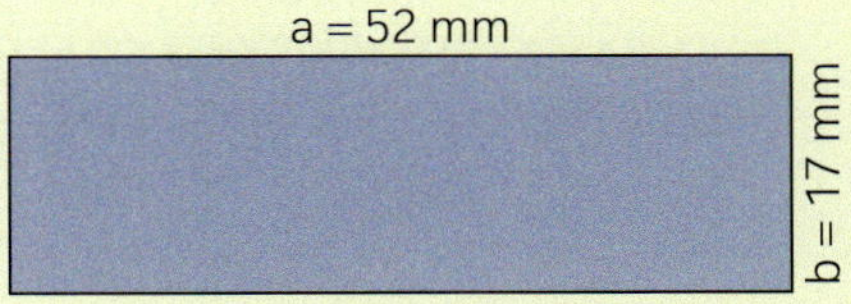

$A = 50\,mm \cdot 15\,mm = 750\,mm^2$

Festigen

4 Ein Rechteck hat die Seitenlängen a und b. Bereche den Flächeninhat des Rechtecks.
a) $a = 4{,}5\,cm$; $b = 2{,}3\,cm$ **b)** $a = 56\,mm$; $c = 0{,}2\,dm$

5 Berechne den Flächeninhalt der Figur (Maße in cm).

a)
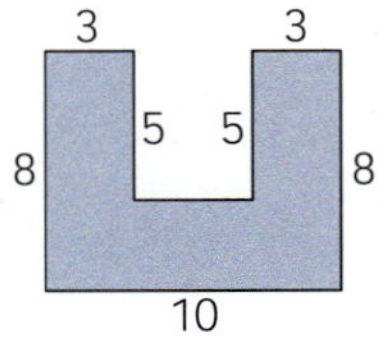

b)
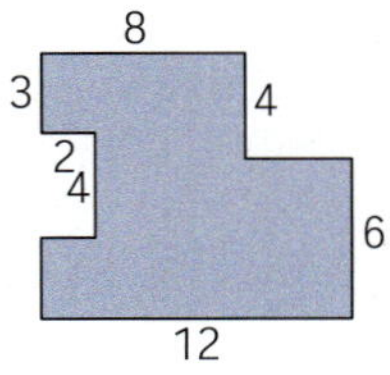

c)
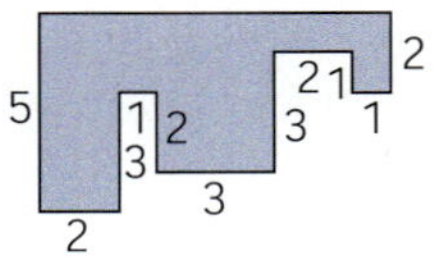

d)
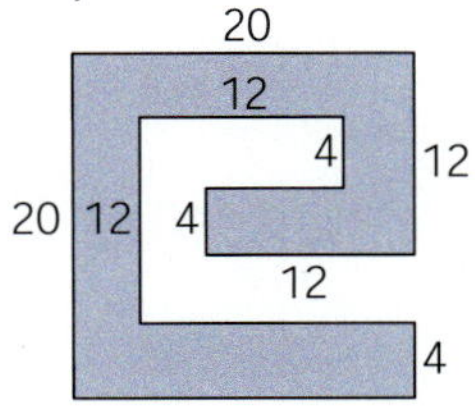

6 Ein 1,4 km langer und 2,20 m breiter Radweg soll erneuert werden. Die Kosten betragen 45 € pro Quadratmeter. Wie teuer wird die Erneuerung?

3.7 Flächeninhalt von Dreiecken

Einstieg

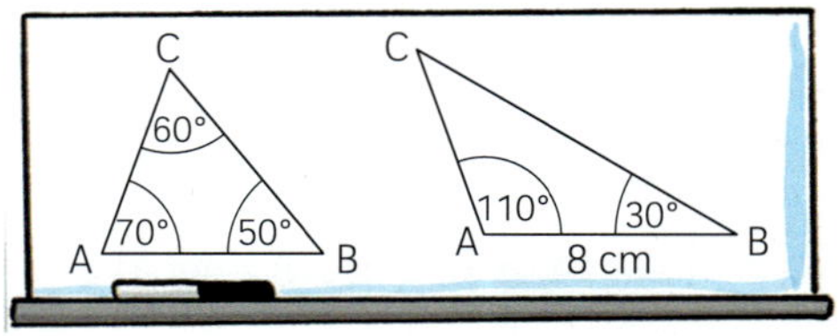

Zeichnet das Dreieck ABC ab und bestimmt den Flächeninhalt.

Aufgabe mit Lösung

Größe eines dreieckigen Grundstücks

In einem Neubaugebiet wird ein Spielplatz geplant. Seine Form ist dreieckig.

→ Berechne seine Größe.

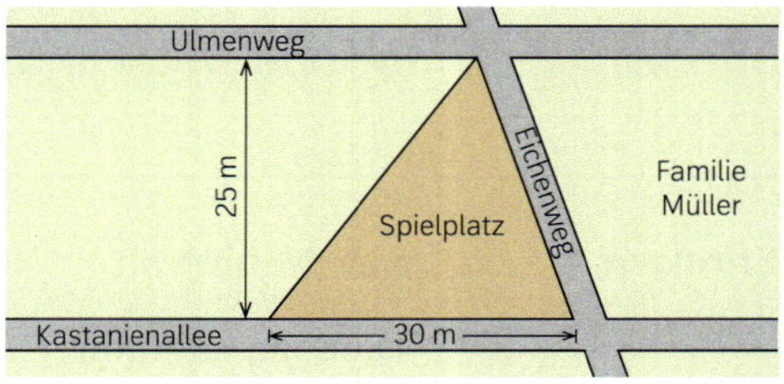

Lösung

Das Dreieck kann in zwei rechtwinklige Dreiecke zerlegt werden, deren Flächeninhalt wir als halbe Rechtecke berechnen können.

Einfacher ist es aber, das Dreieck als Hälfte eines großen Recktecks mit den Seitenlängen 30 m und 25 m aufzufassen.

Damit gilt dann für den Flächeninhalt des Dreiecks: $A = \frac{30\,m \cdot 25\,m}{2} = \frac{750\,m^2}{2} = 375\,m^2$

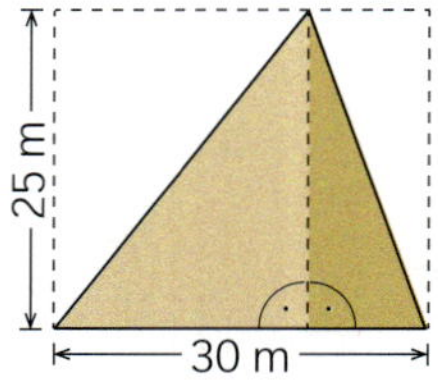

Information

Höhen eines Dreiecks

Unter den **Höhen eines Dreiecks** versteht man die Abstände der Eckpunkte von den gegenüberliegenden Seiten bzw. deren Verlängerungen.

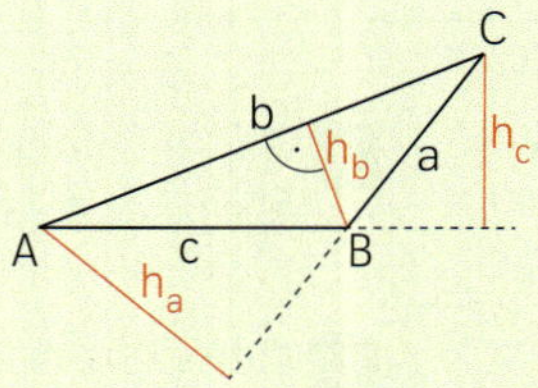

Flächeninhalt eines Dreiecks

Für den **Flächeninhalt A eines Dreiecks** mit der Länge g einer Grundseite und der zugehörigen Höhe h gilt:

$A = \frac{g \cdot h}{2}$

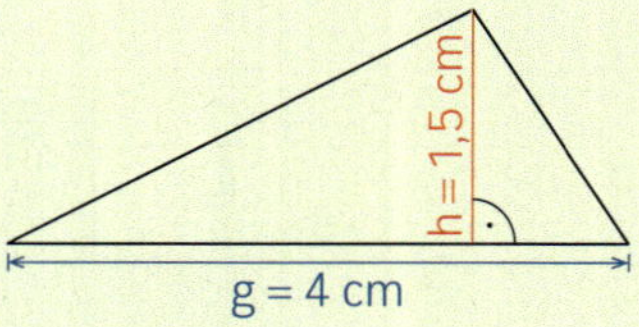

$g = 4\,cm;\ h = 1{,}5\,cm$

$A = \frac{g \cdot h}{2} = \frac{4\,cm \cdot 1{,}5\,cm}{2} = 3\,cm^2$

Länge einer Grundseite mal zugehöriger Höhe durch 2

Üben

1 ≡ Berechne den Flächeninhalt des Dreiecks (Maße in cm).

a) b) c) d)

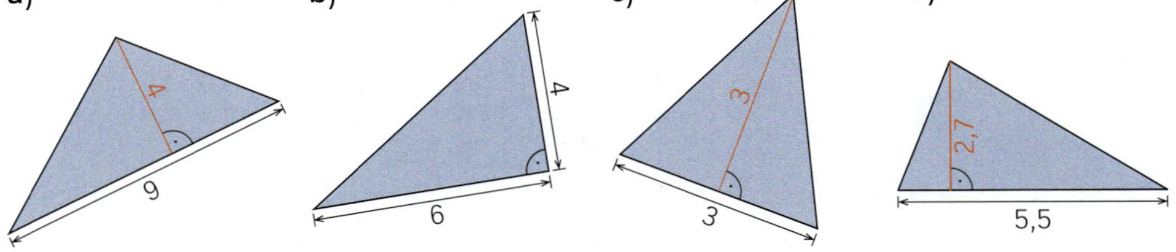

2 ≡ Übertrage das Dreieck PQR in dein Heft. Bestimme seinen Flächeninhalt auf drei verschiedene Weisen. Fülle die Tabelle im Heft aus. Was stellt du fest? Begründe.

Seite	Länge der Seite	zugehörige Höhe	Flächeninhalt
$\overline{PQ}$			
$\overline{QR}$			
$\overline{RP}$			

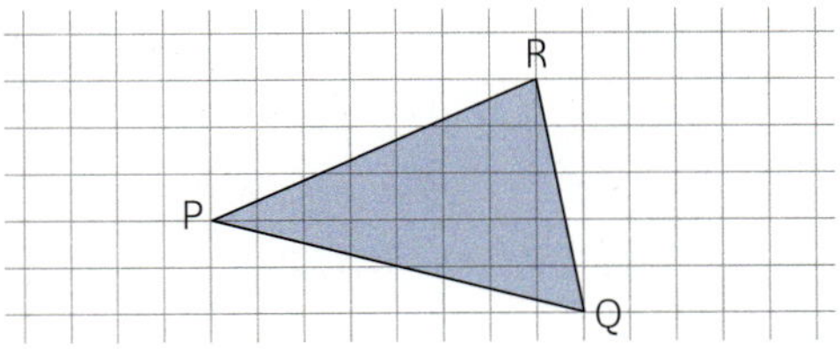

3 ≡ Bestätige am Beispiel rechts, dass die Formel für den Flächeninhalt auch dann gilt, wenn die Höhe des Dreiecks außerhalb des Dreiecks liegt.
Prüfe, ob sich deine Überlegungen verallgemeinern lassen.

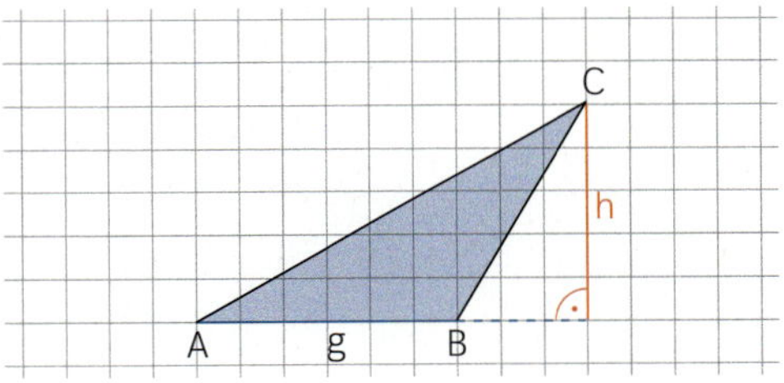

4 ≡ Betrachtet die verschiedenen Dreiecke.

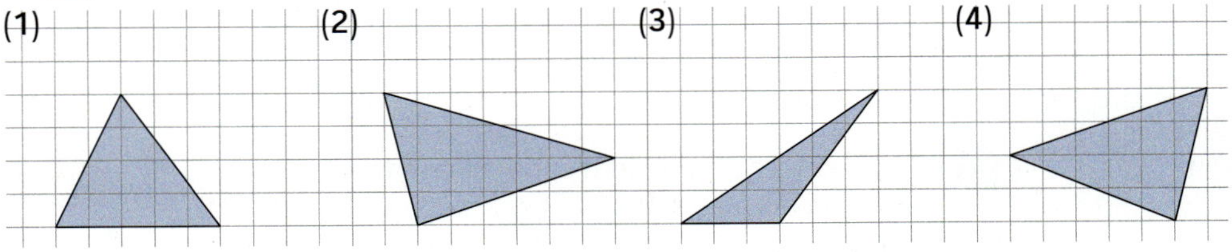

a) Ordnet sie nur durch Schätzen der Größe nach.
b) Zeichnet sie auf Karopapier mit der Kästchenlänge 5 mm und kontrolliert eure Schätzung.
c) Verfahrt entsprechend mit dem Umfang der Dreiecke.

5 ≡ Berechne für jedes Dreieck den Flächeninhalt. Was fällt dir auf? Verallgemeinere.

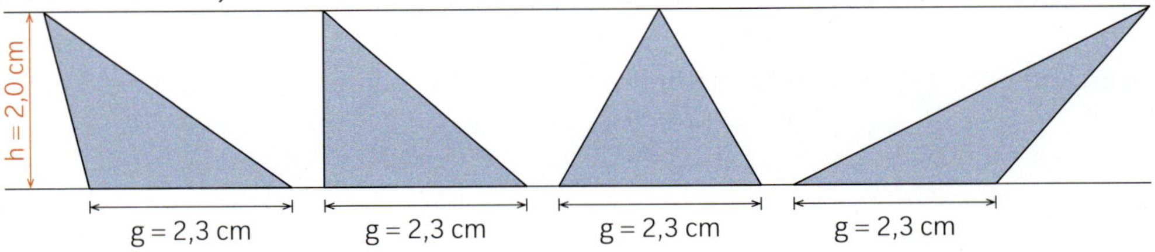

6 ☰ Zeichne das Dreieck ABC in ein Koordinatensystem mit der Einheit 1 cm. Berechne dann, ohne zu messen, den Flächeninhalt des Dreiecks.

a) A(1|2); B(6|2); C(4|6)   **b)** A(4|1); B(9|5); C(4|7)

7 ☰ Berechne den Flächeninhalt des Dreiecks mit $a = 3{,}2\,\text{cm}$; $b = 4{,}1\,\text{cm}$; $\gamma = 90°$.

8 ☰ Das rechtwinklige Dreieck ABC mit $\gamma = 90°$ besitzt die Seitenlänge $a = 3{,}9\,\text{cm}$ und ist $19{,}5\,\text{cm}^2$ groß. Berechne die Länge der Seite b.

9 ☰ Marie, Patrick und Lea haben versucht, die Höhe h des Dreiecks zu berechnen. Kontrolliere ihre Rechnungen. Welche Fehler haben sie gemacht?

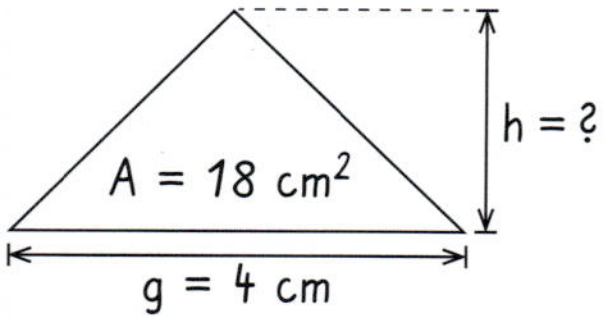

Marie
$18\,\text{cm}^2 : 4\,\text{cm} = 4{,}5\,\text{cm}$
$h = 4{,}5\,\text{cm}$

Patrick
$18\,\text{cm}^2 : 4\,\text{cm} = 4{,}5\,\text{cm}$
$4{,}5\,\text{cm} : 2 = 2{,}25\,\text{cm}$
$h = 2{,}25\,\text{cm}$

Lea
$18\,\text{cm}^2 \cdot 4\,\text{cm} = 36\,\text{cm}^2$
$36\,\text{cm}^2 : 4 = 9\,\text{cm}$
$h = 9\,\text{cm}$

10 ☰ Berechne die fehlende Größe des Dreiecks.

	a)	b)	c)	d)	e)	f)
Seitenlänge g	3,2 cm			127 m	2,2 m	3,5 m
Höhe h	1,9 cm	1,2 m	4,1 m		14 cm	
Flächeninhalt A		1,92 m²	9,43 m²	3175 m²		630 cm²

11 ☰ Ein dreieckiges Waldstück soll neu mit Fichten aufgeforstet werden. In einem Koordinatensystem mit der Einheit km liegen die Eckpunkte des Waldstücks bei A(0,5|0,2); B(2|0,8); C(0,6|1,1). Das Aufforsten von 1 ha Fläche kostet 2400 €. Berechne die Kosten.

12 ☰ DGS Zeichne mit einem dynamischen Geometriesystem ein beliebiges Dreieck. Miss die Länge einer Seite und die zugehörige Höhe. Berechne den Flächeninhalt des Dreiecks. Verändere nacheinander die Länge einer Seite des Dreiecks und die zugehörige Höhe. Erkunde, wie sich der Flächeninhalt des Dreiecks ändert.

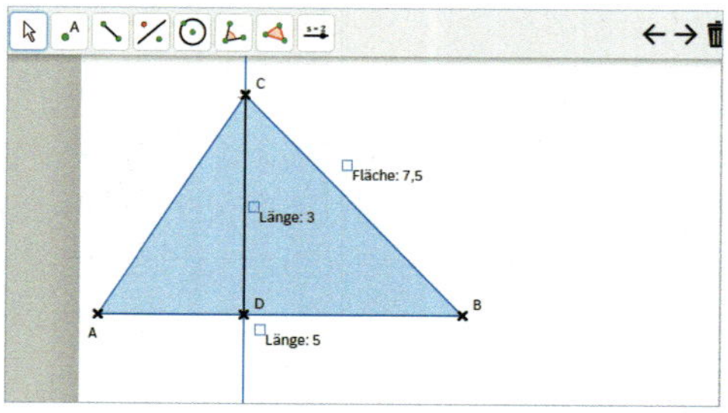

Weiterüben

13 ☰ Das Kirchturmdach im Bild rechts muss neu gedeckt werden. $1\,\text{m}^2$ kostet 250 €. Wie hoch sind die Kosten?

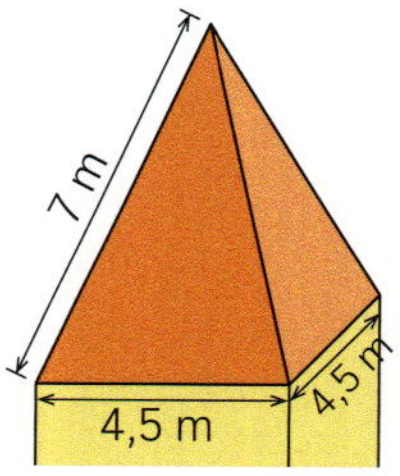

3.8 Flächeninhalt von Parallelogramm und Trapez

Einstieg

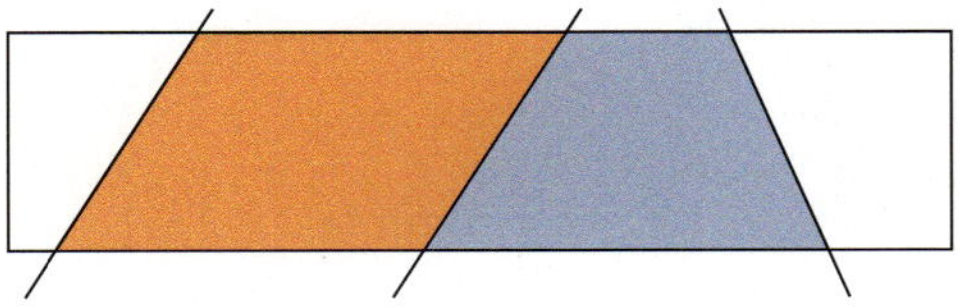

Nehmt euch einen Streifen Papier. Scheidet ein Parallelogramm und ein Trapez ab.
Begründet durch Zerschneiden der Formen, wie man die Flächeninhalte berechnen kann.

Aufgabe mit Lösung

Flächeninhalt eines Parallelogramms

Das Grundstück von Familie Müller hat die Form eines Parallelogramms.

→ Bestimme den Flächeninhalt des Grundstücks.

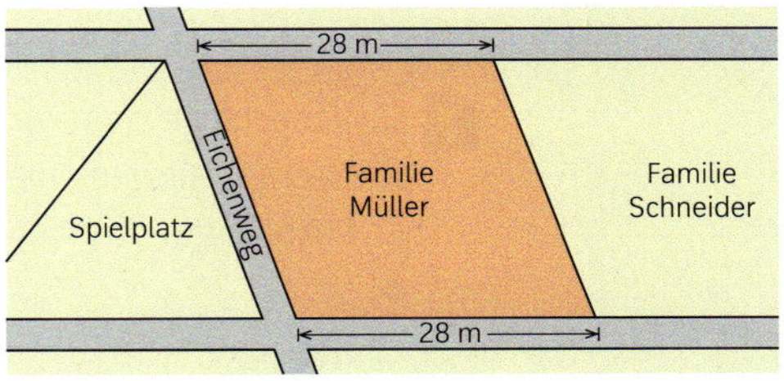

Lösung

Man zerlegt das Parallelogramm mithilfe einer Diagonalen in zwei Dreiecke. Beide Dreiecke haben eine Grundseite von 28 m. Der Zeichnung entnimmt man, dass ihre Höhe jeweils 25 m beträgt, daher sind beide Dreiecke gleich groß. Für den Flächeninhalt des Parallelogramms gilt somit: $A = 2 \cdot \frac{28\,m \cdot 25\,m}{2} = 700\,m^2$

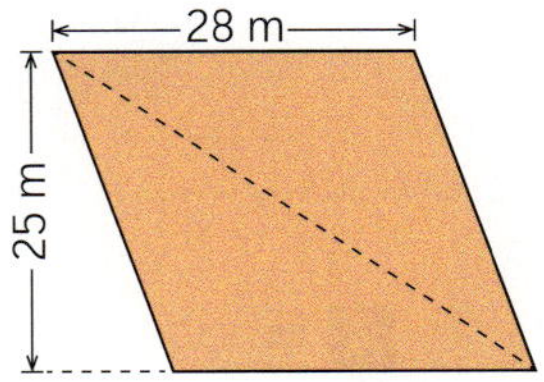

Information

Höhen eines Parallelogramms

Unter den **Höhen eines Parallelogramms** versteht man die Abstände der zueinander parallelen Seiten.

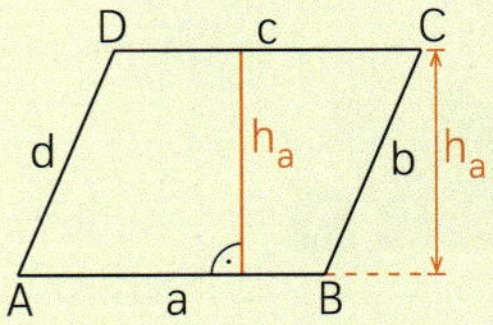

Flächeninhalt eines Parallelogramms

Für den **Flächeninhalt A eines Parallelogramms** mit der Länge g einer Seite (Grundseite) und der zugehörigen Höhe h gilt:

$\mathbf{A = g \cdot h}$

Länge einer Grundseite mal zugehöriger Höhe

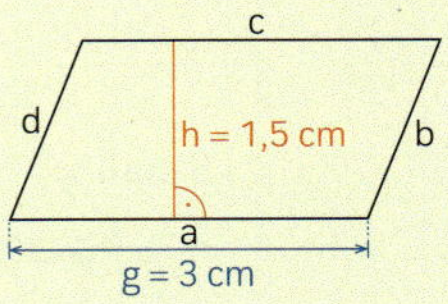

$g = 3\,cm;\ h = 1{,}5\,cm;\ A = g \cdot h$

$A = 3\,cm \cdot 1{,}5\,cm = 4{,}5\,cm^2$

Üben

1 Für das Bestimmen des Flächeninhalts des Parallelogramms mithilfe einfacher Figuren gibt es mehrere Möglichkeiten. Erläutere diese.

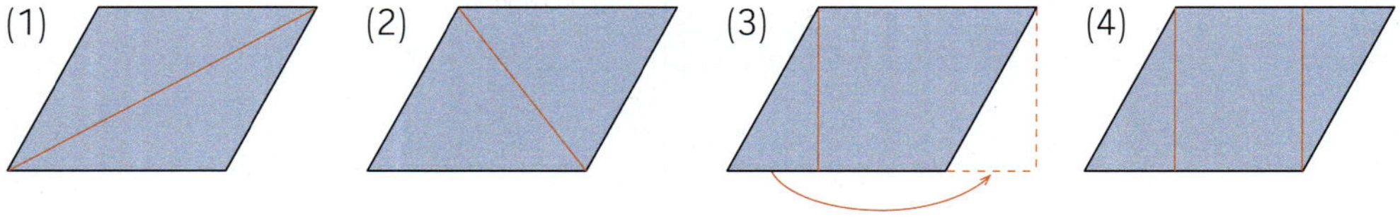

2 Berechne den Flächeninhalt des Parallelogramms.

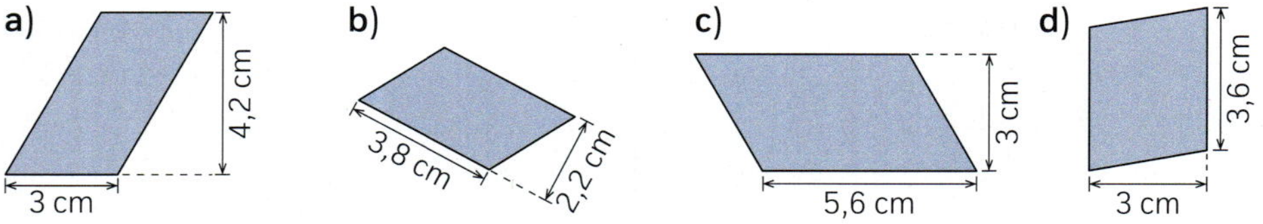

3 Übertrage das Parallelogramm in dein Heft. Verwandle das Parallelogramm in ein flächeninhaltsgleiches Rechteck. Bestimme den Flächeninhalt des Parallelogramms (1 Karolänge = 5 mm).

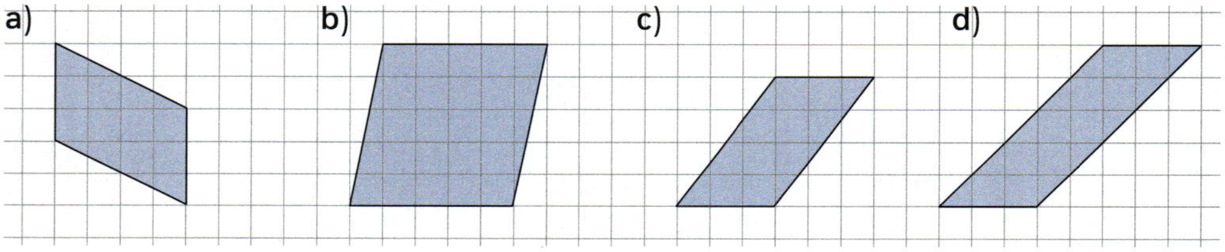

4 Übertrage das Parallelogramm in dein Heft. Miss jeweils die Seitenlänge und die zugehörige Höhe. Berechne dann den Flächeninhalt. Was erwartest du? Was stellst du fest? Begründe.

Seite	Länge der Seite	zugehörige Höhe	Flächeninhalt
$\overline{AB}$			
$\overline{BC}$			
$\overline{CD}$			
$\overline{DA}$			

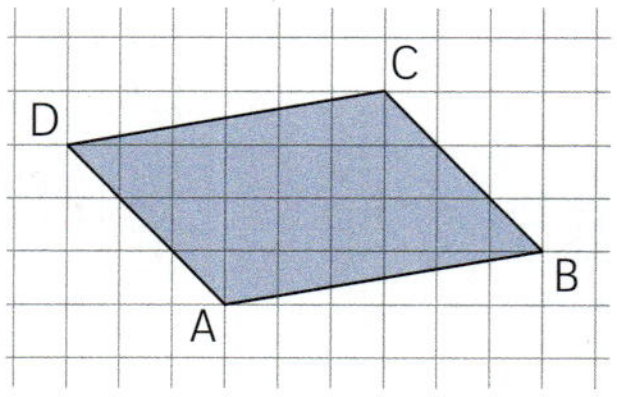

5 Sophie, Felix und Laura haben versucht, den Flächeninhalt des Parallelogramms zu berechnen und ihre Lösungen an die Tafel geschrieben.
Kontrolliere ihre Rechnungen. Erläutere, welche Fehler sie gemacht haben.

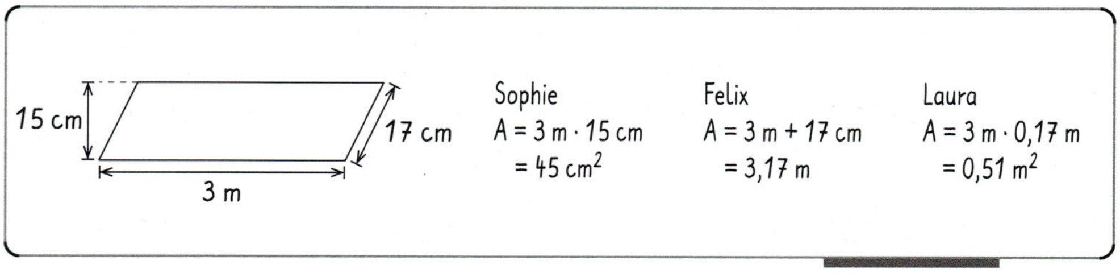

Aufgabe mit Lösung

Flächeninhalt eines Trapezes

Das Grundstück von Familie Schneider hat die Form eines Trapezes.

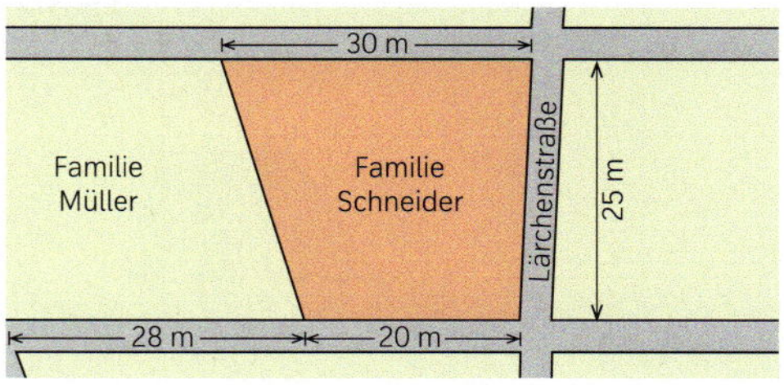

→ Bestimme den Flächeninhalt.

Lösung

Man ergänzt das Trapez zu einem doppelt so großen Parallelogramm mit der Grundseitenlänge 20 m + 30 m und der Höhe 25 m. Folglich beträgt der Flächeninhalt des Parallelogramms (20 m + 30 m) · 25 m. Da der Flächeninhalt des Trapezes halb so groß ist, gilt:

$A = \frac{(20\,m + 30\,m) \cdot 25\,m}{2} = 625\,m^2$

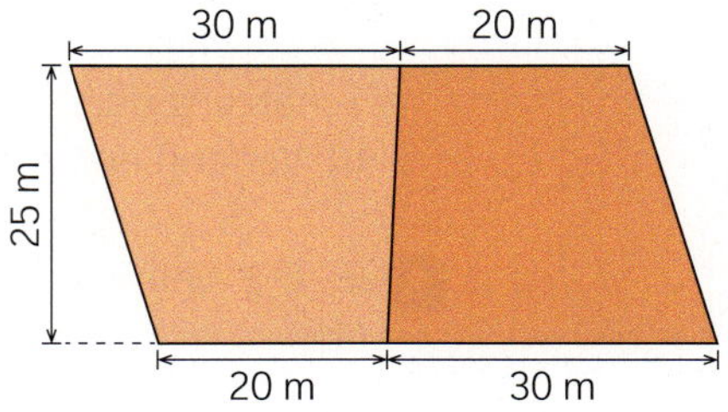

Information

Höhe eines Trapezes

Unter der **Höhe h eines Trapezes** versteht man den Abstand der beiden zueinander parallelen Grundseiten.

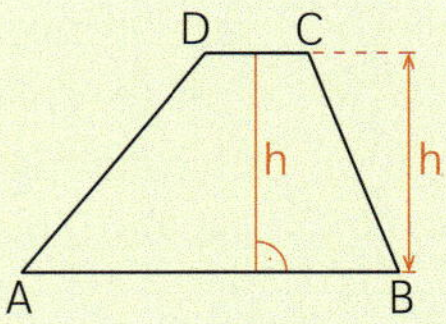

Flächeninhalt eines Trapezes

Für den **Flächeninhalt A eines Trapezes** mit den Längen a und c der zueinander parallelen Seiten und der zugehörigen Höhe h gilt: $\mathbf{A = \frac{(a + c) \cdot h}{2}}$

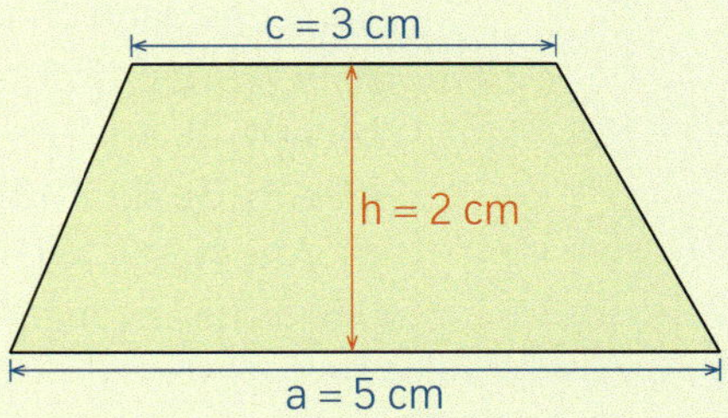

$A = \frac{(a + c) \cdot h}{2}$

$A = \frac{(5\,cm + 3\,cm) \cdot 2\,cm}{2} = 8\,cm^2$

6 Berechne den Flächeninhalt des Trapezes (Maße in cm).

a) 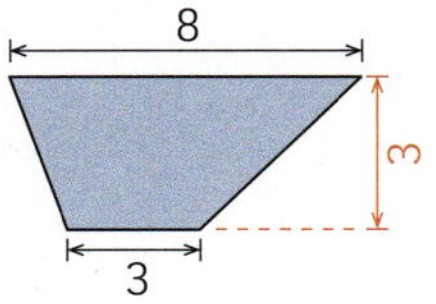

b) 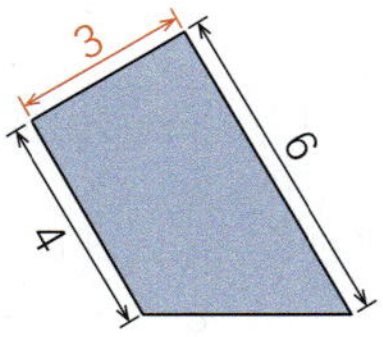

c) 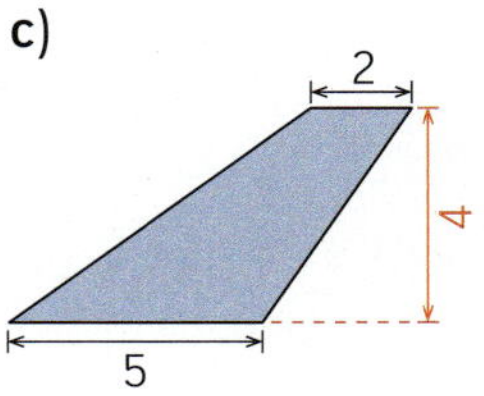

d) 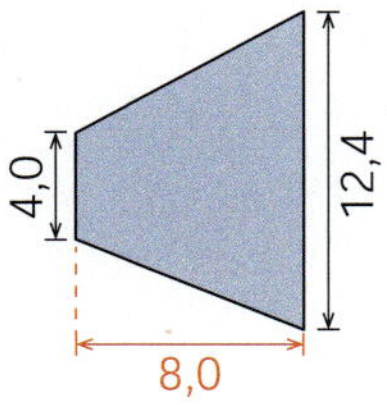

7 Betrachtet die gezeichneten Trapeze.

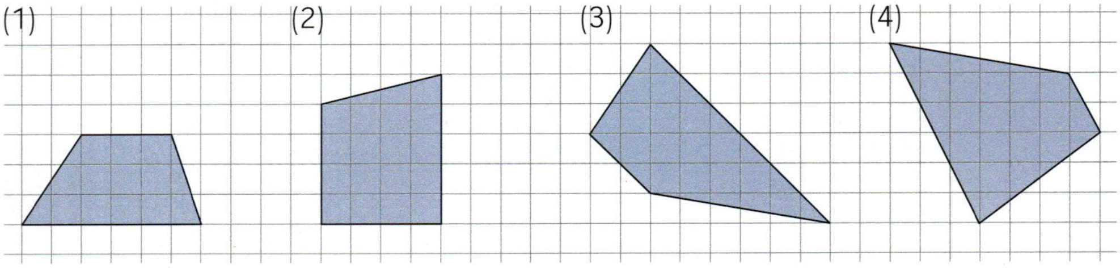

a) Ordnet sie zunächst nur durch Schätzen, ohne rechnen, der Größe nach. Zeichnet sie anschließend auf Karopapier mit der Kästchenlänge 5 mm und kontrolliert eure Schätzung durch Rechnen.

b) Verfahrt entsprechend mit dem Umfang der Trapeze.

8 Betrachtet die gezeichneten Parallelogramme.

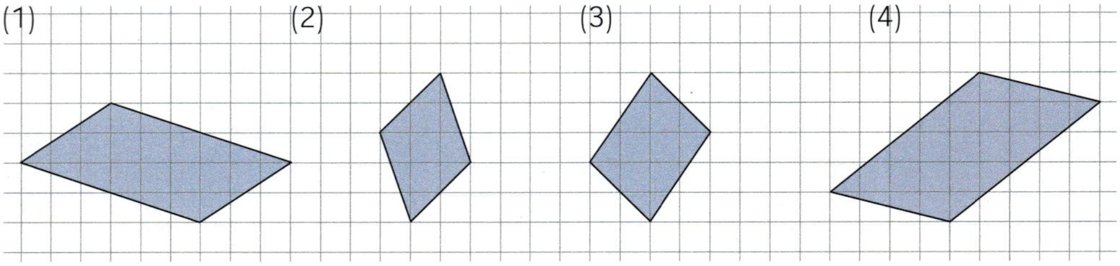

a) Ordnet sie zunächst nur durch Schätzen, ohne rechnen, der Größe nach. Zeichnet sie anschließend auf Karopapier mit der Kästchenlänge 5 mm und kontrolliert eure Schätzung durch Rechnen.

b) Verfahrt entsprechend mit dem Umfang der Parallelogramme.

9 Zeichne das Parallelogramm ABCD in ein Koordinatensystem mit der Einheit 1 cm. Berechne dann ohne zu messen den Flächeninhalt des Parallelogramms.

a) A(1|1); B(8|1); C(10|5); D(3|5)

b) A(4|2); B(7|2); C(3|6); D(0|6)

c) A(6|3); B(10|3); C(8|7); D(4|7)

d) A(6,4|3,5); B(10,8|3,5); C(8,8|7,1); D(4,4|7,1)

(Mögliche Lösungen: 10; 12; 14; 15; 84; 16; 24; 28; 32; 26; 42)

10 In das Giebelfenster rechts wurde eine neue Fensterscheibe eingesetzt. Für das Glas wurde wegen der besonderen Form 35 € pro m² berechnet. Berechne, wie teuer eine Glasscheibe ist.

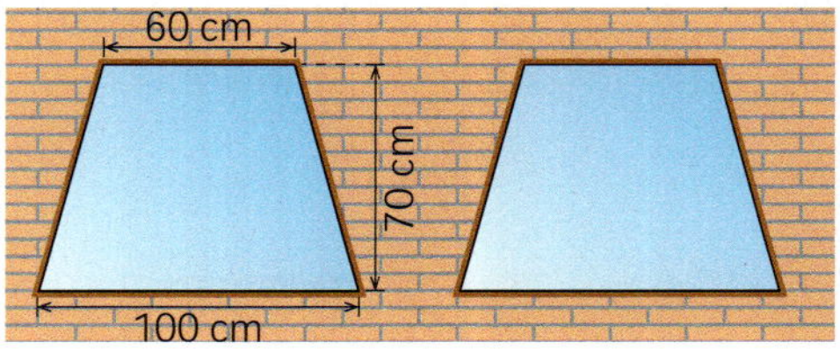

11 Übertrage in dein Heft und berechne die fehlende Größe des Parallelogramms.

	a)	b)	c)	d)	e)
Seitenlänge g	16,2 cm		150 cm	25,5 m	
zugehörige Höhe h	3,5 cm	5,2 cm			4,5 km
Flächeninhalt A		22,36 cm²	9,75 m²	4,59 a	29,25 ha

12 Berechne die Flächeninhalte der Parallelogramme. Was fällt auf? Verallgemeinere.

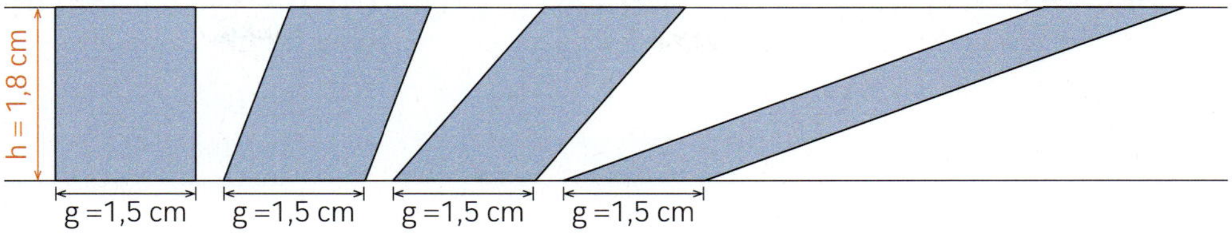

13 Von einem Parallelogramm sind die Seitenlängen $a = 5{,}7\,cm$ und $b = 3{,}5\,cm$ bekannt; die zu a gehörende Höhe ist $h_a = 2{,}5\,cm$. Berechne die andere Höhe h_b.

14 Trage das Trapez ABCD in ein Koordinatensystem mit der Einheit 1 cm ein und berechne ohne zu messen den Flächeninhalt.

a) A(1|1); B(8|1); C(5|5); D(2|5) **b)** A(0|2); B(5|2); C(3|8); D(1|8)

15 Die Seitenverkleidungen einer Rolltreppe sollen erneuert und durch Edelstahlblech ersetzt werden. Die Seitenverkleidungen sind parallelogrammförmig mit den Seitenlängen 10,50 m und 0,90 m. Eine Höhe des Parallelogramms beträgt 0,80 m. Das verwendete Edelstahlblech kostet 32,50 € pro m². Berechne die Kosten.

16 Wie ändert sich der Flächeninhalt eines Parallelogramms, wenn man

a) eine Seitenlänge (1) verdoppelt; (2) verdreifacht;

b) eine Seitenlänge verdoppelt und die zugehörige Höhe (1) verdoppelt; (2) verdreifacht?

Weiterüben

17 Ein Parallelogramm ABCD hat den Flächeninhalt $A = 20\,cm^2$. Ferner gilt: $|AB| = 4\,cm$ und $|BC| = 6\,cm$. Berechne seine Höhen. Bestimme auch den Umfang.

18 Du kannst verschiedene Parallelogramme mit den Seitenlängen $a = 5\,cm$ und $b = 3{,}5\,cm$ zeichnen. Welches hat den größten Flächeninhalt? Begründe.

19 Eine Treppenhauswand soll renoviert werden. Für das Auftragen eines Kunststoffputzes verlangt der Maler 14,50 € pro m², für Tapezieren und Streichen 9,00 € pro m². Stellt euch geeignete Fragen und löst die Aufgaben.

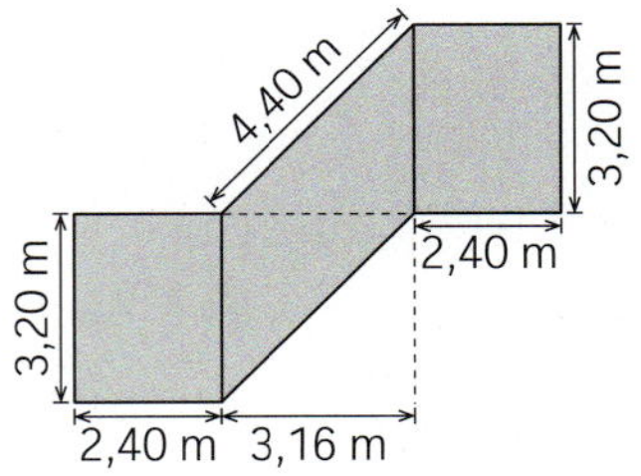

20 Zeichnet verschieden geformte Trapeze mit den Maßen $a = 7\,cm$, $c = 5\,cm$ und $h = 3\,cm$. Bestimmt Umfang und Flächeninhalt der Trapeze. Was stellt ihr fest?

3.9 Flächeninhalt beliebiger Vielecke

Einstieg

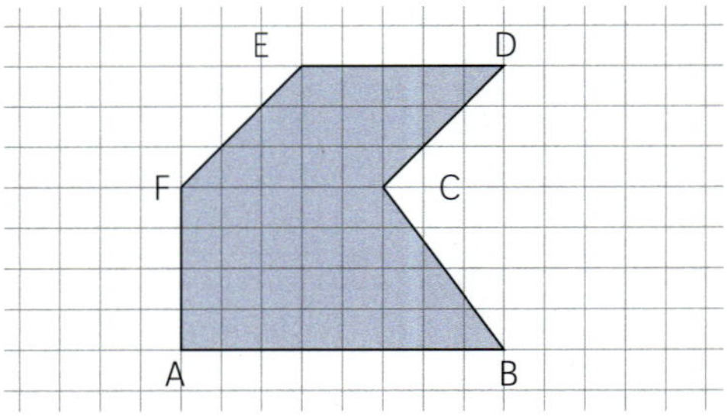

Berechnet den Flächeninhalt des Sechsecks ABCDEF.
Erläutert euer Vorgehen.

Aufgabe mit Lösung

Flächeninhalt eines beliebigen Vielecks

Eine Gemeinde möchte auf einem Grundstück einen neuen Park anlegen. Dafür wird das Grundstück vermessen.

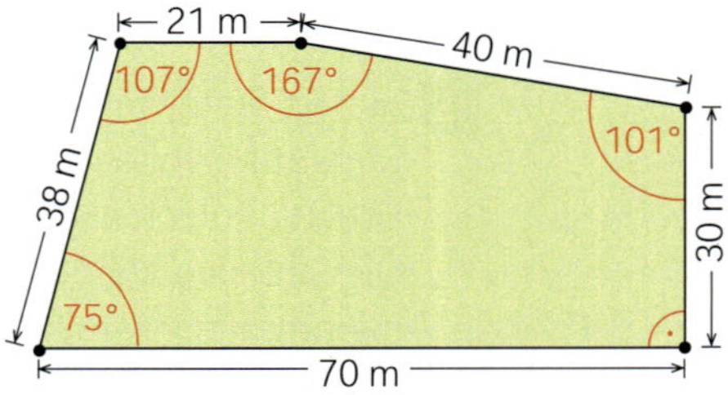

→ Schätze zuerst, wie groß das Grundstück ist.

Lösung

Das Grundstück ist kleiner als ein Rechteck mit den Seitenlängen 40 m und 70 m, aber größer als ein Rechteck mit den Seitenlängen 30 m und 70 m. Die Größe des Grundstücks liegt also zwischen 2 100 m^2 und 2 800 m^2.

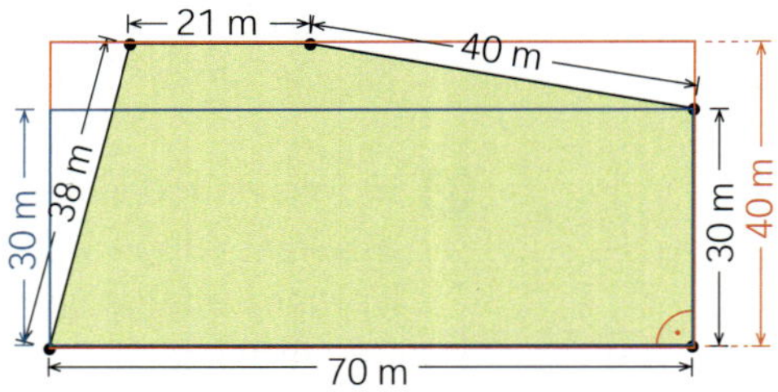

→ Übertrage das Grundstück nun im Maßstab 1 : 1 000 in dein Heft und bestimme den Flächeninhalt möglichst genau.
Berechne anschließend, welchen Preis die Gemeinde für die Anlage des Parkes zahlen muss, wenn der Quadratmeter dieser Fläche 120 € kosten soll.

Lösung

Man unterteilt das Vieleck in Dreiecke. Dann addiert man die Flächeninhalte, wobei man einige Maße, gerundet auf volle Meter, aus der Zeichnung entnehmen mus.

$A_{ABCDE} = A_{ABC} + A_{ACD} + A_{ADE}$

$\approx \frac{70\,m \cdot 30\,m}{2} + \frac{76\,m \cdot 22\,m}{2} + \frac{48\,m \cdot 16\,m}{2}$

$= 1\,050\,m^2 + 836\,m^2 + 384\,m^2$

$= 2\,270\,m^2$

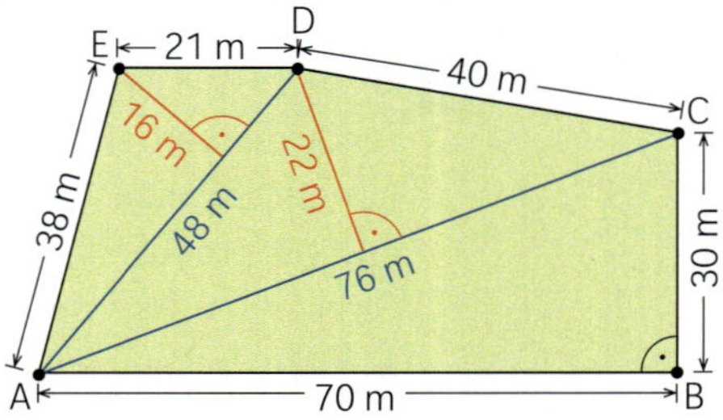

Die Kosten betragen dann:
$2\,270 \cdot 120\,€ = 272\,400\,€$

Information

Strategien zum Berechnen des Flächeninhalts beliebiger Vielecke

Zerlegen
Man zerlegt die Figur in geeignete Teilvielecke, berechnet die Flächeninhalte und addiert diese.

Ergänzen
Man ergänzt die Figur geeignet. Dann berechnet man den Flächeninhalt des gesamten Vielecks und subtrahiert den Flächeninhalt des ergänzten Vielecks.

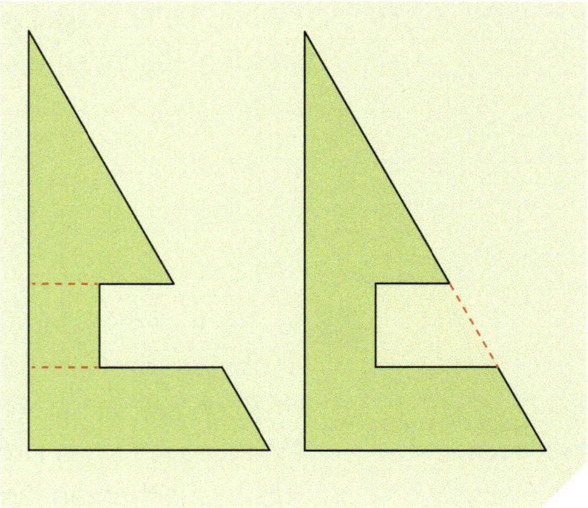

Üben

1 Es werden Drachen mit den angegebenen Maßen gebastelt. Wie groß sind die Flächen?

a)

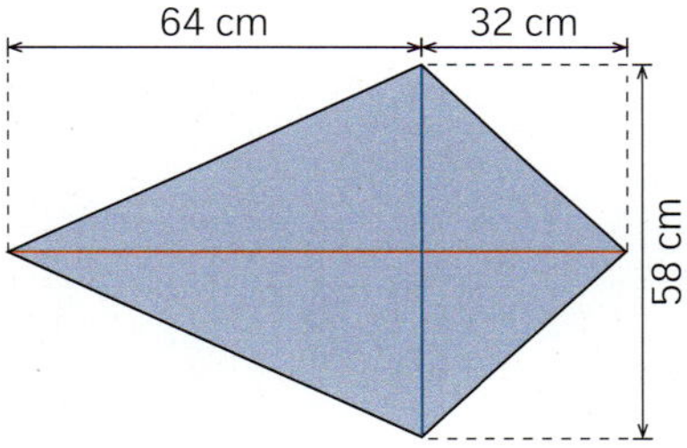

b)

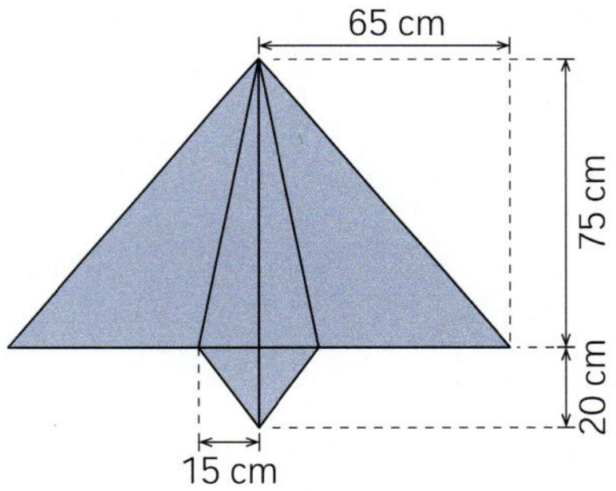

2 Ein Waldstück soll mit Fichten aufgeforstet werden.
a) Berechne die Größe des Waldstücks.
b) Die Kosten für die Aufforstung von Fichtenwald belaufen sich bei diesem Waldgrundstück pro ha auf 2 300 €. Berechne die Gesamtkosten.

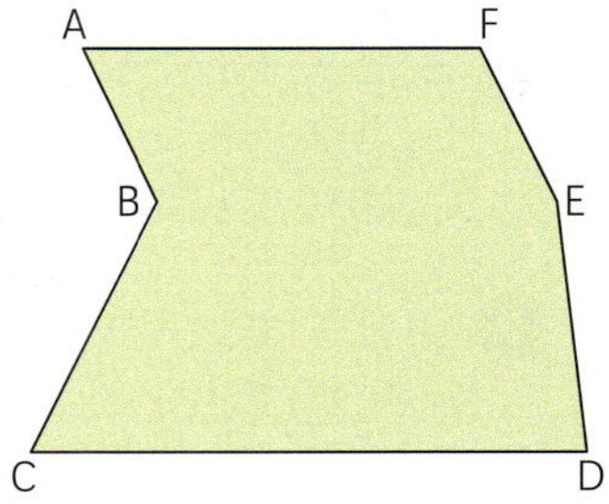

Maßstab 1 : 50000

3 Die Hauswand soll neu gestrichen werden. 140 g Farbe reichen für 1 m². Ein Eimer mit 10 kg Farbe für den Anstrich kostet 49,98 €. Berechne die Kosten für die Farbe.

a)

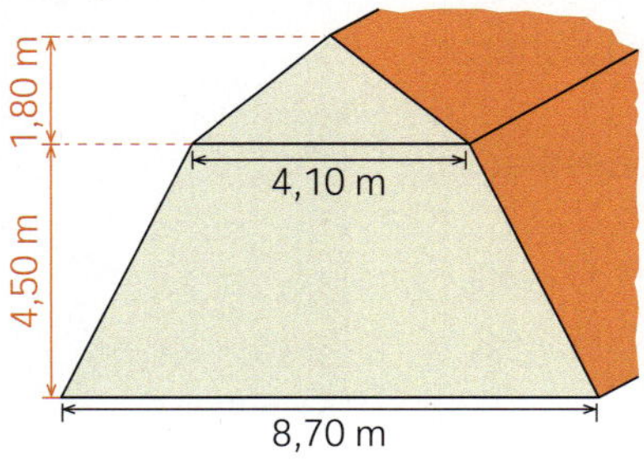

b)

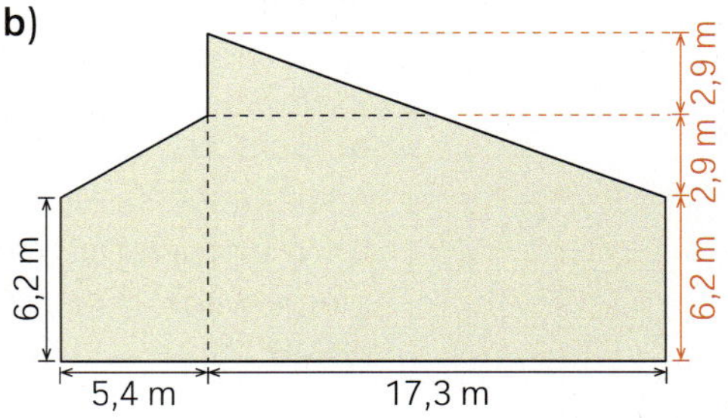

4 ≡ Die Tischplatte des Tisches soll auf beiden Seiten zweifach neu lackiert werden. Reicht eine kleine Dose Lack aus?

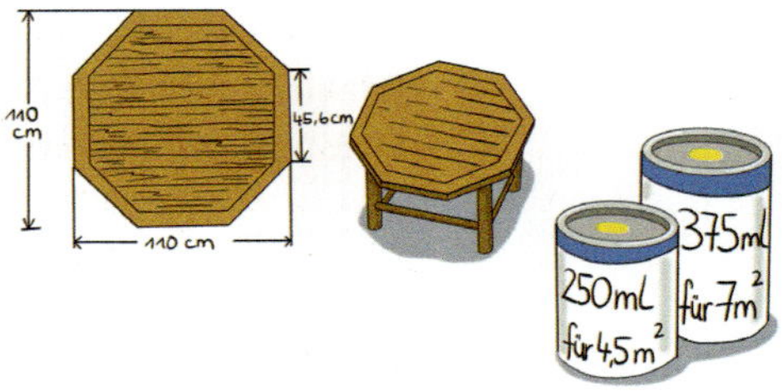

5 ≡ Bei einem Vieleck im Karogitter kannst du den Flächeninhalt ohne zu messen genau berechnen. Berechne den Flächeninhalt des Dreiecks im Karogitter mit 2 Kästchenlängen = 1 cm.

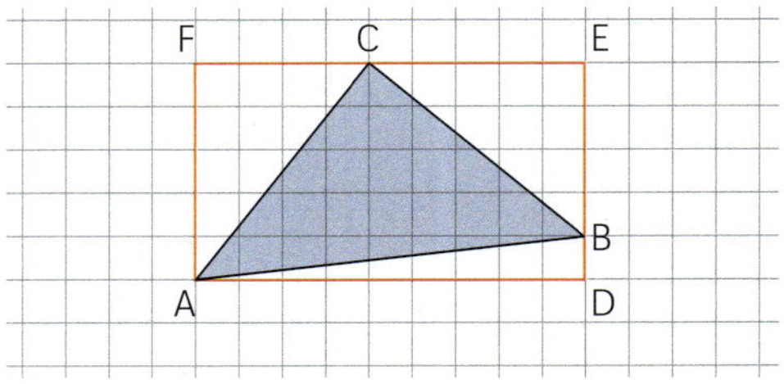

6 ≡ Bestimme ohne zu messen den Flächeninhalt der Figur im Karogitter mit der Kästchenlänge 5 mm.

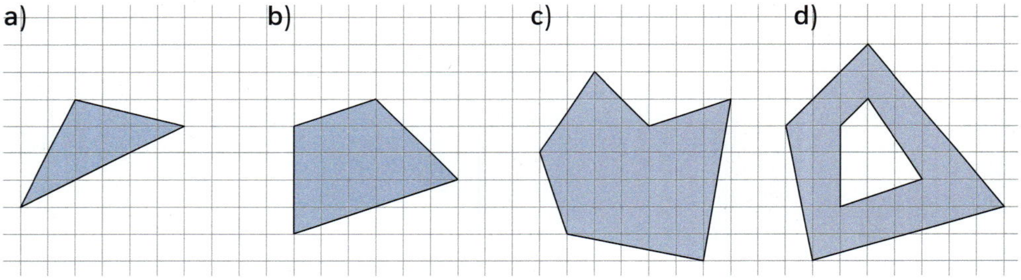

(Mögliche Lösungen: 2,25; 3; 4; 4,5; 7; 7,875; 9)

7 ≡ In einem Koordinatensystem mit der Einheit 1 cm haben die Eckpunkte eines Fünfecks die Koordinaten A (2 | 6), B (4 | 2), C (7 | 1), D (9 | 6) und E (5 | 9). Bestimme den Flächeninhalt des Fünfecks.

Weiterüben

8 ≡ Erstellt auf einem Plakat eine Übersicht über die Flächeninhaltsformeln geometrischer Figuren. Achtet darauf, dass die Formeln und ihre Variablen vollständig erklärt werden, z. B. durch eine beschriftete Skizze neben der Formel. Das Plakat kann für einige Zeit im Klassenraum aufgehängt werden.

9 ≡ Vor der Eingangstür des Einfamilienhauses von Familie Göbel befindet sich ein Podest aus frost- und rutschsicherem Granit.

a) Berechne die Größe der Podestfläche. Alle Angaben sind in cm.

b) Wie schwer ist die 3 cm dicke Granitplatte, wenn 1 cm^3 dieses Granits 8,4 g wiegt?

10 Frank möchte sich einen Drachen basteln. In der Bauanleitung sind die Leistenlängen des Kreuzes mit $e = 90\,cm$ und $f = 80\,cm$ angegeben, ferner für den Abstand des Kreuzungspunktes von der oberen Spitze $k = 20\,cm$.

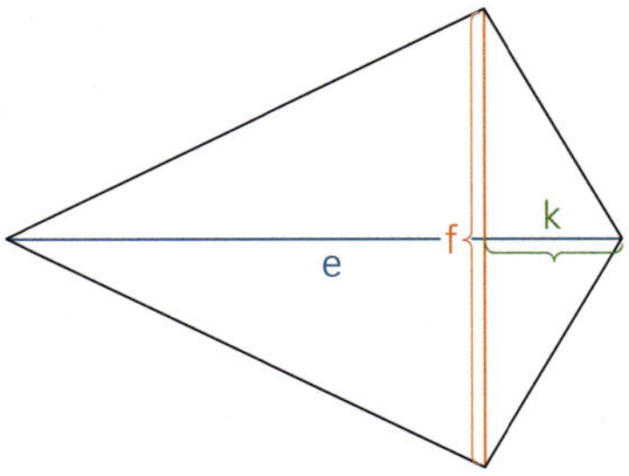

a) Wie groß wird die Fläche des Drachens?

b) Bevor Frank die Leisten zusammennagelt, überlegt er, wie sich der Flächeninhalt ändert, wenn er k verändert.

c) Begründe: Für das Drachenviereck gilt die Flächeninhaltsformel: $A = \frac{e \cdot f}{2}$.

11 Ermittelt einen Schätzwert für die Größe des Segels. Informiert euch danach zur Kontrolle über die Größe des Segels bei Laser-Jollen in geeigneten Büchern oder dem Internet.

Die Laser-Jolle

Die Laser-Jolle ist eine sportliche Einhand-Jolle. Sie ist 4,23 m lang. Seit 1996 wird mit der Laser-Jolle auch bei Olympischen Spielen gesegelt. Erfunden wurde die Laser-Jolle 1970 von dem Amerikaner Bruce Kirby.

12 Zeichne das Sechseck mit den Eckpunkten A(2|1), B(6|1), C(7|2), D(5|2), E(4|3) und F(2|3) in ein Koordinatensystem mit der Einheit 1 cm. Berechne den Flächeninhalt des Sechsecks.

13 Um ein geradlinig begrenztes Rasenstück des Stadtparks zu vermessen, wählt man eine Diagonale des Vielecks als Standlinie. Man misst dann die Entfernung aller Eckpunkte von der Standlinie und geeignete Abschnitte auf der Standlinie. Berechne den Flächeninhalt des nebenstehenden Rasenstücks.

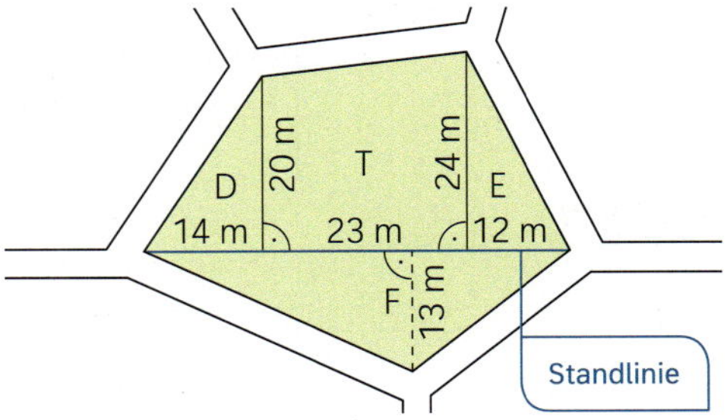

Das kann ich noch!

A Zeichne jeweils ein Beispiel für einen spitzen Winkel, einen stumpfen Winkel und einen überstumpfen Winkel.

B Zeichne einen Winkel von 20° mit einer Schenkellänge von mindestens 6 cm in dein Heft. Ergänze dazu alle ganzzahligen Vielfachen von 20°, solange die dabei entstehenden Winkel kleiner als ein rechter Winkel sind.

Flächeninhalt und Umfang krummlinig begrenzter Figuren

Mithilfe der Flächeninhaltsformeln für Parallelogramm, Dreieck und Trapez kann man den Flächeninhalt *aller* Figuren berechnen, die geradlinig begrenzt sind. Aber auch bei Figuren mit gekrümmtem Rand kann man damit Näherungswerte ermitteln.

1 Merle macht mit ihrem Bruder und ihren Eltern Urlaub auf der Nordsee-Insel Spiekeroog. Nachdem sie mit dem Fahrrad die Insel erkundet haben, fragen sie sich, welche Gesamtfläche die Insel wohl hat. Aus der Schule weiß Merle bereits, wie man die Flächen von verschiedenen Dreiecken und Vierecken berechnet.

Unten siehst du eine Karte von Spiekeroog im Maßstab 1 : 100 000. Um die gesamte Größe der Insel möglichst gut abschätzen zu können, wird sie mit verschiedenen Vierecken überdeckt.

a) Entnimm dem Kartenausschnitt die benötigten Maße und rechne.
b) Vergleiche dein Ergebnis mit der Angabe in einem Lexikon oder Erdkundebuch.
c) Schätze auch die Länge der Küste von Spiekeroog ab.

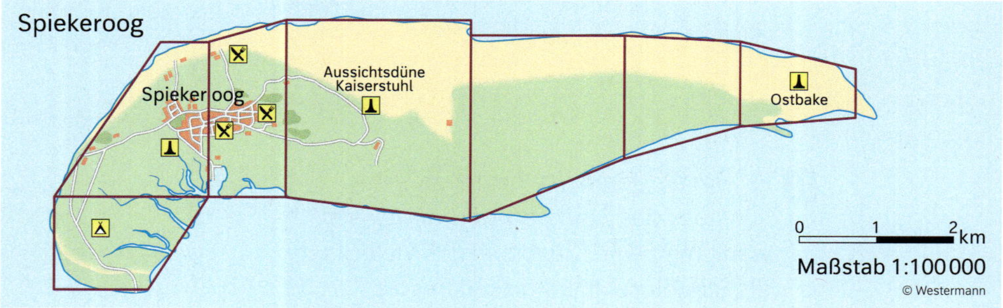

2 Eine weitere Nordsee-Insel ist die Insel Baltrum. Rechts siehst du eine Karte der Insel im Maßstab 1 : 100 000.
Um den Flächeninhalt von Baltrum näherungsweise bestimmen zu können, sind in immer gleichen Abständen parallele Strecken über der Insel eingezeichnet worden. So erhält man Trapeze, die die Insel fast ganz überdecken.

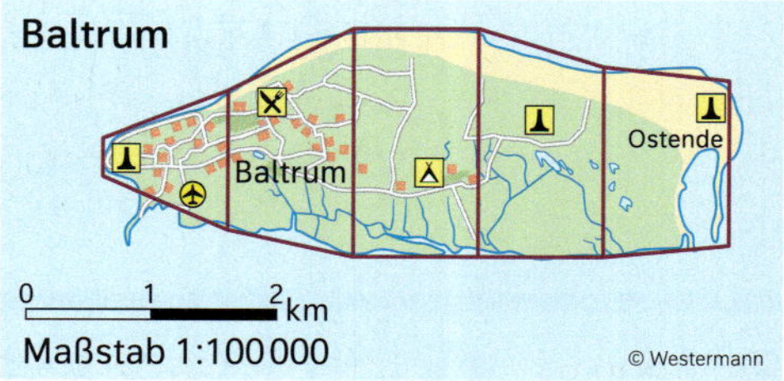

a) Entnimm dem Kartenausschnitt die benötigten Maße und rechne.
b) Vergleiche dein Ergebnis mit der Angabe in einem Lexikon oder Erdkundebuch.
c) Schätze auch die Länge der Küste von Baltrum ab.

Das Wichtigste auf einen Blick

Winkel an Geradenkreuzungen

Nebenwinkel ergänzen sich zu 180°.
Scheitelwinkel sind gleich groß.
Stufenwinkel an geschnittenen Parallelen sind gleich groß.
Wechselwinkel an geschnittenen Parallelen sind gleich groß.

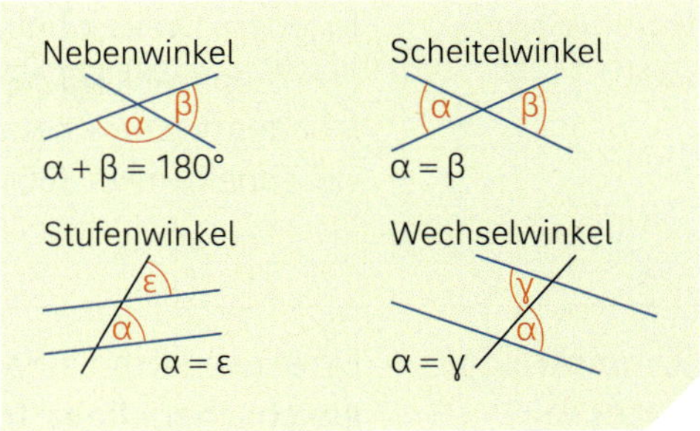

Parallelogramm

Ein Viereck, bei dem gegenüberliegende Seiten parallel zueinander sind, heißt **Parallelogramm**.

In jedem Parallelogramm ergänzen sich benachbarte Winkel sich zu 180°. Gegenüberliegende Winkel sind gleich groß.

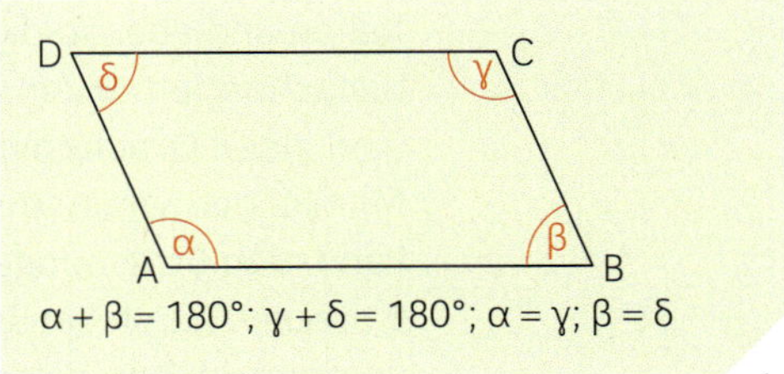

Trapez

Ein Viereck, bei dem mindestens zwei gegenüberliegende Seiten zueinander parallel sind, heißt **Trapez**.
Die parallelen Seiten nennt man **Grundseiten**, die anderen beiden Seiten **Schenkel** des Trapezes.
Im Trapez ergänzen sich Winkel an einem gemeinsamen Schenkel zu 180°.

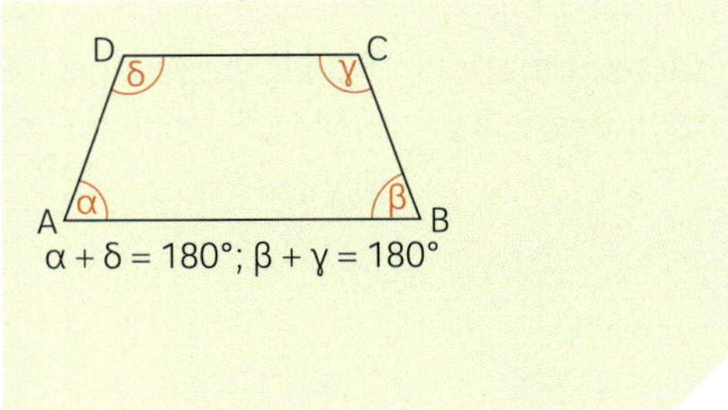

Besondere Dreiecke

In **spitzwinkligen Dreiecken** sind alle Winkel kleiner als 90°.
In **rechtwinkligen Dreiecken** ist ein Winkel 90° groß.
In **stumpfwinkligen Dreiecken** ist ein Winkel größer als 90°.
Ein **gleichschenkliges Dreieck** hat zwei gleich lange Seiten; diese nennt man **Schenkel**, die dritte Seite heißt **Basis**.
Beim **gleichseitigen Dreieck** sind alle drei Seiten gleich lang.

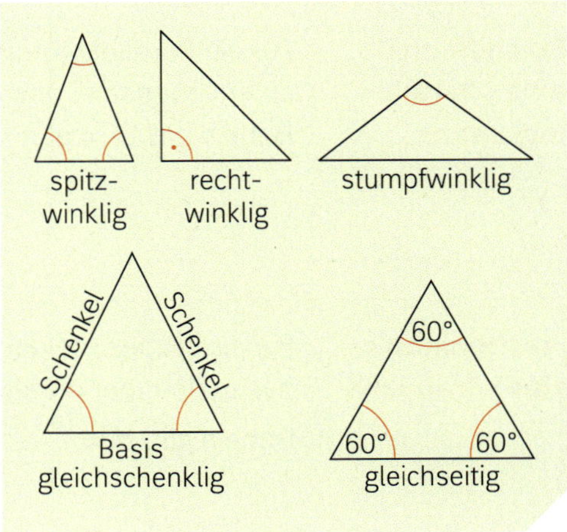

Basiswinkelsatz

Beim gleichschenkligen Dreieck sind die Winkel an der Basis gleich groß.

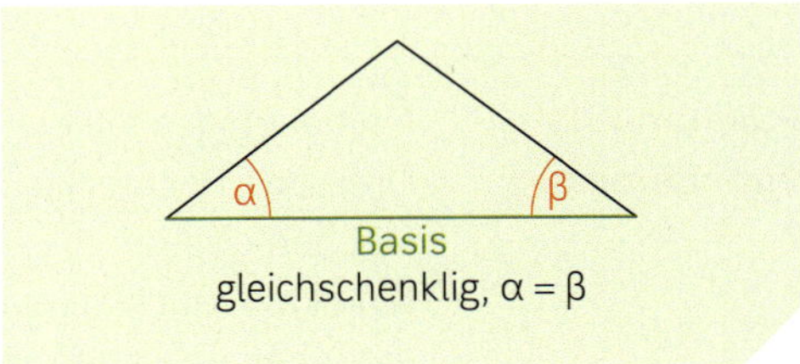

Das Wichtigste auf einen Blick

Innenwinkelsatz

In jedem Dreieck beträgt die Summe aller drei Innenwinkel 180°.
In jedem Viereck beträgt die Summe aller vier Innenwinkel 360°.

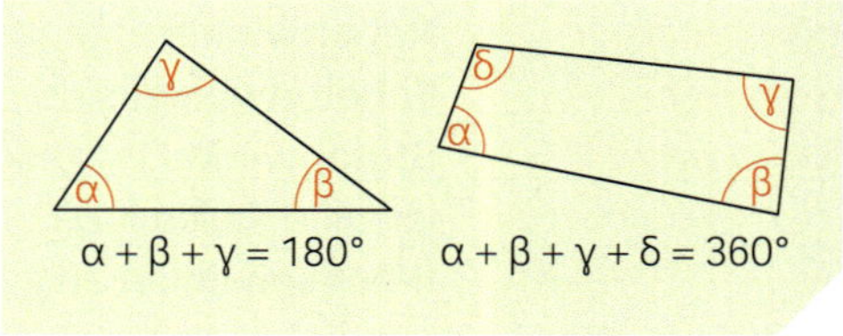

Symmetrische Vierecke

Ein achsensymmetrisches Trapez heißt **gleichschenkliges Trapez**.
Ein Viereck, bei dem zwei benachbarte Seiten und ebenso die beiden anderen benachbarten Seiten jeweils gleich lang sind, heißt **Drachenviereck**.
Mithilfe der Symmetrieeigenschaften kann man Beziehungen zwischen den Vierecken herstellen und im **Haus der symmetrischen Vierecke** darstellen.

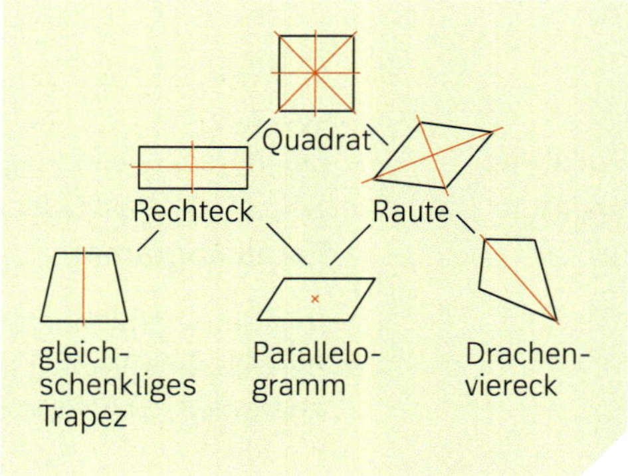

Flächeninhalt eines Dreiecks

Für ein Dreieck mit der Länge g einer Seite (Grundseite) und der zugehörigen Höhe h gilt: $\mathbf{A = \frac{g \cdot h}{2}}$

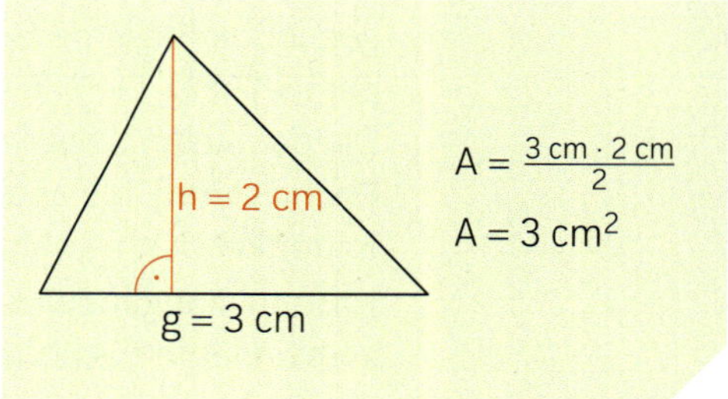

Flächeninhalt eines Parallelogramms

Für ein Parallelogramm mit der Länge g einer Grundseite und der zugehörigen Höhe h gilt: $\mathbf{A = g \cdot h}$

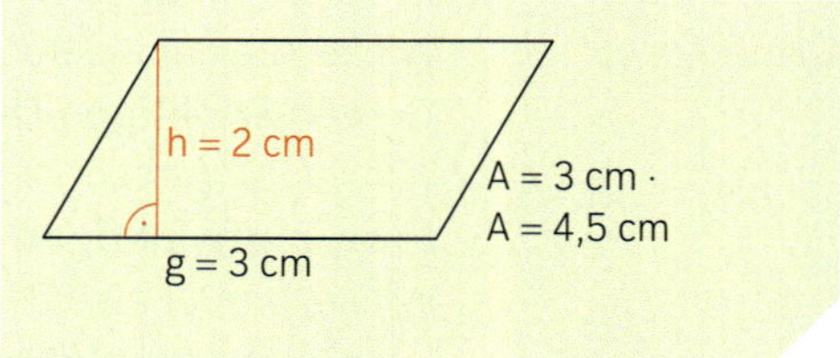

Flächeninhalt eines Trapezes

Für ein Trapez mit den Längen a und c der zueinander parallelen Seiten und der Höhe h gilt: $\mathbf{A = \frac{(a + c) \cdot h}{2}}$

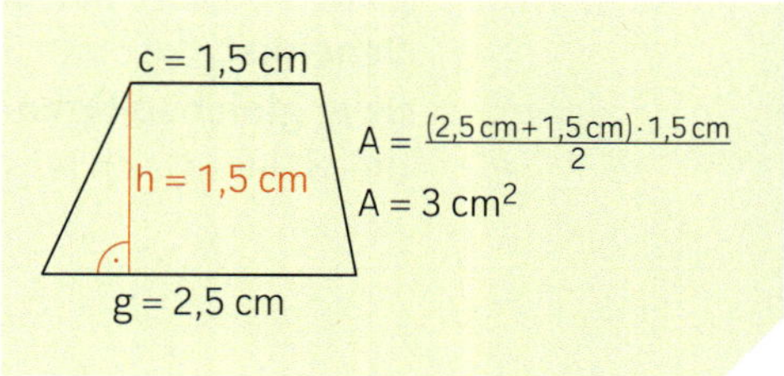

Flächeninhalt von Vielecken

Ein beliebiges Vieleck zerlegt man in Dreiecke, Rechtecke, ... und addiert deren Flächeninhalte.
Man kann auch zu einer größeren Figur ergänzen und subtrahieren.

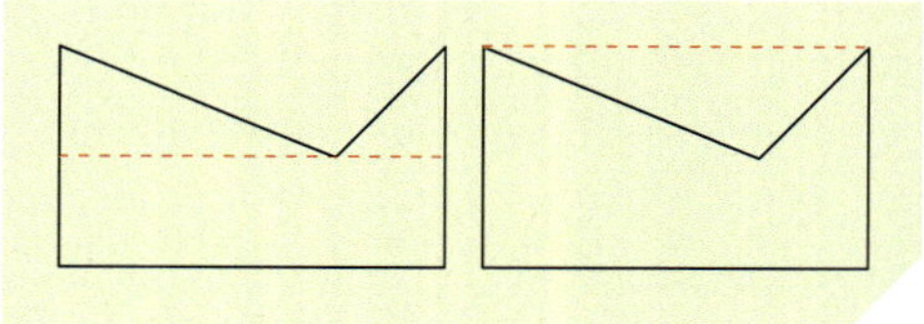

1 Wie groß ist $\alpha + \beta$?

a)

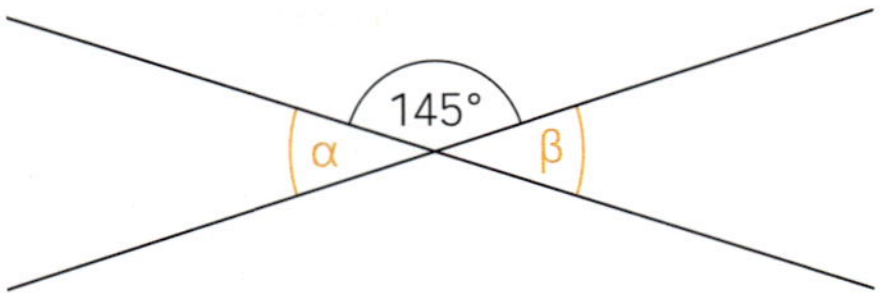

b) $a \parallel b$

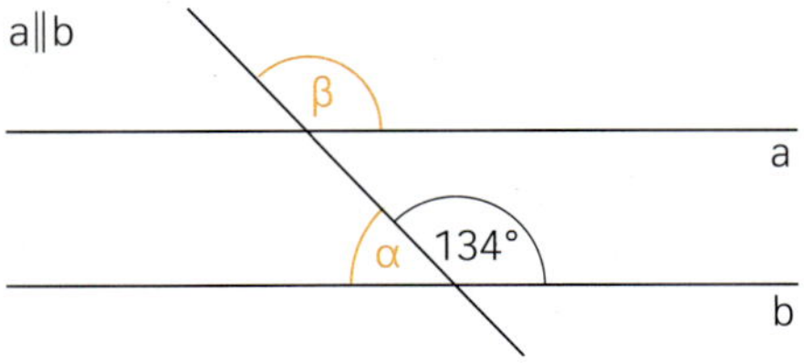

2 Berechne in der Figur rechts die übrigen Winkel.

a) $\alpha = 80°$; $\gamma = 50°$

b) $\gamma + \delta = 78°$; $\gamma = 31°$

c) $\varphi + \varepsilon = 133°$; $\varepsilon + \beta = 96°$

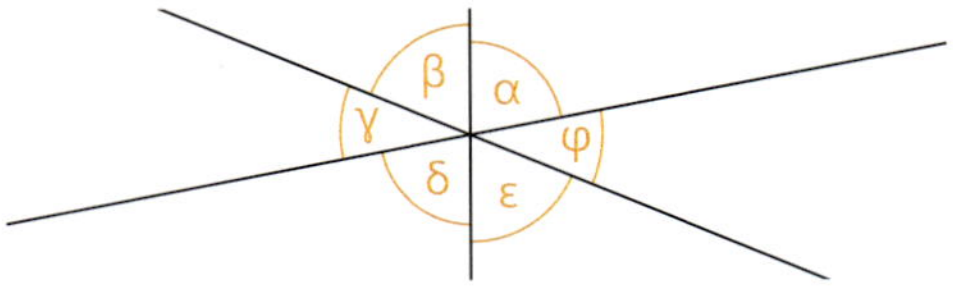

3 Übertrage die Figur rechts in dein Heft. Markiere einen Winkel und

a) seinen Nebenwinkel blau;

b) seinen Scheitelwinkel rot;

c) seinen Stufenwinkel grün;

d) seinen Wechselwinkel gelb.

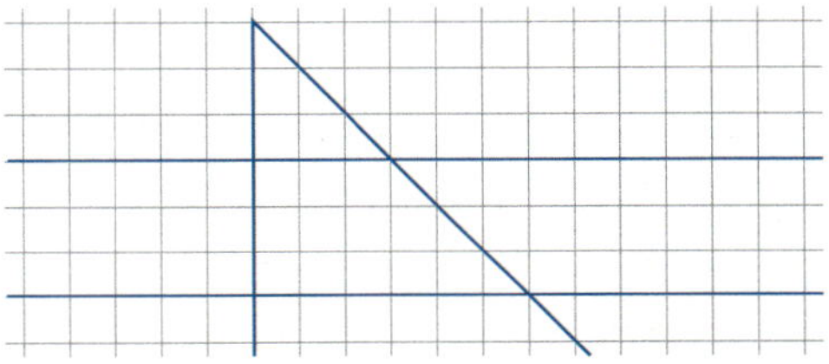

4 Zeichne eine Geradenkreuzung, bei der ein Winkel dreimal so groß wie sein Nebenwinkel ist.

5 Zeichne eine doppelte Geradenkreuzung, bei der α und β Wechselwinkel zueinander sind und der Nebenwinkel von β um 40° größer als α ist.

6 Berechne die fehlenden Winkel.

a)

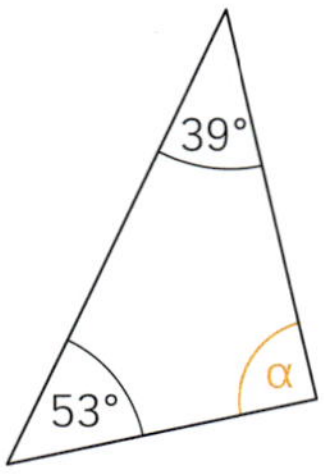

b)

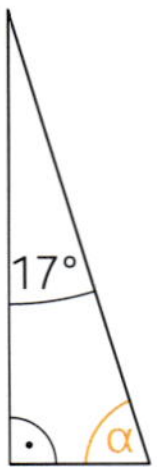

c)

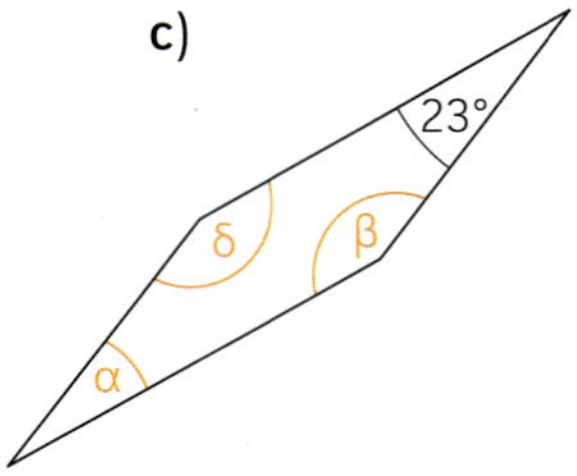

d)

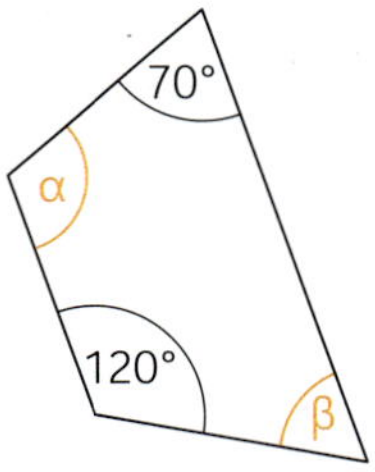

7 Berechne den Winkel α. Begründe jeden Schritt. Der Strahl w halbiert einen Winkel.

a)

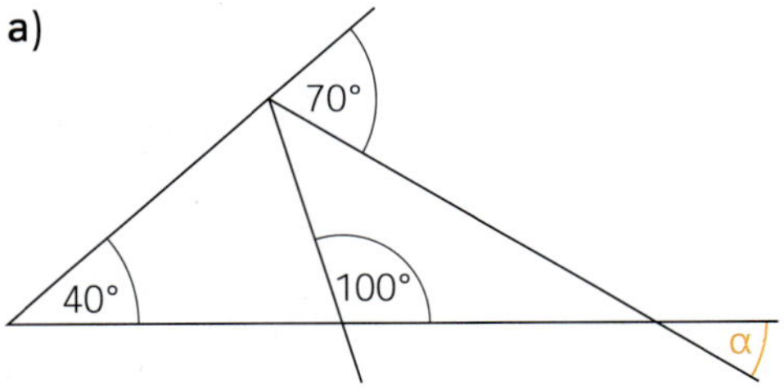

b)

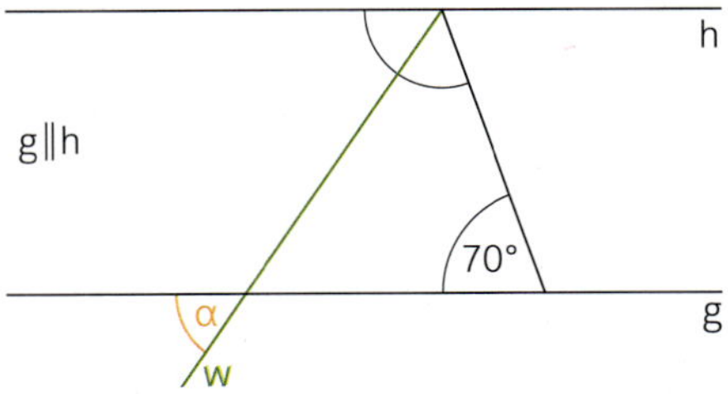

8 Ein gleichschenkliges Dreieck ABC hat die Basislänge $c = 4{,}2\,\text{cm}$ und $\beta = 70°$. Berechne die übrigen Winkel des Dreiecks ABC.

9 Der Neigungswinkel eines mit Schiefer gedeckten Satteldachs muss mindestens 30° betragen. Was kannst du über den Winkel an der Spitze aussagen?

10 In einem rechtwinkligen Dreieck ist ein weiterer Winkel 45° groß. Was kannst du über das Dreieck aussagen?

11 Entscheide, ob die Aussage wahr oder falsch ist. Begründe.

a) Jedes Quadrat ist ein Trapez.
b) Manche Trapeze sind Quadrate.
c) Es gibt Trapeze, die Rauten sind.
d) Jedes Trapez ist ein Parallelogramm.
e) Manche Rauten sind Quadrate.
f) Es gibt Quadrate, die Rechtecke sind.
g) Jedes Parallelogramm ist eine Raute.
h) Manche Drachenvierecke sind Quadrate.

12 Berechne den Flächeninhalt der Figuren.

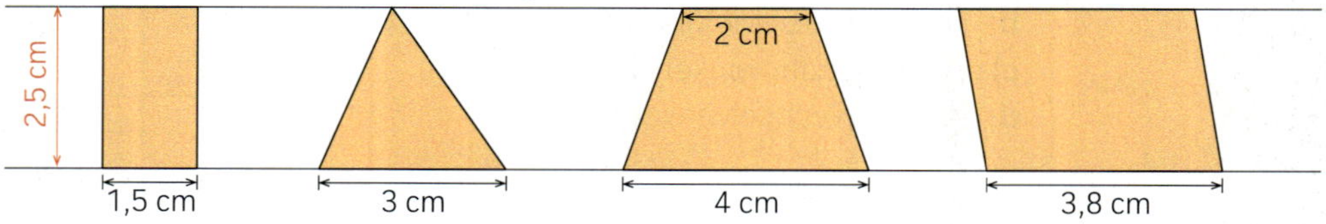

13 Trage die Figur in ein Koordinatensystem mit der Einheit 1 cm ein. Um was für eine Figur handelt es sich? Berechne ohne zu messen den Flächeninhalt.

a) A(1|3); B(9|3); C(11|7); D(3|7)
b) A(4|1); B(13|1); C(10|9); D(6|9)
c) A(5|4); B(8|1); C(8|6)
d) A(1|2); B(7|2); C(9|9)

14 An einem Treppengeländer wird eine Metallgitterplatte montiert.

a) Berechne die Größe der Plattenfläche.
b) 1 m² kostet 56,80 €.
Berechne die Kosten.

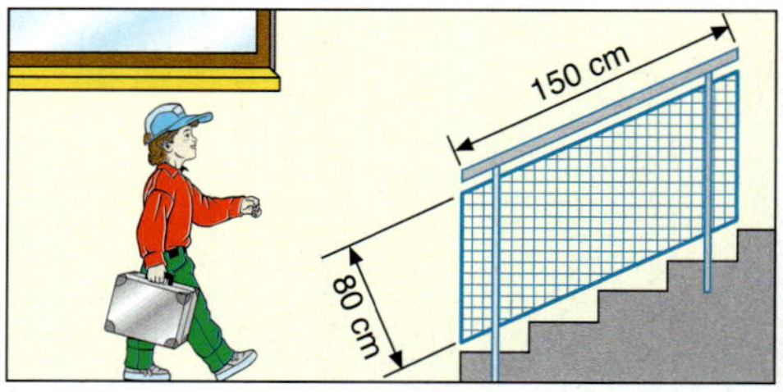

15 Berechne die Kosten für die Verglasung, wenn 1 dm² Isolierglas 70 € kostet.

a)

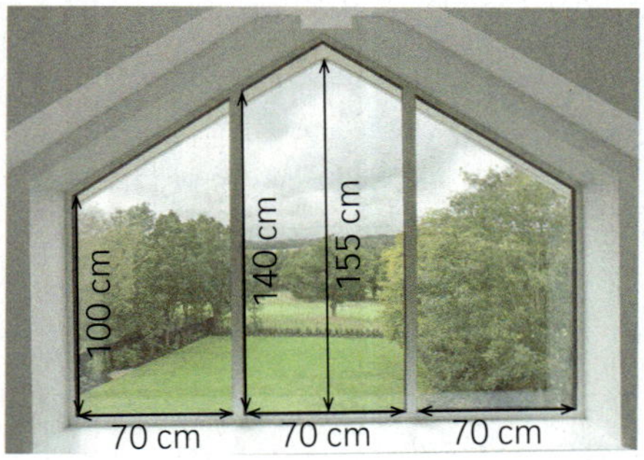

b)

Rationale Zahlen

4

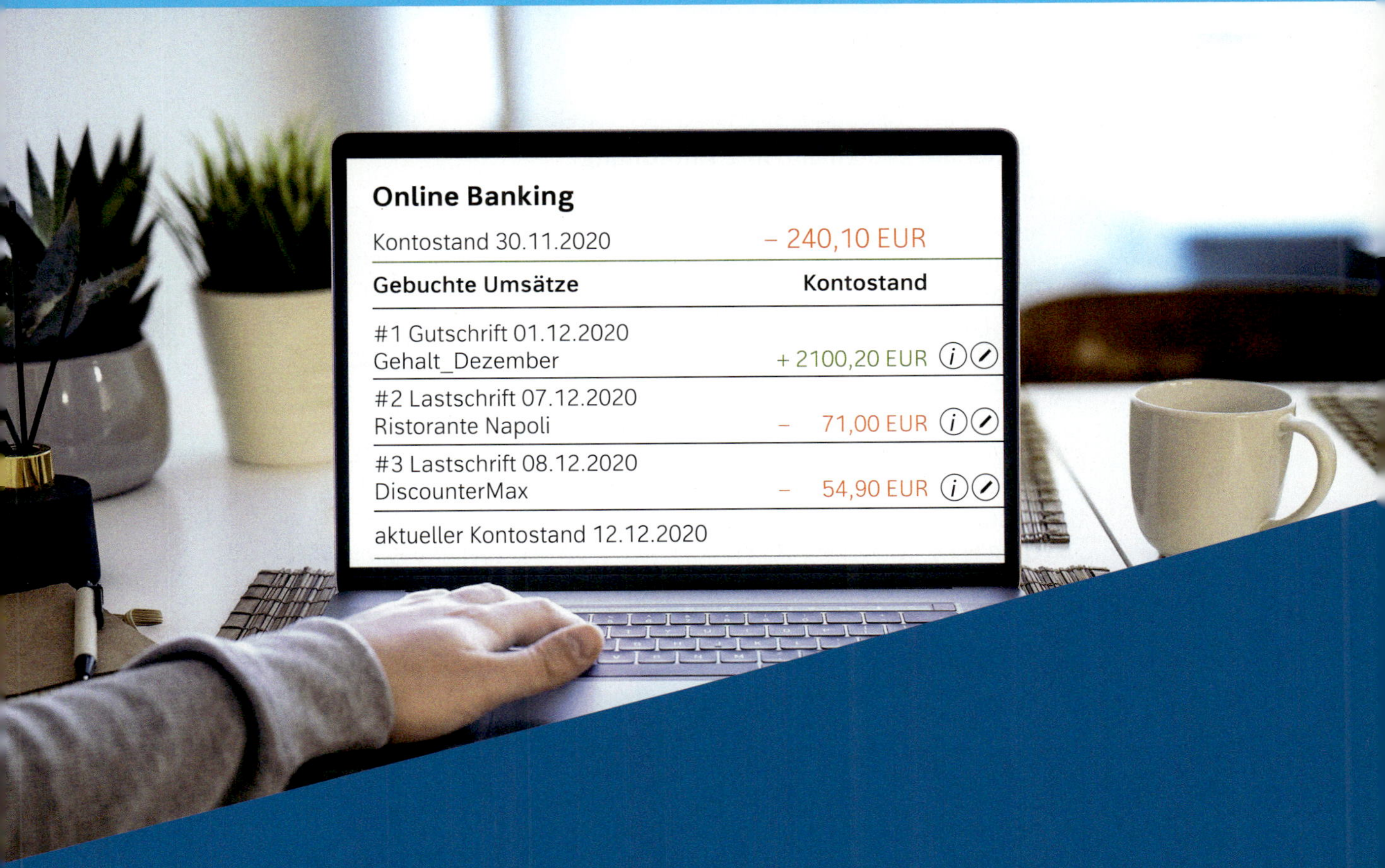

▲ *In einem Online-Banking-Portal siehst du auf einem elektronischen Kontoauszug verschiedene Buchungen. Was kannst du ablesen?*

In diesem Kapitel

- lernst du, Sachsituationen mit negativen Zahlen zu beschreiben und mit negativen Zahlen zu rechnen. ▸

4.1 Anordnung und Betrag

Einstieg

Normalnull (NN)
mittlere Höhe des Meeresspiegels (in Amsterdam)

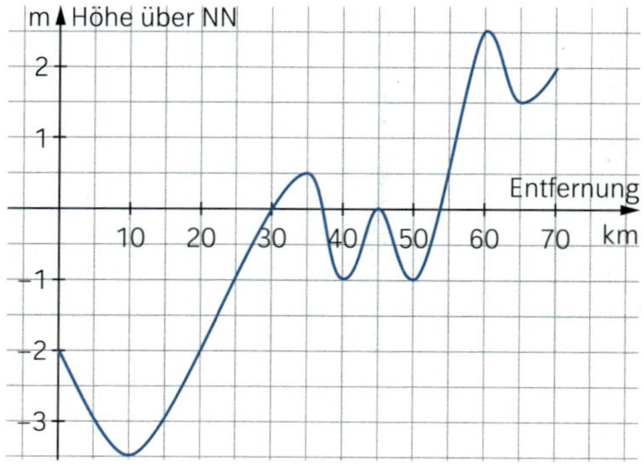

Mia unternimmt in den Niederlanden mit ihren Freunden eine Fahrradtour.
Sie erstellt mit ihrem Fitnessarmband ein Höhenprofil.
Lest am Diagramm ab, welche Höhe Mia nach 5 km, 35 km und 65 km erreicht.
Welcher Höhenunterschied liegt zwischen dem zehnten und dem sechzigsten Kilometer?

Aufgabe mit Lösung

Rationale Zahlen und ihre Anordnung

In der Klasse 7b führen die Schülerinnen und Schüler ein Projekt zum Thema Wetter in Detmold durch. Sie haben die Temperaturen zu verschiedenen Tageszeiten gemessen.

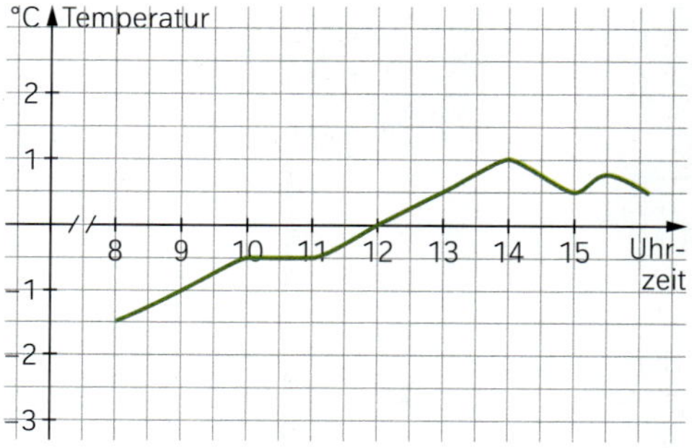

→ Lies am Diagramm zwischen 8 Uhr und 15 Uhr zu jeder vollen Stunde die zugehörige Temperatur ab und trage sie in eine Tabelle ein.

Lösung

Uhrzeit	8:00	9:00	10:00	11:00	12:00	13:00	14:00	15:00
Temperatur (in °C)	−1,5	−1	−0,5	−0,5	0	+0,5	+1	+0,5

→ Vergleiche die Temperatur um 10 Uhr in Detmold mit der Temperatur an den anderen Orten.
Zeichne dafür eine waagerechte Temperaturskala.
Wähle 2 cm für 1 °C.

Ort	Temperatur (in °C)
Braunschweig	+0,6
Chemnitz	+1,4
Düren	−1,8
Friedrichshafen	−1,2
Greifswald	−3,8
Wiesbaden	0
Würzburg	+2,4

Lösung
Man erhält folgendes Bild.

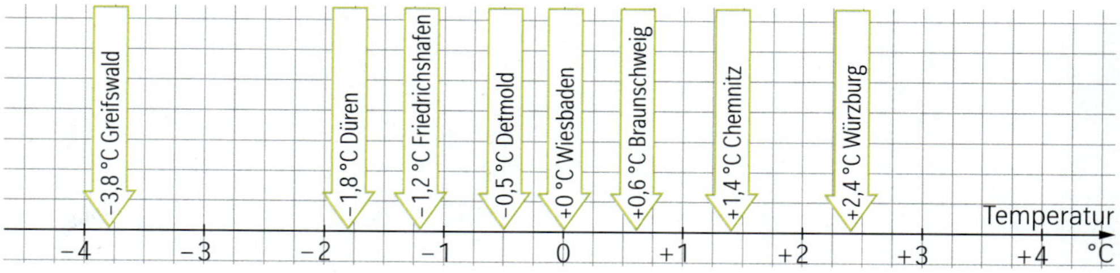

Information

Zur Angabe von Temperaturen, Höhen über und unter null, Kontoständen, ... benötigt man positive und negative Zahlen sowie die Null. Diese Zahlen müssen nicht ganzzahlig sein.
Alle diese Zahlen liegen auf der Zahlengeraden.
Man nennt sie **rationale Zahlen**.
Ganze Zahlen und Bruchzahlen sind besondere rationale Zahlen.

Ändert man bei einer Zahl das Vorzeichen, so erhält man ihre **Gegenzahl**.
Die Gegenzahl von 0 ist 0 selbst.

Der Abstand einer Zahl von 0 heißt **Betrag** dieser Zahl. Man bezeichnet den Betrag einer rationalen Zahl r mit **|r|**, gelesen *Betrag von r*.
Die Beträge von Zahl und Gegenzahl sind gleich.

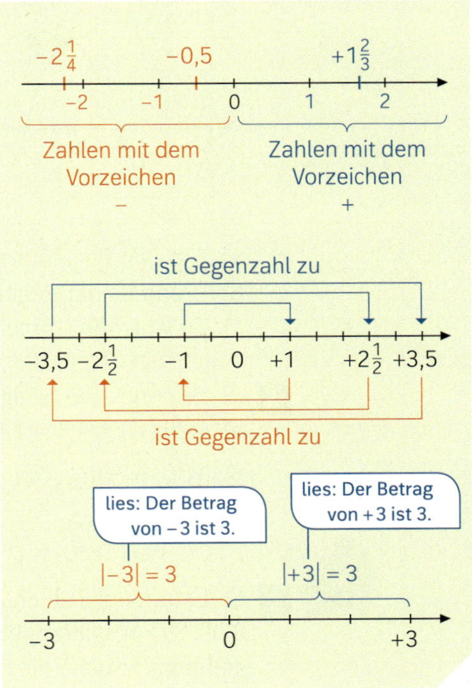

Üben

1 Was bedeuten die Zahlen +8; −8; −5,4; 0; −1,2; +1,2; −3,5 bei
(1) einem Thermometer;
(2) Höhenangaben;
(3) einem Kontoauszug;
(4) Wasserständen?

Normalnull (NN)
mittlere Höhe des Meeresspiegels (in Amsterdam)

Haben
Der Kontoinhaber hat Geld auf dem Konto.

Soll
Der Kontoinhaber schuldet dem Geldinstitut Geld.

2 Drücke mithilfe von Vorzeichen aus:

a) 180 m über NN	**b)** 270 m unter NN	**c)** 12 °C unter null	**d)** 23 °C über null
e) 180,05 € Soll	**f)** 270,73 € Haben	**g)** 1,70 m unter NN	**h)** 63,50 € Soll

3 Auf der Zahlengeraden sind Zahlen durch Pfeile markiert. Notiere diese Zahlen mit ihren Buchstaben im Heft.

a)
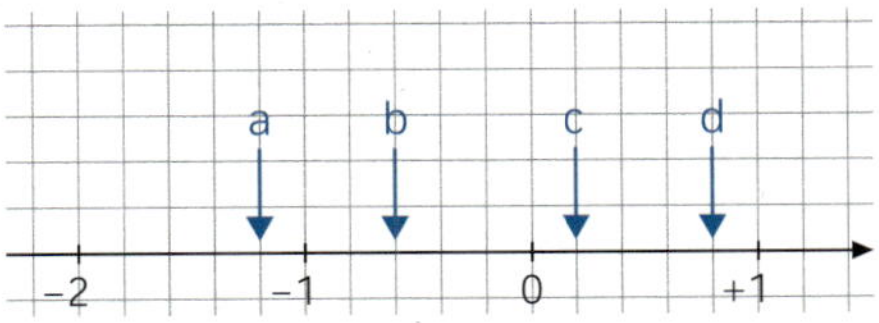

b)
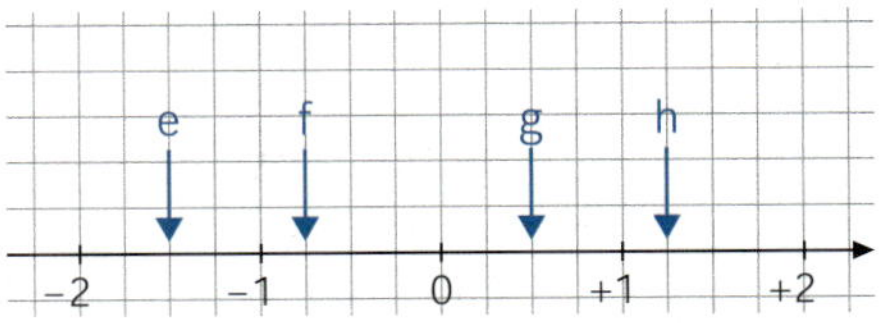

c)
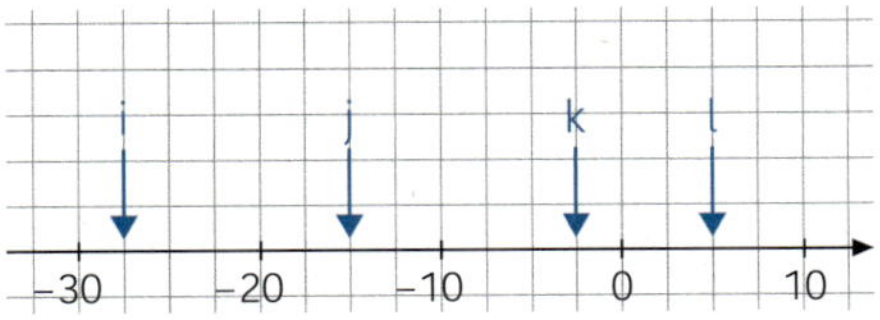

d)
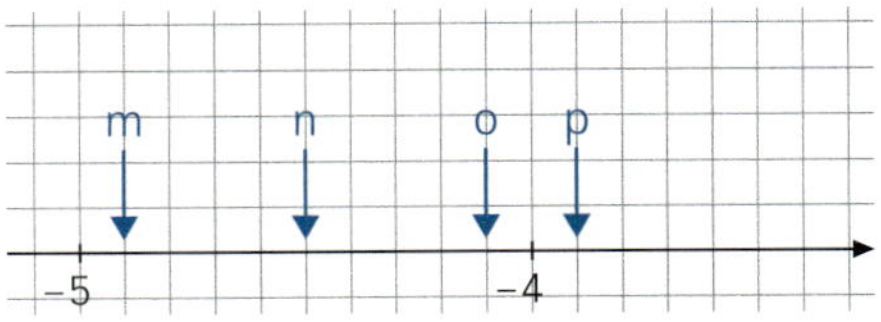

4 Das Diagramm zeigt den Pegelstand im Hamburger Hafen im Verlauf eines Tages.

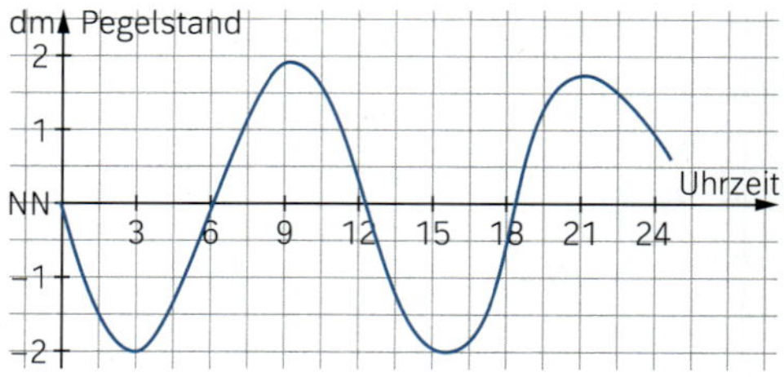

a) Gib den Pegelstand für 6 Uhr, 12 Uhr und 18 Uhr an.
b) Wann ist der Pegelstand am höchsten, wann am niedrigsten?
c) Zu welchen Uhrzeiten ist der Pegelstand 1,5 dm über NN, wann 1,5 dm unter NN?

5 Zeichne eine geeignete Zahlengerade und markiere die angegebenen Zahlen.

a) $-25; +13; -3; +18; -8; -17$
b) $+1{,}8; -3{,}4; -2{,}8; +4{,}1; 0; -0{,}7$
c) $+50; +220; -130; -20; -290$
d) $+4; -0{,}4; +2{,}5; +1\frac{1}{4}; -2\frac{1}{10}; -3{,}75$
e) $+\frac{2}{3}; -\frac{1}{2}; -\frac{4}{3}; +\frac{5}{6}; +\frac{5}{3}; -\frac{7}{6}$
f) $-6{,}2; -\frac{15}{2}; +\frac{13}{4}; +0{,}25; +1{,}2; -\frac{5}{2}$

6 Laurin hat Zahlen auf der Geraden markiert und seinen Freund Simon gebeten, das Blatt zu korrigieren. Dieser gibt es ihm mit den Worten zurück: „Du hast drei Fehler gemacht." Suche die Fehler und überlege, wie du Laurin erklären könntest, was er falsch gemacht hat.

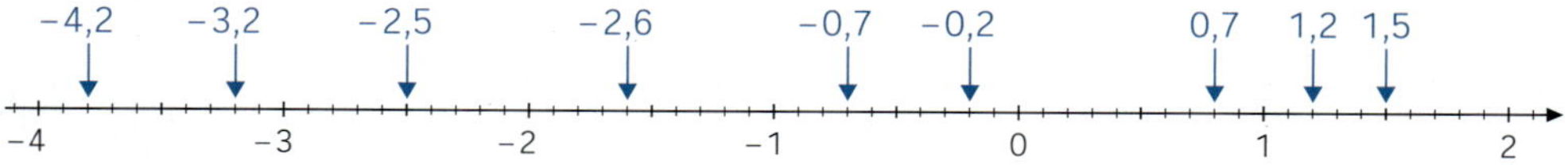

7 Was ist mit den folgenden Zeitungsausschnitten gemeint?

Firma BestBau schreibt endlich wieder schwarze Zahlen!

Verein Gartenglück immer noch in den roten Zahlen!

8 Denke dir eine Zahlengerade.

a) Welche Zahl liegt von 0 ebenso weit entfernt wie -4; $+1\,000$; $-7{,}84$; $+8\frac{2}{3}$; $-5\frac{3}{7}$?
b) Bestimme $|-7|$; $|+13|$; $|-13|$; $|+8{,}3|$; $|-14{,}8|$; $\left|-2\frac{3}{20}\right|$; $\left|+5\frac{4}{15}\right|$; $|-123|$.
c) Welche Zahlen haben den Betrag 11; 7,25; $4\frac{1}{2}$; 0; 1 000; -3?

9 Begründe an der Zahlengeraden oder widerlege durch ein Beispiel.

a) Die Gegenzahl einer rationalen Zahl ist immer negativ.
b) Zahl und Gegenzahl sind stets verschieden.
c) Zahl und Gegenzahl haben denselben Betrag.
d) Bildet man die Gegenzahl der Gegenzahl einer Zahl r, so erhält man wieder die Zahl r.

Vergleichen und Ordnen rationaler Zahlen

10 Ordne nach der Größe. Verwende dabei das Zeichen $<$.

a) Temperaturen: −3,2 °C; −9,1 °C; +8,5 °C; 0 °C; −9,15 °C; +7,3 °C

b) Höhenangaben: −2,7 m; +1,5 m; +0,3 m; −1,2 m; −3,1 m; −3,4 m; −0,2 m

c) Kontostände: −11,70 €; +3,25 €; −0,75 €; −3,50 €; +12,80 €; −9,70 €

Positive und negative rationale Zahlen kann man ordnen. In Richtung der Pfeilspitze der Zahlengeraden werden die Zahlen größer. „*Ist größer als*“ bedeutet auf einer Zahlengeraden mit der Pfeilspitze nach rechts „liegt rechts von“. Positive Zahlen liegen rechts von 0.

Temperaturen: $-2{,}5\,°C < -1\,°C < 1\,°C$

Der Zahlengeraden entnimmt man:

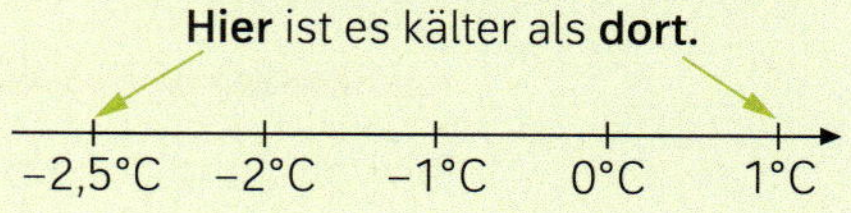

---

11 Trage die Zahlen auf einer Zahlengeraden ein. Ordne auf diese Weise nach *ist kleiner als*. Notiere dein Ergebnis als Kette mithilfe des Zeichens $<$.

a) −5; +4; −8; 0; −3; +2; −1 — Zeichne die Zahlengerade waagerecht.

b) −3,7; +2,5; $-1\frac{1}{4}$; +2,8; −3,5 — Zeichne die Zahlengerade senkrecht.

12 Setze $<$ oder $>$ im Heft ein. Denke z. B. an Temperaturen oder Höhenangaben.

a) −7 ■ −9 **b)** −13 ■ −11 **c)** −8 ■ +2 **d)** +9 ■ −7

e) +14 ■ −14 **f)** −7,4 ■ −7,1 **g)** +0,9 ■ −4,9 **h)** −0,8 ■ +0,6

i) $-\frac{1}{2}$ ■ $+\frac{1}{3}$ **j)** $-\frac{1}{3}$ ■ −0,5 **k)** 0 ■ $-\frac{1}{4}$ **l)** −2,5 ■ $-2\frac{1}{4}$

13 Kontrolliere Lenas Hausaufgaben. Berichtige gegebenenfalls.

$-1{,}5 < -2$; $3{,}5 > -4$; $-5{,}5 > -4{,}5$; $-3{,}5 > 2{,}5$; $0 < -7{,}5$

14 Nimm Stellung zu den drei Schüleräußerungen.

15 Nenne drei rationale Zahlen zwischen

a) −4 und −2; **b)** −1 und 2; **c)** −4,7 und −3,4; **d)** $-3\frac{9}{10}$ und $-3\frac{1}{4}$.

16 Kontrolliere Laras Hausaufgaben.

a) $|-7| < |-2|$ b) $|+8| < |-8|$ c) $5 < |-9|$ d) $|-4| < 0$

Koordinatensystem

17 Im Koordinatensystem ist der Punkt A(−2,5 | 1,5) eingezeichnet.
a) Zeichne das Koordinatensystem ins Heft und trage die Punkte B(−3,5 | −2) und C(3,5 | −2) ein. Ergänze Punkt D so, dass ein Rechteck ABCD entsteht.
b) Trage den Punkt P(−4 | 0) ein. Ergänze Punkt Q und R so, dass ein Quadrat APQR entsteht.

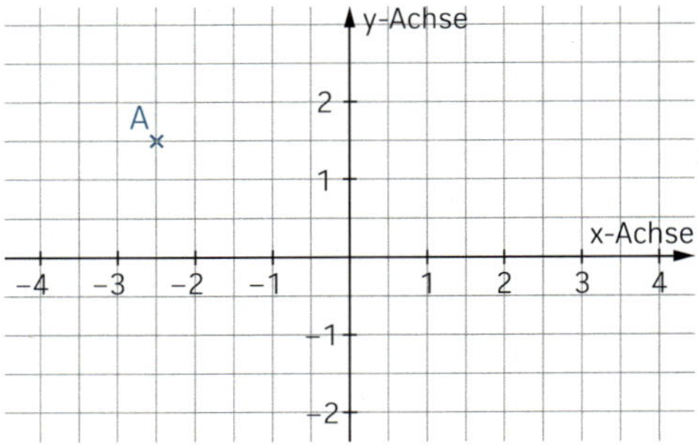

Ein vollständiges **Koordinatensystem** besteht aus zwei Zahlengeraden (*x-Achse* und *y-Achse*). Sie schneiden sich orthogonal im Punkt O(0 | 0), dem **Koordinatenursprung**. Man sagt auch kurz **Ursprung**.
Der Punkt A hat die erste Koordinate −3 auf der x-Achse und die zweite Koordinate 2,5 auf der y-Achse. Man schreibt A(−3 | 2,5).
Die Koordinatenachsen zerlegen die Ebene in vier Bereiche, diese nennt man die vier **Quadranten**.

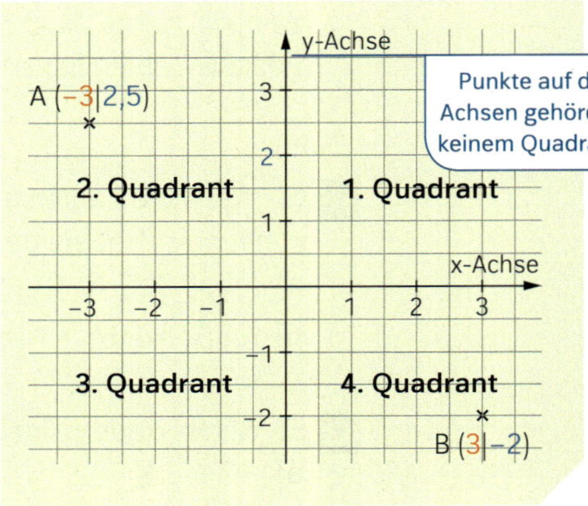

Punkte auf den Achsen gehören zu keinem Quadranten

18 Lies die Koordinaten der Punkte ab und notiere sie, z. B. P(−2,5 | 1,8).

19 Zeichne ein Koordinatensystem mit der Einheit 1 cm und trage die Punkte ein. In welchem Quadranten liegen sie?
A(−4,7 | −2,4), B(3,3 | 7), C(4,4 | −2), D(2 | 5,7), E(−3 | 7,3), F(−1 | −1), G(0,4 | −7), H(−7 | 9), K(7,7 | −9), L(−1,3 | 3,6), M(−2,7 | 3,4), N(1,9 | −2,9), P(3,6 | 1,2).

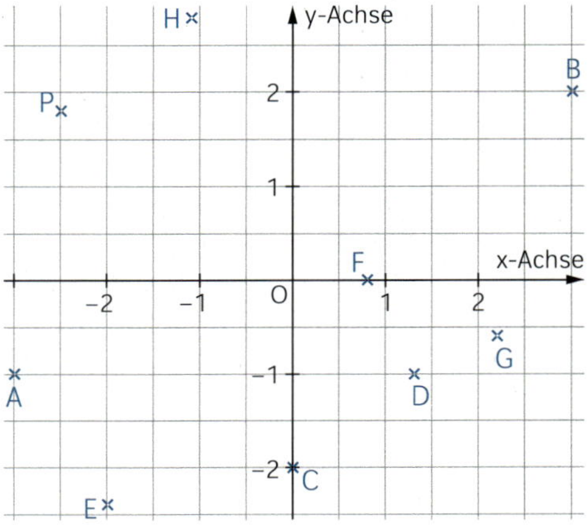

20 Im Koordinatensystem kann man auch Figuren angeben.
a) Trage in ein Koordinatensystem die Punkte A(5,5 | −3,5), B(6,5 | 4,5), C(−6,5 | 9,5) und D(−7,5 | 2,5) ein. Verbinde sie der Reihe nach mit einem Lineal. Was für eine Figur entsteht?
b) Zeichne in ein Koordinatensystem eine schöne Figur (Maske, Schiff, …). Teile deinem Nachbarn die Koordinaten mit, sodass er die Figur nachzeichnen kann.

21 ≡ Ergänze zu einer symmetrischen Figur. Gib die Koordinaten aller Punkte an. Beginne bei A.

a)

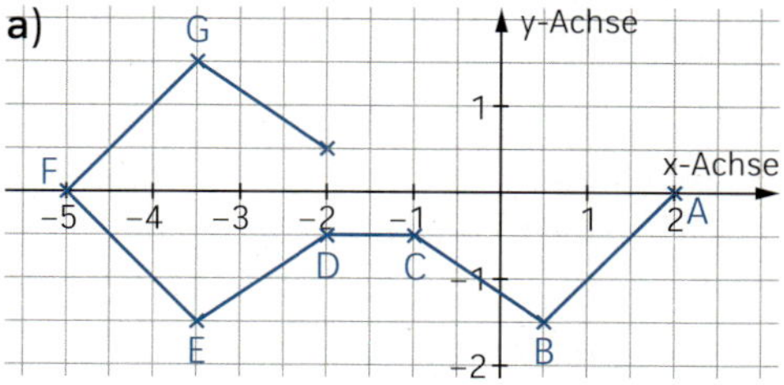

b)

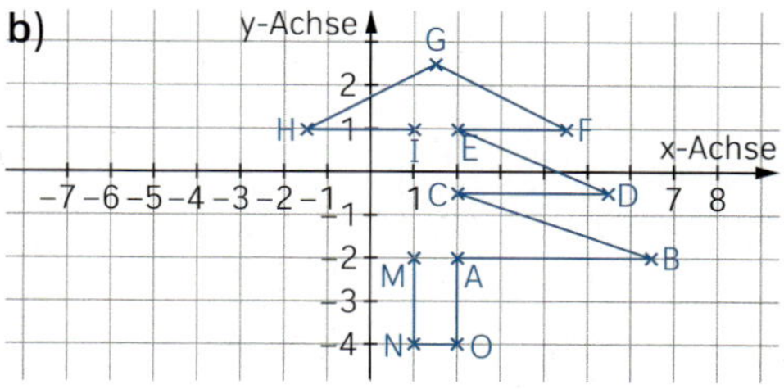

Weiterüben

22 ≡ Bestimme den Abstand der beiden Zahlen auf der Zahlengeraden. Welche rationale Zahl liegt genau in der Mitte zwischen ihnen?

a)

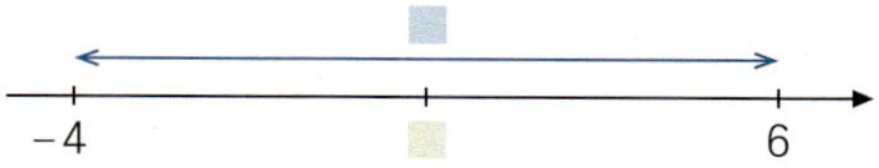

b)

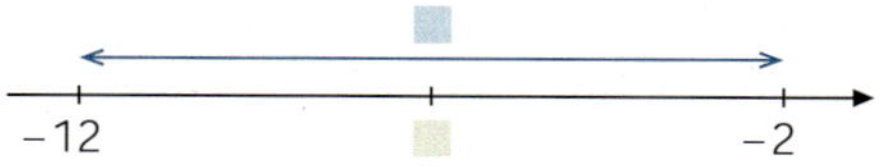

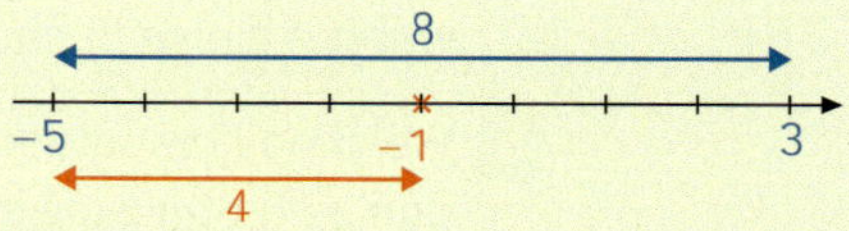

Abstand: 8

Zahl in der Mitte: −1

23 ≡ Bestimme die Zahl, die um 2,3 größer ist als:

a) +9 **b)** −1 **c)** −4,7 **d)** +1,1 **e)** $+3\frac{1}{2}$ **f)** $-\frac{1}{4}$

24 ≡ Zeichne das Dreieck ABC mit A(−2,5|−4), B(0|−3) und C(1|0).

a) Spiegele das Dreieck ABC an der y-Achse. Lies die Koordinaten des Bilddreiecks $A_1B_1C_1$ ab.

b) Zeichne ein zum Dreieck $A_1B_1C_1$ symmetrisch zur x-Achse liegendes Dreieck $A_2B_2C_2$. Bestimme die Koordinaten der Eckpunkte A_2, B_2 und C_2.

25 ≡ Gebt jeder fünf Zahlen an, für die Folgendes gilt. Tausche die Ergebnisse mit deinem Nachbarn aus. Korrigiert euch gegenseitig.

a) Sie sind kleiner als 2.

b) Sie sind größer als −3,5.

c) Ihre Beträge sind kleiner als 4.

d) Sie sind größer als −5,5; aber kleiner als −5,4.

e) Ihre Beträge sind größer als 5.

f) Ihre Beträge sind größer als 2, aber kleiner als 4,5.

26 ≡ Begründe an der Zahlengeraden oder widerlege mit einem Gegenbeispiel.

a) Jede negative Zahl ist kleiner als jede positive Zahl.

b) Von zwei positiven Zahlen ist diejenige die kleinere, die den größeren Betrag hat.

c) Von zwei negativen Zahlen ist diejenige die kleinere, die den größeren Betrag hat.

d) Wenn eine Zahl r kleiner ist als eine Zahl s, dann ist |r| kleiner als |s|.

e) Wenn eine Zahl r kleiner ist als eine Zahl s, dann ist die Gegenzahl von r größer als die Gegenzahl von s.

4.2 Beschreiben von Änderungen mit rationalen Zahlen

Ziel

Hier lernst du, wie man Zustandsänderungen wie z. B. das Steigen und Fallen der Temperatur oder des Wasserstands mit rationalen Zahlen beschreiben kann.

Aufgabe mit Lösung

Kontobewegungen mit rationalen Zahlen beschreiben

Florian prüft den Kontostand seines Jugendkontos. Am Anfang des Monats zeigte der aktuelle Kontoauszug ein Guthaben von 11,80 € an. Danach wurden einige Buchungen vorgenommen.

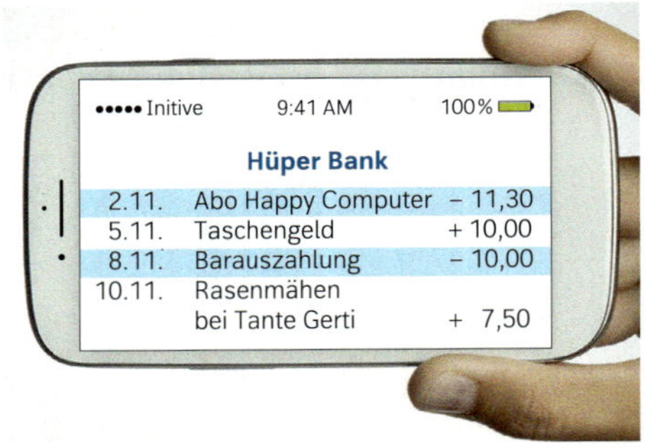

→ Welchen Kontostand weist sein Konto nun auf? Stelle die einzelnen Buchungen als Pfeile auf der Zahlengeraden dar und bestimme den aktuellen Kontostand. Wähle als Maßstab 1 cm für 1 €.

Lösung

Du erhältst folgende Darstellung. Aus ihr kannst du ablesen, dass Florian nun 8,00 € Guthaben hat.

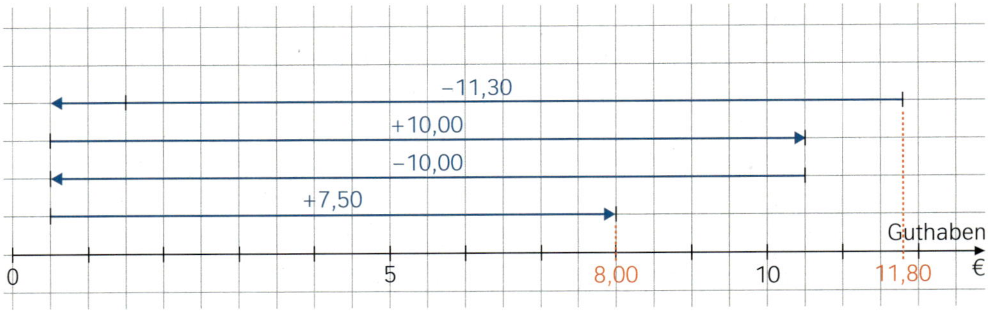

Information

Mit positiven und negativen ganzen Zahlen können nicht nur **Zustände**, sondern auch **Zustandsänderungen** beschrieben werden.

Das **Vorzeichen +** bedeutet bei einer Zustandsänderung den Übergang zu einem höheren Zustand (Steigen).

Das **Vorzeichen –** bedeutet bei einer Zustandsänderung den Übergang zu einem niedrigeren Zustand (Fallen).

Steigen und Fallen der Temperatur (Temperaturänderung)

(1) Zustandsänderung: +2,5
Gehe 2,5 nach rechts.

$-2 \xrightarrow{+2,5} +0,5$

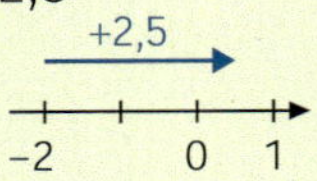

(2) Zustandsänderung: −3,5
Gehe 3,5 nach links.

$-1 \xleftarrow{-3,5} +2,5$

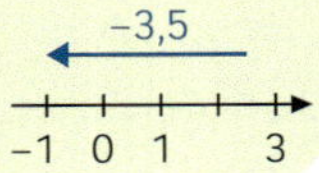

Üben

1 Die Pfeile an den Zahlengeraden geben Zustandsänderungen an. Bestimme jeweils die Änderung und notiere sie mit einer positiven oder negativen rationalen Zahl.

a) 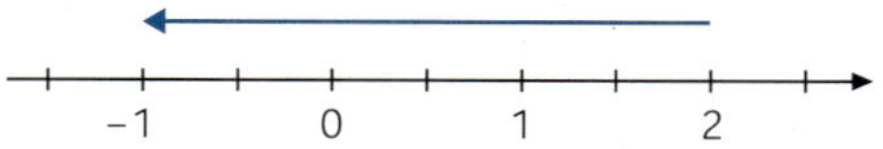

b) 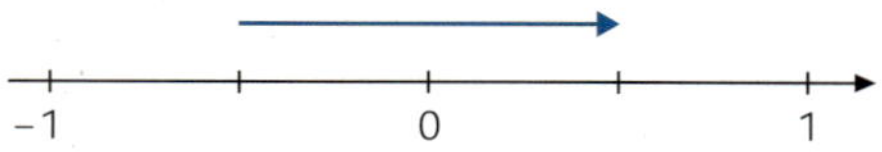

c) 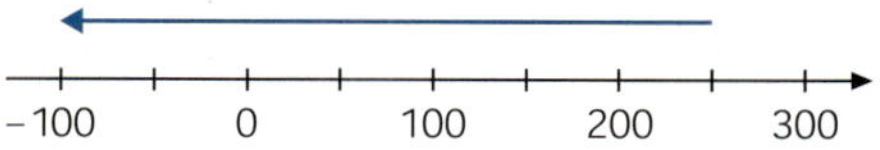

d) 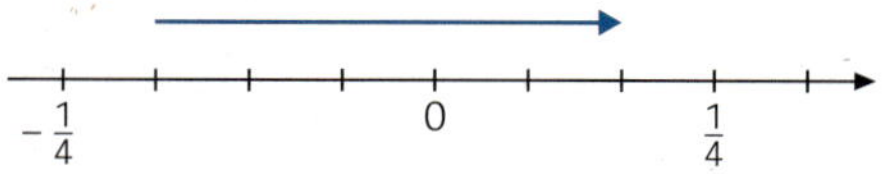

2 Trage die gegebenen Angaben in ein Schema wie rechts ein und ermittle jeweils die fehlende Angabe.

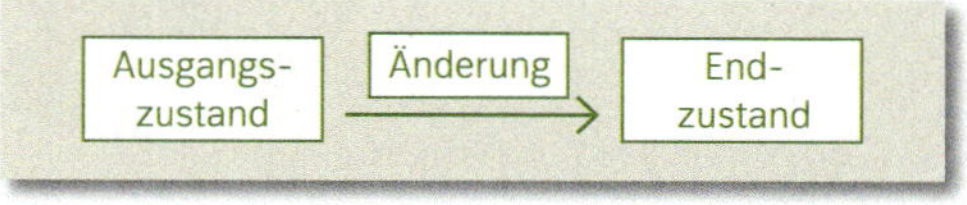

a) Die Temperatur fällt von −3°C um 4,5 Grad.
b) Der Wasserstand ging von 3m über NN auf 2,50m unter NN zurück.
c) Nach dem Aufsteigen um 4m befindet sich ein Tauchboot noch 6,50m unter dem Meeresspiegel.

3 Stelle Fragen und beantworte sie.
a) Ein Thermometer zeigt 3°C unter null an. Die Temperatur steigt um 9,5 Grad.
b) Über Nacht ist die Temperatur um 8,5 Grad gefallen. Morgens sind es −3°C.
c) Nach einer Gutschrift von 28€ betrug der Kontostand 52€.
d) Ein Tauchboot sank um 156m auf nun 233m unter dem Meeresspiegel.

4 Übertrage die dargestellte Änderung eines Zustands in dein Heft und fülle die Lücken aus. Denke an eine Sachsituation, z.B. mit Temperaturen, Bankkonten, usw.

a) $\blacksquare \xrightarrow{+8} +5$ b) $\blacksquare \xrightarrow{-6} -2$ c) $+7{,}1 \xrightarrow{\blacksquare} +3$ d) $-4{,}1 \xrightarrow{\blacksquare} -7{,}3$

e) $\blacksquare \xrightarrow{+3{,}7} -8{,}4$ f) $\blacksquare \xrightarrow{-2{,}8} -5{,}2$ g) $-6{,}3 \xrightarrow{+8{,}4} \blacksquare$ h) $-3\frac{1}{4} \xrightarrow{+8} \blacksquare$

i) $-24 \xrightarrow{-9{,}4} \blacksquare$ j) $5{,}7 \xrightarrow{\blacksquare} -1{,}4$ k) $\blacksquare \xrightarrow{-4{,}9} 13{,}2$ l) $-8{,}8 \xrightarrow{-2{,}7} \blacksquare$

5 Gib eine passende Sachsituation an. Stelle eine Frage dazu und beantworte sie.

a) $-36 \xrightarrow{+1{,}9} \blacksquare$ b) $\blacksquare \xrightarrow{+4{,}2} -8{,}6$ c) $+3{,}5 \xrightarrow{\blacksquare} -11$ d) $\blacksquare \xrightarrow{-2{,}7} -1{,}2$

Pegel
Wasserstands-messer

6 Im Radio wurde alle 2 Stunden durchgegeben, wie sich der Wasserstand (Pegelstand) eines Flusses ändert. Patrick hat mitgeschrieben:

Zeitpunkt	10 Uhr	12 Uhr	14 Uhr	16 Uhr
Durchsage	um 0,50m gefallen	um 0,40m gefallen	um 0,30m gestiegen	um 0,45m gestiegen

Um 8 Uhr betrug der Pegelstand 0,60m über NN.
Zeichne eine Wasserstandsskala und trage die Wasserstandsänderungen dort ein.
Gib dann die jeweiligen Wasserstände zu den verschiedenen Zeitpunkten an.

4.3 Addieren rationaler Zahlen

Einstieg

Auf einer Geburtstagsfeier spielen Isa und Jan Punkte-Darts.
Jeder wirft zweimal. Es gewinnt der Spieler mit dem höheren Endstand.
Isa wirft mit den grünen Pfeilen und trifft zunächst – 14 und danach + 3. Jan trifft mit den gelben Pfeilen erst – 4 und dann – 6. Wer gewinnt das Spiel?

Aufgabe mit Lösung

Regel für das Addieren ganzer Zahlen

Die Änderung des Wasserstandes eines Stausees wird täglich gemessen. Fasse die Wasserstandsänderungen zweier aufeinander folgender Tage zu *einer* Gesamtänderung von einem zum übernächsten Tag zusammen. Zeichne Pfeile für die Wasserstandsänderung.
Bei den Bruchzahlen veranschaulicht die Aneinanderlegung von *Strecken* die Addition. Auch bei den rationalen Zahlen wollen wir das Aneinanderlegen von *Pfeilen* als Addition auffassen. Rechne.

a) Der Wasserstand fällt am ersten Tag um 2 cm, am zweiten Tag um 6,5 cm.

Lösung

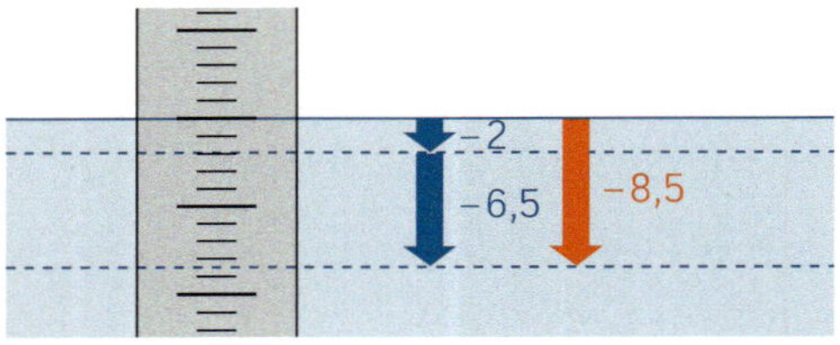

Additionsaufgabe: (– 2) + (– 6,5) = – 8,5
Die Gesamtänderung beträgt – 8,5 cm.

Um Vor- und Rechenzeichen zu trennen, setzt man Klammern.

b) Der Wasserstand steigt am ersten Tag um 4,5 cm, am zweiten Tag um 3 cm.

Lösung

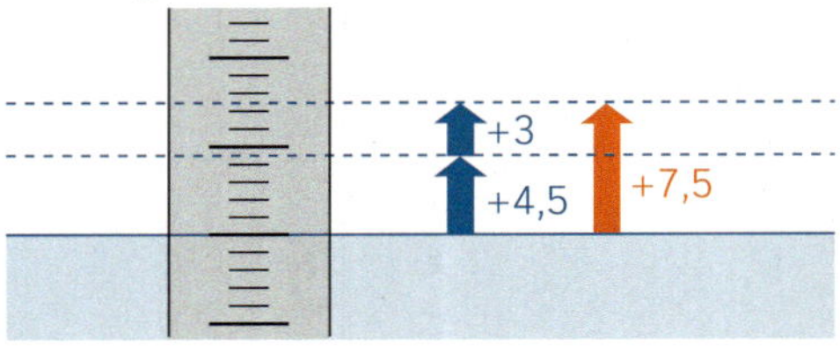

Additionsaufgabe: (+ 4,5) + (+ 3) = + 7,5
Die Gesamtänderung beträgt + 7,5 cm.

c) Der Wasserstand fällt am ersten Tag um 8 cm und steigt am zweiten Tag um 3,5 cm an.

Lösung

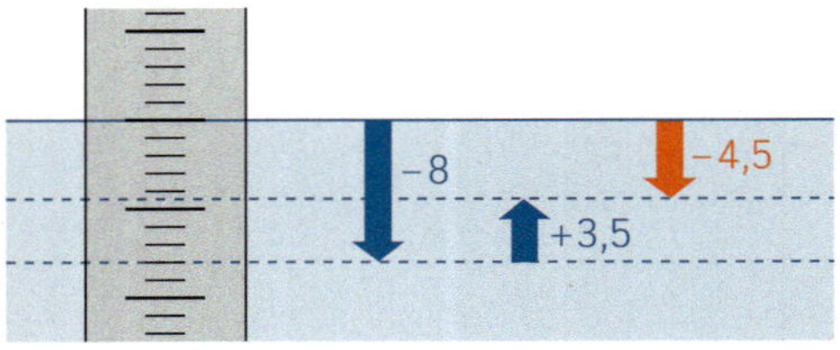

Additionsaufgabe: (– 8) + (+ 3,5) = – 4,5
Die Gesamtänderung beträgt – 4,5 cm.

d) Der Wasserstand steigt am ersten Tag um 8,5 cm und fällt am zweiten Tag um 6 cm.

Lösung

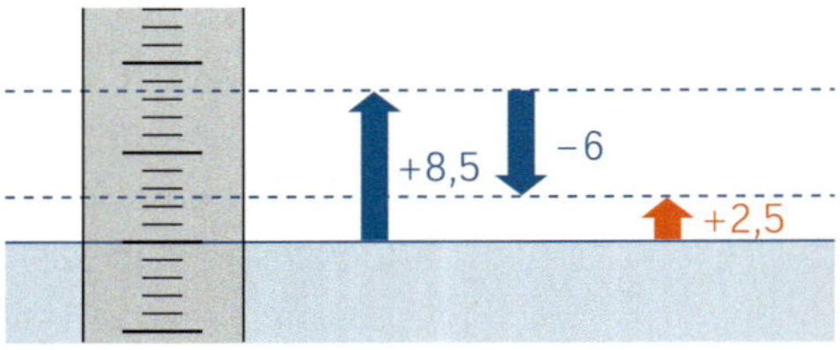

Additionsaufgabe: (+ 8,5) + (– 6) = + 2,5
Die Gesamtänderung beträgt + 2,5 cm.

Information

Addition rationaler Zahlen mit gleichen Vorzeichen

Man setzt das gemeinsame Vorzeichen und addiert die Beträge.

$(+4) + (+3{,}5)$
$= +7{,}5$

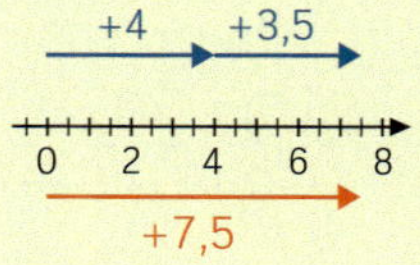

$(-2{,}5) + (-6)$
$= -8{,}5$

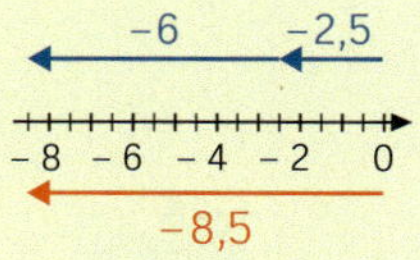

Addition rationaler Zahlen mit unterschiedlichen Vorzeichen

Man setzt das Vorzeichen, das bei dem größeren Betrag steht. Dann subtrahiert man den kleineren Betrag von dem größeren Betrag.

$(+7{,}5) + (-6)$
$= +1{,}5$

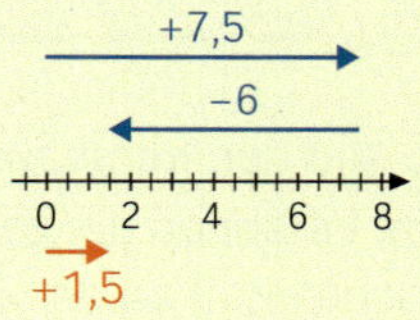

$(-6{,}5) + (+3)$
$= -3{,}5$

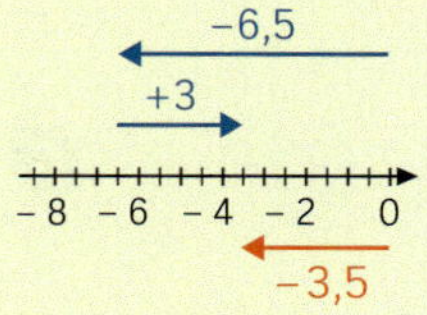

Beachte:

(1) Haben die Summanden *verschiedene* Vorzeichen, aber *gleiche* Beträge, so ist die Summe 0.

$(+2{,}6) + (-2{,}6) = 0$

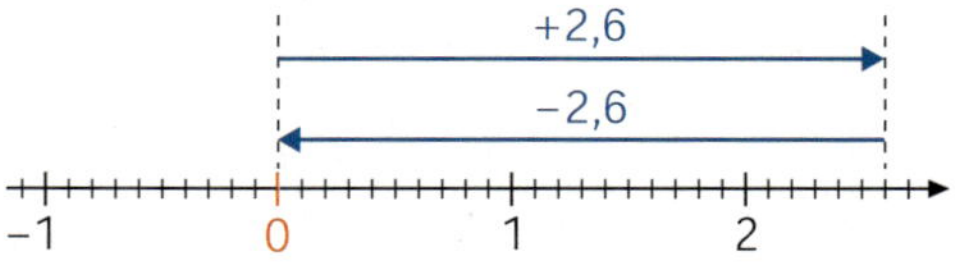

(2) Ist ein Summand 0, so ist die Summe gleich dem anderen Summanden:
$0 + (-3) = -3$
Entsprechend gilt z. B. $(-7) + 0 = -7$; $0 + 0 = 0$

(3) Das Pluszeichen kommt hier in doppelter Bedeutung vor: nämlich als Vorzeichen positiver Zahlen und als Rechenzeichen für die Addition, z. B. $(+8) + (-2) = +6$

Üben

1 Notiere die zugehörige Additionsaufgabe und gibt das Ergebnis an.

a)

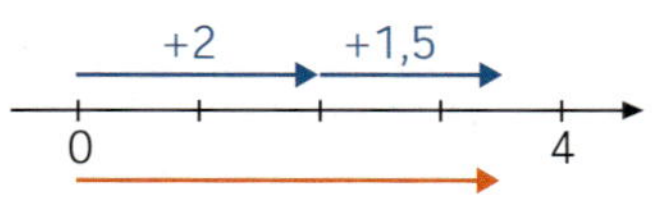

b)

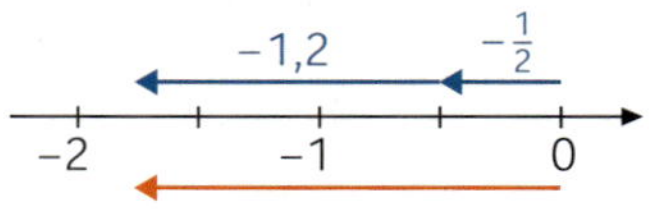

c)

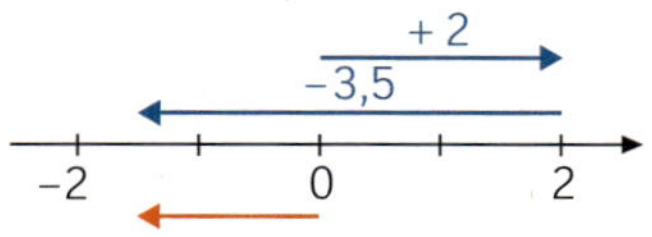

d)

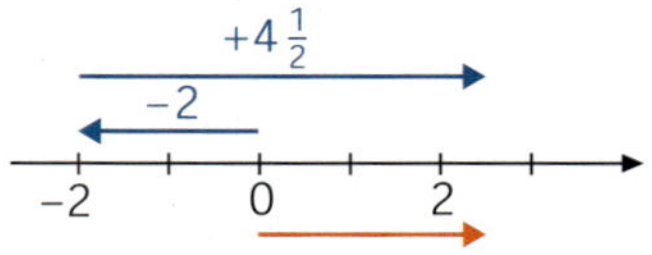

e)

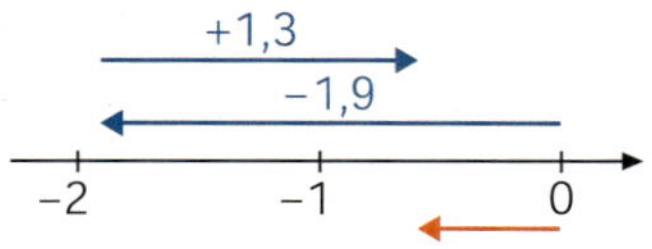

f)

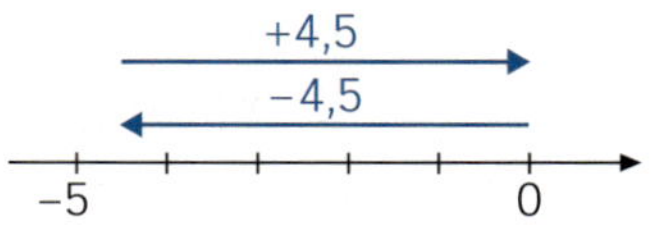

2 Zeichne die zur Aufgabe gehörende Abbildung und gib die Lösung an.

a) $(+4{,}5)+(-2)$ **b)** $(-7{,}25)+(+9{,}5)$ **c)** $\left(+3\frac{1}{2}\right)+\left(-6\frac{1}{4}\right)$ **d)** $(-5{,}5)+\left(-5\frac{1}{2}\right)$

3 Berechne im Kopf.

a) $(-53)+(-31)$ **b)** $(-22)+(+65)$ **c)** $(-32)+(-55)$ **d)** $(+43)+(+28)$

e) $(-360)+(-150)$ **f)** $(+170)+(-450)$ **g)** $0+(-290)$ **h)** $(+321)+0$

i) $(+6{,}5)+(+4{,}6)$ **j)** $(-8{,}9)+(-3{,}4)$ **k)** $(+2{,}7)+(-9{,}4)$ **l)** $(-7{,}6)+(+3{,}9)$

m) $(-11{,}8)+(+9{,}9)$ **n)** $(+8{,}7)+(-5{,}8)$ **o)** $(-6{,}3)+(+6{,}3)$ **p)** $(+5{,}4)+(-9{,}8)$

4 Prüfe Pauls Hausaufgaben. Korrigiere jedes falsche Ergebnis im Heft.

a) $(-9)+(+4)=-5$ b) $(-9)+(-2)=+11$

c) $(+8)+(-15)=-23$ d) $(+1{,}6)+(-2{,}1)=+0{,}5$

e) $(-4{,}4)+(+5{,}4)=+0{,}1$ f) $(-6{,}6)+(-6{,}6)=-12{,}12$

5 Auf den Kontoauszügen sind die Buchungen der letzten Woche zu sehen. Gib für alle Personen die gesamte Änderung des Kontostands der letzten Woche an. Stelle den Sachverhalt an der Zahlengerade dar und notiere je eine passende Additionsaufgabe.

Bürgerbank Nordhausen	
Frau Tauber	
Kontonr.: 12389345	
Buchung 1	14,50 €
Buchung 2	95,00 €

Cash-Zentrum am Turm	
Herr Burger	
Kontonr.: 6787983	
Buchung 1	80,00 €
Buchung 2	22,70 €

Onlinebank24	
Frau Schlosser	
Kontonr.: 6382037	
Buchung 1	82,20 €
Buchung 2	199,00 €

6 Berechne.

$$\left(+\frac{2}{3}\right)+\left(-\frac{5}{6}\right)=\left(+\frac{4}{6}\right)+\left(-\frac{5}{6}\right)=-\frac{1}{6}$$

a) $\left(-\frac{2}{9}\right)+\left(+\frac{7}{9}\right)$ **b)** $\left(-\frac{2}{9}\right)+\left(-\frac{7}{9}\right)$

c) $\left(-\frac{3}{8}\right)+\left(+\frac{1}{4}\right)$ **d)** $\left(+\frac{2}{3}\right)+\left(+\frac{1}{6}\right)$

e) $\left(-\frac{5}{4}\right)+\left(-\frac{5}{6}\right)$ **f)** $\left(+\frac{4}{5}\right)+\left(-\frac{2}{7}\right)$ **g)** $\left(-\frac{9}{10}\right)+\left(+\frac{4}{15}\right)$ **h)** $\left(-\frac{5}{12}\right)+\left(-\frac{14}{15}\right)$

i) $\left(+\frac{3}{4}\right)+\left(-\frac{5}{8}\right)$ **j)** $\left(-2\frac{3}{5}\right)+\left(+3\frac{4}{5}\right)$ **k)** $\left(+4\frac{1}{5}\right)+(-4{,}2)$ **l)** $(-14{,}25)+\left(3\frac{1}{4}\right)$

7 Setze im Heft für ■ das passende Zeichen >, < bzw. =.

a) $(+23)+(-19)$ ■ $+23$ **b)** $(-2{,}8)+(-0{,}7)$ ■ $-2{,}8$

c) 0 ■ $(-4{,}8)+(-4{,}8)$ **d)** $(-0{,}9)+(+8{,}3)$ ■ $+8{,}3$

e) 0 ■ $(+0{,}3)+\left(-\frac{1}{3}\right)$ **f)** $\left(-\frac{1}{4}\right)+\left(-\frac{1}{3}\right)$ ■ $\left(-\frac{7}{12}\right)$

g) $(+1{,}5)+\left(-2\frac{1}{2}\right)$ ■ $+4$ **h)** $\left(-\frac{1}{2}\right)+\left(+\frac{1}{6}\right)$ ■ $\left(-\frac{1}{3}\right)$

8 Formuliere eine sinnvolle Frage und notiere zur Antwort eine Rechenaufgabe.

a) Gestern Nacht sank die Temperatur um 4 Grad. Im Laufe des heutigen Tages stieg sie dann wieder um 3 Grad an.

b) Nachdem der Wasserstand heute Nacht um 60 cm gefallen war, stieg er heute im Laufe des Tages wieder um 20 cm.

c) Von Frau Siedes Konto werden zum Monatsersten die Miete von 675,50 € abgebucht und als Abschlagszahlung für Strom und Wasser 58,80 €.

9 Wie lauten die fehlenden Zahlen in den Rechnungen unten?
Notiere die vollständigen Aufgaben im Heft.

(+34)	+	■	=	+8			■	+	(−8,4)	=	■
+		+		+			+		+		+
■	+	(−8,6)	=	■			(−5,9)	+	■	=	+12,6
■	+	■	=	−56			(−8,9)	+	■	=	■

Änderung von Zuständen als Addition

10 Veranschauliche an der Zahlengerade, schreibe als Additionsaufgabe, berechne.
a) Frau König hat ihr Konto um 48,30 € überzogen. Sie zahlt 131,70 € ein. Wie lautet der neue Kontostand?
b) Ende März hat Herr Saalow sein Konto um 678,43 € überzogen. Am ersten April wird ihm sein Gehalt von 2725,61 € überwiesen. Wie lautet der neue Kontostand?

Deutungen der Addition rationaler Zahlen

Das Addieren rationaler Zahlen kann man auf zweifache Weise deuten:

- Zwei Zustandsänderungen werden zu einer Änderung zusammengefasst.

$(+3) + (-7{,}5) = -4{,}5$

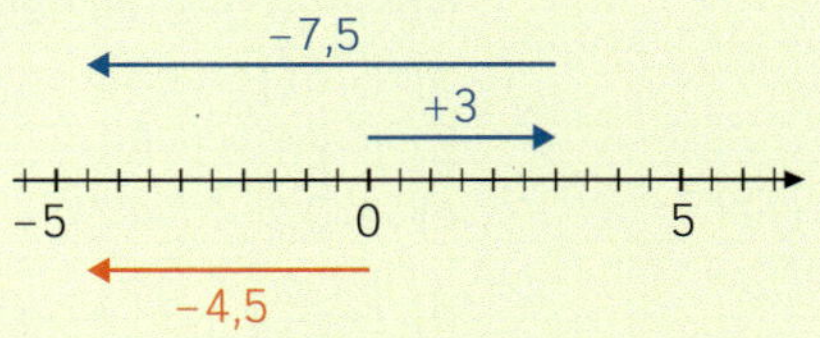

- Auf einen Zustand wird eine Änderung angewandt; man erhält einen neuen Zustand.

$(+3) + (-7{,}5) = -4{,}5$

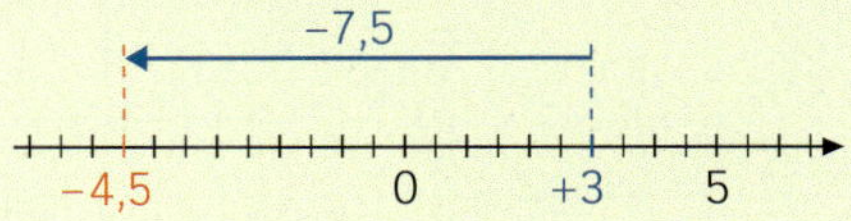

11 Schreibe als Additionsaufgabe und berechne.
a) Das Thermometer zeigt zu Beobachtungsbeginn +3,5 °C. Danach sinkt die Temperatur um 7,2 °C.
b) Ein Konto ist um 429,78 € überzogen. Es werden 799,90 € eingezahlt.
c) Ein Taucher befindet sich 24,7 Meter unter dem Meeresspiegel und taucht 15,2 Meter nach oben.

12 Formuliere eine sinnvolle Frage und notiere zur Antwort eine Rechenaufgabe.

a) Die heutige Sturmflut hat zum höchsten Wasserstand in diesem Jahr geführt: 3,80 m über Normalnull. Man rechnet damit, dass das Wasser noch um weitere 50 cm ansteigt.

b) Erst als Herrn Wiemanns Konto schon 358,23 € im Soll steht, trifft die Überweisung des Gehaltes von 2 491,78 € ein.

c) Bei einem Kälteeinbruch sinkt die Temperatur nachts um 6,5 Grad und tagsüber noch um 2 Grad.

13 In den Bildern ist die Zusammenfassung zweier Zustandsänderungen oder die Änderung eines Zustands dargestellt.

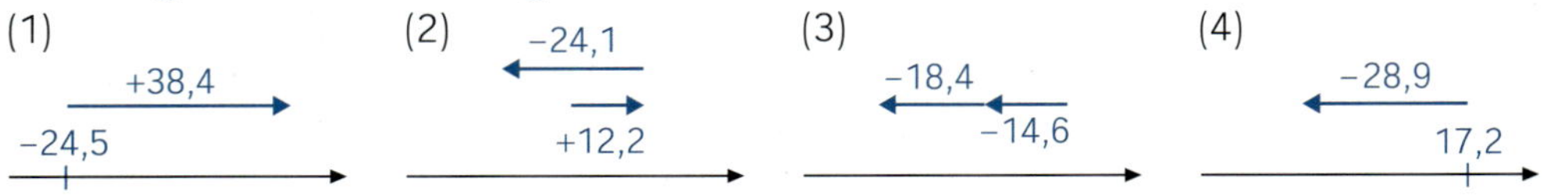

a) Schreibe zu jedem Bild eine Summe und gib den Wert der Summe an.

b) Schreibe zu jedem Bild eine Rechengeschichte. Denke dabei z. B. an Temperaturen, Buchungen, Kontostände, Wasserstände und Höhenangaben. Lasse sie von deinem Nachbarn kontrollieren. Vergleicht anschließend eure Rechengeschichten.

Richtiger Gebrauch des Gleichheitszeichens

14 Achte beim Berechnen auf den richtigen Gebrauch des Gleichheitszeichens beim Notieren des Rechenweges.

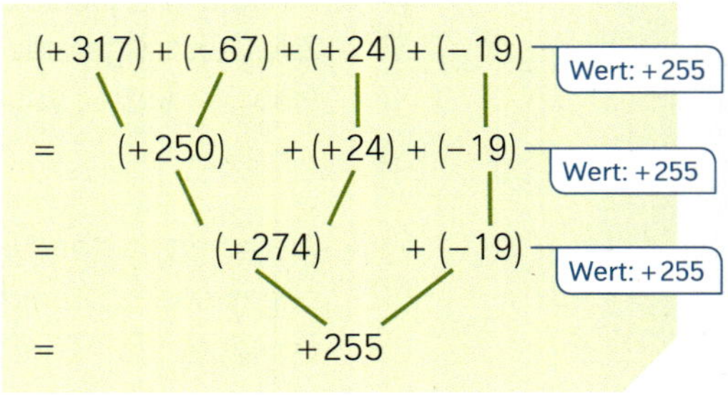

a) $(-67) + (+58) + (-96)$

b) $(+93) + (-68) + (-47)$

c) $(-0{,}7) + (-0{,}5) + (+3{,}2)$

d) $\left(-\frac{3}{5}\right) + \left(+\frac{1}{2}\right) + (+0{,}1)$

e) $(-20) + (+40) + (-50) + (-10)$

f) $(-27) + (-50) + (-46) + (+72)$

g) $(-1{,}2) + (+1{,}8) + (-4{,}2) + (-4)$

h) $\left(-\frac{1}{2}\right) + \left(-\frac{1}{4}\right) + (+1) + (-0{,}7)$

i) $\left(-\frac{2}{3}\right) + \left(+\frac{1}{6}\right) + \left(-\frac{2}{3}\right) + \left(-\frac{5}{6}\right)$

j) $(-2{,}5) + \left(-\frac{3}{2}\right) + (+0{,}25) + \left(-\frac{3}{4}\right)$

k) $(+5{,}5) + \left(-\frac{12}{5}\right) + (-0{,}4) + \left(+\frac{7}{5}\right)$

l) $\left(+\frac{12}{3}\right) + \left(-\frac{11}{3}\right) + \left(+\frac{1}{6}\right) + (-0{,}\overline{3})$

15 Anna und Sarah haben ihre Hausaufgabe von Felix kontrollieren lassen. Beide haben dasselbe Endergebnis. Dennoch hat Felix eine Aufgabe als falsch durchgestrichen. Warum?

Anna: $(-18) + (-24) + (-19) + (+10)$
$= (-42) + (-19) + (+10)$
$= (-61) + (+10)$
$= -51$

Sarah: ~~$(-18) + (-24) + (-19) + (+10)$~~
~~$= (-42) + (-19)$~~
~~$= (-61) + (+10)$~~
~~$= -51$~~

Weiterüben

16 Wähle drei Zahlen aus und bilde die Summe aus diesen Zahlen.
Teile nun das Ergebnis deinem Partner mit. Er soll die drei Zahlen herausfinden.

−80 +530 +220 −210 +70 −520 −31 +18 −24 0 +46

17 Hier findest du vier Blöcke von Additionsaufgaben. Berechne und beschreibe, welche Gesetzmäßigkeit dir auffällt.

a)	b)	c)	d)
$(+2)+(+2)=$	$(+2)+(+2)=$	$(-1)+(+2)=$	$(+2)+(-1)=$
$(+2)+(+1)=$	$(+1)+(+2)=$	$(-1)+(+1)=$	$(+1)+(-1)=$
$(+2)+\ 0\ =$	$0\ +(+2)=$	$(-1)+\ 0\ =$	$0\ +(-1)=$
$(+2)+(-1)=$	$(-1)+(+2)=$	$(-1)+(-1)=$	$(-1)+(-1)=$
$(+2)+(-2)=$	$(-2)+(+2)=$	$(-1)+(-2)=$	$(-2)+(-1)=$
$(+2)+(-3)=$	$(-3)+(+2)=$	$(-1)+(-3)=$	$(-3)+(-1)=$

18 Gib jeweils drei Beispiele an und formuliere eine allgemeine Regel.
a) Welche Zustandsänderungen kannst du zusammenfassen, damit die Gesamtänderung null ergibt?
b) Mit welchen Zustandsänderungen kannst du eine negative Gesamtänderung erzielen?
c) Mit welchen Zustandsänderungen kannst du eine positive Gesamtänderung erzielen?

19 Ist die Behauptung richtig? Begründe eine Antwort.
a) Die Summe zweier negativer Zahlen ist kleiner als jeder der Summanden.
b) Damit die Summe positiv ist, muss mindestens ein Summand positiv sein.
c) Wenn keiner der Summanden null ist, kann auch die Summe nicht gleich null sein.

20 Finde die gesuchten Zahlen.
a) Eine Summe besteht aus drei Summanden und hat den Wert null.
Der erste Summand ist die Gegenzahl des dritten Summanden.
Wie groß ist der zweite Summand?
b) Der erste Summand ist +12,5. Die Summe hat den Wert −12,5.
Wie groß ist der zweite Summand?
c) Die Summe ist so groß wie jeder der beiden Summanden.
Bestimme die Summanden.

21 In welchem Bereich kann null liegen?

a)
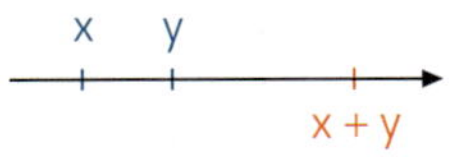

b)
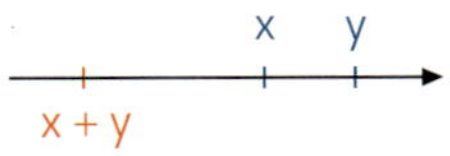

c)
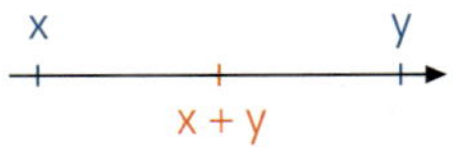

d)
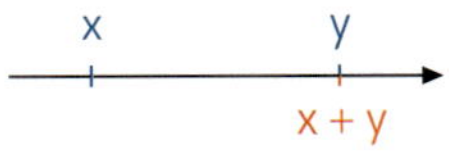

22 Gibt es Zahlen a und b, für die Folgendes gilt?
a) $|a+b| = |a| + |b|$ **b)** $|a+b| < |a| + |b|$

4.4 Rechengesetze für die Addition

Einstieg

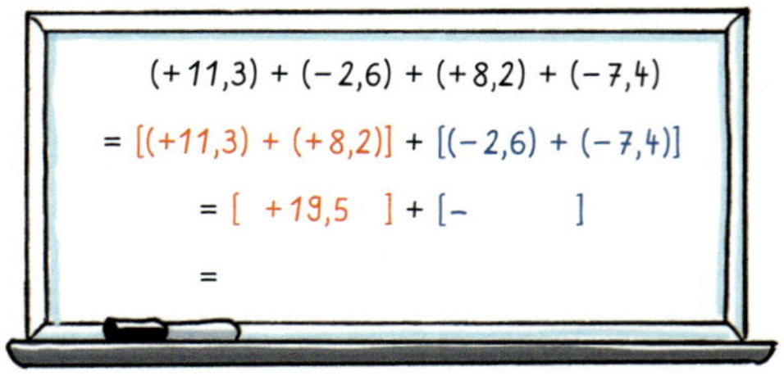

Anna stellt an der Tafel ihre Hausaufgaben vor: „Von links nach rechts rechnen ist nicht immer sinnvoll. Ich habe die Zahlen zunächst genauer betrachtet und dann vorteilhafter gerechnet.“ Welche Rechenvorteile hat Anna ausgenutzt? Führt Annas Rechnung zu Ende.

Aufgabe mit Lösung

Kommutativ- und Assoziativgesetz

Wie kannst du die Aufgabe geschickt berechnen?

a) (−6,39) + (+4,82) + (+7,39) **b)** (+12,93) + (−3,25) + (−6,75)

Lösung

a) Hier ist es ungünstig, von links nach rechts zu rechnen.
Vertausche zuerst den zweiten und dritten Summanden, so lässt sich vorteilhaft die Summe von (−6,39) und (+7,39) berechnen.

(−6,39) + (+4,82) + (+7,39)
= (−6,39) + (+7,39) + (+4,82)
= +1 + (+4,82)
= +5,82

b) Hier ist es ungünstig, von links nach rechts zu rechnen.
Günstiger ist es zuerst den zweiten und dritten Summanden zu addieren. Dies verdeutlicht man durch eine zusätzliche eckige Klammer als Rechenklammer.

(+12,93) + (−3,25) + (−6,75)
= (+12,93) + [(−3,25) + (−6,75)]
= (+12,93) + (−10)
= +2,93

Information

Kommutativgesetz (Vertauschungsgesetz) der Addition

In einer Summe darf man die Summanden vertauschen. Dabei ändert sich der Wert der Summe nicht. **a + b = b + a**

(−2,4) + (+8,6) = (+8,6) + (−2,4)

Assoziativgesetz (Verbindungsgesetz) der Addition

In einer Summe aus drei Summanden darf man Klammern beliebig setzen. Dabei ändert sich der Wert der Summe nicht: **(a + b) + c = a + (b + c)**
Die Klammern zeigen, was zuerst berech-net werden soll. Da die Rechenreihenfolge keine Rolle spielt, kann man die Klammern auch weglassen: **a + b + c**

[(−5) + (+8,9)] + (+1,1)
= (−5) + [(+8,9) + (+1,1)]
= (−5) + (+8,9) + (+1,1)

Üben

1 ≡ Berechne vorteilhaft. Notiere, welche Rechenregeln du verwendet hast.

a) $(+697)+(-355)+(-197)$
b) $(-499)+(-538)+(-301)$
c) $(-2{,}35)+(-9{,}84)+(+0{,}35)$
d) $(-8{,}91)+(+2{,}91)+(-4{,}53)$
e) $(+4{,}63)+(-1{,}5)+(+0{,}37)$
f) $(-19{,}5)+(-8{,}4)+(-3{,}6)$
g) $\left(-\frac{1}{2}\right)+\left(+\frac{4}{5}\right)+\left(-\frac{1}{2}\right)$
h) $\left(-\frac{2}{3}\right)+\left(-\frac{3}{9}\right)+\left(+\frac{5}{8}\right)$
i) $(+1{,}25)+\left(+\frac{2}{7}\right)+\left(-\frac{1}{4}\right)$
j) $(-12{,}04)+(-0{,}83)+(-7{,}96)+(+4{,}83)$
k) $(+6{,}55)+(-7{,}55)+(+2{,}26)+(-6{,}26)$
l) $\left(-\frac{3}{4}\right)+\left(+\frac{4}{3}\right)+\left(-\frac{1}{4}\right)$

(Mögliche Lösungen: $-31{,}5$; $\frac{9}{7}$; $3{,}5$; $+\frac{1}{3}$; -5; $-1\,338$; $-\frac{3}{8}$; $-11{,}84$; $-\frac{1}{5}$; -16; $-10{,}53$; 145)

2 ≡ Berechne vorteilhaft.

a) $(+195)+(-37)+(-63)$
b) $(-571)+(-271)+(+571)$
c) $(+4{,}7)+(-1{,}8)+(+6{,}8)+(-4{,}7)$
d) $(-3{,}1)+(+1{,}4)+(-9{,}4)+(+6{,}1)$
e) $\left(-\frac{1}{3}\right)+\left(+\frac{1}{2}\right)+\left(-\frac{6}{9}\right)$
f) $\left(+\frac{3}{4}\right)+\left(-\frac{5}{8}\right)+\left(-\frac{1}{2}\right)$
g) $\left(-\frac{4}{5}\right)+\left(+\frac{1}{4}\right)+\left(-\frac{7}{10}\right)$
h) $\left(+\frac{3}{5}\right)+(-3{,}1)+\left(+1\frac{1}{2}\right)$
i) $(-0{,}125)+(-0{,}75)+\left(+\frac{7}{8}\right)$
j) $(+0{,}5)+\left(+\frac{2}{3}\right)+(-1{,}5)$

3 ≡ Wo steckt der Fehler in Valentins Rechenweg?
Korrigiere im Heft.

$\left(-\frac{17}{4}\right)+\left(+\frac{22}{4}\right)+\left(-\frac{7}{4}\right)$
$=\frac{(-17)+(-22)+(-7)}{4}$
$=\frac{(-17)+(+7)+(-22)}{4}$
$=\frac{(-10)+(-22)}{4}$
$=-\frac{32}{4}$
$=-8$

4 ≡ Welche Zahl musst du für ■ einsetzen, damit die Aussage richtig ist? Begründe.

a) $(-9{,}846)+$ ■ $=16{,}07+(-9{,}846)$
b) $(-4{,}9)+$ ■ $+8\frac{1}{2}=8\frac{1}{2}+(-4{,}9)+\left(-\frac{1}{3}\right)$

Weiterüben

5 ≡ Versuche, das Assoziativgesetz und das Kommutativgesetz an einem Sachverhalt zu begründen.

Das kann ich noch!

A Miss die Größen der Winkel.

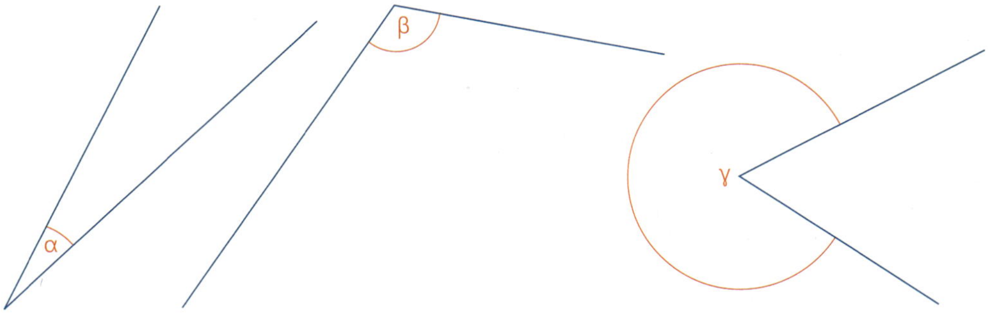

Zeitzonen und Zeitverschiebung

Vielleicht hast du schon mal folgendes Sprichwort gehört:
Im Osten geht die Sonne auf, im Süden nimmt sie ihren Lauf, im Westen will sie untergehen, im Norden ist sie nie zu sehen.
Je weiter östlich ein Ort von Deutschland liegt, desto früher steht dort die Sonne am höchsten. So kann also nicht an allen Orten der Erde die gleiche Zeit gelten. Die koordinierte Weltzeit **UTC** (englisch **C**oordinated **U**niversal **T**ime) wird auf der Karte mit **0 h** angegeben.
In Deutschland gilt zur Winterzeit die mitteleuropäische Zeit MEZ (UTC+1), die auf der Karte mit **+1 h** angegeben ist.

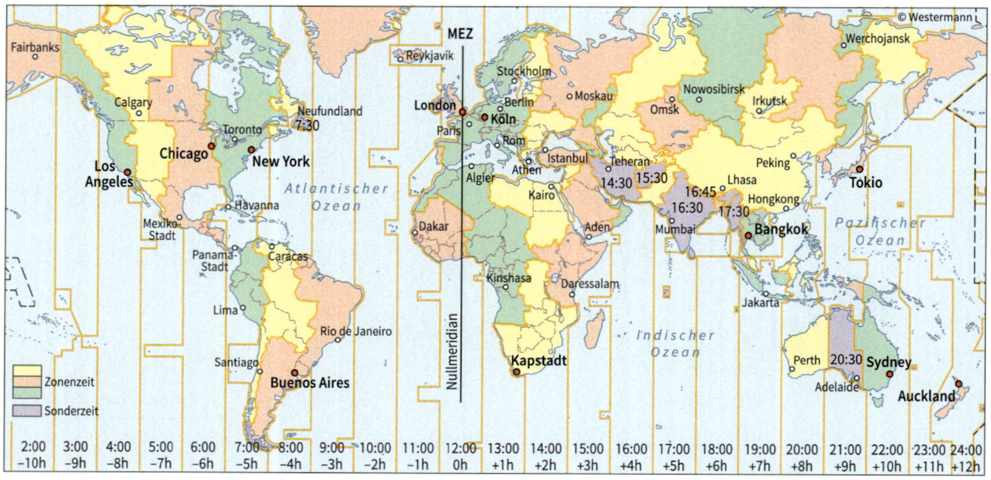

1 Hier siehst du verschiedene Uhrzeiten, die zum selben Zeitpunkt an verschiedenen Orten der Erde gelten.

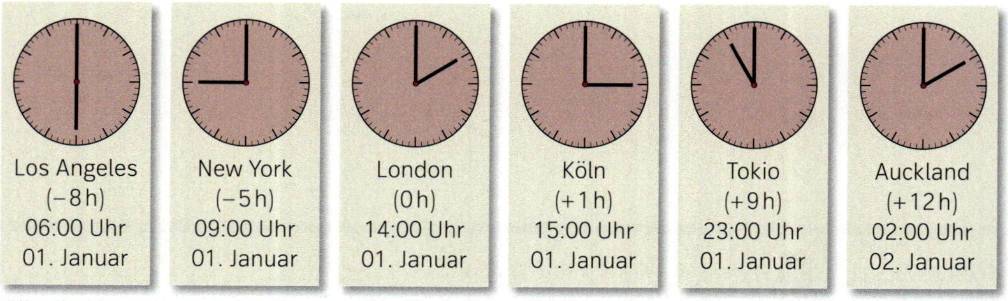

Gib die Uhrzeit und das Datum für die Städte Chicago, Kapstadt, Bangkok, Sydney und Buenos Aires an.

2 Stelle dir vor, bei uns ist es 12 Uhr mittags.

a) Wo ist es 21 Uhr abends?
b) Wo ist es 6 Uhr morgens?
c) Wo ist es 18 Uhr abends?
d) Wo ist es 11 Uhr mittags?
e) Wo ist es 15 Uhr nachmittags?
f) Wo ist es 4 Uhr nachmittags?

3 **a)** Jakobs Oma lebt in Toronto und möchte ihm an seinem Geburtstag morgens um 7 Uhr anrufen und gratulieren. Um welche Uhrzeit in Kanada muss sie telefonieren?
b) Wenn Tim aus Hannover um 6 Uhr aufsteht, wie spät ist es dann in Mexiko?
c) Sarah fliegt um 17:30 Uhr von New York nach Moskau. Der Flug soll 13 Stunden dauern. Zu welcher Ortszeit kommt sie an?
d) Stellt euch gegenseitig weitere Aufgaben.

4 **a)** Idealerweise müssten alle 24 Zeitzonen die gleiche Breite von 15 Breitengraden haben. Überlege, woraus sich diese ideale Breite ergibt.
b) In Wirklichkeit sind die Zeitzonen z. T. sogar mit unregelmäßigen Grenzen voneinander getrennt. Überlege, warum man die Unterteilung wohl so getroffen hat.

5 Vergleiche die Anzahl der Zeitzonen von Deutschland, Russland, China und den USA. Was fällt dir auf? Beschreibe mögliche Folgen oder Probleme, die sich für die Bewohner des jeweiligen Landes ergeben.

6 Vor der Einführung von Zeitzonen war die Zeit an einem Ort mithilfe der Sonne festgelegt: 12 Uhr mittags war der Zeitpunkt, an dem die Sonne ihren höchsten Stand über dem Horizont erreichte. Wegen der Drehung der Erde um sich selbst, hat die Sonne z.B. in Dresden $\frac{1}{2}$ Stunde vorher ihren höchsten Stand, bevor dass in Duisburg der Fall ist. Bei der Festlegung der Uhrzeit nach dem Sonnenstand wären 12 Uhr mittags in Dresden und 12 Uhr mittags zu verschiedenen Zeitpunkten.
Begründe mit einem Globus und einer Karte, warum die Sonne in Dresden $\frac{1}{2}$ Stunde früher ihren höchsten Stand hat als in Duisburg.

7 Bis in das 19. Jahrhundert galten in den einzelnen Ländern Deutschlands unterschiedliche Zeiten, z.B. in Bayern die Münchner Zeit, die gegenüber der in Preußen geltenden Berliner Zeit sieben Minuten nachging. Für Fahrten mit der Eisenbahn in Deutschland ließ sich so kein einheitlicher Fahrplan festlegen. Daher hat man seit dem 1. April 1893 mit dem so genannten Zeitgesetz für ganz Deutschland die mitteleuropäische Zeit MEZ als einheitliche Zeit vereinbart.

Überprüfe, ob sich der Zeitunterschied von 7 Minuten zwischen der damaligen Berliner und Münchner Zeit allein aus der unterschiedlichen geographischen Lage erklären lässt.

4.5 Subtrahieren rationaler Zahlen

Einstieg

Jannik, Lucie und Thomas spielen „Wer knackt die Bank?“.
Bei dem Spiel gibt es Guthabenscheine (G) und Schuldscheine (S) mit verschiedenen Werten. Ein Spielzug besteht im Ziehen oder Ablegen einer Karte.
Jannik hat die links abgebildeten Karten auf der Hand. Wie hoch ist sein momentaner Spielstand?
Welche Möglichkeiten gibt es, dass er durch Ziehen oder Ablegen nach dem nächsten Zug ein Guthaben von 30 Punkten hat?

Aufgabe mit Lösung

Regel für das Subtrahieren rationaler Zahlen

Für das Konto von Herrn Müller liegt bei der Bürgerbank Nordhausen ein Sammelauftrag aus vier Buchungen über insgesamt −82,50 € vor. Die letzte, eine Lastschrift über 20 €, ist ein Irrtum.

1. Buchung
2. Buchung
3. Buchung
4. Buchung −20 €

} −82,50 €

→ Beschreibe, wie man diesen Irrtum beseitigen kann. Notiere auch passende Rechnungen und erläutere diese.

Lösung

Es gibt zwei Möglichkeiten, die falsche Buchung wieder auszugleichen:

(1) Wenn die Buchung noch nicht ausgeführt ist, wird die Lastschrift −20 € einfach vom Sammelauftrag weggenommen (subtrahiert):
−82,50 € − (−20 €) = −62,50 €

1. Buchung
2. Buchung
3. Buchung

→ 4. Buchung −20 €

(2) Wenn die Fehlanweisung schon gebucht ist, wird die Gutschrift +20 € zum Sammelauftrag hinzugefügt (addiert):
−82,50 € + (+20 €) = −62,50 €

1. Buchung
2. Buchung
3. Buchung
4. Buchung −20 €
5. Buchung +20 €

Anstatt die Anweisung „− 20 €“ wegzunehmen (zu subtrahieren), kann man also auch die Gegenanweisung „+ 20 €“ hinzufügen (addieren).

Information

Subtraktionsregel für rationale Zahlen

Man subtrahiert eine rationale Zahl indem man ihre Gegenzahl addiert.

Das Minuszeichen kommt dabei in doppelter Bedeutung vor, nämlich als Vorzeichen negativer Zahlen und als Rechenzeichen für die Subtraktion.

$(+8) - (+2) = (+8) + (-2) = +6$

$(+6{,}7) - (-1{,}5) = (+6{,}7) + (+1{,}5) = +8{,}2$

$\left(-\frac{1}{4}\right) - \left(+\frac{3}{4}\right) = \left(-\frac{1}{4}\right) + \left(-\frac{3}{4}\right) = -1$

$(-53) - (-28) = (-53) + (+28) = -25$

Üben

1 Die ersten beiden Kassenbons zeigen zwei Möglichkeiten, einen Kassenbon mit einem fehlerhaft eingetippten Betrag zu korrigieren. Vergleiche die Möglichkeiten. Schreibe auch jeweils eine Rechenaufgabe für die Korrekturmöglichkeit.
Auf dem dritten Kassenbon ist das Rückgeld für Pfand irrtümlich enthalten. Korrigiere auf zwei Weisen im Heft und schreibe jeweils die Rechenaufgabe.

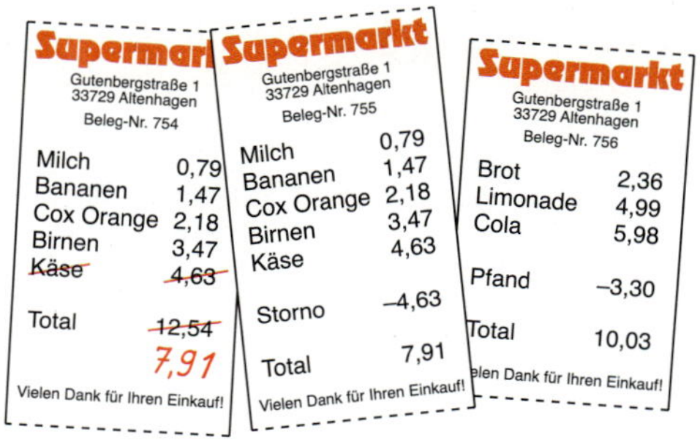

2 Rechne im Kopf.

a) $(-9) - (-3)$ b) $(+6) - (-7)$ c) $(-5) - (+9)$
d) $(-12) - (+3)$ e) $(-19) - (-12)$ f) $(+5) - (+13)$
g) $(-8) - (-17)$ h) $(+5) - (+23)$ i) $(-15) - (+9)$
j) $(-17) - (-14)$ k) $(+19) - (+31)$ l) $(-12) - (-29)$
m) $(+42) - (+15)$ n) $(-73) - (-25)$ o) $(-58) - (+17)$
p) $(-234) - (+174)$ q) $(-325) - 0$ r) $(+218) - (-82)$
s) $(+8{,}3) - (-2{,}5)$ t) $(-4{,}3) - (-12{,}8)$ u) $(-15{,}4) - (+18{,}2)$
v) $\left(+\frac{2}{5}\right) - \left(-\frac{1}{5}\right)$ w) $\left(-\frac{7}{8}\right) - \left(+\frac{3}{4}\right)$ x) $\left(-\frac{4}{7}\right) - \left(-\frac{3}{7}\right)$

3 Berechne.

a) $(+765) - (+235)$ b) $(+254) - (-310)$ c) $(-561) - (+127)$
d) $(-876) - (-161)$ e) $(+56{,}7) - (-88{,}6)$ f) $(-45{,}9) - (+95{,}4)$
g) $(-16{,}2) - (-62{,}1)$ h) $(+30{,}2) - (-92{,}8)$ i) $(+15{,}8) - (+21{,}45)$
j) $(-0{,}306) - (-15{,}11)$ k) $(+300) - (-4{,}862)$ l) $(+43{,}85) - (+85{,}43)$
m) $\left(+\frac{2}{7}\right) - \left(+\frac{6}{7}\right)$ n) $\left(-\frac{3}{4}\right) - \left(+\frac{7}{8}\right)$ o) $\left(-\frac{5}{6}\right) - \left(-\frac{4}{9}\right)$
p) $\left(-\frac{3}{4}\right) - \left(+\frac{3}{4}\right)$ q) $\left(+\frac{1}{2}\right) - \left(-\frac{1}{6}\right)$ r) $\left(-\frac{3}{8}\right) - \left(-\frac{1}{8}\right)$

4 Subtrahiert man eine Bruchzahl von einer anderen, so wird diese verkleinert. Prüfe an Zahlenbeispielen, ob das auch bei rationalen Zahlen so ist.

5 Schreibe als Summe rationaler Zahlen, berechne dann.

$(+3) - (-5) - (+4)$
$= (+3) + (+5) + (-4)$ — Summe rationaler Zahlen
$= +8 \quad + (-4)$
$= +4$

a) $(+12) + (-17) - (+3{,}8)$
b) $(+0{,}9) - (-1{,}1) - (+0{,}3)$
c) $(-6{,}5) - (+4{,}2) - (-0{,}9) + (-3{,}6)$
d) $(-4) - (+12) - (-8)$
e) $(+2{,}5) - (-1{,}3) + (-8{,}1)$
f) $(+4{,}25) - (-2{,}75) - (+6{,}39) + (-1{,}61)$
g) $\left(-\frac{1}{2}\right) - \left(-\frac{1}{4}\right) - \left(+\frac{3}{5}\right) - \left(-\frac{7}{10}\right)$

6 Schreibe die Summe als Differenz.

$(+7) + (-3)$
$= (+7) - (+3)$

a) $(+20) + (-14)$
b) $(-11) + (-30)$
c) $(-8) + (+12)$
d) $(-11) + (+9)$
e) $(-27) + (+0)$
f) $0 + (+29)$

Spiel

7 Ein Spieler beginnt, indem er eine Zahl nennt, die sich als Differenz oder Summe zweier Zahlen von der Pinnwand rechts bilden lässt. Der Spieler, der die dazu gehörige Aufgabe als Erster findet, erhält einen Punkt und nennt die nächste Zahl.

Minuend
Subtrahend
$(-1{,}4) - (+2{,}3)$
$= -3{,}7$
Wert der Differenz

8 Notiere eine passende Aufgabe und berechne.
a) Der Minuend ist 12,5; die Differenz hat den Wert 8,7. Wie lautet der Subtrahend?
b) Der Subtrahend ist 4,5; die Differenz hat den Wert −1,9. Wie lautet der Minuend?
c) Die Summe hat den Wert −9,4; der erste Summand ist 4,9. Wie heißt der zweite Summand?
d) Die Summe ist 0; einer der beiden Summanden ist $-5\frac{1}{2}$. Wie heißt der andere?

9 Hier fehlen die Rechenzeichen.
a) Setze bei den Aufgaben rechts das passende Rechenzeichen + oder − ein.
b) Denke dir dann selbst solche Aufgaben aus und stelle sie deinem Nachbarn.

$(-8) \;\square\; (-17) \;\square\; (-32) = 41$
$(-8) \;\square\; (-17) \;\square\; (-32) = 7$
$(-8) \;\square\; (-17) \;\square\; (-32) = -23$
$(-8) \;\square\; (-17) \;\square\; (-32) = -57$

10 Subtrahiere mehrfach.
a) Beginne mit der Zahl 2,5. Subtrahiere die Zahl 1,7 so lange, bis das Ergebnis eine ganze Zahl ist. Gib diese Zahl an.
b) Beginne mit der Zahl −9,7. Subtrahiere die Zahl −2,8 so lange, bis das Ergebnis größer als 5 ist. Gib das Ergebnis an.

11 Bilde mit den Zahlen rechts eine Differenz mit möglichst großem Wert und eine mit möglichst kleinem Wert.

2   11   −13   −9

Auflösen von Zahlklammern – Vereinfachen eines Terms

12 ≡ Timo behauptet: „Man kann Additions- und Subtraktionsaufgaben immer ganz ohne Klammern schreiben, man muss dazu nur ein bisschen umformen. Dann werden die Aufgaben doch viel übersichtlicher!“ Hier siehst du Timos Umformungen. Begründe.

$(+25) - (-18) = (+25) + (+18) = 25 + 18 = 43$
$(+22) + (-35) = (+22) - (+35) = 22 - 35 = -13$

Auflösen von Zahlklammern – Vereinfachen eines Terms

Ein Term, in dem rationale Zahlen addiert oder subtrahiert werden, kann so geschrieben werden, dass nur positive Zahlen addiert bzw. subtrahiert werden. Dann kann man die Zahlklammern und Vorzeichen der positiven Zahlen weglassen.

$(+7) + (-4) - (-8{,}6) - (+2{,}1) + (+1)$
$= (+7) - (+4) - (+8{,}6) + (+2{,}1) + (+1)$
$= 7 - 4 - 2{,}1 + 8{,}6 + 1$

Nur noch + in den Zahlklammern

Sind Vor- und Rechenzeichen gleich, dann erhält man ein Plus.

Kürzer:
$(+7) + (-4) - (+2{,}1) - (-8{,}6) + (+1)$

$= 7 - 4 - 2{,}1 + 8{,}6 + 1$

Sind Vor- und Rechenzeichen verschieden, dann erhält man ein Minus.

Auch die Zahlklammern zu Beginn eines Terms können weggelassen werden.

$(-7) + 3 = -7 + 3$

13 ≡ Schreibe ohne Klammern und berechne.

a) $(+36) + (-19)$ **b)** $(+24) + (-70)$ **c)** $(+11) - (+83)$
d) $(-8{,}5) + (-4{,}5)$ **e)** $(+12{,}3) + (-15{,}4)$ **f)** $(-21{,}8) - (+28{,}1)$
g) $(+44) - (+35) - (+20)$ **h)** $(-59) + (-81) + (+34)$ **i)** $(-16) - (-63) - (-17)$
j) $(+3{,}5) - (-7{,}5) - (+14{,}1)$ **k)** $(-8{,}2) - (+9{,}7) + (+17{,}9)$ **l)** $0 + (-24{,}6) + (26{,}4)$

14 ≡ Vereinfache und berechne.

a) $19 - (-4)$ **b)** $-43 - (-18)$ **c)** $78 + (-84)$
d) $-20 + (-31{,}7)$ **e)** $12{,}5 - (+19{,}1)$ **f)** $-4{,}6 - (-2{,}3) + (-13{,}4)$
g) $-84{,}05 + 9{,}45 - (-2{,}6)$ **h)** $\frac{1}{3} + \left(-\frac{5}{6}\right) - 2{,}5$ **i)** $\left(-\frac{3}{4}\right) - \left(-\frac{1}{2}\right) + \left(-\frac{1}{4}\right)$

15 ≡ Schreibe ausführlich als Summe und berechne.

a) $-9 - 13$ **b)** $9 - 13 + 11$ **c)** $-9 + 5 - 3$
d) $-6 - 5 - 13$ **e)** $1 - 2 + 3 - 4$ **f)** $-1 + 2 + 3 - 4$

16 ≡ Niklas und Anna kommen zu unterschiedlichen Ergebnissen. Wer hat richtig gerechnet? Erkläre, worin der Fehler besteht.

Niklas:
$12{,}5 - 3\frac{1}{4} + 0{,}75$
$= 12{,}5 - 4 = 8{,}5$

Anna:
$12{,}5 - 3\frac{1}{4} + 0{,}75$
$= 9{,}25 + 0{,}75 = 10$

Vertauschen von Additions- und Subtraktionsschritten zum vorteilhaften Rechnen

17 ≡ Welcher Rechenweg ist günstig?

a) Berechne und vergleiche die beiden Rechenwege.

(1) $(-12) - (-9) + (-8)$ oder
$(-12) + (-8) - (-9)$

(2) $4{,}3 - 9{,}2 - 5{,}8 + 6{,}7$ oder
$4{,}3 + 6{,}7 - 9{,}2 - 5{,}8$

b) Begründe, warum man die Rechenschritte vertauschen darf.
Beachte dabei die Subtraktionsregel für rationale Zahlen.

Vertauschen von Additions- und Subtraktionsschritten zum vorteilhaften Rechnen

Aufeinanderfolgende Additions- und Subtraktionsschritte darf man vertauschen. Dabei ändert sich der Wert eines Terms nicht:

$a + b - c = a - c + b$
$a - b - c = a - c - b$

$-4{,}8 + 24 - 5{,}2$
$= -4{,}8 - 5{,}2 + 24$ — Vertauschen, damit man vorteilhaft rechnen kann.
$= -10 + 24$
$= +14$

18 ≡ Berechne günstig.

$-2{,}7 - (+38) - (+2{,}3)$
$= -2{,}7 + (-38) + (-2{,}3)$
$= -2{,}7 + (-2{,}3) + (-38)$ — Kommutativgesetz der Addition
$= -2{,}7 - 2{,}3 - 38 = -43$

a) $-12{,}6 - (+250) - (+7{,}4)$

b) $\frac{3}{5} + \left(-\frac{57}{59}\right) - \left(-\frac{2}{5}\right)$

c) $-8{,}4 - \left(+\frac{7}{10}\right) + (-1{,}6) - \left(+\frac{13}{10}\right)$

d) $\frac{12}{17} - \left(-\frac{14}{19}\right) - \left(+\frac{2}{19}\right) + \left(+\frac{5}{19}\right) - \left(-\frac{7}{19}\right)$

e) $86 - 39 + 14 - 11$

f) $-4{,}8 + 3{,}5 - 3{,}2 + 6{,}5$

g) $3{,}12 - 3{,}38 - 4{,}52 + 2{,}78$

h) $-12{,}3 + 8{,}8 - 5{,}6 - 3{,}7 + 1{,}2 - 4{,}4$

i) $-\frac{3}{8} + \frac{2}{5} - \frac{5}{8} - \frac{6}{7} + \frac{3}{5}$

j) $-\frac{1}{2} + \frac{3}{5} + \frac{1}{4} + \frac{6}{15} - \frac{3}{8}$

k) $2\frac{1}{3} + 6{,}2 - \frac{5}{3} + 0{,}8$

l) $-\frac{3}{4} + 0{,}8 - 1\frac{1}{8} - 1{,}5$

19 ≡ Kontrolliere Elisas Hausaufgaben und korrigiere gegebenenfalls.

a) $2 - 15 + 8 - 25$
$= 2 + 8 - 15 - 25 = -20$

b) $-3 + 8 - 13 + 7$
$= -3 + 13 - 8 + 7 = 9$

c) $\frac{1}{10} - \frac{2}{3} - \frac{4}{5} = \frac{1}{10} - \frac{4}{5} - \frac{2}{3}$
$= \frac{3}{30} - \frac{24}{30} - \frac{20}{30} = -\frac{41}{30} = -1\frac{11}{30}$

d) $-2{,}3 - 3{,}1 + 8{,}9 + 4{,}7$
$= -2{,}3 - 4{,}7 + 3{,}1 + 8{,}9 = 5$

4.6 Multiplizieren rationaler Zahlen

Einstieg

$(+2)\cdot(+2) =$	$(+2)\cdot(-3) =$
$(+2)\cdot(+1) =$	$(+1)\cdot(-3) =$
$(+2)\cdot\ 0 =$	$0\cdot(-3) =$
$(+2)\cdot(-1) =$	$(-1)\cdot(-3) =$
$(+2)\cdot(-2) =$	$(-2)\cdot(-3) =$
$(+2)\cdot(-3) =$	$(-3)\cdot(-3) =$

Berechnet erst die blauen Aufgaben links. Dies fällt euch sicher leicht. Betrachtet nun die Ergebnisse der blauen Aufgaben. Wie könnte es bei den roten Aufgaben der ersten Reihe weitergehen? Geht bei Reihe 2 genauso vor.

Aufgabe mit Lösung

Regel für das Multiplizieren rationaler Zahlen

→ Berechne und veranschauliche mit Pfeilen: (1) $(+3)\cdot(+1,5)$ sowie (2) $(+3)\cdot(-1,5)$

Lösung

(1) $(+3)\cdot(+1,5) = 3\cdot 1,5 = 4,5$ ist eine bekannte Rechnung mit Bruchzahlen.
$3\cdot(+1,5) = (+1,5) + (+1,5) + (+1,5)$ lässt sich als mehrfache Addition mit Pfeilen veranschaulichen.

(2) Diese Veranschaulichung ist auch möglich, wenn der 2. Faktor negativ ist:

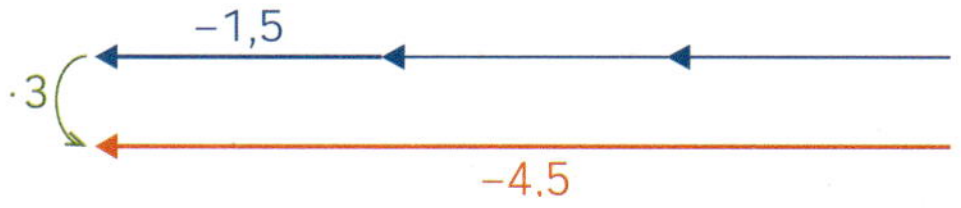

$(+3)\cdot(-1,5) = 3\cdot(-1,5) = (-1,5) + (-1,5) + (-1,5) = -4,5$
In beiden Fällen verdreifacht der Faktor (+3) die Länge des Pfeils für den 2. Faktor.

→ Berechne $(-3)\cdot(+2)$. Überlege dann, was der Faktor (−3) mit dem Pfeil für (+2) bewirkt.

Lösung

Wenn das Kommutativgesetz auch für das Multiplizieren rationaler Zahlen gelten soll, darf man beide Faktoren vertauschen: $(-3)\cdot(+2) = (+2)\cdot(-3) = 2\cdot(-3) = (-3)+(-3) = -6$
Der Faktor (−3) verdreifacht die Länge des Pfeils für (+2), aber kehrt seine Richtung um.

→ Berechne $(-3)\cdot(-2)$. Überlege dazu, was der Faktor (−3) mit dem Pfeil für (−2) bewirkt.

Lösung

Wenn der Faktor (−3) auch beim Pfeil für (−2) die Länge verdreifacht und die Richtung umkehrt, so erhält man den Pfeil für (+6), also: $(-3)\cdot(-2) = +6$

Information

Man multipliziert zwei rationale Zahlen, indem man ihre Beträge multipliziert.
Haben beide Faktoren **dasselbe Vorzeichen**, ist das Produkt positiv.
Haben beide Faktoren **verschiedene Vorzeichen**, ist das Produkt negativ.
Außerdem gilt für jede beliebige Zahl a:
$a\cdot 0 = 0;\ 0\cdot a = 0.$

$(+2,5)\cdot(+4) = +(2,5\cdot 4) = +10$
$(-2,5)\cdot(-4) = +(2,5\cdot 4) = +10$
$(+2,5)\cdot(-4) = -(2,5\cdot 4) = -10$
$(-2,5)\cdot(+4) = -(2,5\cdot 4) = -10$

+ mal + ergibt +
− mal − ergibt +
+ mal − ergibt −
− mal + ergibt −

Üben

1 Berechne im Kopf.

a) $(-4)\cdot(+7)$; $(+4)\cdot(-7)$; $(+4)\cdot(+7)$; $(-4)\cdot(-7)$

b) $(-3{,}5)\cdot(-2)$; $(+3{,}5)\cdot(+2)$; $(-3{,}5)\cdot(+2)$; $(+3{,}5)\cdot(-2)$

c) $(-1{,}7)\cdot(+3)$; $(+1{,}7)\cdot(-3)$; $(-1{,}7)\cdot(-3)$; $(+1{,}7)\cdot(+3)$

d) $(+0{,}5)\cdot(+0{,}2)$; $(-0{,}5)\cdot(+0{,}2)$; $(+0{,}5)\cdot(-0{,}2)$; $(-0{,}5)\cdot(-0{,}2)$

2 Berechne.

a) $\left(-\frac{2}{3}\right)\cdot\left(-\frac{3}{4}\right)$ **b)** $\left(+\frac{2}{3}\right)\cdot\left(-\frac{3}{4}\right)$ **c)** $\left(-\frac{2}{3}\right)\cdot\left(+\frac{3}{4}\right)$ **d)** $\left(+\frac{2}{3}\right)\cdot\left(+\frac{3}{4}\right)$

e) $\left(+\frac{1}{3}\right)\cdot\left(-\frac{2}{7}\right)$ **f)** $\left(+\frac{2}{9}\right)\cdot\left(-\frac{3}{4}\right)$ **g)** $\left(+\frac{7}{9}\right)\cdot\left(-\frac{1}{2}\right)$ **h)** $\left(+\frac{5}{8}\right)\cdot\left(-\frac{2}{15}\right)$

i) $\frac{3}{4}\cdot\left(-\frac{12}{21}\right)$ **j)** $\frac{7}{4}\cdot\left(-\frac{20}{49}\right)$ **k)** $\frac{14}{33}\cdot\left(-\frac{121}{98}\right)$ **l)** $\frac{24}{65}\cdot\left(-\frac{91}{60}\right)$

m) $\left(-\frac{1}{2}\right)\cdot(-2)$ **n)** $\frac{1}{3}\cdot(-6)$ **o)** $\left(-\frac{4}{7}\right)\cdot(-14)$ **p)** $\left(-\frac{3}{4}\right)\cdot 28$

3 Schreibe als Produkt und berechne.

a) $(+9{,}5)+(+9{,}5)+(+9{,}5)$

b) $\left(-3\frac{1}{4}\right)+\left(-3\frac{1}{4}\right)+\left(-3\frac{1}{4}\right)+\left(-3\frac{1}{4}\right)$

c) $\left(-9\frac{5}{6}\right)+\left(-9\frac{5}{6}\right)$

d) $(-2{,}9)+(-2{,}9)+(-2{,}9)+(-2{,}9)$

$(-12{,}1)+(-12{,}1)+(-12{,}1)$
$=3\cdot(-12{,}1)$
$=-36{,}3$

Multiplikation mit (−1)

4 Multipliziere verschiedene rationale Zahlen mit (−1). Was stellst du fest? Begründe auch.

Die Multiplikation einer rationalen Zahl mit (−1) ergibt deren Gegenzahl.

$(-1)\cdot(-7)=+7$
ist die Gegenzahl zu −7
$(-1)\cdot(+5)=-5$
ist die Gegenzahl zu +5

Die Multiplikation mit (−1) kann man durch ein vorgesetztes Minuszeichen abkürzen: $\mathbf{-a=(-1)\cdot a}$

$-(-7)=(-1)\cdot(-7)=+7$
$-(+5)=(-1)\cdot(+5)=-5$

5 Schreibe als Multiplikation mit (−1) und berechne.

a) $-(+2)$ **b)** $-\left(-\frac{2}{3}\right)$ **c)** $-(-1)$ **d)** $-(-0)$ **e)** $-(-0{,}3)$ **f)** $-(-(-7))$

6 Berechne.

a) $-((-23)+(-43))$

b) $-((+27)-(-86))$

c) $-[(-12)\cdot 3]$

d) $-[-17\cdot(-4)]$

e) $-[-((-2{,}4)+(-1{,}7))]$

f) $-(-2{,}3)\cdot[(-3{,}5)\cdot(-(-1{,}4))]$

7 Rationale Zahlen können mit Brüchen oder mit Dezimalzahlen geschrieben werden.

Aufgabe: $(-1{,}2) \cdot \left(+\frac{3}{4}\right) = ?$

1. Weg: Umwandeln in Brüche
$(-1{,}2) \cdot \left(+\frac{3}{4}\right) = \left(-\frac{6}{5}\right) \cdot \left(+\frac{3}{4}\right) = \ldots$

2. Weg: Umwandeln in Dezimalzahlen
$(-1{,}2) \cdot \left(+\frac{3}{4}\right) = (-1{,}2) \cdot (+0{,}75) = \ldots$

3. Weg: Bruch als Anteil nehmen
$(-1{,}2) \cdot \left(+\frac{3}{4}\right) = \frac{3}{4}$ von $(-1{,}2) = \ldots$

a) Führe die Berechnung von $(-1{,}2) \cdot \left(+\frac{3}{4}\right)$ auf den drei angegebenen Wegen durch.

b) Berechne möglichst geschickt.

(1) $(-3{,}5) \cdot \left(+\frac{3}{5}\right)$ (2) $(+0{,}16) \cdot \left(-\frac{5}{8}\right)$

(3) $(-0{,}36) \cdot \left(+\frac{2}{3}\right)$ (4) $(-4{,}9) \cdot \left(-\frac{4}{7}\right)$

(5) $\left(-\frac{9}{2}\right) \cdot (-0{,}5)$ (6) $\left(-\frac{13}{4}\right) \cdot (-0{,}2)$

(7) $\left(-\frac{3}{5}\right) \cdot (-2{,}25)$ (8) $\left(-\frac{3}{8}\right) \cdot 0$

c) Erfinde für jeden Weg eine Aufgabe, für die er am günstigsten ist.

8 Ein Partner überschlägt die Aufgabe im Kopf, der zweite berechnet sie mit dem Taschenrechner. Vergleicht die Ergebnisse und wechselt euch nach jeder Aufgabe ab.

a) $(-2{,}35) \cdot (-6{,}97)$ **b)** $(-7{,}34) \cdot 2{,}8$ **c)** $21{,}5 \cdot 1{,}93$ **d)** $(-6{,}73) \cdot (-2{,}1)$

e) $(-14{,}9) \cdot 0$ **f)** $2{,}17 \cdot (-3{,}49)$ **g)** $(-374) \cdot 194$ **h)** $(-354) \cdot (-891)$

i) $(-44{,}7) \cdot (-7{,}49)$ **j)** $(-3{,}85) \cdot 6{,}67$ **k)** $(-74{,}3) \cdot 0$ **l)** $7{,}96 \cdot (-6{,}95)$

9 Schreibe die vorgegebene Zahl auf vier Weisen als Produkt.

a) 36 **b)** -36 **c)** 2 **d)** -2 **e)** $\frac{1}{8}$ **f)** $-\frac{1}{8}$ **g)** $\frac{1}{3}$ **h)** $-\frac{1}{3}$

10 Jetzt kennst du drei verschiedene Bedeutungen für das Minuszeichen:
- als Vorzeichen einer Zahl
- als Rechenzeichen für die Subtraktion
- als Zeichen für das Bilden der Gegenzahl

a) Schreibe für jede Bedeutung einen Term, in dem nur ein Minuszeichen vorkommt.

b) Schreibe einen Term, in dem das Minuszeichen in jeder Bedeutung einmal vorkommt.

11 Würfelt abwechselnd mit zwei Würfeln und multipliziert die Augenzahlen. Jeder Spieler legt vor seinem Wurf fest, welche Vorzeichen für die beiden Würfel verwendet werden. Addiert die Produkte für 3 Spielrunden. Wer am nächsten an der Null ist, hat gewonnen.

12 Gib, wenn möglich, ein passendes Beispiel an. Begründe, ob die Aussage für alle ganzen Zahlen richtig ist.

a) Ist bei zwei Faktoren einer negativ, so ist das Produkt negativ.

b) Das Produkt zweier negativer Zahlen ist immer größer als jeder der Faktoren.

c) Ist das Produkt zweier rationaler Zahlen negativ, so ist es kleiner als beide Faktoren.

d) Das Produkt zweier rationaler Zahlen ist nie null.

e) Das Produkt dreier rationaler Zahlen ist nur dann positiv, wenn alle drei Faktoren gleiches Vorzeichen haben.

Potenzen mit rationalen Zahlen als Basis

13 Schreibe als Potenz und berechne.
a) $(-1)\cdot(-1)\cdot(-1)\cdot(-1)\cdot(-1)\cdot(-1)$
b) $(-10)\cdot(-10)\cdot(-10)\cdot(-10)\cdot(-10)$
c) $(-0{,}1)\cdot(-0{,}1)\cdot(-0{,}1)\cdot(-0{,}1)\cdot(-0{,}1)$
d) $(-4)\cdot(-4)\cdot(-4)\cdot(-4)\cdot(-4)$
e) $\left(-\frac{1}{3}\right)\cdot\left(-\frac{1}{3}\right)\cdot\left(-\frac{1}{3}\right)$
f) $\left(+\frac{2}{5}\right)\cdot\left(+\frac{2}{5}\right)\cdot\left(+\frac{2}{5}\right)$

$(-2)^4 = (-2)\cdot(-2)\cdot(-2)\cdot(-2) = 16$

Potenz $(-2)^4$ $= 16$

Basis (Grundzahl) – Exponent (Hochzahl) – Wert der Potenz

14 Lisa und Mika sind verschiedener Meinung.
Erklärt beiden, wer Recht hat.

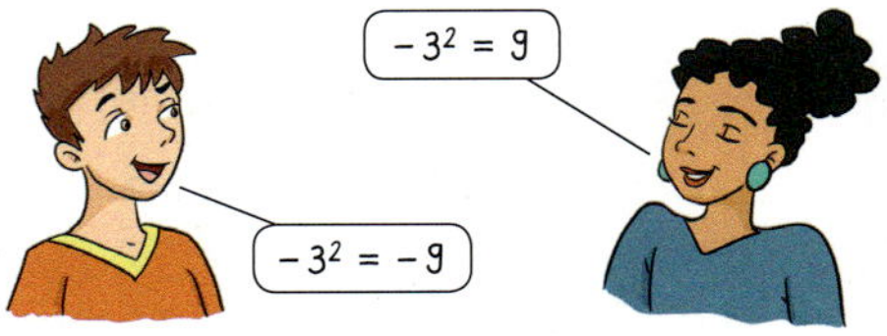

15 Berechne.

a) $(-5)^4$	**b)** -5^4	**c)** $(+7)^3$
d) $(-2)^7$	**e)** -2^7	**f)** $(+2)^0$
g) $(-6)^1$	**h)** 0^{12}	**i)** $(-0{,}2)^5$
j) $(-0{,}3)^0$	**k)** $-2{,}5^2$	**l)** $\left(-\frac{1}{2}\right)^6$

$-3^4 = -3\cdot3\cdot3\cdot3 = -81$
$(-3)^4 = (-3)\cdot(-3)\cdot(-3)\cdot(-3) = +81$

16 Entscheide, ob die Aussage falsch oder richtig ist. Begründe.
a) $(-9)^{75}$ ist negativ **b)** -47^{28} ist positiv **c)** $(-91)^{21} > 0$ **d)** $(-276)^{48} < 0$
e) $(-715)^{39} > 0^5$ **f)** $(-23)^5 < (-34)^5$ **g)** $(-12)^6 < (-17)^6$ **h)** $(-15)^4 < (-15)^6$

17 Julian wollte − 35 mit 6 potenzieren.
Das Ergebnis des Taschenrechners überrascht ihn.
Was meinst du dazu?

```
-35^6
          -1838265625
```

Das kann ich noch!

A Übertrage in dein Heft und untersuche, mit welcher Abbildung die blaue aus der gelben Figur entsteht.
1) 2) 3) 4)

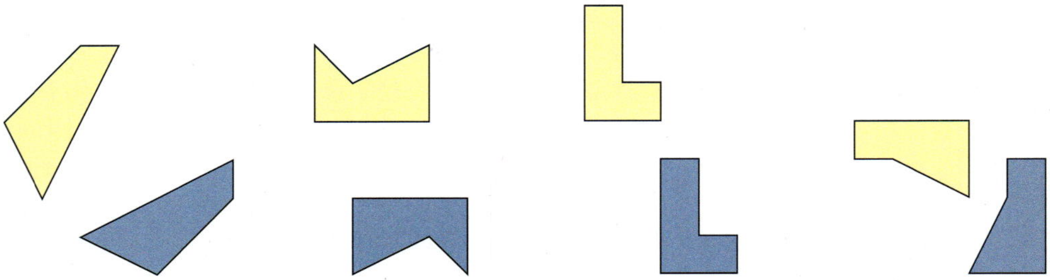

Rechengesetze der Multiplikation

18 ≡ Theo behauptet: „Um die beiden Aufgaben geschickt zu berechnen, ist es bei der ersten Aufgabe sinnvoll, nicht von links nach rechts zu rechnen, sondern zuerst die beiden letzten Faktoren zu multiplizieren. Bei der zweiten Aufgabe ist es sinnvoll, den zweiten und den dritten Faktor zu vertauschen." Löse die Aufgaben vorteilhaft nach Theos Strategie. Gib an, welche Rechengesetze er angewendet hat.

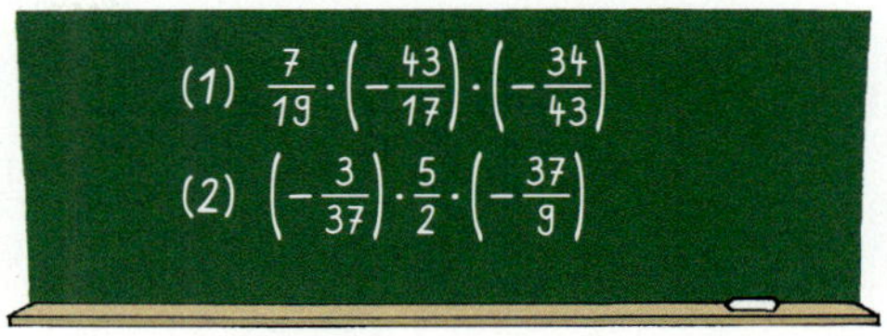

Kommutativgesetz (Vertauschungsgesetz) für die Multiplikation

In einem Produkt darf man die Faktoren vertauschen. Der Wert des Produktes ändert sich dabei nicht: $\mathbf{a \cdot b = b \cdot a}$

$(-1{,}4) \cdot (+2{,}5) = (+2{,}5) \cdot (-1{,}4)$

Assoziativgesetz (Verbindungsgesetz) für die Multiplikation

In einem Produkt aus drei Faktoren darf man Klammern beliebig setzen oder auch weglassen. Der Wert des Produktes ändert sich dabei nicht: $\mathbf{(a \cdot b) \cdot c = a \cdot (b \cdot c)}$
Daher darf man die Klammern auch weglassen: $\mathbf{a \cdot b \cdot c}$

$\left(-\frac{1}{2} \cdot \frac{1}{3}\right) \cdot \left(-\frac{1}{6}\right) = -\frac{1}{2} \cdot \left(\frac{1}{3} \cdot \left(-\frac{1}{6}\right)\right)$

19 ≡ Berechne möglichst vorteilhaft. Notiere, welches Rechengesetz du verwendet hast.

a) $11 \cdot (-4) \cdot 25$ **b)** $(-13) \cdot 25 \cdot (-12)$ **c)** $(-125) \cdot (-7) \cdot (-8)$
d) $2{,}5 \cdot (-1{,}5) \cdot 8$ **e)** $(-0{,}8) \cdot (-3{,}7) \cdot 1{,}25$ **f)** $(-0{,}1) \cdot (-0{,}02) \cdot (-0{,}05)$

20 ≡ Berechne möglichst vorteilhaft.

a) $0{,}7 \cdot (-20) \cdot (-0{,}3) \cdot (-5)$ **b)** $1{,}2 \cdot (-25) \cdot (-1{,}5) \cdot (-40)$ **c)** $125 \cdot (-23) \cdot (-8) \cdot (-3)$
d) $\left(-\frac{4}{6}\right) \cdot \left(\frac{3}{4} \cdot \frac{1}{7}\right)$ **e)** $\frac{5}{7} \cdot \frac{4}{9} \cdot \left(-\frac{7}{10}\right)$ **f)** $\left(-\frac{2}{9}\right) \cdot \left(-\frac{3}{8}\right) \cdot \frac{3}{2}$
g) $\left(-\frac{2}{3}\right) \cdot \left(\left(\frac{-5}{11}\right) \cdot \left(-\frac{3}{2}\right)\right)$ **h)** $\left(-2\frac{1}{2}\right) \cdot \left(-\frac{3}{11}\right) \cdot \frac{4}{5}$ **i)** $\left(\frac{17}{37} \cdot \frac{2}{3}\right) \cdot \left(-\frac{37}{17}\right)$

Weiterüben

21 ≡ Wähle aus Feld 1 und Feld 2 jeweils eine Zahl und berechne das Produkt. Finde die passenden Faktoren, sodass die jeweilige Bedingung erfüllt ist.

Feld 1				Die Zahl	Feld 2			
−7	+2	+11	0	ist am größten.	+18	−99	+3	−2
−9	−23	+4	+51	ist am kleinsten.	−5	+10	0	−11
+8	−15	+1	−10	liegt der 100 am nächsten.	−37	−8	+9	−12

4.7 Dividieren rationaler Zahlen

Einstieg

Bestimmt die Zahl, die Marie sich gedacht hat. Schreibt eine Rechnung dazu auf. Wie könnt ihr euer Ergebnis überprüfen?
Denkt euch selbst entsprechende Aufgaben aus und stellt sie euch gegenseitig. Überprüft eure Ergebnisse.

Aufgabe mit Lösung

Regel für das Dividieren rationaler Zahlen

Toms Eltern haben eine Tageszeitung abonniert. Toms Mutter möchte im kommenden Jahr das Abonnement monatlich bezahlen.

GiroBusiness — Kontoauszug 7, Blatt 1

Datum	Betrag
Kontostand in Euro am 03.02.2020	2.298,21+
04.02. Lastschrift Wert: 04.02.2020 Tageszeitung Jahresabonnement Bezahlung per Bankeinzug	348,00−
Kontostand in Euro am 04.02.20120, 20:03 Uhr	1.950,21+

Ihr Kreditlimit 5.000,00 Euro

→ Welcher Betrag wird im Monat abgebucht? Rechne mit negativen Zahlen. Kontrolliere das Ergebnis mithilfe der entgegengesetzten Rechenart.

Lösung

Der Jahresbetrag beträgt das Zwölffache des Monatsbetrags, daher muss man die jährliche Buchung durch 12 dividieren, um den monatlich abgebuchten Betrag zu berechnen: $(-348) : 12 = -29$
Es werden also im kommenden Jahr monatlich 29 € abgebucht.
Dieses Ergebnis kann man durch die zugehörige Multiplikationsaufgabe kontrollieren:
$(-29) \cdot 12 = -348$

Information

Dividieren rationaler Zahlen

Das Dividieren durch eine rationale Zahl macht rückgängig, was das Multiplizieren mit derselben rationalen Zahl bewirkt hat.

Man dividiert eine rationale Zahl durch eine von 0 verschiedene rationale Zahl, indem man die Beträge dividiert und das Vorzeichen nach folgender Regel setzt:
Bei gleichen Vorzeichen ist der Quotient positiv; bei verschiedenen Vorzeichen ist der Quotient negativ.

$-3 \underset{:4}{\overset{\cdot 4}{\rightleftarrows}} -12$

$(+7{,}5) : (+2{,}5) = +(7{,}5 : 2{,}5) = +3$
$(-7{,}5) : (-2{,}5) = +(7{,}5 : 2{,}5) = +3$
$(-7{,}5) : (+2{,}5) = -(7{,}5 : 2{,}5) = -3$
$(+7{,}5) : (-2{,}5) = -(7{,}5 : 2{,}5) = -3$

Beachte: Durch 0 kann man nicht dividieren.
Begründung am Beispiel: $(-26) : 0$ bezeichnet keine rationale Zahl r, da sonst gelten müsste $r \cdot 0 = -26$. Es gibt aber keine rationale Zahl r, die mit 0 multipliziert 26 ergibt.

Üben

1 Berechne.

a) $(-45):(-9)$ b) $(+77):(-7)$ c) $(-96):(-3)$ d) $(+54):(+6)$
e) $(-280):(-4)$ f) $(+360):(+2)$ g) $(+480):(-8)$ h) $(-360):(+3)$
i) $(-270):(-90)$ j) $(-240):(+60)$ k) $(+480):(-60)$ l) $(+630):(+70)$
m) $(-96):(-12)$ n) $(-169):(+13)$ o) $(+144):(-8)$ p) $(+121):(+11)$

2 Berechne.

a) $(-3):8$ b) $(-4):(-1)$ c) $6:(-6)$ d) $(-6):8$
e) $(-1{,}5):3$ f) $(-0{,}72):(-6)$ g) $6:(-0{,}3)$ h) $(-4):(-0{,}75)$
i) $(-1{,}5):(-0{,}5)$ j) $4{,}2:2{,}1$ k) $(-3{,}6):0{,}9$ l) $6{,}8:(-1{,}7)$
m) $12:(-0{,}5)$ n) $(-6):(-0{,}1)$ o) $5:0{,}2$ p) $(-9):0{,}3$

3 Jeder Partner berechnet die angegebenen Quotienten und lässt sich die Ergebnisse von seinem Partner mit der entgegengesetzten Rechenart kontrollieren.

Partner A	Partner B	Partner A	Partner B
$(+32):(-4)$	$(-21):(-3)$	$(-56):(-7)$	$(-72):(+6)$
$(+32):(+4)$	$(+21):(-3)$	$(+56):(-7)$	$(-72):(-6)$
$(-32):(+4)$	$(+21):(+3)$	$(+56):(+7)$	$(+72):(+6)$
$(-32):(-4)$	$(-21):(+3)$	$(-56):(+7)$	$(+72):(-6)$

4 Berechne, wenn möglich. Begründe mithilfe der passenden Multiplikationsaufgabe.

a) $0:(-5)$ b) $(-7):0$ c) $0:0$ d) $0:\left(-\frac{2}{3}\right)$ e) $\left(-\frac{2}{3}\right):0$ f) $0:(-1)$

5 Berechne die durchschnittliche monatliche Schuldenaufnahme der Gemeinde Neuhausen. Notiere eine Aufgabe mit negativen Zahlen.

Finanzmisere in Neuhausen

Am Anfang diesen Jahres stand die Gemeinde Neuhausen noch schuldenfrei da.
Der Ausbau der neuen Wohngebiete erforderte in nur einem Vierteljahr eine Verschuldung von 300 000 €.

6 Von Herrn Lehmanns Konto wird einmal im Jahr 192 € als Familienbeitrag für den Sportverein abgebucht. Man kann den Beitrag auch in monatlichen Raten abbuchen lassen.
Wie hoch wäre die monatliche Abbuchung? Notiere eine Aufgabe mit negativen Zahlen.

7 Berechne. Kürze, wenn möglich.

$$\left(+\frac{3}{8}\right):\left(-\frac{9}{16}\right) = -\left(\frac{3}{8}\cdot\frac{16}{9}\right) = -\left(\frac{\overset{1}{\cancel{3}}\cdot\overset{2}{\cancel{16}}}{\underset{1}{\cancel{8}}\cdot\underset{3}{\cancel{9}}}\right) = -\frac{2}{3}$$

a) $\left(-\frac{3}{4}\right):\frac{2}{7}$ b) $\left(-\frac{2}{9}\right):\frac{8}{5}$
c) $\left(-\frac{1}{2}\right):\frac{3}{2}$ d) $\frac{7}{8}:\left(-\frac{2}{3}\right)$
e) $\frac{5}{9}:\frac{8}{3}$ f) $\left(-\frac{5}{9}\right):\frac{25}{18}$ g) $\frac{2}{3}:\left(-\frac{5}{2}\right)$ h) $\left(-\frac{2}{3}\right):\frac{5}{3}$
i) $\left(-\frac{2}{3}\right):\left(-\frac{5}{2}\right)$ j) $\left(-1\frac{1}{2}\right):2\frac{3}{5}$ k) $\left(-3\frac{2}{3}\right):1\frac{3}{4}$ l) $\left(-2\frac{2}{3}\right):\left(-1\frac{1}{2}\right)$

8 Berechne mit dem Taschenrechner und runde auf zwei Nachkommastellen.

a) $(-4{,}753):(-7{,}25)$ **b)** $(-3{,}49):2{,}85$
c) $(-34{,}795):(-21{,}76)$ **d)** $(-42{,}76):12{,}47$
e) $194{,}764:(-13{,}85)$ **f)** $18{,}734:73{,}66$

9 Berechne. Überlege zunächst, ob du Brüche oder Dezimalzahlen verwendest.

$$\left(+\frac{1}{3}\right):(-0{,}2)=\frac{1}{3}:\left(-\frac{2}{10}\right)=-\frac{1}{3}:\frac{1}{5}$$
$$=-\frac{1}{3}\cdot\frac{5}{1}=-\frac{5}{3}=-1\frac{2}{3}$$

a) $(-0{,}6):\frac{1}{2}$ **b)** $\frac{7}{8}:(-0{,}25)$
c) $\left(-2\frac{1}{4}\right):(-0{,}75)$ **d)** $1{,}75:\left(-\frac{3}{4}\right)$
e) $\left(-\frac{2}{3}\right):0{,}5$ **f)** $\left(-\frac{1}{3}\right):(-0{,}2)$
g) $\frac{2}{3}:(-0{,}6)$ **h)** $(-0{,}4):\left(-1\frac{2}{3}\right)$ **i)** $-\frac{4}{7}:0{,}8$ **j)** $0{,}9:\left(-\frac{2}{7}\right)$
k) $1\frac{1}{7}:(-1{,}2)$ **l)** $(-2{,}5):\left(-\frac{5}{7}\right)$ **m)** $\frac{2}{3}:\left(-\frac{1}{2}\right)$ **n)** $-0{,}4:\left(-\frac{1}{10}\right)$

Vertauschen von Multiplikations- und Divisionsschritten

10 Du weißt schon, dass man Additions- und Subtraktionsschritte vertauschen darf. Untersuche, ob das auch für die Multiplikations- und Divisionsschritte gilt.

a) $-46\cdot 7:(-23)$ **b)** $14:(-5):3{,}5$

Vertauschen von Multiplikations- und Divisionsschritten zum vorteilhaften Rechnen

Aufeinanderfolgende Multiplikations- und Divisionsschritte darf man vertauschen. Dabei ändert sich der Wert eines Terms nicht:

$\mathbf{a\cdot b:c=a:c\cdot b}$ (für $c\neq 0$)
$\mathbf{a:b:c=a:c:b}$ (für $b\neq 0$ und $c\neq 0$)

$-80\cdot 17:(-40)$
$=-80:(-40)\cdot 17$ — Vertauschen, damit man vorteilhaft rechnen kann.
$=\quad 2\quad\cdot 17$
$=34$

11 Rechne vorteilhaft.

a) $36\cdot 7:(-18)$ **b)** $-54\cdot(-39):27$ **c)** $-8{,}4\cdot 1{,}5:2{,}1$ **d)** $-2{,}5:0{,}8\cdot(-4)$
e) $6{,}4:(-3):0{,}8$ **f)** $165:(-0{,}3):(-5)$ **g)** $-210:0{,}5:(-70)$ **h)** $8{,}5:\frac{1}{3}\cdot(-2)$
i) $6\frac{2}{5}:(-8)\cdot 10$ **j)** $-350:\frac{1}{5}:(-70)$ **k)** $17\frac{1}{4}\cdot\left(-1\frac{1}{6}\right):5\frac{3}{4}$ **l)** $8\frac{4}{5}:4\frac{1}{8}:\left(-3\frac{2}{3}\right)$

12 Kontrolliere Hendriks Hausaufgaben. Welche Fehler hat er gemacht?

a) $(-16)\cdot(-2):8=(-16)\cdot 8\cdot(-2)=256$
b) $(-25):10\cdot 4=(-25)\cdot 4:10=-100:10=-10$
c) $4{,}7:\left(-\frac{1}{2}\right)\cdot(-10)=4{,}7\cdot(-10):\left(-\frac{1}{2}\right)=-47:\left(-\frac{1}{2}\right)=-23{,}5$
d) $(-3)\cdot 5{,}2+9=(-3)\cdot 9+5{,}2=-27+5{,}2=-21{,}8$

13 Berechne. Achte auf die Rechenart.

a) $(-48)+(-12)$
$(-48)-(-12)$
$(-48)\cdot(-12)$
$(-48):(-12)$

b) $36+(-9)$
$36-(-9)$
$36\cdot(-9)$
$36:(-9)$

c) $(-21)+7$
$(-21)-7$
$(-21)\cdot 7$
$(-21):7$

d) $(-4{,}5)+(-5)$
$(-4{,}5)-(-5)$
$(-4{,}5)\cdot(-5)$
$(-4{,}5):(-5)$

14 Berechne.

a) $5\cdot(-7)$ **b)** $(-8)\cdot 4$ **c)** $7+(-5)$ **d)** $12:(-3)$
e) $(-4)\cdot(-6)$ **f)** $-7+4$ **g)** $(-18):3$ **h)** $-2-14$
i) $4{,}2:2{,}1$ **j)** $\left(-1\frac{1}{2}\right)\cdot 2\frac{3}{5}$ **k)** $\left(-\frac{3}{4}\right)\cdot\frac{2}{7}$ **l)** $\left(-\frac{2}{9}\right)-\frac{8}{5}$
m) $\frac{7}{8}:\frac{2}{3}$ **n)** $\frac{5}{9}+\frac{8}{3}$ **o)** $\left(-\frac{3}{2}\right)-\frac{5}{2}$ **p)** $\left(-\frac{3}{2}\right):\left(-\frac{5}{2}\right)$

Weiterüben

15 Berechne. Achte auf die Betragsstriche.

a) $|8-12|$ **b)** $|-8-12|$ **c)** $|-8+12|$
d) $|8+12|$ **e)** $|-2+5|-|-2|$ **f)** $|5-7|-|7-5|$

$|7-9| = |-2| = 2$

16 Berechne, wenn möglich. Gib den Grund an, wenn du nicht weiterrechnen kannst.

a) $0:(-2)$ **b)** $0\cdot(-4{,}2)$ **c)** $(-3)\cdot 0$ **d)** $0-(-1{,}5)$
e) $0:0$ **f)** $(-3)+0$ **g)** $0\cdot 0$ **h)** $(-7{,}2):0$

17 Überlege dir zunächst ein passendes Beispiel. Entscheide dann, ob die Aussage richtig oder falsch ist.

a) Wenn man in einem Quotienten zum Dividenden +1 und zum Divisor −1 addiert, ändert sich der Wert des Quotienten nicht.

b) Wenn man in einem Quotienten den Dividenden mit −1 multipliziert und den Divisor durch −1 dividiert, ändert sich der Wert des Quotienten nicht.

c) Wenn man in einem Quotienten rationaler Zahlen die Vorzeichen von Dividend und Divisor austauscht, ändert sich der Wert des Quotienten nicht.

d) Wenn man in einem Quotienten den Divisor mit −2 multipliziert, verdoppelt sich der Wert des Quotienten und wechselt sein Vorzeichen.

18 Stelle zur Berechnung der Aufgaben zunächst einen Term auf.

a) In Amerika wird die Temperatur in Grad Fahrenheit (°F) gemessen. Zur Umrechnung einer Celsius-Temperatur in eine Fahrenheit-Temperatur multipliziert man sie mit $\frac{9}{5}$ und addiert dann 32. Marc möchte seinem amerikanischen Brieffreund schreiben, dass es zurzeit in Deutschland sehr kalt ist: −13,5 °C.

b) Nachdem der Wasserstand von −1,25 m um 1,4 m gefallen war, stieg er wieder um 0,50 m. Berechne den neuen Stand.

c) Eine Tiefenbohrung beginnt bei Normalnull. Jeden Tag werden 15 m gebohrt. Nach 14 Tagen sollen die Bohrungen beendet sein. Berechne die abgeschlossene Bohrtiefe.

d) Auf Herrn Maiers Konto befinden sich 4 581,58 €. Am heutigen Tag wurden insgesamt 367,20 € abgebucht. Darunter ist eine Fehlbuchung: eine Lastschrift von 33,10 €. Berechne den Kontostand, nachdem die Fehlbuchung rückgängig gemacht wurde.

4.8 Berechnen von Termen

Einstieg

Im Morgenradio gibt der Wettermoderator zum Wochenbeginn eine Prognose zur Temperaturentwicklung der Woche.
Welche Temperatur ist am Freitagmorgen zu erwarten? Notiere den Rechenweg in einer einzigen Aufgabe.

Aufgabe mit Lösung

Beschreiben eines Rechenwegs mit einem Term

Die Theater-AG hat bei ihrer letzten Vorführung 231 € eingenommen und finanziert vom verdienten Geld einen Ausflug ins Filmmuseum. Der Lehrer bucht für die 22 Teilnehmer jeweils das dreiteilige Tagesangebot.

→ Berechne in einer einzigen Aufgabe, welchen Betrag jeder Schüler für den Ausflug bezahlen muss, wenn die gesamten eingespielten Einnahmen verwendet werden.

Lösung

Als ein möglicher Lösungsweg wird von dem verdienten Geld der Gesamtpreis des dreiteiligen Tagesangebotes für alle 22 Schüler subtrahiert.
Diese Differenz wird durch die Anzahl der Teilnehmer dividiert.
Jeder Teilnehmer muss 5,50 € für den Ausflug bezahlen.

$$[231 - (10{,}5 + 3 + 2{,}5) \cdot 22] : 22$$
$$= [231 - 16 \cdot 22] : 22$$
$$= [231 - 352] : 22$$
$$= -121 : 22$$
$$= -5{,}5$$

Information

Regeln für das Berechnen von Termen

(1) Klammern werden zuerst berechnet.
(2) Bei ineinander geschachtelten Klammern wird die innerste Klammer zuerst berechnet.
(3) Wo keine Klammer steht, geht Punkt- vor Strichrechnung.
(4) Das Berechnen einer Potenz geht noch vor Punkt- und Strichrechnung.
(5) Sonst wird von links nach rechts gerechnet.

$$2{,}3 \cdot [1{,}2 - 2 \cdot (0{,}4 + 1{,}2)]$$
$$= 2{,}3 \cdot [1{,}2 - 2 \cdot 1{,}6]$$
$$= 2{,}3 \cdot [1{,}2 - 3{,}2]$$
$$= 2{,}3 \cdot [-2]$$
$$= -4{,}6$$

Üben

1 Berechne.

a) $(-7-3)\cdot(-5)$ b) $(-4):(3-11)$ c) $12+8:(-2)$
d) $(-2)^4-24$ e) $-6+(-4)^3$ f) $14-4\cdot(-2)^5$
g) $(-12)\cdot(-5)\cdot(-9)\cdot(-1)$ h) $200:(-40):5$ i) $-7+48-100:(-20)$

2 Berechne den Wert des Terms.

a) $(-7{,}5+9)\cdot(-2)$ b) $(-4):(5-13)$ c) $12+4\frac{1}{5}:\left(-2\frac{1}{2}\right)$
d) $(-2)^3-4$ e) $(-4{,}5)\cdot(-9-11)$ f) $-9+(-3)^4$
g) $13-1{,}5\cdot(-2)^3$ h) $-\left(\left(+3\frac{2}{3}\right)+\left(-\frac{42}{6}\right)\right)$ i) $3\cdot\left[8-2\cdot\left(-5{,}25-2\frac{3}{4}\right)\right]$
j) $\left(-3\frac{1}{2}\right)\cdot\left(-\frac{5}{4}\right)\cdot\left(-\frac{3}{2}\right)\cdot(-1)$ k) $(-8):(-16):(-2)$ l) $1\frac{1}{4}:\left(-4\frac{1}{2}\right):5$

3 Lenas Rechnung ist fehlerhaft. Finde den Fehler und korrigiere die Rechnung.

a) $2{,}5-12{,}5:0{,}4$
$=-10:0{,}4$
$=-25$

b) $1-1{,}2\cdot0{,}5^2$
$=1-0{,}6^2$
$=1-0{,}36$
$=0{,}64$

c) $5\cdot(-3-7):0{,}5$
$=5\cdot(-10):0{,}5$
$=5\cdot(-5)$
$=-25$

4 Berechne.

a) $-3-1{,}5:\frac{5}{6}$ b) $\frac{1}{4}-\frac{1}{3}\cdot2\frac{1}{4}$ c) $7+[(2{,}5+3)\cdot0]$
d) $\left(2-\frac{1}{3}\cdot8\right):\left(-1\frac{1}{5}\right)$ e) $2-\left(-\frac{1}{2}\right)^2\cdot\left(-\frac{1}{7}\right)$ f) $\frac{1}{2}\cdot\left[\frac{1}{3}-\left(\frac{1}{4}+\frac{1}{5}\right)\right]$
g) $(12{,}6+4{,}4)\cdot(-2{,}4+0{,}9)$ h) $\left(-\frac{1}{3}\right)^3:\left(-\frac{3^2}{4}\right)$ i) $\frac{3}{4}-\left(-\frac{1}{2}\right)^2$

5 Berechne.

a) $(-2{,}4+1{,}4):(-0{,}1)$ b) $(-0{,}25)\cdot(7-9{,}2-4{,}8)$ c) $1-\frac{1}{2}\cdot\frac{14}{5}-\frac{4}{5}$
d) $\left(-\frac{1}{6}\right)\cdot\frac{6}{7}+\frac{1}{4}\cdot\left(-\frac{4}{7}\right)$ e) $\left(-3\frac{3}{4}+4{,}5-1\frac{3}{4}\right)^2$ f) $\left(\frac{1}{2}-0{,}8\right)^2-\frac{4}{5}:10$
g) $8\cdot\left(-\frac{3}{4}\right)^2-4\cdot1{,}5^3$ h) $(-15)\cdot[-4-(1-3)]+1$ i) $[-80+(-7-3)\cdot2]:5$
j) $-\frac{1}{24}-\left[\frac{1}{18}+\left(\frac{3}{4}\cdot\frac{2}{9}\right)^2\right]$ k) $\left(\frac{1}{3}-\frac{7}{9}\right):\left(-\frac{2}{5}:\frac{3}{10}\right)$ l) $\left(\left(-1+\frac{1}{2}\right)^2-1\right)^2$

6 Stelle zunächst den Term auf und berechne seinen Wert.

a) Multipliziere die Summe der Zahlen $\frac{1}{3}$ und $-\frac{1}{4}$ mit $-\frac{2}{5}$.
b) Dividiere die Differenz der Zahlen 0,2 und $\frac{2}{3}$ durch $-4\frac{2}{3}$.
c) Subtrahiere von dem Quotienten der Zahlen $\frac{5}{2}$ und $-0{,}1$ das Produkt dieser Zahlen.
d) Addiere zu 7 die dritte Potenz von $-\frac{1}{3}$.
e) Dividiere die Summe der Zahlen $-\frac{1}{4}$ und $\frac{1}{2}$ durch deren Produkt.
f) Potenziere die Summe der Zahlen 0,25 und $-\frac{1}{3}$ mit 3.
g) Subtrahiere die Hälfte von $-\frac{3}{4}$ vom Produkt der Zahlen -2 und $\frac{9}{4}$.
h) Multipliziere die Differenz von 1,8 und $-\frac{2}{5}$ mit der Summe von $-\frac{3}{5}$ und $-2{,}4$.

7 Berechne den Wert der Doppelbrüche.

a) $\dfrac{\frac{3}{4}+1}{\frac{3}{4}-1}$ b) $\dfrac{-0{,}5+\frac{2}{5}}{(-0{,}5)\cdot\frac{3}{5}}$ c) $\dfrac{\frac{5}{12}-\frac{5}{8}}{\frac{5}{9}:\frac{5}{6}}$

d) $\dfrac{3\cdot\left(-\frac{1}{2}\right)+1}{3\cdot\left(-\frac{1}{2}+1\right)}$ e) $\dfrac{7\cdot\left(-\frac{3}{7}\right)}{\frac{3}{7}-7}$ f) $\dfrac{-\frac{2}{5}:\left(-\frac{5}{2}\right)}{\frac{2}{5}:\left(-\frac{5}{2}+3\right)}$

$$\dfrac{3\cdot\left(-\frac{1}{2}\right)}{\frac{1}{2}+\frac{1}{4}}$$

Hauptbruchstrich

$$=\dfrac{-\frac{3}{2}}{\frac{3}{4}}=\left(-\frac{3}{2}\right):\left(+\frac{3}{4}\right)=-2$$

8 Wie heißt das letzte Ergebnis?

a) Addiere zu 75 die Zahl – 14,4. Addiere zu dem Ergebnis wieder – 14,4. Fahre so fort, bis das Ergebnis negativ ist.

b) Multipliziere 75 mit – 0,4. Multipliziere das Ergebnis wieder mit – 0,4. Fahre so fort, bis der Betrag des Ergebnisses kleiner als 1 ist.

c) Subtrahiere von – 100 die Zahl – 13,5. Subtrahiere von dem Ergebnis wieder – 13,5. Fahre so fort, bis das Ergebnis positiv ist.

d) Dividiere – 1 durch – 0,25. Dividiere das Ergebnis wieder durch – 0,25. Fahre so fort, bis der Betrag des Ergebnisses größer als 100 ist.

Distributivgesetz

9 Für natürliche Zahlen und für Brüche kennst du schon das Distributivgesetz. Prüfe, ob dieses Gesetz auch für rationale Zahlen gilt.
Berechne dazu $(-3)\cdot[(+5+(-9)]$ und $(-3)\cdot(+5)+(-3)\cdot(-9)$.
Vergleiche die Ergebnisse.

Distributivgesetz

Für rationale Zahlen a, b und c gilt:

$\mathbf{a\cdot(b+c)=a\cdot b+a\cdot c}$

Ebenso gilt:

$\mathbf{a\cdot(b-c)=a\cdot b-a\cdot c}$

$\mathbf{(a+b):c=a:c+b:c}$ falls $c\neq 0$

$\mathbf{(a-b):c=a:c-b:c}$ falls $c\neq 0$

$(-35)\cdot\left(\frac{1}{5}+\frac{1}{7}\right)=(-35)\cdot\frac{1}{5}+(-35)\cdot\frac{1}{7}$
$=-7+(-5)$
$=-12$

$[393+(-186)]:(-3)$
$=393:(-3)+(-186):(-3)$
$=-131+62=-69$

Hinweis: Da man bei rationalen Zahlen das Subtrahieren auf das Addieren der Gegenzahl zurückführen kann und das Dividieren auf das Multiplizieren mit dem Kehrwert, reicht bei rationalen Zahlen ein Distributivgesetz aus.

10 Rechne und vergleiche. Welcher Rechenweg ist günstiger?

a) $-2{,}5\cdot(-7{,}2+17{,}2)$ oder $-2{,}5\cdot(-7{,}2)+(-2{,}5)\cdot 17{,}2$

b) $(2{,}2-7{,}7):1{,}1$ oder $2{,}2:1{,}1-7{,}7:1{,}1$

c) $(-6{,}9+3{,}1):(-5)$ oder $-6{,}9:(-5)+3{,}1:(-5)$

d) $-\frac{1}{3}+\frac{4}{9}\cdot(-18)$ oder $-\frac{1}{3}\cdot(-18)+\frac{4}{9}\cdot(-18)$

11 Vergleiche die Rechenwege von Max und Marie. Erläutere, welcher Rechenweg günstiger ist.

Max

$\frac{1}{3}\cdot\left(-\frac{4}{7}\right)+\frac{1}{3}\cdot\frac{1}{7}$

$=\frac{1}{3}\cdot\left(-\frac{4}{7}+\frac{1}{7}\right)$

$=\frac{1}{3}\cdot\left(-\frac{3}{7}\right)$

$=-\frac{1}{7}$

Marie

$\frac{1}{3}\cdot\left(-\frac{4}{7}\right)+\frac{1}{3}\cdot\frac{1}{7}$

$=-\frac{4}{21}+\frac{1}{21}$

$=-\frac{3}{21}$

$=-\frac{1}{7}$

12 Rechne günstig.

a) $(-100+4)\cdot 0{,}2$
b) $1{,}5\cdot(-10-0{,}1)$
c) $(-42+0{,}7):0{,}7$
d) $(0{,}09-0{,}35):(-0{,}01)$
e) $-1{,}9\cdot 3{,}3+1{,}9\cdot 8{,}3$
f) $-4{,}13\cdot 9-1{,}87\cdot 9$
g) $-1{,}12:3+1{,}3:3$
h) $-8{,}72:1{,}2-3{,}28:1{,}2$
i) $-24\cdot\left(\frac{7}{8}+\frac{5}{6}\right)$
j) $\left(\frac{1}{3}-\frac{1}{2}\right):\left(-\frac{1}{6}\right)$
k) $14\cdot\frac{5}{6}-14\cdot\frac{4}{3}$
l) $-1{,}4:\frac{2}{5}+7{,}4:\frac{2}{5}$

13 Max hat das Distributivgesetz geübt. Kontrolliere seine Rechnungen.

a) $\left(\frac{3}{5}-\frac{4}{3}\right):(-30)=-18-40=-58$
b) $(-14{,}1+1{,}3):(-0{,}1)=141-13=118$
c) $(45-35):(-5)=-9+35=-44$
d) $\left(\frac{2}{3}-4\right):\frac{1}{3}=2-\frac{4}{3}=\frac{2}{3}$

14 Setze eine Klammer mithilfe eines Distributivgesetzes. Berechne dann den Term.

$4\frac{1}{7}\cdot\left(-\frac{3}{5}\right)+5\frac{6}{7}\cdot\left(-\frac{3}{5}\right)$

$=\left[4\frac{1}{7}+5\frac{6}{7}\right]\cdot\left(-\frac{3}{5}\right)$

$=10\cdot\left(-\frac{3}{5}\right)$

$=-6$

a) $-\frac{3}{11}\cdot 4{,}9+\frac{14}{11}\cdot 4{,}9$
b) $\frac{14}{9}:\left(-\frac{1}{25}\right)+\frac{4}{9}:\left(-\frac{1}{25}\right)$
c) $-7{,}13\cdot\left(-\frac{5}{6}\right)-4{,}87\cdot\left(-\frac{5}{6}\right)$
d) $2{,}2\cdot(-3{,}4)+2{,}8\cdot(-3{,}4)$
e) $1{,}39:0{,}25-6{,}39:0{,}25$
f) $1{,}9:1{,}5+2{,}6:1{,}5$

15 Berechne.

a) $-2{,}37\cdot\frac{\frac{1}{3}}{\frac{2}{5}}+1{,}43\cdot\left(\frac{\frac{1}{3}}{\frac{2}{-5}}\right)-0{,}8\cdot\left(\frac{\frac{1}{-3}}{\frac{2}{5}}\right)$

b) $\frac{-4\cdot\frac{1}{3}}{\frac{1}{3}+\frac{2}{9}}\cdot(-3)-\frac{4\cdot\frac{1}{3}}{\frac{1}{3}+\frac{2}{9}}\cdot 5+\frac{4\cdot\frac{1}{3}}{\frac{1}{3}+\frac{2}{9}}\cdot(-2)$

Das kann ich noch!

A Zeichne jeweils ein Beispiel für einen spitzen Winkel, einen stumpfen Winkel und einen überstumpfen Winkel.

B Zeichne einen Winkel von 20° mit einer Schenkellänge von mindestens 6 cm in dein Heft. Ergänze dazu alle ganzzahligen Vielfachen von 20°, solange die dabei entstehenden Winkel kleiner als ein rechter Winkel sind.

C Ein Glücksrad soll in 24 gleich große Sektoren unterteilt werden. Berechne, wie groß der Mittelpunktswinkel dieser Sektoren sein muss.

4.9 Vergleich der Zahlbereiche ℕ, ℤ und ℚ

Einstieg

Notiert, welche Zahl zu welchem Zahlbereich gehört:

Aufgabe mit Lösung

ℕ, ℤ und ℚ

Herr Schneider erklärt im Mathematikunterricht die Zahlenbereiche immer sehr anschaulich am Modell der Bratpfanne: „Die Zahlen, die nur im Eigelb liegen, entsprechen den natürlichen Zahlen (ℕ). Die Zahlen die nur im gesamten Ei (also Eigelb und Eiweiß) liegen, entsprechen den ganzen Zahlen (ℤ). Und alle Zahlen, die in der ganzen Pfanne liegen (Eigelb, Eiweiß und Pfannenboden), entsprechen den rationalen Zahlen (ℚ)."

→ In welchem Zahlenbereich liegen die Zahlen −100; −13,3; 0; $+2\frac{1}{4}$; $\frac{12}{4}$?

Lösung

Bratpfannenmodell	Zahlenbereich	−100	−13,3	0	$+2\frac{1}{4}$	$\frac{12}{4} = 3$
Eigelb	ℕ			x		x
Ganzes Ei (Eigelb, Eiweiß)	ℤ	x		x		x
Pfanne (Eigelb, Eiweiß, Pfannenboden)	ℚ	x	x	x	x	x

Information

Erweitert man die Menge der **natürlichen Zahlen** ℕ = {0; 1; 2; 3; 4; 5; ...} um die negativen Zahlen −1; −2; −3 ..., so erhält man die Menge der **ganzen Zahlen** ℤ = {...; −3; −2; −1; 0; 1; 2; 3; ...}.

Erweitert man ℤ um die Zahlen mit nicht ganzzahligen Beträgen, so erhält man die Menge ℚ aller rationalen Zahlen.

Die natürlichen Zahlen sind also eine Teilmenge der ganzen Zahlen, diese sind eine Teilmenge der rationalen Zahlen.

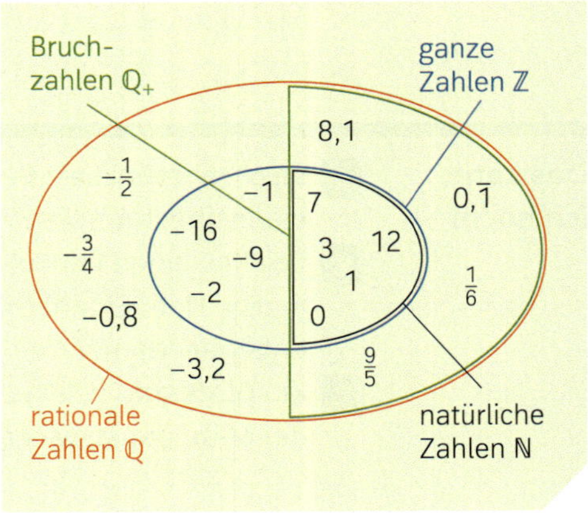

Üben

1 Gib an, zu welchen der Zahlbereiche ℕ, ℤ und ℚ die folgenden Zahlen gehören.
a) 0 **b)** -2 **c)** $2\frac{1}{3}$ **d)** $71,\overline{2}$ **e)** $-\frac{12}{4}$ **f)** $-\frac{7}{3}$

2 Nenne drei
a) ganze Zahlen, die keine natürlichen Zahlen sind.
b) rationale Zahlen, die keine ganzen Zahlen sind.
c) rationale Zahlen, die keine Bruchzahlen sind.
d) natürliche Zahlen, die keine ganzen Zahlen sind.

∈ (gelesen: ist Element von) bedeutet: gehört zu.

3 Zu welchen der Mengen ℕ, ℤ, ℚ gehören folgende Zahlen?
Gib jeweils alle Möglichkeiten an.
-7; $+\frac{2}{3}$; $-\frac{18}{13}$; 0; -12; 43; $+\frac{121}{11}$; $-\frac{300}{15}$

$+3 \in ℕ$; $+3 \in ℤ$; $+3 \in ℚ$

Ausführbarkeit von Rechenoperatoren

4 In der Menge der natürlichen Zahlen ist jede Additions- und Multiplikationsaufgabe lösbar. Das gilt jedoch nicht für die Subtraktion und die Division: $2-5$ und $2:5$ bezeichnen keine natürlichen Zahlen. Man sagt: Nur das Addieren und Multiplizieren ist in ℕ immer ausführbar.
Untersuche, welche Rechenarten in ℤ und ℚ immer ausführbar sind.

In ℚ sind alle Grundrechenarten ausführbar.

$2+(-4)=-2$ $2\cdot(-4)=-8$
$2-(-4)=6$ $2:(-4)=-\frac{1}{2}$

5 In welchen der Zahlbereiche ℕ, $ℚ_+$, ℤ und ℚ gilt folgende Eigenschaft?
a) Zu jeder Zahl findet man die Gegenzahl im gleichen Zahlbereich.
b) Zu jeder Zahl außer null findet man den Kehrwert im gleichen Zahlbereich.
c) Die Summe zweier Zahlen ist mindestens so groß wie jeder einzelne Summand.
d) Das Produkt zweier Zahlen ist mindestens so groß wie jeder einzelne Faktor.

6 Untersuche, ob folgende Aussagen, die für als Brüche geschriebene Bruchzahlen gelten, auch für negative Zahlen gelten.
a) Vergrößert man den Zähler und verändert den Nenner nicht, so wird die Zahl größer.
b) Vergrößert man den Nenner und verändert den Zähler nicht, so wird die Zahl kleiner.

7 In welchen der Zahlbereichen ℕ, $ℚ_+$, ℤ und ℚ findest du
a) zu jeder Zahl den (unmittelbaren) (1) Nachfolger (2) Vorgänger;
b) eine (1) kleinste Zahl (2) größte Zahl;
c) zu je zwei Zahlen die genau in der Mitte zwischen ihnen liegende Zahl?

Das Wichtigste auf einen Blick

Rationale Zahlen

Zahlen wie $-\frac{5}{6}$; $+4{,}5$; $-1\frac{2}{3}$; $-0{,}6$; 0 sind **rationale Zahlen**. Es gibt positive und negative rationale Zahlen. Die Menge der rationalen Zahlen wird mit $\mathbb{Q}$ bezeichnet. Die natürlichen Zahlen $\mathbb{N}$ und die Menge der ganzen Zahlen $\mathbb{Z}$ sind Teilmengen von $\mathbb{Q}$.

$+5$; $+6{,}25$; $+\frac{2}{3}$ sind positiv.
-7; $-0{,}5$; $-1\frac{1}{2}$ sind negativ.
0 ist weder positiv noch negativ

Gegenzahl und Betrag

Wird bei einer rationalen Zahl das Vorzeichen geändert, so erhält man die **Gegenzahl**. Der Abstand einer Zahl a von 0 heißt **Betrag** dieser Zahl: **|a|**

Zahl: $-4{,}5$, Gegenzahl: $+4{,}5$
$|-4{,}5| = |+4{,}5| = 4{,}5$

Vergleichen und Ordnen

Rationale Zahlen kann man nach „ist kleiner als“ ordnen. Auf der nach rechts gerichteten Zahlengerade liegt die kleinere Zahl links von der größeren.

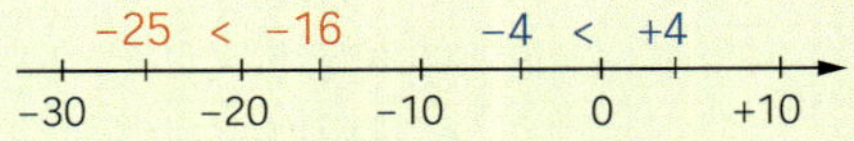

Addieren

(1) Gleiche Vorzeichen: Setze das gemeinsame Vorzeichen und addiere die Beträge der Zahlen.
(2) Verschiedene Vorzeichen: Setze das Vorzeichen der betragsmäßig größeren Zahl und subtrahiere den kleineren Betrag vom größeren.

$(+6{,}3) + (+8) = +14{,}3$
$(-11{,}5) + (-7) = -18{,}5$
$(+2{,}2) + (-7) = -4{,}8$
$(+9) + (-5{,}4) = +3{,}6$

Subtrahieren

Eine rationale Zahl wird subtrahiert, indem man ihre Gegenzahl addiert.

$(-6{,}2) - (-3) = (-6{,}2) + (+3) = -3{,}2$

Multiplizieren

Multipliziere die Beträge der Faktoren. Sind die Vorzeichen der beiden Faktoren:
- gleich, so ist das Produkt positiv;
- verschieden, so ist das Produkt negativ.

$(+4{,}2) \cdot (+5) = +21$; $(-3{,}5) \cdot (-8) = +28$
$(+4{,}2) \cdot (-5) = -21$; $(-3{,}5) \cdot (+8) = -28$

Dividieren

Dividiere die Beträge.
Sind die Vorzeichen von Dividend und Divisor:
- gleich, so ist der Quotient positiv;
- verschieden, so ist der Quotient negativ.

$(+4{,}8) : (+4) = +1{,}2$;
$(-5{,}6) : (-7) = +0{,}8$
$(+4{,}8) : (-4) = -1{,}2$;
$(-5{,}6) : (+7) = -0{,}8$
$(-4) : 0$ ist nicht definiert!

Kehrwert

Den **Kehrwert** einer rationalen Zahl (ungleich 0) erhält man durch Vertauschen von Zähler und Nenner. Durch eine Zahl (ungleich 0) dividiert man, indem man mit dem Kehrwert multipliziert.

Zahl: $-\frac{6}{7}$, Kehrwert: $-\frac{7}{6}$
$\frac{4}{9} : \left(-\frac{6}{7}\right) = \frac{4}{9} \cdot \left(-\frac{7}{6}\right) = -\frac{14}{27}$

Das Wichtigste auf einen Blick

Rechengesetze

Kommutativgesetze für Addition und Multiplikation: Summanden bzw. Faktoren kann man vertauschen.

$a + b = b + a$ $\qquad$ $a \cdot b = b \cdot a$

Assoziativgesetze für Addition und Multiplikation:

$(a + b) + c = a + (b + c)$

$(a \cdot b) \cdot c = a \cdot (b \cdot c)$

Distributivgesetze:

$a \cdot (b + c) = a \cdot b + a \cdot c$

$12 + (-43) = -43 + 12$

$8 \cdot (-13) = (-13) \cdot 8$

$(25 + (-7)) + (-13)$
$= 25 + ((-7) + (-13))$
$= 25 + (-7) + (-13)$

$(-9 \cdot 5) \cdot (-2) = -9 \cdot [5 \cdot (-2)]$
$= -9 \cdot 5 \cdot (-2)$

$5 \cdot (3 + (-8)) = 5 \cdot 3 + 5 \cdot (-8)$

Berechnen von Termen

Berechne zuerst, was in Klammern steht.
Ohne Klammern geht Punkt- vor Strichrechnung.
Potenzieren geht vor Punkt- und Strichrechnung.
Sonst rechne von links nach rechts.

$[(-8{,}3) + (+2{,}1)] \cdot (-3{,}5) - (-1{,}3)$
$= (-6{,}2) \cdot (-3{,}5) - (-1{,}3)$
$= (+21{,}7) - (-1{,}3)$
$= +23$

Bist du fit

Lösungen im Anhang

1 Stelle dir eine Zahlengerade vor.

a) Ordne die Zahlen nach der Größe. Beginne mit der kleinsten.

$-3{,}5$; $+2{,}8$; $-0{,}1$; $-3\frac{1}{2}$; $\frac{13}{5}$; $-\frac{1}{9}$; 0; $-3{,}4$

b) Bilde die Beträge der Zahlen aus Teilaufgabe a) und ordne erneut.

2 Lies die auf der Zahlengeraden markierten Buchstaben ab.

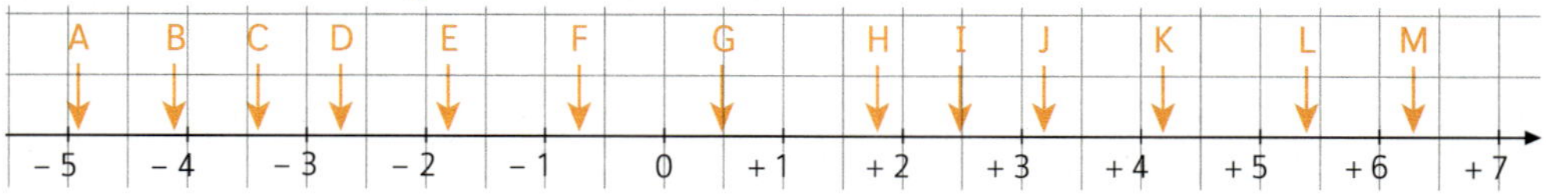

3 Berechne im Kopf.

a)	**b)**	**c)**	**d)**
$(-36) + (-12)$	$45 + (-9)$	$(-4{,}2) + 7$	$\left(-\frac{3}{4}\right) + \left(-\frac{5}{4}\right)$
$(-36) - (-12)$	$45 - (-9)$	$(-4{,}2) - 7$	$\left(-\frac{3}{4}\right) - \left(-\frac{5}{4}\right)$
$(-36) \cdot (-12)$	$45 \cdot (-9)$	$(-4{,}2) \cdot 7$	$\left(-\frac{3}{4}\right) \cdot \left(-\frac{5}{4}\right)$
$(-36) : (-12)$	$45 : (-9)$	$(-4{,}2) : 7$	$\left(-\frac{3}{4}\right) : \left(-\frac{5}{4}\right)$

4 Berechne im Kopf.

a) $3 \cdot (-8)$ b) $-48 - 16$ c) $19 - (-16)$ d) $\left(-\frac{1}{3}\right) \cdot \left(-\frac{1}{4}\right)$
e) $73 + 22$ f) $(-49) : (-7)$ g) $5{,}5 - 2{,}5$ h) $(-49) : 7$
i) $-3{,}5 + (-1{,}5)$ j) $12 : (-4)$ k) $\frac{8}{7} \cdot \left(-\frac{14}{32}\right)$ l) $4{,}5 : (-1{,}5)$
m) $(-4{,}7) \cdot 0$ n) $-2{,}3 + 8{,}1$ o) $1 : \left(-\frac{4}{7}\right)$ p) $(-1{,}6) : (-4)$
q) $(-1) \cdot (-7{,}4)$ r) $(-8{,}5) - (-8{,}5)$ s) $0 : (-4{,}2)$ t) $(-5)^2$

5 Beantworte die Frage; notiere dazu eine Aufgabe mit negativen Zahlen.

a) Von Frau Davids Konto werden monatlich 29 € für Strom abgebucht. Wie viel wird in einem Jahr abgebucht?
b) Nachdem die Temperatur in der Nacht um 7,1 Grad gefallen war, stieg sie tagsüber wieder um 4,9 Grad an. Wie hoch ist die Temperaturänderung insgesamt?
c) In den letzten fünf Stunden ist der Wasserstand um 1,5 dm gesunken. Um wie viel ist er durchschnittlich pro Stunde gesunken?
d) Von Herrn Knechts Konto wurden insgesamt 791 € abgebucht. Darunter war eine irrtümliche Lastschrift von 92 €. Welche Buchung hätte korrekt erfolgen müssen?

6 Berechne den Wert des Terms.

a) $[(-3{,}5) + 6{,}8] \cdot (-4)$ b) $2{,}1 \cdot (-5) - 0{,}8 \cdot (-6)$ c) $[(-2{,}5) + (-6{,}3)] : (-4)$
d) $\left(-\frac{4}{5}\right) + \frac{1}{2} \cdot (-3)$ e) $[(-8) - (-5)]^2$ f) $(-10)^3 - (-5)^2$
g) $\frac{-\frac{7}{10}}{-\frac{3}{5}}$ h) $\frac{(-12) + (-37)}{-7}$ i) $\frac{6 \cdot (-23)}{(-13) - (-15)}$

7 Rechne vorteilhaft.

a) $(-2{,}5) \cdot (-0{,}33) \cdot 8$ b) $(-6) \cdot \left[-\frac{1}{6} + \left(-\frac{1}{2}\right)\right]$
c) $1{,}25 \cdot (-3{,}7) + 1{,}25 \cdot (-6{,}3)$ d) $(-1{,}957) + (+3{,}4891) + (+2{,}957)$
e) $[(-1{,}1) + 55] : 11$ f) $(-0{,}35) : 7 + (-13{,}65) : 7$
g) $21\frac{7}{10} : (-7)$ h) $5\frac{1}{3} - 3\frac{2}{5} - 3\frac{1}{6} + 1\frac{1}{10} + 2\frac{2}{3} - 1\frac{5}{6} - 4\frac{4}{10}$

8 Entscheide, ob die Aussage wahr oder falsch ist. Begründe.

a) Vergrößert man eine Zahl, so verkleinert sich ihre Gegenzahl.
b) Ist der Wert eines Quotienten null, so muss der Divisor null sein.
c) Die Summe zweier rationaler Zahlen ist immer größer als ihre Differenz.

9 Zeichne in ein Koordinatensystem mit der Einheit 1 cm die Punkte A(−3,5|−2), B(6|6,5), C(2|7,5), D(1,5|5,5), E(−5,5|4,5) und verbinde sie zum Fünfeck ABCDE. Spiegele das Fünfeck an der Geraden AB und gib die Bildpunkte durch ihre ungefähren Koordinaten an.

5 Gleichungen mit einer Variablen

▲ *Die Waage befindet sich im Gleichgewicht. Ermittle, wie schwer ein Apfel ist.*

In diesem Kapitel
- lernst du, wie man Aufgaben oder Rätsel, bei denen eine unbekannte Zahl ermittelt werden soll, systematisch löst. ▸

5.1 Gleichungen durch Probieren lösen

Einstieg

Wanted
Multipliziert man eine Zahl mit sich selbst, so ist das Ergebnis um 12 größer als die Ausgangszahl.

Bestimmt durch systematisches Probieren alle ganzen Zahlen, auf die die Angaben im Steckbrief zutreffen.

Aufgabe mit Lösung

Zahlenrätsel mit einer Tabelle lösen

Marie hat sich ein Zahlenrätsel ausgedacht.

→ Löse das Zahlenrätsel durch systematisches Probieren.

Lösung
Man probiert zuächst systematisch die natürlichen Zahlen der Reihe nach durch. Die Ergebnisse der beiden Rechenwege notiert man am besten in einer Tabelle und vergleicht sie.

ausprobierte Zahl	Zahl mit 3 multipliziert und 4 dazu addiert	Zahl mit sich selbst multipliziert	Vergleich
0	4	0	$4 \neq 0$
1	7	1	$7 \neq 1$
2	10	4	$10 \neq 4$
3	13	9	$13 \neq 9$
4	16	16	$16 = 16$
5	19	25	$19 \neq 25$

Die Zahlen wachsen jedes Mal um 3 an.

Diese Zahlen wachsen von Mal zu Mal stärker an.

Das Anwachsen der Zahlen in der zweiten und dritten Spalte zeigt: Bei jeder weiteren natürlichen Zahl ist die mit sich selbst multiplizierte Zahl größer als die andere.
Man probiert nun auch die negativen Zahlen.

ausprobierte Zahl	Zahl mit 3 multipliziert und 4 dazu addiert	Zahl mit sich selbst multipliziert	Vergleich
−1	1	1	$1 = 1$
−2	−2	4	$-2 \neq 4$
−3	−5	9	$-5 \neq 9$

Diese Zahlen werden jedes Mal um 3 kleiner.

Diese Zahlen wachsen von Mal zu Mal stärker an.

Bei jeder weiteren negativen Zahl sind die Vorzeichen der Ergebnisse verschieden. Das bedeutet, dass man also alle Lösungen gefunden hat. Daher kann sich Marie nur die Zahl −1 oder 4 gedacht haben.

Information

Um ein Zahlenrätsel kurz als **Gleichung** zu notieren, benötigt man einen Platzhalter für die gesuchte Zahl.
Statt ■ verwendet man meistens Buchstaben (x, y, a, b, ...). Diese nennt man **Variable**.
Eine Zahl ist **Lösung** einer Gleichung, wenn sich beim Einsetzen links und rechts des Gleichheitszeichens derselbe Wert ergibt.
Die **Lösungsmenge** umfasst alle Lösungen der Gleichung.

Bei einem Zahlenrätsel soll die gesuchte Zahl x genannt werden:
$x \cdot x = x + 6$
-2 ist Lösung der Gleichung, weil
$(-2) \cdot (-2) = 4 = (-2) + 6$.
Auch 3 ist Lösung der Gleichung, weil
$3 \cdot 3 = 9 = 3 + 6$.
Für alle anderen Zahlen sind die linke und rechte Seite der Gleichung verschieden. Die Lösungsmenge ist daher $L = \{-2; 3\}$.

Üben

1 Für welche Zahlen trifft der Steckbrief rechts zu?

Wanted
Gesucht sind alle ganzen Zahlen, deren Produkt mit sich selbst um 10 größer ist als ihr Dreifaches.

2 Löse das Zahlenrätsel mit ganzen Zahlen durch systematisches Probieren mit einer Tabelle. Stelle die Gleichung auf und gib die Lösungsmenge an.
a) Wenn man eine Zahl verfünffacht, erhält man dasselbe, wie wenn man sie mit sich selbst multipliziert.
b) Wenn man die Zahl versechsfacht und dann 5 subtrahiert, erhält man dasselbe, wie wenn man sie mit sich selbst multipliziert.
c) Wenn man die Zahl mit sich selbst multipliziert und dann noch das Elffache der ursprünglichen Zahl dazu addiert, erhält man -24.

$a^2 = a \cdot a$
$a^3 = a \cdot a \cdot a$

3 Finde durch systematisches Probieren alle ganzen Zahlen, die die Gleichung lösen.
a) $a^2 + 3 \cdot a = 0$ **b)** $b^2 = 4 \cdot b - 4$ **c)** $3 \cdot c - 10 = -c^2$ **d)** $d^2 - 5 \cdot d = 0$

Das kann ich noch!

A Eine Orange wiegt 210 g, ihre Schale 60 g.
1) Wie viele Orangen muss man für 4,5 kg Fruchtfleisch schälen?
2) Wie hoch ist der prozentuale Anteil des Fruchtfleischs an der gesamten Orange?

B Zum Bau einer Siedlung benötigt ein Unternehmen ein Gelände von 2 km² 14 ha. Es kauft Grundstücke der folgenden Größen: 170 a; 0,9 km²; 95 ha; 20 000 m² und 75 ha. Wie viel Gelände besitzt die Gesellschaft zu viel?

C Im Sägewerk ist ein Baumstamm auf Lager, der beim Durchsägen 8 Bretter mit einer Dicke von 4,5 cm liefern würde. Es besteht aber nur eine Nachfrage für lange Bretter der Dicke 3 cm.
Wie viele Bretter kann man aus dem Baumstamm herstellen?

Gleichungen mit Sonderfällen

4 ≡ Versuche, folgende Gleichungen zu lösen. Welche Besonderheiten fallen dir auf?
a) $x = x + 2$ **b)** $4 \cdot x = 5 \cdot x - x$

Wenn es bei einer Gleichung keine Lösung gibt, ist die Lösungsmenge die **leere Menge** und man schreibt **L = { }**.

Wenn man bei einer Gleichung jede beliebige rationale Zahl einsetzen kann, so schreibt man **L = ℚ**.

Die Gleichung $x + 5 = x - 2$ hat keine Lösung, weil es keine Zahl gibt, die diese Bedingung erfüllen kann:
L = { }
Die Gleichung $4 \cdot x - 3 \cdot x = x$ hat jede beliebige rationale Zahl als Lösung:
L = ℚ.

5 ≡ Bestimme die Lösungsmenge der folgenden Gleichung.
a) $x - 3 = x$ **b)** $x + x = 2 \cdot x$ **c)** $3 \cdot a = 2 \cdot a$ **d)** $x - 2 \cdot x = -x$

Aufgaben mit Tabellenkalkulation

6 ≡ TAB Insbesondere, wenn die Lösungen einer Gleichung keine ganzen Zahlen sind, kann man die Tabellenkalkulation als Hilfsmittel nutzen. Eine Lösung der Gleichung $8 - x^2 - 20 - x = 30 \cdot x - 57$ kannst du rechts schon ablesen. Du kannst auch vermuten, wo man nach einer weiteren Lösung suchen kann. Suche in diesem Bereich zunächst mit einer Schrittweite von 0,1 und dann mit 0,01 nach der zweiten Lösung.

C2 | fx =30*A2-57

	A	B	C	D
1	x	8*x^2-20*x	30*x-57	
2	0	0	-57	
3	0,5	-8	-42	
4	1	-12	-27	
5	1,5	-12	-12	
6	2	-8	3	
7	2,5	0	18	
8	3	12	33	
9	3,5	28	48	
10	4	48	63	
11	4,5	72	78	

7 ≡ TAB Ermittle die Lösung mithilfe einer Tabellenkalkulation.
a) Gehe in Schritten von 0,1 im Bereich von −10 bis +10 vor, um die Lösungen der Gleichung $x^2 - 1{,}4x = 19{,}76$ zu finden.
b) Gehe in Schritten von 0,01 im Bereich von −1 bis +1 vor, um die Lösungen der Gleichung $x^2 = 0{,}73x + 0{,}102$ zu finden.

Weiterüben

8 ≡ Bei diesen Gleichungen musst du nicht lange probieren, um die Lösungsmenge zu bestimmen. Gib sie an.
a) $x - 7 = 3$ **b)** $x + 5 = -1$ **c)** $x \cdot 3 = 6$ **d)** $x : 4 = 1$
e) $x \cdot x = 9$ **f)** $4 : x = -2$ **g)** $|x| = 6$ **h)** $|x - 4| = 2$

9 ≡ Finde eine Gleichung, die die angegebene Zahl als Lösung hat.
a) 8 **b)** −5 **c)** $\frac{5}{2}$ **d)** $-\frac{3}{4}$ **e)** 0 **f)** 1,2

Systematisches Probieren

Du hast die ganzzahligen Lösungen einer Gleichung durch Probieren bestimmt. Dabei bist du systematisch vorgegangen, um keine Lösung zu übersehen. In Bereichen, in denen es keine Lösungen mehr geben kann, hast du nicht weiter gesucht. Schließlich hast du deine Probierwerte übersichtlich in einer Tabelle notiert. So konntest du sicher sein, dass dein Ergebnis stimmt und vollständig ist – was beim planlosen Probieren nicht möglich wäre. Systematisches Probieren ist eine wichtige mathematische Problemlösestrategie, die auch in anderen Bereichen angewendet wird.

1 Mit der Tabelle rechts wurden die ganzzahligen Lösungen der Gleichung $x \cdot x = x + 6$ ermittelt. Lies die Lösungen ab und begründe, dass es keine weiteren geben kann.

Zahl x	$x \cdot x$	$x + 6$	Vergleich
−3	9	3	$9 \neq 3$
−2	4	4	$4 = 4$
−1	1	5	$1 \neq 5$
0	0	6	$0 \neq 6$
1	1	7	$1 \neq 7$
2	4	8	$4 \neq 8$
3	9	9	$9 = 9$
4	16	10	$16 \neq 10$

2 Sina spielt Basketball im Verein und trainiert Korbleger. Bei einem Training werden 20 Versuche gemacht. Für jeden Treffer erhält man einen Punkt. Für Fehlversuche zwei Punkte Abzug.
a) Nach den 20 Versuchen hat Sina 11 Punkte. Ermittle durch systematisches Probieren, wie viele Treffer dabei hatte.
b) Sinas Freundin Lara sagt: „Bist du gut! Ich habe nur 9 Punkte erreicht“. Was meinst du dazu?

3 Frau Börges hat ganz viel Kleingeld im Portemonnaie. Wie viele Möglichkeiten gibt es, einen Betrag von 20 ct mit 1 ct-, 2 ct- und 5 ct-Münzen zu bezahlen? Probiere systematisch mithilfe einer Tabelle.

Beim systematischen Probieren ist es wichtig, das Vorgehen übersichtlich zu notieren. Damit kann man nicht nur Lösungen finden, sondern auch beweisen, dass es keine Lösungen gibt.

4 Primzahlen kann man nur durch Probieren herausfinden. Untersuche, ob 211 und 221 Primzahlen sind. Gehe systematisch und möglichst effektiv vor.

5.2 Lösen von Gleichungen, in denen die Variable einmal vorkommt

Einstieg

Die Waage befindet sich im Gleichgewicht. Überlegt, in welchen Schritten ihr vorgeht, um das unbekannte Gewicht der Ringe herauszufinden.

Aufgabe mit Lösung

Strategien zum Lösen einer Gleichung

Löse das Zahlenrätsel durch Rückwärtsrechnen. Du kannst dir dabei eine Waage vorstellen oder die Umformungen am Zahlenstrahl vornehmen.

Lösung

Man schreibt das Zahlenrätsel als Gleichung: $3 \cdot x + 1 = 7$.

Veranschaulichung mit der Waage

Man denkt sich gleich große unbekannte Gewichte links auf der Waage, außerdem noch links 1 und rechts 7 Einheitsgewichte. Die Waage ist im Gleichgewicht.

$3 \cdot x + 1 = 7$

Auf beiden Waagschalen nimmt man 1 weg. Die Waage bleibt im Gleichgewicht.

$3 \cdot x = 6$

Auf beiden Waagschalen bildet man den 3. Teil. Die Waage bleibt im Gleichgewicht.

$x = 2$

Veranschaulichung mit der Zahlengeraden

Die gesuchte Zahl x liegt irgendwo auf der Zahlengeraden. Man weiß nicht wo. Doch man weiß, dass $3 \cdot x + 1 = 7$ ist. Man bestimmt x durch Rückwärtsrechnen.

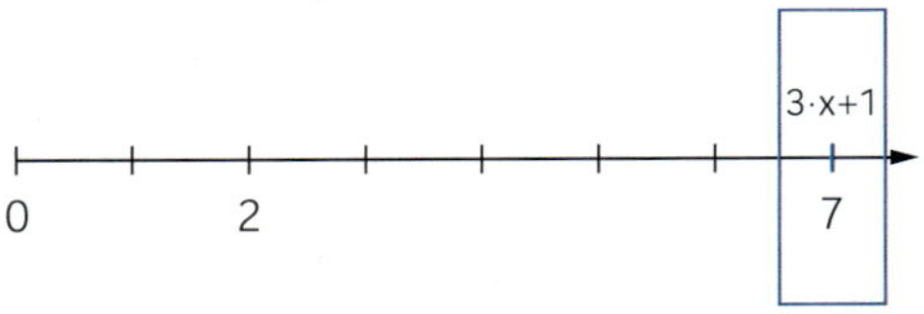

Dann muss $3 \cdot x = 6$ sein (Auf beiden Seiten 1 subtrahieren).

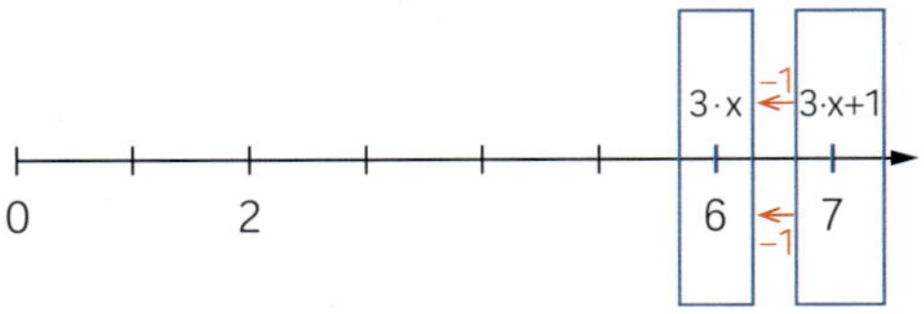

Wenn aber das Dreifache von x gleich 6 ist, dann muss $x = 2$ sein. Auf beiden Seiten durch 3 dividieren.

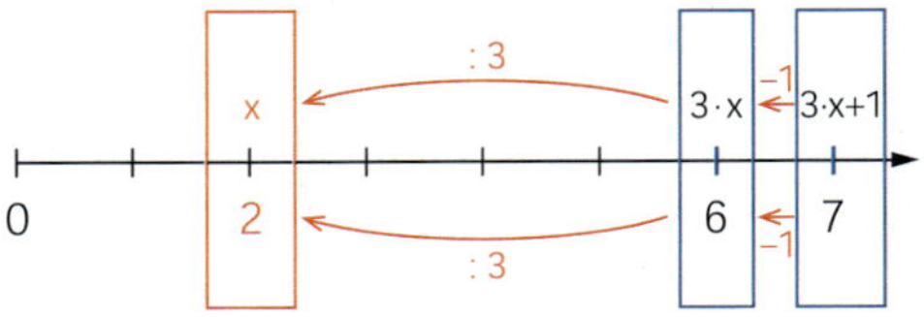

Ergebnis: Die gesuchte Zahl heißt 2. Aus den Überlegungen ist klar, dass es keine andere Lösung geben kann. Die Lösungsmenge der Gleichung ist daher $L = \{2\}$.

Information

Zum Lösen einer Gleichung formt man sie in eine einfache Gleichung um, deren Lösung(en) man sofort erkennt. Gleichungen, die dieselbe Lösungsmenge besitzen, nennt man **äquivalent** zueinander.

Folgende Umformungen sind möglich, um aus einer Gleichung eine zu ihr äquivalente zu erhalten.

(1) Man kann auf beiden Seiten der Gleichung dieselbe Zahl addieren oder subtrahieren.

(2) Man kann beide Seiten der Gleichung mit derselben Zahl (außer 0) multiplizieren oder durch dieselbe Zahl (außer 0) dividieren.

Solche Umformungen heißen **Äquivalenzumformungen**.

Äquivalenzumformungen kann man auch hinter der Gleichung mit einem sogenannten **Befehlsstrich** verdeutlichen.

Die einzelnen Gleichungen haben alle dieselbe Lösungsmenge $L = \{2\}$

(1) $3 \cdot x + 1 = 7$

(2) $3 \cdot x = 6$

(3) $x = 2$

$+1$ -1 $3 \cdot x + 1 = 7$ -1 $+1$

$3 \cdot x = 6$

$\cdot 3$ $:3$ $3 \cdot x = 6$ $:3$ $\cdot 3$

$x = 2$

Gleichheitszeichen unter Gleichheitszeichen

$4 \cdot x - 5 = -3 \quad |+5$

$4 \cdot x - 5 + 5 = -3 + 5$

$4 \cdot x = 2 \quad |:4$

$4 \cdot x : 4 = 2 : 4$

$x = \frac{1}{2}$

Lösungsmenge $L = \left\{\frac{1}{2}\right\}$

Addiere 5 auf beiden Seiten der Gleichung.

Dividiere beide Seiten der Gleichung durch 4.

Diese Zeilen kannst du weglassen.

Üben

1 Das Gewicht eines Ziegelsteines soll ermittelt werden.
Welche Veränderungen am Inhalt der beiden Waagschalen kannst du vornehmen, sodass die Waage stets im Gleichgewicht bleibt? Gehe schrittweise vor.
Notiere dein Vorgehen mithilfe von Gleichungen.

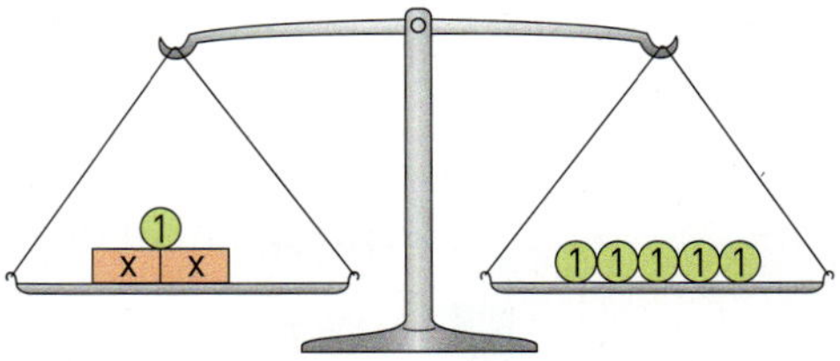

2 Veranschauliche an der Zahlengeraden oder Waage, wie man die Lösung der Gleichung findet.

a) $4 \cdot x + 3 = 11$ b) $3 \cdot x + 6 = 7$ c) $2 \cdot x + 5 = -1$ d) $5 \cdot x - 2 = 3$

e) $2 \cdot x - 4 = -10$ f) $4 \cdot x + 7 = 7$ g) $3 \cdot x - 6 = 0$ h) $7 \cdot x + 7 = 0$

3 Beschrifte die Pfeile und fülle die Lücken im Heft aus.

a) $x + 12 = 38$; x = ■ b) $x + 11 = 3$; x = ■ c) $x - 3{,}6 = 0$; x = ■ d) $x \cdot 15 = 60$; x = ■

e) $1{,}2 \cdot x = -10{,}8$; x = ■ f) $x : 7 = 5$; x = ■ g) $-5 \cdot x = -20$; x = ■ h) $-x = 5$; x = ■

4 ≡ Welche Umformungsregel wird angewandt? Ergänze mit Befehlsstrich im Heft.

a) $x - 18 = 12$ → $x = 30$
b) $x + 10 = 7$ → $x = -3$
c) $x : 8 = -4$ → $x = -32$
d) $5 \cdot x = 45$ → $x = 9$
e) $-x = 20$ → $x = ■$
f) $-\frac{1}{2} \cdot x = -8$ → $x = ■$
g) $x - 2{,}5 = -4$ → $x = ■$
h) $-\frac{x}{5} = 5$ → $x = ■$

5 ≡ Ergänze die Umformungen mit dem Befehlsstrich und überprüfe die Rechnung.

a) $4 \cdot x + 9 = 21$ → $4 \cdot x = 12$ → $x = 3$
b) $7 \cdot x - 5 = -26$ → $7 \cdot x = -21$ → $x = -3$
c) $-20 \cdot x - 10 = 0$ → $-20 \cdot x = 10$ → $x = -\frac{1}{2}$
d) $10 \cdot x + 8 = 38$ → $10 \cdot x = 30$ → $x = 3$

Lösungsmenge und Probe

6 ≡ Um sicher zu stellen, dass eine gefundene Lösung tatsächlich Lösung der Gleichung ist, führt man eine Probe durch.

a) Prüfe, ob -2 eine Lösung der Gleichung $3 \cdot z + 2 = -4$ ist.

b) Prüfe, ob $\frac{1}{4}$ eine Lösung der Gleichung $7 \cdot a - \frac{1}{2} = \frac{1}{2}$ ist.

Probe: Ist −3 Lösung der Gleichung?	Probe: Ist 1 Lösung der Gleichung?
$2 \cdot x - 4 = -2$	$2 \cdot x - 4 = -2$
$2 \cdot (-3) - 4 \overset{?}{=} -2$	$2 \cdot 1 - 4 \overset{?}{=} -2$
$-6 - 4 \overset{?}{=} -2$	$2 - 4 \overset{?}{=} -2$
$-10 = -2$ f	$-2 = -2$ w
−3 ist **keine** Lösung.	1 ist **eine** Lösung.

7 ≡ Bestimme die Lösungsmenge. Führe auch die Probe durch.

a) $8 \cdot x + 10 = 34$ **b)** $3 \cdot t + 4 = 25$ **c)** $4 \cdot x + 10 = 20$ **d)** $5 \cdot u + 7 = 12$
e) $5 \cdot x - 12 = 8$ **f)** $2 \cdot y + 5 = -5$ **g)** $2 \cdot x - 3 = -3$ **h)** $7 \cdot x - 3 = -10$
i) $-2 \cdot x - 5 = -5$ **j)** $-7 \cdot z + 15 = 50$ **k)** $-3 \cdot u + 5 = -1$ **l)** $-x - 5 = -9$
m) $-5 \cdot r + 6 = 17$ **n)** $3 \cdot z - 4 = -12$ **o)** $11 \cdot e - 22 = 99$ **p)** $-5 \cdot p + 9 = 86$

Schreibweise ohne Malpunkte

8 ≡ Welche Malzeichen darfst du weglassen, ohne Fehler zu machen?

a) $3 \cdot a$ **b)** $4 \cdot 5 \cdot x$
c) $2 \cdot \frac{1}{3} \cdot a$ **d)** $2 \cdot \frac{1}{2} + \frac{3 \cdot x}{2}$
e) $3 \cdot 5^2 - 1 \cdot x$ **f)** $7 \cdot b \cdot 5$

Malpunkte dürfen weggelassen werden, wenn keine Missverständnisse möglich sind.

4a statt $4 \cdot a$ – 4 Äpfel statt 4 mal ein Apfel
aber nicht 45 statt $4 \cdot 5$

9 ≡ Welche Fehler hat Malte gemacht? Veranschauliche deine Begründung auch an einer Waage. Korrigiere Maltes Rechnung im Heft.

$4x = 6$
$x = 2$

$2x + 4 = 10$
$x + 4 = 5$
$x = 1$

10 Welche der folgenden Gleichungen sind äquivalent zueinander? Findet sie und begründet einander eure Meinung.

$6x + 4 = 18$ | $6x = 14$ | $3x + 2 = 7$ | $3x + 2 = 5$ | $3x + 7 = 12$ | $3x = 7$

11 Löse das Zahlenrätsel mithilfe einer Gleichung.

a) Addiert man 17 zum Fünffachen der Zahl, so erhält man 52.

b) Addiert man das Dreifache der Zahl zu 37, so ergibt sich 19.

12 Paul meint: „Die Subtraktionsregel zum Umformen ist völlig überflüssig."

a) Beurteile, ob er recht hat.

b) Ist auch die Multiplikationsregel überflüssig?

Untersuche dazu, ob man jede Multiplikation durch eine Division ersetzen kann.

13 Denke dir ein Zahlenrätsel aus und stelle es deinem Partner. Dieser löst es. Danach stellt er dir ein Zahlenrätsel. Wiederholt das Ganze noch einmal mit schwierigeren Gleichungen.

14 Stelle eine Gleichung mit der vorgegebenen Lösung auf und lasse sie von deinem Partner lösen. Tauscht die Rollen nach jeder Teilaufgabe.

a) 5 **b)** 4 **c)** $\frac{1}{2}$ **d)** $\frac{3}{4}$ **e)** -1 **f)** 0

15 Vergleicht die Lösungswege.

Anna

$$\begin{aligned} 17 - 3x &= 8 && \mid -8 \\ 9 - 3x &= 0 && \mid +3x \\ 9 &= 3x && \mid :3 \\ 3 &= x \end{aligned}$$

Achmed

$$\begin{aligned} 17 - 3x &= 8 && \mid -17 \\ -3x &= -9 && \mid :(-3) \\ x &= 3 \end{aligned}$$

16 Bestimme die Lösungsmenge. Führe auch die Probe durch.

a) $45 - 7x = -11$ **b)** $69 - 5x = 24$ **c)** $13x - 49 = -179$ **d)** $-9c - 1 = -10$

e) $0 = 4 - 8t$ **f)** $5x + 0{,}3 = 0{,}7$ **g)** $4x + 1{,}2 = 0{,}2$ **h)** $3{,}5 = 10x - 1{,}5$

i) $2x - 0{,}8 = 1{,}4$ **j)** $1{,}2 = -x - 4{,}8$ **k)** $-7 - 2x = -11$ **l)** $\frac{x}{5} = -2$

m) $12 - 3x = 15$ **n)** $\frac{x}{4} = -2$ **o)** $-7{,}5 = 0{,}5x + 0{,}5$ **p)** $-5x - 5 = -15$

Weiterüben

17 Bestimme die Lösungsmenge. Führe auch die Probe durch.

a) $x:2 + 14 = 13$ **b)** $-x:7 + 5 = 3$ **c)** $-3 = 4 - y:3$ **d)** $8 - 5x = 13$

e) $\frac{x}{2} + 3 = 7$ **f)** $\frac{1}{6} - \frac{2}{3}x = -\frac{1}{2}$ **g)** $\frac{1}{2} - \frac{1}{3}x = \frac{2}{3}$ **h)** $-y + \frac{1}{2} = -\frac{2}{5}$

i) $-7 = -\frac{1}{2}x + 3$ **j)** $\frac{3}{8}x - \frac{3}{4} = -\frac{5}{8}$ **k)** $-\frac{1}{8} = \frac{3}{8}x - \frac{1}{4}$ **l)** $2\frac{1}{5} = \frac{3}{4}x - \frac{4}{5}$

m) $-\frac{2}{3}a + \frac{1}{2} = -\frac{1}{4}$ **n)** $0{,}8x + 2{,}4 = 4{,}8$ **o)** $y - \frac{1}{2} = -1\frac{1}{2}$ **p)** $\frac{2}{5} = \frac{1}{3} - \frac{2}{3}x$

q) $\frac{3}{4} = \frac{1}{2} + \frac{2}{3}x$ **r)** $1\frac{1}{2} = -\frac{1}{3}x + \frac{3}{4}$ **s)** $9 = \frac{b}{2} - 2$ **t)** $-c - 6{,}8 = -7{,}8$

5.3 Lösen von Gleichungen, in denen die Variable mehrfach vorkommt

Einstieg

Veranschaulicht den Lösungsweg im Waagemodell.

Aufgabe mit Lösung

Lösen von Gleichungen des Typs $a \cdot x = b \cdot x + c$

Stelle die Gleichung $5x = 3x + 6$ mithilfe einer Waage oder einer Zahlengeraden dar. Löse sie durch geeignete Umformungen.

Lösung

Veranschaulichung mit der Waage

Auf der linken Waagschale liegen 5 Ziegelsteine, auf der rechten 3 Ziegelsteine und 6 Gewichtsstücke.
Die Waage ist im Gleichgewicht.

$5x = 3x + 6$

Man nimmt von beiden Schalen 3 Ziegelsteine weg.
Die Waage bleibt im Gleichgewicht.

$2x = 6$

Man nimmt von beiden Schalen die Hälfte. Die Waage bleibt im Gleichgewicht.

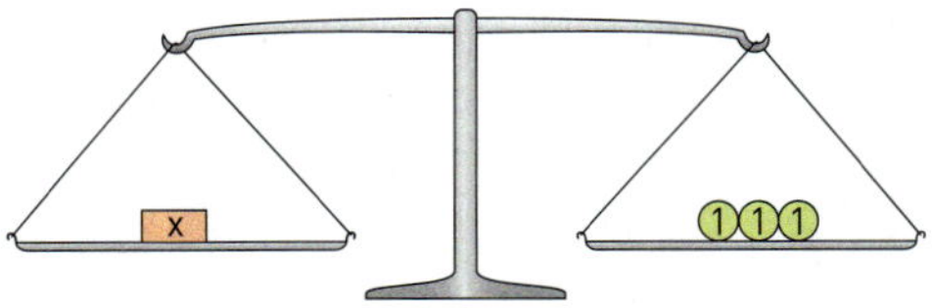

$x = 3$

Man erkennt: Ein Ziegelstein ist so schwer wie 3 Gewichtsstücke.

Veranschaulichung mit der Zahlengeraden

Die gesuchte Zahl x liegt irgendwo auf der Zahlengeraden. Man weiß nicht wo, sondern nur, dass $5x$ und $3x + 6$ an derselben Stelle liegen.

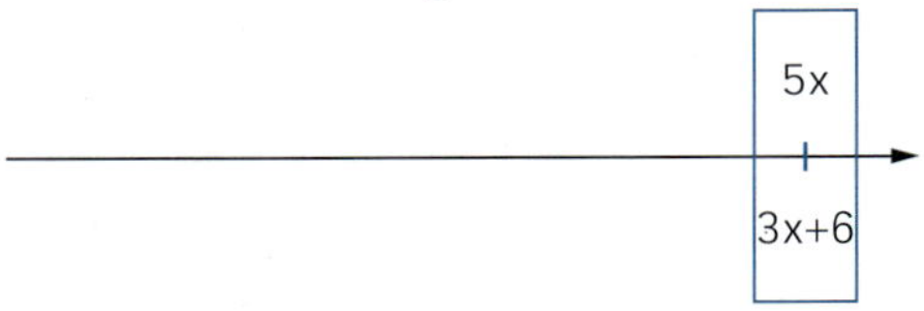

Verringert man wir aber diese unbekannte Stelle um $3x$, so erhält man, dass $2x$ an der Stelle 6 liegen muss.

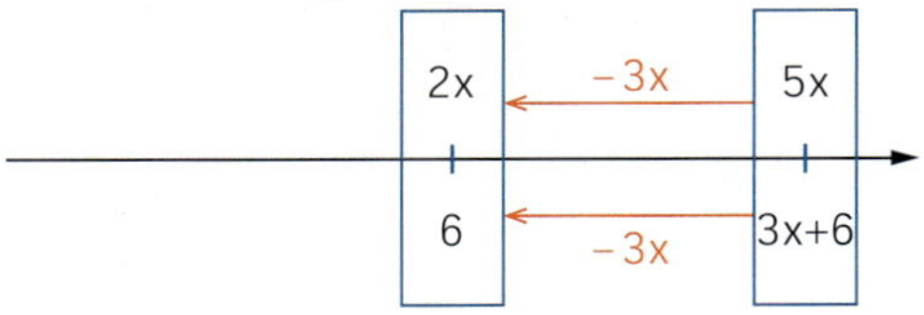

Jetzt muss nur noch auf beiden Seiten halbiert werden.

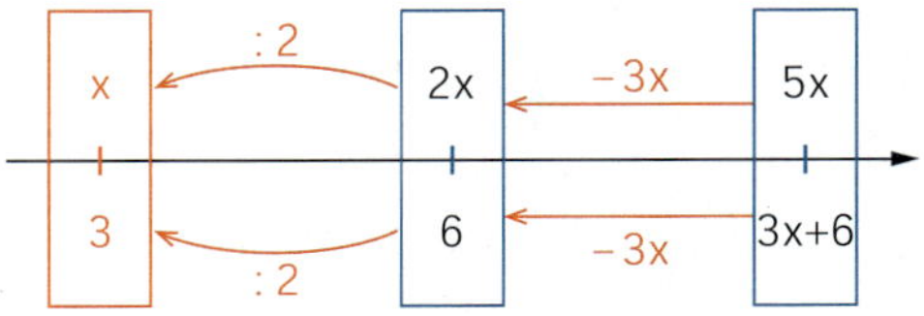

Man sieht: x liegt an der Stelle 3.

Ergebnis: Die Gleichung $5x = 3x + 6$ hat die Lösungsmenge $L = \{3\}$.

Information

Zusammenfassen von Vielfachen einer Variablen

Man addiert oder subtrahiert Vielfache einer Variablen, indem man die Zahlfaktoren addiert oder subtrahiert.

$7x + 5x = 12x$
$3x - 3x = 0x = 0$
$2x + x = 2x + 1x = 3x$

Strategien zum Lösen von Gleichungen

(1) **Sortieren**

a) Durch Subtraktion oder Addition eines geeigneten Vielfachen der Variable auf beiden Seiten der Gleichung wird dafür gesorgt, dass die Variable nur noch auf einer Seite vorkommt.

b) Durch Subtraktion oder Addition einer Zahl auf beiden Seiten der Gleichung wird dafür gesorgt, dass die Variable mit ihrem Faktor allein auf ihrer Seite vorkommt.

(2) **Isolieren** der Variablen

Dazu werden beide Seiten durch den Faktor vor der Variablen dividiert oder mit seinem Kehrwert multipliziert.

$17x + 2 = -3x - 78 \quad | +3x$
$17x + 2 + 3x = -3x - 78 + 3x$
$20x + 2 = -78 \quad | -2$
$20x + 2 - 2 = -78 - 2$
$20x = -80 \quad | :20$
$20x : 20 = -80 : 20$
$x = -4$
Lösungsmenge: $L = \{-4\}$

Diese Zeilen kannst du weglassen

Üben

1 Bestimme jeweils das Gewicht einer Kugel.
Notiere dein Vorgehen mithilfe von Gleichungen.

a) 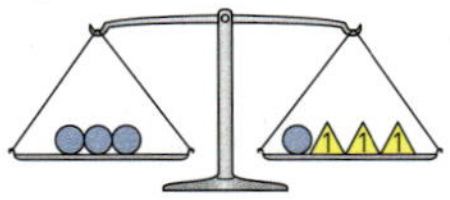
b) 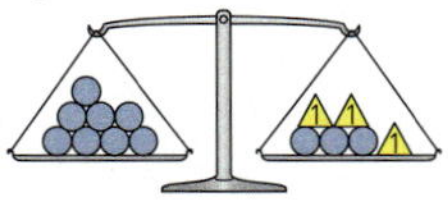
c) 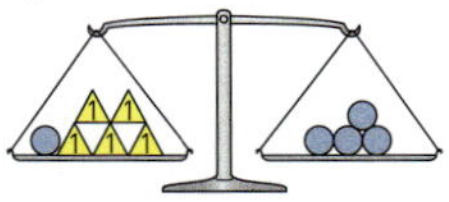
d) 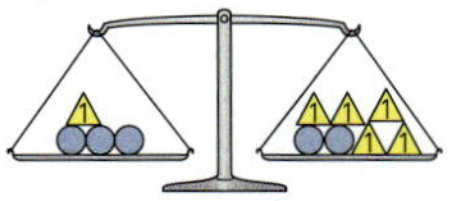

2 Vereinfache.

a) $4x + 2x$	b) $7y + 1y$	c) $9x - 5x$	d) $14y - 14y$
e) $12r - 3r - 8r$	f) $17s + 5s - 29s$	g) $z - 1z - 10z$	h) $2{,}2a - 3a + 2a$
i) $1{,}2r - 1{,}4r$	j) $-3{,}45x + 2{,}13x$	k) $5x + 3x + 4x$	l) $8a + 6a - 14a$
m) $-0{,}4x + x - 3x$	n) $2{,}5u - 4{,}3u + 5u$	o) $\frac{3}{4}r - \frac{1}{8}r - \frac{1}{2}r$	p) $\frac{3}{4}x - x + \frac{1}{3}x$

3 Zerlege auf drei verschiedene Weisen in eine Summe aus zwei Summanden.

a) $16x$ b) $9h$ c) $24b$ d) $20z$

4 Hier wurden Vielfache der Variable zusammengefasst. Kontrolliere.

Anna	Ben	Christina	Dominik
$7x - 7 = x$	$5x - x = 4x$	$x + 2x = 3x$	$x - x = 0$

5 ≡ Fasse zusammen.

a) $7x - 3 + 2x + 5$ b) $8x + 4 - x - 3$ c) $-5 - 2x + x - 7$
d) $12x + 5x + 9 + 11x$ e) $9x - 4 + 3x - 2 + 7x$ f) $x + 1 - 2x + 3 - x$
g) $-2x + 3 - 3x + 4x - 5$ h) $-x - 7 - 2x - 9 + 3$ i) $u - 2u + 3 + u - 3$

6 ≡ Bestimme die Lösungsmenge.

a) $7x = 3x + 28$ b) $7x + 6 = 10x$ c) $16x = 4x + 72$
d) $12x + 20 = 17x$ e) $17x = 7x + 5$ f) $42 + 22x = 28x$
g) $8x = 40 + 3x$ h) $11x = 48 - x$ j) $-3x - 12 = -x - 6$

7 ≡ Löse das Zahlenrätsel rechts mithilfe einer Gleichung.

8 ≡ Vergleiche die Lösungswege.

Elena

$2x = 5x - 12 \quad | -2x$
$0 = 3x - 12 \quad | +12$
$12 = 3x \quad | \cdot \frac{1}{3}$
$4 = x$

Fabian

$2x = 5x - 12 \quad | -5x$
$-3x = -12 \quad | :(-3)$
$x = 4$

9 ≡ Bestimme die Lösungsmenge. Führe auch die Probe durch.

a) $4x + 5 = 2x + 9$ b) $5x - 3 = 3x + 5$ c) $-6x + 2 = -4x + 1$
d) $3x - 5 = 2x + 2$ e) $9y + 20 = 5y + 12$ f) $101 + 3x = 1 - 17x$
g) $3d + 47 = 11 - d$ h) $-r - 20 = -5r - 72$ i) $22x - 61 = 12x - 61$

Das kann ich noch!

A Untersuche, ob durch die Tabellen zueinander proportionale Größen gegeben sind.

Deutsche Damen- und Herrenschuhgrößen:

Gr.	34	35	36	37	38	39	40	41	42	43	44	45	46	47
cm	22,7	23,3	24,0	24,6	25,3	26,0	26,7	27,3	28,0	28,6	29,3	30,0	30,7	31,4

Englische Damen- und Herrenschuhgrößen:

Gr.	$2\frac{1}{2}$	3	$3\frac{1}{2}$	4	$4\frac{1}{2}$	5	$5\frac{1}{2}$	6	$6\frac{1}{2}$	7
cm	23,1	23,5	24,0	24,5	24,9	25,3	25,8	26,2	26,7	27,1

Gr.	$7\frac{1}{2}$	8	$8\frac{1}{2}$	9	$9\frac{1}{2}$	10	$10\frac{1}{2}$	11	$11\frac{1}{2}$
cm	27,6	28,0	28,4	28,9	29,3	29,7	30,2	30,6	31,0

Kinderschuhgrößen:

Gr.	18	19	20	21	22	23	24	25	26	27	28	29	30	31	32	33
cm	12,1	12,7	13,3	14,0	14,6	15,3	16,0	16,6	17,3	18,0	18,6	19,3	20,0	20,6	21,3	22,0

Zusammenfassen als zusätzlicher Schritt

10 ≡ Vervollständige die Rechnung rechts.

> Vielfache einer Variable auf derselben Seite einer Gleichung werden zunächst zusammengefasst:
> $7x + 4 - 11x = 2x - 8$
> $-4x + 4 = 2x - 8 \quad | -2x$

11 ≡ Löse die Gleichung.

a) $2a + 9 + 3a = 4a - 2$

b) $-8b + 11 = 5b - 13 + 23b$

c) $0 = -c + 1 + 6c - \frac{8}{3}$

12 ≡ Bestimme die Lösungsmenge.

a) $6x + 1 - 2x = 2x + 17$

b) $15x + 4 = 6x - 86 - x$

c) $-5x + 3 - 3x = -4x - 33$

d) $9x + 33 - 4x = 9x - 7$

e) $5 = 7x + 26 + 2x - 12x$

f) $8x + 2 - 5x = 12 - 3x + 14$

g) $4x + 9 - 2x = 30 - 20x - 10$

h) $24a + 26 - 15a = 12 - 9a + 8$

i) $1 + 2t - 2 - t - 3 + 3t = 0$

j) $4 - 4u - 9 = u - 17 - 74$

k) $50y - 4 - 80y = 12 + 10y - 1$

l) $11b - 4 - 13b = 7 + 4b - 17$

m) $-19r + 14 + 7r + 3 - 17 = 0$

n) $7 + 10b - 7 + 8b = 9b + 12 + b$

13 ≡ Unten siehst du Marias Weg zum Lösen einer Gleichung. Welchen Ratschlag würdest du ihr geben?

$$7x - 3 - 5x - 2 = 4x - 2 - 3x \quad | +3$$
$$7x - 5x - 2 = 4x - 2 - 3x + 3 \quad | +2$$
$$7x - 5x = 4x - 2 - 3x + 3 + 2 \quad | -4x$$
$$7x - 5x - 4x = -2 - 3x + 3 + 2 \quad | +3x$$
$$7x - 5x - 4x + 3x = -2 + 3 + 2$$
$$x = 3$$

14 ≡ Bestimme die Lösungsmenge.

a) $\frac{5}{4} + 17x = \frac{3}{4} + 18x - 0{,}5$

b) $x - 2{,}5x + 6 + 1{,}8x = 1{,}8x - 2{,}5x + 6{,}5$

c) $\frac{1}{2}x + 5 = \frac{1}{6}x + 6$

d) $\frac{1}{3}a + 2 = \frac{1}{6}a + 3$

15 ≡ Kontrolliere Mehmeds Hausaufgaben. Berichtige die falschen Umformungen.

$$3x + 2x + x = 7x + 14$$
$$3x + 2 = 7x + 14 \quad | -7x$$
$$4x + 2 = 14 \quad | -2$$
$$4x = 12 \quad | :3$$
$$x = 3$$

$$4 - 2x = 8 + x \quad | -x$$
$$4 - 2x = 8 \quad | -4$$
$$2x = 4 \quad | :2$$
$$x = 2$$

16 ≡ Löse das Zahlenrätsel mithilfe einer Gleichung.

a) Wenn man 11 zu einer Zahl addiert, erhält man das Dreifache der gesuchten Zahl.

b) Subtrahiert man von 25 eine Zahl, erhält man das Vierfache der gesuchten Zahl.

c) Verringert man das Siebenfache einer Zahl um 12, so erhält man dasselbe, wie wenn man das Doppelte der gesuchten Zahl um 8 vergrößert.

17 ≡ Denkt euch ähnliche Zahlenrätsel wie in Übungsaufgabe 16 aus und stellt sie eurem Nachbarn.

18 ≡ Gib zu der Gleichung ein Zahlenrätsel an. Bestimme dann die gesuchte Zahl.

a) $4x + 5 = 19 + 2x$ **b)** $\frac{x}{2} - 3 = 7$ **c)** $50 - 2r = 17 + r$ **d)** $5t + 7 = 6t - 2$

Weiterüben

19 ≡ Kontrolliere Marias Behauptung.

20 ≡ Erfinde drei verschiedene Zahlenrätsel für die Zahl

a) 13; **b)** -4; **c)** $\frac{1}{4}$; **d)** $-\frac{1}{2}$.

21 ≡ Das Vervollständigen der folgenden Additionsmauern ist nicht ganz so einfach, da sich die Lücken an ungünstigen Stellen befinden. Überlege dir ein günstiges Verfahren, um sie auszufüllen und ergänze dann die fehlenden Zahlen im Heft.

a)

b)

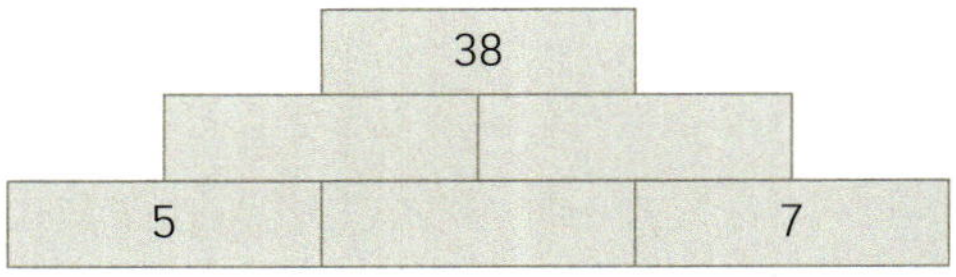

c)

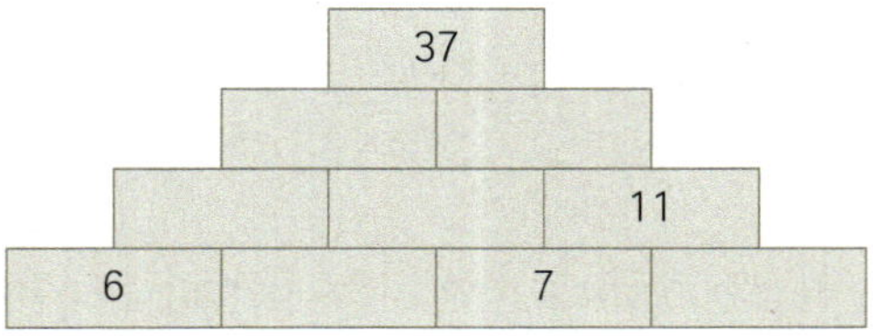

d)

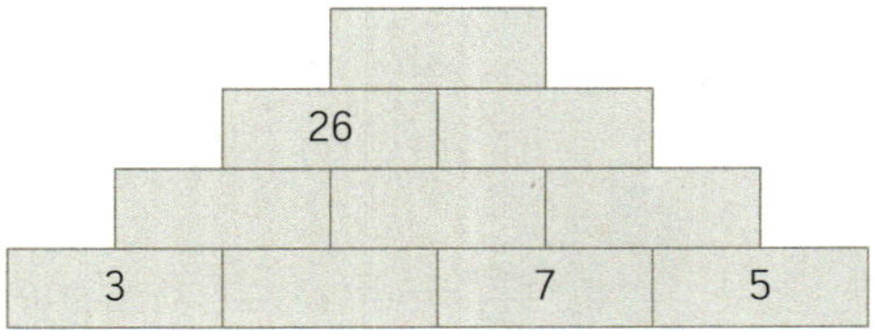

e)

f)

22 ≡ Konstruiere vier verschiedene Zahlenmauern, die dein Partner ergänzen soll. Die Zahlenmauern sollen auch Variablen enthalten. Sucht anschließend gemeinsam eine Zahlenmauer aus, die an eurer Pinnwand ausgehängt werden soll.

5.4 Sonderfälle beim Lösen

Einstieg

Links ist eine Gleichung im Waagemodell dargestellt. Gebt die Gleichung an und löst sie. Was stellt ihr fest?
Erläutert, weshalb man die Gleichung $2x + 9x + 2 = 8x + 4 + 3x$ nicht im Waagemodell darstellen kann.

Aufgabe mit Lösung

Besondere Zahlenrätsel

Löse folgende Zahlenrätsel.

(1) Wenn man zum Zehnfachen einer Zahl 7 addiert und dann das Dreifache dieser Zahl und die Zahl 5 subtrahiert, erhält man das Siebenfache dieser Zahl vermehrt um 2.

Lösung

Wir schreiben das Zahlenrätsel als Gleichung und lösen diese:

$$7 + 10x - 5 - 3x = 7x + 2$$
$$7x + 2 = 7x + 2$$
$$2 = 2$$

Die letzte Gleichung ist eine wahre Aussage. Bei *jeder* beliebigen Einsetzung für die Variable in die erste Gleichung gelangt man zu ihr.

Also erhält man bei *jeder* Einsetzung eine wahre Aussage.

Die Lösungsmenge enthält also alle rationalen Zahlen:
$L = \mathbb{Q}$

(2) Wenn man zum Achtfachen einer Zahl das Dreifache dieser Zahl addiert und dann 5 subtrahiert, erhält man das Elffache dieser Zahl vermehrt um 1.

Lösung

Wir schreiben das Zahlenrätsel als Gleichung und lösen diese:

$$8x + 3x - 5 = 11x + 1$$
$$11x - 5 = 11x + 1$$
$$-5 = 1$$

Die letzte Gleichung ist eine falsche Aussage. Bei *jeder* beliebigen Einsetzung für die Variable in die erste Gleichung gelangt man zu ihr.

Also erhält man bei *keiner* Einsetzung eine wahre Aussage.

Die Lösungsmenge enthält also keine einzige Zahl, sie ist die *leere Menge*:
$L = \{\ \}$

Information

Tritt beim Lösen einer Gleichung ein Widerspruch auf, weil *keine* rationale Zahl Lösung der Gleichung sein kann, so ist die Lösungsmenge **leer** $\mathbf{L = \{\ \}}$.

Kann man *jede beliebige* rationale Zahl in die Gleichung einsetzen und dabei stets eine wahre Aussage erhalten, so ist $\mathbf{L = \mathbb{Q}}$.

$$x + 1 = x + 2 - x$$
$$1 = 2$$
$$L = \{\ \}$$

$$x + 1 = 1 + x$$
$$1 = 1$$
$$L = \mathbb{Q}$$

Üben

1 Bestimme die Lösungsmenge.

a) $2x - 7 = 2x - 7$
b) $8x - 5 = 8x + 5$
c) $11u + 18 - 9u = 2u + 19$
d) $2 - 4x + 29 = 7 - 4x + 29$
e) $14x + 6 + 6x = 23x - 3x + 6$
f) $3x - 14 + 5x = 11 + 8x - 25$
g) $3x + 7 + 9x = 10 - 12x - 3$
h) $3x - 7 + 9x = 10 + 12x + 3$

2 Kontrolliere, ob die Gleichungen korrekt gelöst wurden.

Hannah
$-2x + 7 - 3x = 3 + 5x + 4$
$7 - 5x = 7 + 5x$
$L = \{\ \}$

Valentin
$3 - 4x + 2 = x - 5x$
$1 - 4x = -4x$
$L = \{\ \}$

3 Nenne deinem Partner eine Gleichung und lasse sie durch ihn so verändern, dass die Gleichung keine Lösung, unendlich viele Lösungen oder genau eine Lösung hat. Danach nennt dieser dir eine Gleichung und macht eine Vorgabe zur Veränderung. Tauscht noch zweimal die Rollen.

4 Bestimme die Lösungsmenge.

a) $6x + 12 = 30 - 3x$
b) $18x - 7 = 29x - 7$
c) $x + 9 - 3x = 2 - 2x$
d) $1 - 4x = 4x - 1$
e) $5 - z + 2 = 7 - z$
f) $x + 7 - 2x = 5 - 7x - 2 + 6x$

Multiplikation bzw. Division mit Variablen

5 Welcher Lösungsweg ist fehlerhaft? Was folgt daraus für die Division durch x auf beiden Seiten einer Gleichung?

1. Weg:
$7x = 5x \quad | -5x$
$2x = 0 \quad | :2$
$x = 0$
$L = \{0\}$

2. Weg:
$7x = 5x \quad | :x$
$7 = 5$
$L = \{\ \}$

Beim Multiplizieren mit 0 kann aus einer falschen Aussage eine wahre Aussage werden.

Beim Lösen einer Gleichung darf man daher nicht mit der Variablen multiplizieren oder dividieren, da diese 0 sein kann.

falsche Aussage
$1 = 2 \quad | \cdot 0$
$1 \cdot 0 = 2 \cdot 0$
wahre Aussage

$7x = 2x \quad | :x$
$7 = 2$
falsche Aussage

6 Löse die Gleichung.

a) $5x = 3x$
b) $7x = x$
c) $4x = -2x$
d) $x = -x$

Lösen von Gleichungen mit einem Computer-Algebra-System (CAS)

Algebra
Vom arabischen „al'gabr“: Einrenkung gebrochener Teile

Du weißt, dass man Rechnungen mit Zahlen bequem mit einem Taschenrechner durchführen kann. Auch das Rechnen mit Variablen und Gleichungen kann man von Computern oder etwas größeren Taschenrechnern erledigen lassen. Programme, die dies können, nennt man Computer-Algebra-Systeme.

1 Viele Computer-Algebra-Systeme können Gleichungen so umformen, wie du es von Hand durchführst. Dazu gibt man die Gleichung in Klammern ein und dahinter die Umformung, die du sonst hinter dem Befehlsstrich notierst.

a) Kontrolliere das rechts abgebildete Beispiel von Hand.
Probiere anschließend, wie du bei deinem CAS vorgehen musst. Untersuche dabei auch, ob du Malpunkte weglassen darfst.

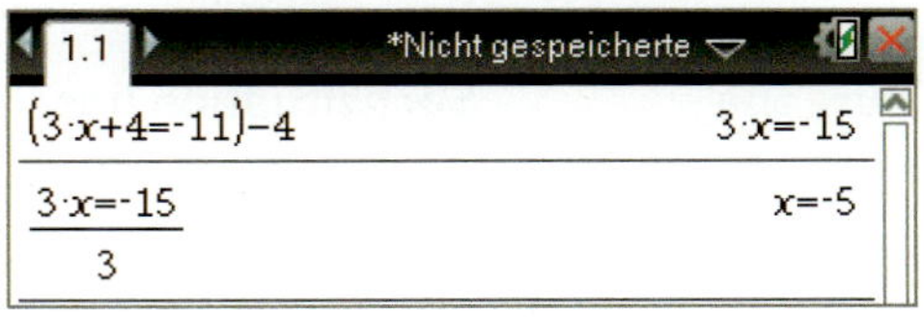

b) Das Computer-Algebra-System führt konsequent genau die angegebene Umformung mit der Gleichung durch. Dies lässt sich gut zum Suchen von Fehlern verwenden. Kontrolliere die folgenden Umformungen, indem du die Gleichungen und die Umformungsschritte von einem CAS durchführen lässt.

$2x + 4 = 6 \quad | -2$
$x + 4 = 4$

$8 - 6x = 20 \quad | -8$
$6x = 12$

$6x + 12 = 3x \quad | :3$
$2x + 12 = x$

$3x - 5 = 8x \quad | -3x$
$5 = 5x$

2 Manche Computer-Algebra-Systeme können Gleichungen auch vollautomatisch lösen. Dazu verwendet man den Befehl **Löse** (englisch: **solve**), bei dem die Gleichung und die Variable, nach der aufgelöst werden soll, eingegeben werden müssen.

a) Im Beispiel rechts wurden einige Gleichungen von einem CAS gelöst. Probiere, wie du bei deinem CAS vorgehen musst.
Kontrolliere die Lösungen auch von Hand.

b) Gib selbst einige Gleichungen in dein CAS ein und lasse sie lösen.

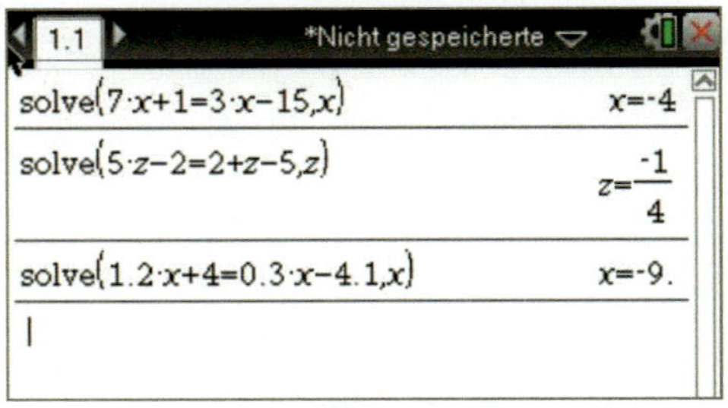

3 Auch die Sonderfälle bei der Lösungsmenge kann ein Computer-Algebra-System verarbeiten.

a) Betrachte den Bildschirm rechts. Überlege, was die Antwort des CAS bedeutet.

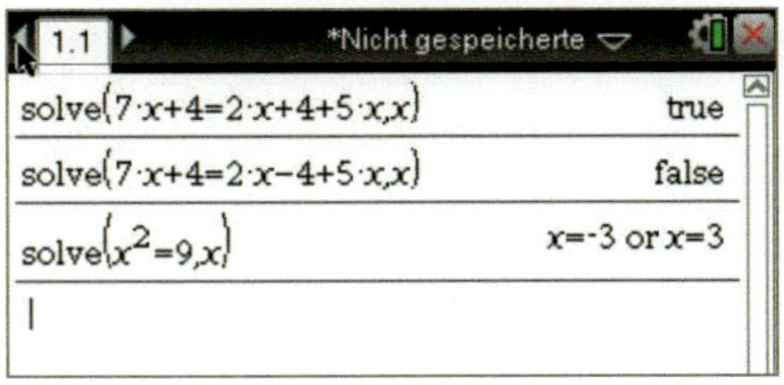

b) Beschreibe auch, wie ein Computer-Algebra-System mit Gleichungen mit mehr als einer Lösung verfährt.

5.5 Modellieren – Anwenden von Gleichungen

Einstieg

Aus einer 1 m langen und 2 cm breiten Holzleiste soll ein Bilderrahmen gebaut werden, bei dem die längere Seite 1,5-mal so lang ist wie die kürzere.
Es gibt verschiedene Baumöglichkeiten.
Entscheidet euch für eine und bestimmt die Maße dieses Bilderrahmens.
Vergleicht eure Ergebnisse.

Aufgabe mit Lösung

Sachsituation beschreiben und lösen

Für das abgebildete Spielfeld ist die Anleitung mit den Maßen verloren gegangen.

Material:
100 m Trassierband zum Markieren des Feldes
6 kurze Pfosten
2 Softbälle

→ Berechne mithilfe einer Gleichung den größtmöglichen Abstand der Pfosten.

Lösung

(1) Sachsituation vereinfachen:
- Das Spielfeld besteht aus zwei quadratischen Hälften.
- Das Trassierband wird vollständig verwendet.
- Das Trassierband wird so straff gespannt, dass es nicht durchhängt.
- Für das Umwickeln der sechs Pfosten werden 3 m Trassierband benötigt.

Wir fertigen eine Skizze an und bezeichnen die Länge der Quadratseite mit x; dabei arbeiten wir der Einfachheit halber nur mit den Maßzahlen.

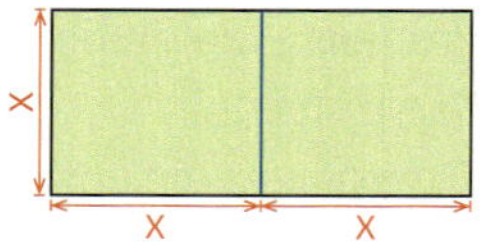

(2) **Gleichung aufstellen und lösen:**
Der unbekannte Pfostenabstand wird als x bezeichnet.

$7x + 3 = 100$
$7x = 97$
$x = \frac{97}{7} = 13\frac{6}{7}$

(3) **Probe am Sachverhalt:**

7 mal $\frac{97}{7}$ m sind 97 m. Dazu kommen 3 m, das sind insgesamt 100 m.

(4) **Ergebnis:** Das Ergebnis wird sachgerecht gerundet.

Der größtmögliche Pfostenabstand ist $13\frac{6}{7}\,\text{m} \approx 13{,}8\,\text{m}$.

(5) **Kritischer Rückblick:** Die Vereinfachungen beeinflussen die Genauigkeit des Ergebnisses stärker als das Runden.

Information

Strategie zum Modellieren

(1) **Sachsituation vereinfachen**
Hier hilft oft eine Skizze.

Eine 10 cm lange Holzleiste soll in vier gleichlange Stücke zersägt werden.

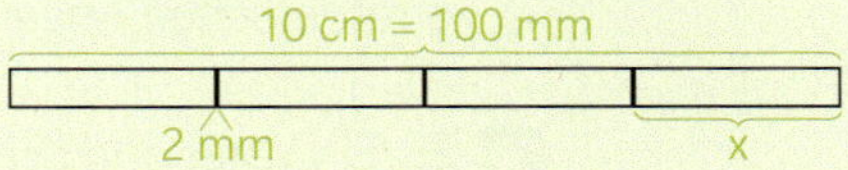

Für die Schnittbreite nimmt man 2 mm an.

(2) **Gleichung aufstellen**
Dabei muss man die Bedeutung der Variablen genau benennen.

Länge eines Stückes (in mm): x

$4x + 2 \cdot 3 = 100$

(3) **Gleichung lösen**

$4x + 6 = 100$

$4x = 94$

$x = 23{,}5$

(4) **Probe am Sachverhalt**
Eventuell sind nicht alle Lösungen auch sachlich sinnvoll (z. B. nur postive oder nur ganzzahlige).

Probe:
Die 4 Stücke und die 3 Schnitte ergeben zusammen
$4 \cdot 23{,}5\,\text{mm} + 3 \cdot 2\,\text{mm}$
$= 94\,\text{mm} + 6\,\text{mm} = 100\,\text{mm} = 10\,\text{cm}$

(5) **Ergebnis**

Die Stücke sind jeweils 23,5 mm lang.

(6) **Kritischer Rückblick**

Wenn die Schnittbreite größer ist, sind die Stücke kürzer.

Üben

1 Ein Koch möchte einen Fisch zubereiten, dessen verzehrbarer Anteil 200 g wiegen soll. Er weiß, dass bei dieser Fischart ein Drittel des Gewichts vom Kopf und ein Sechstel vom Schwanz mit den Gräten eingenommen wird.
Berechne das Gewicht des Fisches, den der Koch einkaufen muss.

2 Für ein besonderes Ballspiel soll ein Spielfeld abgegrenzt werden, bei dem jeder der beiden Mannschaften als Fläche ein gleichschenkliges Dreieck zur Verfügung steht, dessen Schenkel doppelt so lang sind wie die Basis. Zur Abgrenzung stehen 75 m Schnur und vier Pfosten zur Verfügung. Welche Abmessungen kann das Spielfeld haben?

3 ≡ Aus 150 cm Plastikrohr wird das Kantenmodell eines Quaders gebaut.
a) Die mittlere Kante soll doppelt so lang wie die kürzere Kante und halb so lang wie die längste Kante sein.
b) Überlege dir alternative Modellannahmen und die für den Bau des Kantenmodells erforderlichen Angaben.

4 ≡ Ein Vater und sein Sohn sind zusammen 40 Jahre alt. Der Vater ist 26 Jahre älter als der Sohn. Wie alt ist der Sohn, wie alt ist der Vater?

5 ≡ Wie alt sind Peter, Paul und Mary?

6 ≡ Ein Designer entwirft Topfuntersetzer, die aus Edelstahlstangen hergestellt werden sollen.
Wie groß werden diese, wenn jeder aus einer 1,50 m langen Stange hergestellt werden soll?

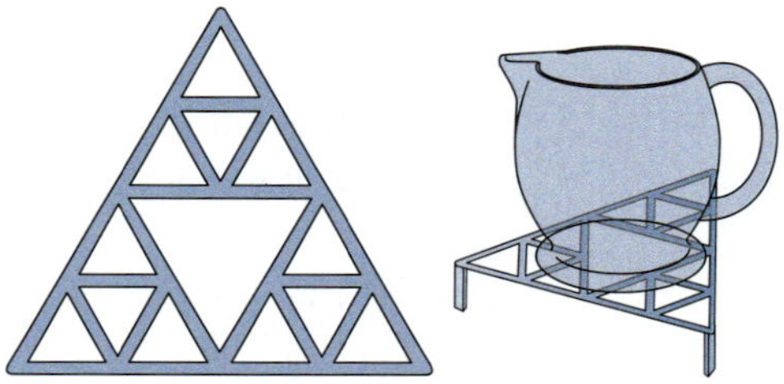

7 ≡ Nico möchte ein neues Aquarium einrichten und überlegt:
„Der Fischbestand sollte sich aus einem Fünftel Neonfische, zwei Drittel Zebrabarben und auch noch einem Antennenwels zusammensetzen."
Wie viele Fische würde er für dieses Aquarium benötigen?

8 ≡ Schreibe zu den folgenden Gleichungen eine Rechengeschichte.
a) $x + x + 30 = 400$ **b)** $20 - 0{,}5x = 0$ **c)** $x + 2x + x - 3 = 30$

9 ≡ Ermittle die Seehundanzahl im niedersächsischen Wattenmeer für das Jahr 2010.

Um die Bestände der Seehunde in der Nordsee zu überwachen, werden jährlich Zählungen mit Flugzeugen durchgeführt. Von 2010 zu 2015 nahm die Anzahl der Seehunde an der niedersächsischen Nordseeküste um ungefähr 18 % zu, von 2015 zu 2019 dann noch einmal um 772 Tiere. Bei der Zählung im Jahr 2019 wurden 9 836 Tiere gezählt.

Das Wichtigste auf einen Blick

Variable und Gleichungen

Variable sind Platzhalter für unbekannte Zahlen. Mit ihnen kann man **Gleichungen** aufstellen.

Variable: x
Gleichung: $3x = x + 4$

Lösungsmenge einer Gleichung

Eine Zahl heißt **Lösung** einer Gleichung, wenn beim Einsetzen der Zahl eine wahre Aussage entsteht. Alle Lösungen einer Gleichung ergeben die **Lösungsmenge**. Hat eine Gleichung keine Lösung, so ist ihre *Lösungsmenge leer* $\mathbf{L = \{\ \}}$. Wird eine Gleichung von *jeder rationalen Zahl* der Grundmenge $\mathbb{Q}$ erfüllt, ist die Lösungsmenge $\mathbf{L = \mathbb{Q}}$.

$2x = 8$ hat die Lösungsmenge $L = \{4\}$.
$x = x + 2$ hat die Lösungsmenge $L = \{\ \}$.
$2x = x + x$ hat die Lösungsmenge $L = \mathbb{Q}$.

Lösen einer Gleichung

Gleichungen mit derselben Lösungsmenge heißen **äquivalent** zueinander.
Die Lösungsmenge einer Gleichung ändert sich nicht, wenn man
(1) auf beiden Seiten der Gleichung dieselbe Zahl addiert oder subtrahiert
(2) auf beiden Seiten der Gleichung mit derselben Zahl ($\neq 0$) multipliziert oder durch dieselbe Zahl ($\neq 0$) dividiert
Strategie zum Lösen einer Gleichung:
Zusammenfassen – Sortieren – Isolieren

Zusammen-fassen

$$\begin{aligned} 5x + 38 - 2x - 13 &= x + 47 \\ 3x + 25 &= x + 47 \quad &| -x \\ 2x + 25 &= 47 \quad &| -25 \\ 2x &= 22 \quad &| :2 \\ x &= 11 \end{aligned}$$

Probe:
$5 \cdot 11 + 38 - 2 \cdot 11 - 13 \stackrel{?}{=} 11 + 47$
$58 = 58$ w.
$L = \{11\}$

Weglassen von Malpunkten

Malpunkte darf man weglassen, wenn keine Missverständnisse möglich sind.

$2x$ statt $2 \cdot x$ $\qquad$ x statt $1 \cdot x$

Strategie beim Modellieren

(1) **Sachsituation vereinfachen**
Hier hilft oft eine Skizze.

(2) **Gleichung aufstellen**
Dabei die Bedeutung der Variablen genau benennen.

(3) **Gleichung lösen**

(4) **Probe am Sachverhalt**
Eventuell sind nicht alle möglichen Lösungen auch sachlich sinnvoll.

(5) **Ergebnis**

(6) **Kritischer Rückblick**

Emmas Mutter ist sechsmal so alt wie sie und ihre Oma ist zwölfmal so alt wie sie. Zusammen sind sie 114 Jahre alt.

(1)

(2) Alter von Emma: x
$x + 6x + 12x = 114$
(3) $19x = 114$ also $x = 6$ $\qquad$ $L = \{6\}$
(4) Emma: 6 Jahre; Mutter: 36 Jahre; Oma 72 Jahre; $6 + 36 + 72 = 114$
(5) Emma ist 6 Jahre alt, ihre Mutter 36 und ihre Oma 72 Jahre alt.
(6) Die Angaben sind nicht auf den Tag genau.

1 Bestimme die Lösungsmenge der Gleichung durch systematisches Probieren.
a) $x^2 + x = 12$ b) $3x - 10 = -x^2$

2 Vereinfache.
a) $7x + 3x$ b) $5x - x$ c) $z + 3z - 2$ d) $4z - 5 - z + z$

3 Bestimme die Lösungsmenge der Gleichung. Führe auch eine Probe durch, wenn möglich.
a) $21x - 6x = 75$ b) $14y = 8y - 30$
c) $4x = -28 + 8x$ d) $6z + 1 - 2z = 2z + 17$
e) $1{,}6x + 0{,}4 - x = 5{,}2 - 0{,}6x$ f) $12a - 7 - 3a = 3 + 4a - 10$
g) $14 - 7x + 3 - 2x = 5x + 17 - 14x$ h) $3x + 9 - 1x = 1x + 25$

4 Löse das Zahlenrätsel.
a) Wenn man vom Zwanzigfachen einer Zahl die Zahl 68 subtrahiert, erhält man 172.
b) Wenn ich die Zahl verdreifache und dann 8 addiere, erhalte ich dasselbe, wie wenn ich zum Doppelten 5 addiere.

5 In einem Dreieck soll die kleinste Seite 2 cm kürzer sein als die mittlere und diese wiederum 2 cm kürzer als die längste Seite. Der Umfang des Dreiecks soll 36 cm überschreiten. Was kannst du über die Längen der einzelnen Dreiecksseiten aussagen?

6 Der Mönch Alkuin (735 bis 804), Berater Karls des Großen, stellte diese Aufgabe:

Ein Wanderer trifft mit Schülern zusammen und fragt sie:
Wie viele seid ihr in der Schule?
Da antwortet einer von ihnen:
Nimm unsere Zahl doppelt, multipliziere sie mit 3 und dividiere (das Produkt) durch 4. Rechnest du mich noch dazu, dann sind es im ganzen 100.

7 Herr Masch hat drei Geldbeträge angelegt: 5 000 €; 7 000 € und 20 000 €. Insgesamt erhält er im ersten Jahr 583,75 € Zinsen. Für den höchsten Anlagebetrag erhält er 303,75 € mehr Zinsen als für den mittleren, für den niedrigsten Anlagebetrag erhält er 8,75 € weniger Zinsen als für den mittleren. Berechne die Zinssätze.

8 Frau Müller tankt ihr Auto voll. Der Tank fasst 50 l Benzin. Etwa zwei Fünftel der gefahrenen Strecken legt sie innerorts im Stadtverkehr zurück, den Rest außerorts auf Land- und Bundesstraßen.
Wie weit kann Frau Müller fahren, bis sie wieder nachtanken muss?

Verbrauch
Stadtverkehr
6,8 l/100 km
Landstraßen
5,2 l/100 km

Zufallsexperimente

6

▲ *Fiete will an dem Glücksrad mit 18 Sektoren spielen. Er wettet darauf, dass das Rad auf einer durch 3 teilbaren Zahl stehen bleibt – denn 3 ist seine Lieblingszahl. Sarah überlegt und wettet dagegen. Wem von den beiden würdest du dich anschließen, um zu gewinnen?*

In diesem Kapitel lernst du
- Vorgänge kennen, bei denen der Zufall eine Rolle spielt,
- wie Wahrscheinlichkeiten für Zufallsexperimente übersichtlich dargestellt und berechnet werden können. ▸

6.1 Zufallsexperimente – Wahrscheinlichkeiten

Einstieg

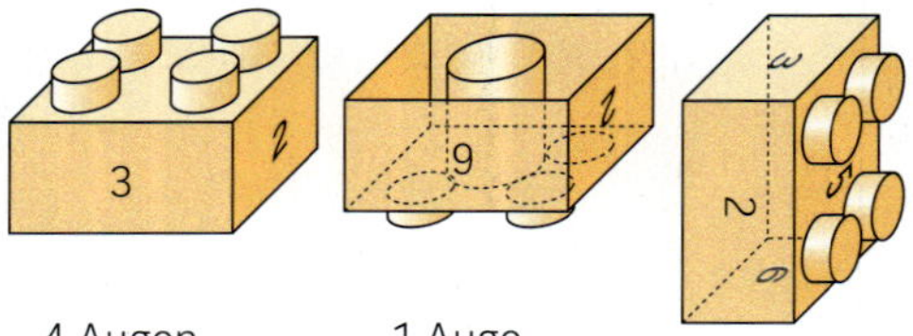

4 Augen 1 Auge

Mia und Ben wollen Mensch-ärgere-dich-nicht spielen, doch leider ist kein Würfel auffindbar. Mia schlägt vor, einen Lego-Vierer mit den Zahlen von 1 bis 6 zu beschriften. Beurteilt, wie sich der Einsatz dieses Würfels auf das Spiel auswirkt.

Aufgabe mit Lösung

Ergebnisse eines Zufallsexperiments

Charlice und Emma spielen ein Würfelspiel mit einem gefärbten Zylinder. Emma behauptet: „Rot und Grün müssen gleich häufig auftreten." Charlice vermutet: „Blau wird bestimmt viel häufiger fallen als Rot und Grün."

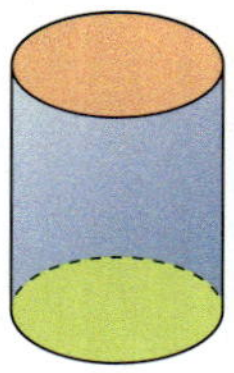

Würfe	absolute Häufigkeit		
	Rot	Blau	Grün
20	4	12	4
60	11	37	12
100	17	63	20

Um dies zu überprüfen, würfeln sie 20-mal, 60-mal und 100-mal mit dem Zylinder und notieren ihre Ergebnisse in einer Tabelle.

→ Nimm Stellung zu den Aussagen von Emma und Charlice.

Lösung

In der Tabelle tritt Blau immer häufiger auf als Rot und Grün. Daher liegt Charlice mit ihrer Vermutung richtig. Rot und Grün kommen nicht immer in der gleichen Anzahl vor, allerdings sind die Werte immer nah beieinander. Somit sollte Emmas Aussage umformuliert werden in: „Rot und Grün treten etwa gleich häufig auf."

→ Charlice und Emma finden es seltsam, dass Grün häufiger als Rot vorkommt. Daher haben sie den Zylinder sogar 1 000-mal geworfen. Mithilfe einer Tabellenkalkulation haben sie die relativen Häufigkeiten in Abhängigkeit von der Versuchsanzahl grafisch dargestellt. Beschreibe das Diagramm.

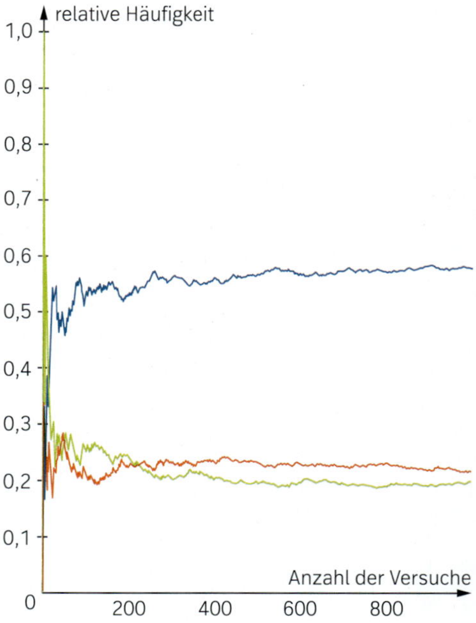

Lösung

Im Diagramm sind die relativen Häufigkeiten für Rot, Grün und Blau dargestellt. Während die rote und grüne Linie nahe bei der relativen Häufigkeit von 0,2 ist, liegt die gelbe Linie bei 0,6. Zu Beginn der Würfelserie blaue noch große Schwankungen der relativen Häufigkeiten auf. Je öfter aber gewürfelt wird, desto weniger ändern sich die relativen Häufigkeiten.

Information

Zufallsexperiment

Zufallsexperimente sind Versuche mit folgenden Eigenschaften:

- Man kann nicht vorhersagen, welches **Ergebnis** bei der Durchführung auftritt; das hängt vom Zufall ab.
- Bereits vor dem Versuch können alle möglichen Ergebnisse als **Ergebnismenge S** angegeben werden.
- Der Versuch kann in gleicher Weise (beliebig oft) wiederholt werden.

Zufallsexperiment: Würfeln
Ergebnismenge: $S = \{1, 2, 3, 4, 5, 6\}$

Empirisches Gesetz der großen Zahlen

Wahrschein-lichkeit
(engl.) probabilitiy
(franz.) probabilité
(lat.) probabilitas

Obwohl der Ausgang jeder einzelnen Durchführung eines Zufallsexperiments rein zufällig und daher nicht vorhersehbar ist, schwanken die dabei ermittelten relativen Häufigkeiten mit zunehmender Versuchsanzahl in der Regel immer weniger um einen festen Wert.

Wahrscheinlichkeit

Die **Wahrscheinlichkeit** eines Ergebnisses ist der Wert, um den die relativen Häufigkeiten bei häufiger Versuchsdurchführung schwanken.
Legt man Wahrscheinlichkeiten fest, so muss die Summe der Wahrscheinlichkeiten aller Ergebnisse 1 betragen.

Zufallsexperiment:
Reißzweck werfen

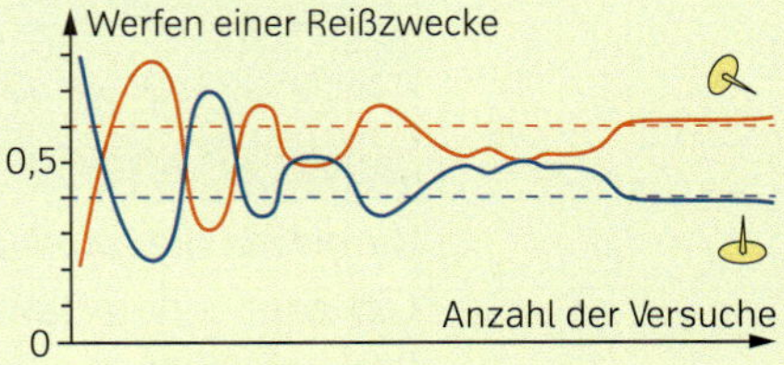

Ergebnismenge:
S = {, }

P() = 0,4 und P() = 0,6
P() + P() = 0,4 + 0,6 = 1

Üben

1 Naturgesetze, Geschick oder reiner Zufall beeinflussen Situationen im Alltag.

a) Gib an, ob die Situation zufällig ist oder nicht.
(1) Wasser siedet bei 100 °C.
(2) Julias Vater hat „vier Richtige“ im Lotto.
(3) Ein Eisennagel in der Nähe eines Magneten wird angezogen.
(4) Am 24.12. ist schulfrei.
(5) Tim wirft eine Münze; sie zeigt Zahl.
(6) Marie wirft einen Ball in die Luft, er fällt wieder herunter auf die Erde.

b) Gib an, ob die Situation eher durch Geschick, Zufall oder beides beeinflusst ist.
(1) Lukas gewinnt beim Skatspiel.
(2) Maries Vater gewinnt im Fußballtoto.
(3) Anne trifft eine Dose bei einer Wurfbude.
(4) Christians Mutter zieht ein Gewinnlos.

c) Denke dir selbst jeweils ein Beispiel aus deinem Alltag aus, das eher durch ein Naturgesetz, durch Geschick oder durch Zufall beeinflusst ist. Lasse einen Partner oder eine Partnerin entscheiden, um was es sich handelt.

2 ≡ Ein Tetraeder ist ein Körper, dessen Seitenflächen vier gleichseitige, gleich große Dreiecke sind. Beim rechts abgebildeten Tetraeder, ist die gewürfelte Zahl diejenige, die oben in der Spitze des Tetraeders steht.
Gib die Ergebnismenge beim Würfeln des Tetraeders an.

3 ≡ Bei einer Geburtstagsfeier werden kleine Gewinne durch Werfen eines Würfels ausgelost. Man erhält einen Gewinn, wenn man eine 1 würfelt. Du kannst beim Werfen einen gewöhnlichen Würfel oder ein Tetraeder wählen. Wofür entscheidest du dich? Begründe deine Entscheidung.

4 ≡ Beim Sportfest spielen die Klassen 7 a und 7 b gegeneinander Fußball. Für die Seitenwahl wird normalerweise eine Münze geworfen. Da aber keine Münze verfügbar ist, schlägt der Spielführer der Klasse 7 a vor, einen Kronkorken zu werfen. Die Klasse 7 b ist damit nicht einverstanden.

a) Versetzt euch in die Situation. Was würdet ihr machen?
Ist die Seitenwahl mit einem Kronkorken fair?

b) Bei einer Versuchsreihe mit einem Kronkorken wurden folgende Ergebnisse erzielt:

Anzahl der Würfe	50	100	200
Ergebnis: *liegt auf dem Rücken* 	31	57	118
Ergebnis: *liegt auf dem Rand* 	19	43	82

Berechne die relativen Häufigkeiten der beiden Ergebnisse nach 50, 100, 200 Würfen. Gib dann einen Näherungswert für die Wahrscheinlichkeit P (Rückenlage) an. Beurteile danach die Seitenwahl mit einem Kronkorken.

c) Für eine neue Versuchsreihe schlägt Florian vor, die Versuchsdurchführung zu beschleunigen: „Wir werfen nicht mehrmals mit einem einzelnen Kronkorken, sondern mit mehreren Kronkorken zugleich.“ Was meinst du dazu?

5 ≡ Im Altertum wurde oft bei Zufallsentscheidungen ein Astragalus geworfen. Das ist ein Vieraugenwürfel aus dem Fußgelenkknöchel von Lämmern. Ein Astragalus kann auf vier verschiedenen Seitenflächen liegen bleiben.

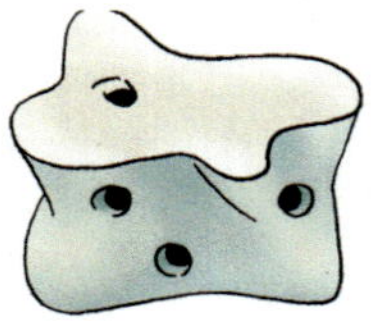

Beim 30-maligen Werfen erhielt man:
3; 1; 2; 3; 2; 2; 4; 2; 2; 2; 2; 3; 3; 3; 3; 3; 2; 3; 4; 3; 2; 2; 2; 2; 3; 4; 4; 1; 2; 2.
Bestimme nach jedem Wurf die relative Häufigkeit für jede Augenzahl. Stelle dann die Entwicklung der relativen Häufigkeiten in Abhängigkeit von der Anzahl der Würfe in einem gemeinsamen Diagramm dar. Ermittle aus dem Diagramm die Wahrscheinlichkeiten.

6 ≡ Stellt selbst einen Ersatz-Astragalus aus einer Astgabel her und ermittelt für dessen Augenzahl die Wahrscheinlichkeiten. Schätzt zuvor.

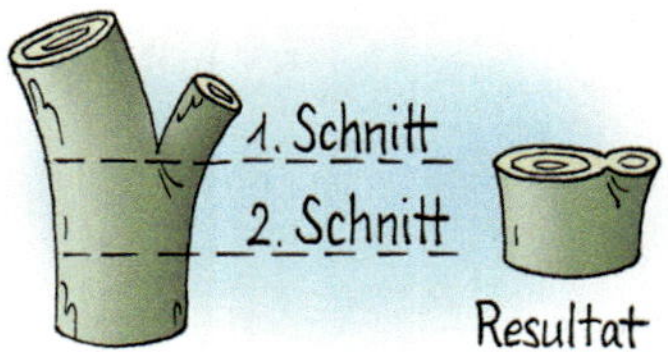

7 Felix würfelt mit einer Reißzwecke: ⊥, ⊥, ⊥, ⊥, ⊥, ⊥.
Er behauptet: „Damit das empirische Gesetz der großen Zahl gilt, muss jetzt die Seitenlage kommen.“ Was meinst du dazu?

8 Beim Werfen einer Streichholzschachtel landet diese auf der Boden- oder Deckfläche. Habt ihr eine Vermutung, welches der beiden Ergebnisse wahrscheinlicher ist?
Gebt Schätzwerte für die Wahrscheinlichkeiten an.
Überprüft sie.

9 Bei einem Lego-Vierer können etwa folgende Wahrscheinlichkeiten angenommen werden:

Ergebnis	 1	 2	 3	 4	 5	 6
Wahrscheinlichkeit	0,48	0,06	0,06	0,28	0,06	0,06

Gib Schätzwerte für die einzelnen Augenzahlen an, wenn der Lego-Stein 500 Mal, 1 250 Mal oder 2000 Mal geworfen wird.

10 Man kann auch andere Lego-Steine zum Würfeln nutzen.
a) Ermittelt Näherungswerte für die Wahrscheinlichkeiten der einzelnen Ergebnisse beim Werfen eines Lego-Sechsers und vergleicht sie mit dem Lego-Vierer.
b) Beschreibt eine mögliche Vorgehensweise bei einem Lego-Achter.

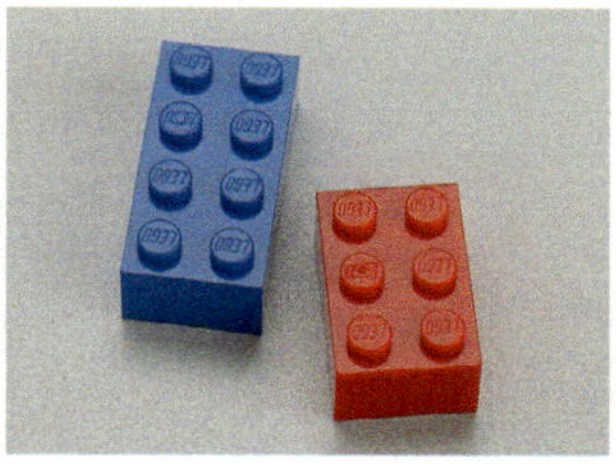

Weiterüben

11 Die Wahrscheinlichkeit, dass sich bei einem neuen Auto innerhalb der ersten drei Monate ein Mangel herausstellt, der auf Verarbeitungsfehler zurückzuführen ist, liegt bei 0,8 %.
a) In einer Woche werden 3 745 Fahrzeuge fertiggestellt.
Bei wie vielen dieser Fahrzeuge wird sich voraussichtlich ein Mangel herausstellen?
b) Bei den Autos, die montags das Band verlassen, ist die Wahrscheinlichkeit eines Verarbeitungsfehlers doppelt so hoch wie an jedem anderen Wochentag.
An jedem Arbeitstag (Montag bis Sonntag) werden gleich viele Autos produziert.
Wie viele Autos einer Montagsproduktion werden voraussichtlich einen Mangel aufweisen?

6.2 Ereignisse und Wahrscheinlichkeiten

Einstieg

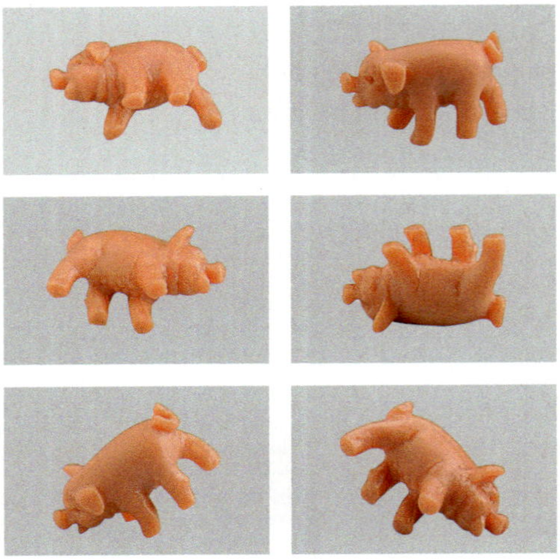

Beim „Schweine Würfeln“ wird ein kleines Plastikschweinchen geworfen. Dabei gibt es die links dargestellten möglichen Ergebnisse mit folgenden Wahrscheinlichkeiten:
P (Beine) = 0,08; P (rechte Seite) = 0,41;
P (Rücken) = 0,17; P (Ohr) = 0,01
P (linke Seite) = 0,32; P (Schnauze) = 0,01
Bestimmt die Wahrscheinlichkeit für:
- Das Schwein liegt auf einer Seite.
- Das Schwein liegt nicht auf dem Rücken.
- Das linke Ohr des Schweins berührt den Boden.

Aufgabe mit Lösung

Wahrscheinlichkeiten von Ereignissen

Sebastian und Philine würfeln mit dem Lego-Vierer, um zu entscheiden, wer zuerst Klavier spielen darf.
Sebastian setzt darauf, dass eine ungerade Zahl erscheint. Philine hält eine gerade Zahl für wahrscheinlicher. Berechne die Wahrscheinlichkeit beider Ereignisse, um zu bestimmen, wer richtig liegt.

P (1) = 0,48	P (2) = 0,06	P (3) = 0,06

P (4) = 0,28	P (5) = 0,06	P (6) = 0,06

Lösung
In 48 % der Würfe erscheint eine 1, in 6 % der Würfe erscheint eine 3 und in 6 % der Würfe erscheint eine 5.
Also erscheint in 48 % + 6 % + 6 % = 60 % der Würfe eine 1 oder 3 oder 5.
Daher beträgt die Wahrscheinlichkeit für eine ungerade Augenzahl:
P (ungerade Augenzahl) = P (1) + P (3) + P (5) = 0,60
Entsprechend erhält man:
P (gerade Augenzahl) = P (2) + P (4) + P (6) = 0,06 + 0,28 + 0,06 = 0,40
Ergebnis: Sebastian ist im Vorteil, da ungerade Augenzahlen häufiger erwartet werden können.

Berechne die Wahrscheinlichkeit dafür, keine 4 zu werfen.
Lösung
In 28 % aller Würfe erscheint eine 4. Also erscheint in den übrigen 72 % aller Würfe eine andere Augenzahl als 4.
P (keine 4) = 1 – P (4) = 1 – 0,28 = 0,72

Information

Ereignis, Summenregel

Verschiedene Ergebnisse lassen sich zu **Ereignissen** zusammenfassen.

Summenregel: Die Wahrscheinlichkeit eines Ereignisses ist die Summe der Wahrscheinlichkeiten der zugehörigen Ergebnisse.

Würfeln eines Lego-Vierers
Ereignis E: Zahl ist Quadratzahl
$E = \{1; 4\}$
$P(E) = P(1) + P(4)$
$P(E) = 0{,}48 + 0{,}28 = 0{,}76$

Gegenereignis, Komplementärregel

Das **Gegenereignis** $\overline{\mathbf{E}}$ eines Ereignisses E enthält alle Ergebnisse der Ergebnismenge S, die nicht zu E gehören.

Komplementärregel: Die Wahrscheinlichkeit $P(\overline{E})$ und die Wahrscheinlichkeit $P(E)$ ergänzen sich zu 1:
$P(E) + P(\overline{E}) = 1$

Ereignis E: Augenzahl ist keine 6
$E = \{1; 2; 3; 4; 5\}$
Gegenereignis $\overline{E}$: Augenzahl ist 6
$\overline{E} = \{6\}$
$P(E) = 1 - P(\overline{E}) = 1 - 0{,}06 = 0{,}94$

Unmögliches und sicheres Ereignis

Erfüllt keines der möglichen Ergebnisse eines Zufallsexperimentes die Bedingung für das Ereignis, so nennt man das Ereignis **unmögliches Ereignis**.
Die Wahrscheinlichkeit des unmöglichen Ereignisses ist 0.

Ereignis E: Augenzahl ist größer als 6.
$E = \{\ \}$
$P(\{\ \}) = 0$

Erfüllen alle der möglichen Ergebnisse eines Zufallsexperimentes die Bedingung für das Ereignis, so nennt man das Ereignis **sicheres Ereignis**.
Die Wahrscheinlichkeit des sicheren Ereignisses ist 1.

Ereignis E: Augenzahl ist höchstens 6.
$E = S = \{1; 2; 3; 4; 5; 6\}$
$P(S) = 1$

Üben

1 Für das Werfen eines Lego-Vierers wurden folgende Wahrscheinlichkeiten ermittelt:

Augenzahl	1	2	3	4	5	6
Wahrscheinlichkeit	0,48	0,06	0,06	0,28	0,06	0,06

a) Bestimme jeweils die Wahrscheinlichkeit dafür,
(1) eine ungerade Zahl zu werfen;
(2) eine durch 2 oder 3 teilbare Zahl zu werfen;
(3) eine durch 2 und durch 3 teilbare Zahl zu werfen.

b) Gib das Gegenereignis an und berechne die Wahrscheinlichkeit vorteilhaft.
(1) Es wird keine 6 geworfen.
(2) Die Augenzahl ist mindestens 4.
(3) Die geworfene Augenzahl ist gerade.
(4) Die Augenzahl ist kleiner als 1.

2 Die Wahrscheinlichkeit für den Defekt eines Laptops ist durch die Tabelle angegeben. Berechne die Wahrscheinlichkeit dafür, dass der Laptop
(1) bis zu 4 Jahre funktioniert;
(2) bis zu 5 Jahre funktioniert;
(3) weniger als 3 Jahre funktioniert;
(4) länger als 4 Jahre funktioniert.

Defekt im Jahr	Wahrscheinlichkeit
1	0,02
2	0,05
3	0,12
4	0,37
5	0,31
6 oder später	0,13

3 Bei einer Fahrzeugkontrolle kommen 178 Autos vorbei. Dabei stellt die Polizei bei 23 Autos Mängel fest.
Gib jeweils eine Prognose für die Kontrolle am nächsten Tag.
a) Bestimme die Wahrscheinlichkeit, dass ein zufällig ausgewähltes Auto bei ein er Verkehrskontrolle Mängel aufweist. Runde sinnvoll.
b) Schätze, wie viele von 800 Autos Mängel aufweisen könnten.

4 Ein Dekaeder ist ein Körper mit zehn Flächen. Paul hat einen solchen Körper aus Holz selbst gebastelt und auf den Seitenflächen mit den Zahlen von 1 bis 10 beschriftet. In einer langen Versuchsreihe hat er folgende Wahrscheinlichkeiten für die einzelnen Augenzahlen ermittelt.

Augenzahl	1	2	3	4	5	6	7	8	9	10
Wahrscheinlichkeit	0,13	0,06	0,08	0,16	0,16	0,05	0,09	0,04	0,12	0,11

Berechne die Wahrscheinlichkeit des Ereignisses: Die gewürfelte Augenzahl
a) ist gerade;
b) ist ungerade;
c) ist kleiner als 5;
d) beträgt mindestens 7;
e) ist eine Primzahl;
f) ist eine Quadratzahl.

5 Eine Privathaftpflicht-Versicherung hat die Wahrscheinlichkeiten ermittelt, mit der ein Versicherungsnehmer in einem Jahr einen bestimmten Schaden verursacht und zur Begleichung einreicht.

Schadenshöhe (in €)	0	0,01–100	100,01–200	200,01–500	500,01–1000	mehr als 1000
Wahrscheinlichkeit	0,982	0,005	0,007	0,003	0,002	0,001

Berechne die Wahrscheinlichkeit, dass ein Versicherungsnehmer
a) einen Schaden von bis zu 200 € einreicht;
b) einen Schaden von mehr als 500 € einreicht.

6.3 Laplace-Experimente

Einstieg

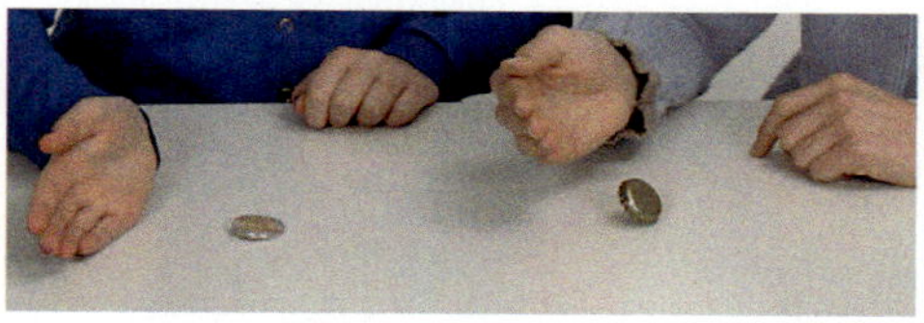

Joyce und Hanna haben Ordnungsdienst. Beide einigen sie sich darauf, täglich den Zufall entscheiden zu lassen, wer was macht. Begründet, ob sie die Münze oder den Kronkorken dazu nehmen sollten.

Aufgabe mit Lösung

Laplace-Experiment

Mia und Akram spielen mit zwei Würfeln, einem runden und einem gewöhnlichen. Mia fällt auf: „Ich glaube, mit dem runden Würfel stimmt etwas nicht. Da treten so häufig Sechsen auf."

Die beiden Freunde testen die Würfel. Sie würfeln mit jedem Würfel 100-mal:

Augenzahl		1	2	3	4	5	6
absolute Häufigkeit	runder Würfel	6	17	18	16	18	25
	gewöhnlicher Würfel	14	18	16	17	19	16

→ Beschreibe, was dafür spricht, dass einer der Würfel nicht in Ordnung ist.

Lösung

Die Augenzahlen des gewöhnlichen Würfels sind in etwa gleich häufig. Das ist bei dem runden Würfel jedoch nicht so, während die Eins nur 6-mal vorkommt, sticht die Sechs mit insgesamt 25-mal stark heraus. Daher hat Mia vermutlich recht.

→ Schätze die Wahrscheinlichkeiten für das Werfen einer Sechs für beide Würfel.

Lösung

Bei dem runden Würfel beträgt die relative Häufigkeit der Augenzahl Sechs bei 100 Versuchen $\frac{25}{100} = 25\,\%$. Daher kann die Wahrscheinlichkeit mit etwa $\frac{1}{4}$ geschätzt werden. Bei einem guten Würfel kann damit gerechnet werden, dass die zu erwartende Häufigkeit für alle sechs Augenzahlen gleich $\frac{1}{6}$ ist.

Information

Pierre Simone Marquis de Laplace (1729–1827) franz. Mathematiker

Laplace-Experiment

Ein Zufallsexperiment, bei dem alle Ergebnisse gleich wahrscheinlich sind, nennt man **Laplace-Experiment**.

Bei einem Laplace-Experiment mit n möglichen Ergebnissen hat jedes einzelne Ergebnis die Wahrscheinlichkeit $\frac{1}{n}$.

Für die Wahrscheinlichkeit eines Ereignisses gilt: $\frac{\text{Anzahl der Ergebnisse des Ereignisses}}{\text{Anzahl aller Ergebnisse}}$

Würfeln: $S = \{1; 2; 3; 4; 5; 6\}$
Jede Ergebnis hat die Wahrscheinlichkeit $\frac{1}{6}$.

Ereignis E: Augenzahl ist kleiner 3
$E = \{1; 2\}$
$P(E) = \frac{2}{6} = \frac{1}{3}$

Üben

1 Gib für jedes Zufallsexperiment die Ergebnismenge an. Kannst du die relativen Häufigkeiten, mit denen die einzelnen Ergebnisse beim häufigen Werfen erscheinen, vorhersagen? Man wirft

(1) eine Münze;
(2) einen Kronkorken;
(3) einen Tetraeder;
(4) eine Streichholzschachtel;
(5) einen Knopf;
(6) einen Bierdeckel.

2 Ein Dodekaeder ist ein Körper mit zwölf gleichseitigen, gleich großen Fünfecken. Ein Dodekaeder wird gewürfelt.
Bestimme die Wahrscheinlichkeit folgender Ereignisse bei dem Wurf mit deinem Dodekaeder. Die Augenzahl ist

(1) gerade;
(2) durch 5 teilbar;
(3) durch 13 teilbar;
(4) kleiner als 9;
(5) kleiner als 13;
(6) größer als 11.

3 Leon würfelt mit einem Würfel die Augenzahlen 5, 1, 3, 2 und 4. Er meint: „Dass beim nächsten Wurf eine 6 fällt, ist am wahrscheinlichsten." Nimm dazu Stellung.

4 Bei einer Geburtstagsfeier werden kleine Gewinne mit einem Würfelspiel verteilt. Worauf würdest du setzen: auf das Erscheinen
(1) einer Primzahl beim Werfen des Oktaeders oder
(2) einer geraden Zahl beim Werfen eines gewöhnlichen Würfels?

5 In einem Becher befinden sich 6 schwarze, 4 rote und 5 weiße Kugeln. Bestimme die Wahrscheinlichkeit für das Ziehen einer

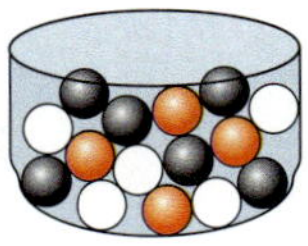

a) weißen Kugel;
b) roten Kugel;
c) schwarzen Kugel;
d) Kugel, die nicht weiß ist.

6 In einer Lostrommel befinden sich 300 nummerierte Lose.
Ein Los wird zufällig gezogen. Berechne die Wahrscheinlichkeit folgender Ereignisse:
(1) Die gezogene Nummer ist durch 5 teilbar.
(2) Die gezogene Nummer ist durch 4 teilbar.
(3) Die gezogene Nummer ist durch 6 teilbar.
(4) Die gezogene Nummer ist kleiner als 50.

7 Oliver dreht einen regelmäßigen Glückskreisel mit Feldern, die von 0 bis 9 nummeriert sind. Alexander gewinnt eine Spielmarke, wenn der Kreisel bei einer Primzahl zur Ruhe kommt. Sonst muss Alexander eine Spielmarke an Oliver zahlen.

a) Ist das Spiel fair oder ist einer der beiden im Vorteil?
b) Oliver und Alexander führen das Spiel 50-mal durch. Was erwartet ihr?

Ikosaeder
Zwanzigflächner

8 Ein (regelmäßiges) Ikosaeder ist ein Körper, dessen Oberfläche aus 20 gleich großen, gleichseitigen Dreiecken besteht. Auch damit kann man würfeln.
Wie groß ist die Wahrscheinlichkeit,
a) eine ganze Zahl;
b) eine einstellige Zahl;
c) eine zweistellige Zahl;
d) eine Zahl unter 7;
e) keine durch 3 teilbare Zahl;
f) keine Primzahl zu werfen?

9 Ein Skatblatt besteht aus 8 Karo-Karten, 8 Herz-Karten, 8 Pik-Karten und 8 Kreuz-Karten. Aus dem Skatblatt wird zufällig eine Karte aufgedeckt.
Bestimme die Wahrscheinlichkeiten folgender Ereignisse:
(1) Die Karte ist der Herz-König.
(2) Es ist eine Kreuz-Karte.
(3) Die Karte zeigt eine Zahl.
(4) Die Karte ist ein Ass.
(5) Die Karte zeigt einen König, eine Dame oder einen Buben.

10 Beim Roulette-Spiel bleibt die Kugel in einem der 37 Fächer liegen. Bestimme die Wahrscheinlichkeiten der Ereignisse.
(1) ungerade Zahl (impair);
(2) gerade Zahl außer Null (pair);
(3) die Null erscheint (zero);
(4) rote Zahl (rouge);
(5) schwarze Zahl (noir).

11 Gib ein Ereignis eines Zufallsexperimentes an, dessen Wahrscheinlichkeit
a) $\frac{1}{3}$ **b)** $\frac{1}{2}$ **c)** $\frac{2}{3}$ **d)** $\frac{3}{4}$ ist.

12 Jeder formuliert zwei Ereignisse zu dem abgebildeten Glücksrad.
Anschließend lasst ihr euch von einer zweiten Person erklären, wie die Wahrscheinlichkeiten dieser Ereignisse zu berechnen sind.

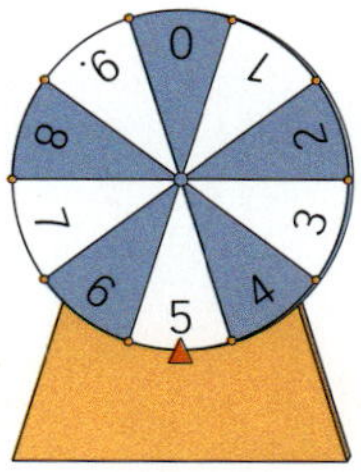

Das kann ich noch!

A Berechne.
1) $2 + (-7)$
2) $-3 + (-11)$
3) $5 - 7$
4) $-4 - (-9)$
5) $2 \cdot (-13)$
6) $(-4) \cdot (-9)$
7) $-1 \cdot 0$
8) $-24 : 3$
9) $-54 : (-6)$
10) $-9 : 0$
11) $-3 : 4$
12) $-\frac{1}{2} : \frac{3}{4}$

Zurückführen eines Zufallsexperiments auf ein Laplace-Experiment

Pasch (franz.) **Wurf mit gleicher Augenzahl auf mehreren Würfeln.**

5er-Pasch

13 ≡ Anneke und Jonas spielen mit zwei Würfeln. Jonas schlägt vor: „Wir betrachten den Unterschied der beiden Augenzahlen. Es gibt sechs Möglichkeiten: 0, 1, 2, 3, 4, 5. Du setzt auf 1, 3 und 4, ich auf 0, 2, 5. Dann hat jeder drei Möglichkeiten. Das ist fair."

Anneke entgegnet: „Das glaube ich nicht. Du hast mehr Möglichkeiten. Für die Augendifferenz 0 gibt es sechs Päsche, Augendifferenz 2 bei 6–4, 5–3, 4–2, 3–1 und Augendifferenz 5 bei 6–1. Du hast also 11 Möglichkeiten. Ich habe aber nur 10 Möglichkeiten: 6–5, 5–4, 4–3, 3–2, 2–1, 6–3, 5–2, 4–1, 6–2, 5–1."
Spiele dieses Spiel mehrfach mit deinem Nachbarn. Schlichte dann diesen Streit.

Viele Zufallsexperimente, deren Ergebnisse nicht gleich wahrscheinlich sind, kann man auf ein Laplace-Experiment zurückführen, indem man eine andere Ergebnismenge betrachtet, bei der die Ergebnisse gleich wahrscheinlich sind.

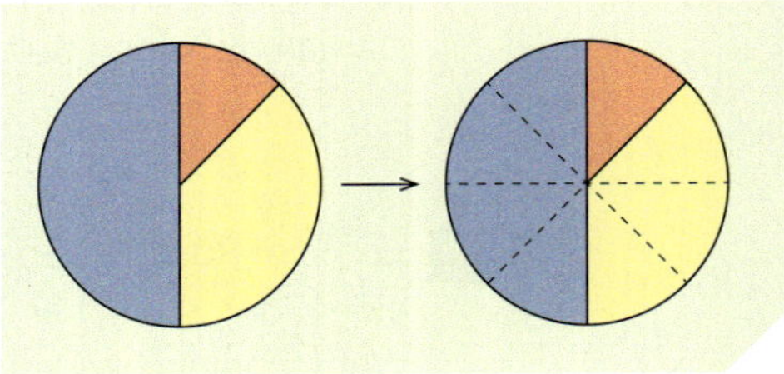

14 ≡ Bestimme für das Werfen zweier Würfel die Wahrscheinlichkeiten folgender Ereignisse:

(1) Augensumme 13 werfen
(2) gerade Augensumme werfen
(3) ungerade Augensumme werfen
(4) Augensumme größer 2 werfen
(5) Augenprodukt 12 werfen
(6) Augenprodukt 27 werfen
(7) Pasch (gleiche Augenzahl) werfen
(8) benachbarte Augenzahlen werfen

Weiterüben

15 ≡ Für ein Schulfest hat die Klasse 7 a zwei nebeneinander stehende Glücksräder gebastelt. Beide Glücksräder sind mit den Ziffern von 0 bis 9 beschriftet. Das linke Rad gibt die Zehnerziffer, das rechte die Einerziffer der gedrehten „Glückszahl" an. Für einen Einsatz von 0,50 € darf man die Räder in Bewegung setzen und so eine Glückszahl erdrehen. Wenn die angezeigte Glückszahl zwei gleiche Ziffern hat, erhält man einen Gewinn im Wert von 1 €, z.B. Filzstifte, Anspitzer usw.

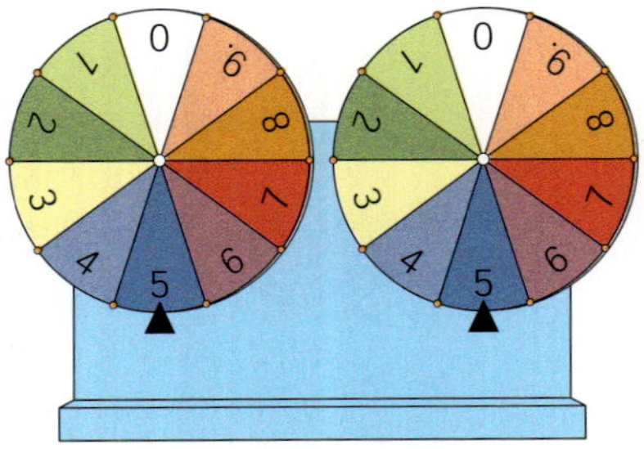

a) Wie viele Ergebnisse sind beim Drehen der Glücksräder möglich?
Wie viele Gewinnergebnisse gibt es?
b) Die Klasse 7 a rechnet damit, dass bei diesem Schulfest 500 Spiele durchgeführt werden. Wie viele Gewinne muss sie einkaufen? Wie groß wird vermutlich der Überschuss sein?

Regenwahrscheinlichkeiten

Rätselhafter Regen?

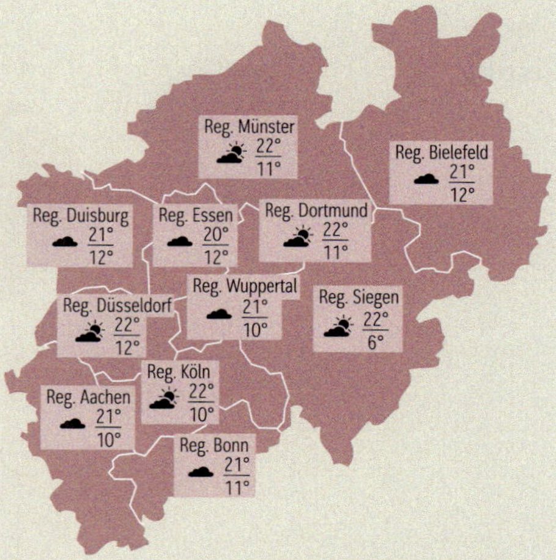

KÖLN – Wenn es im Wetterbericht heißt: „Die Regenwahrscheinlichkeit beträgt 80 %“ klingt das dramatisch. Aber was bedeutet diese Angabe? Werde ich zu 80 % nass? Regnet es in 8 von 10 Minuten? Regnet es auf 80 von 100 Quadratkilometern?
„Heiter bis wolkig, örtlich Schauer – das sagt den meisten Menschen zu wenig“, meint Meteorologin Merve Günzeltepe, „mit einer Prozentangabe kommen viele Menschen besser zurecht;100 % Regen wahrscheinlichkeit bedeutet eben, dass es garantiert regnen wird.“ Die Regenwahrscheinlichkeit, ist die Wahrscheinlichkeit des Eintreffens des Regenereignisses an einem bestimmten Ort in dem angegebenen Vorhersagezeitraum. Als „Regenereignis“ gilt dabei bereits ein einzelner Regentropfen, der den Ort erreicht. Regenwahrscheinlichkeiten sind Schätzwerte, die auf bisherigen Messdaten aus der Vergangenheit basieren. Ein Beispiel: Hat es in 80 von 100 Tagen mit vergleichbarer Wetterlage am Folgetag geregnet, wird die Regenwahrscheinlichkeit mit 80 % angegeben. „Unter Meteorologen ist der Nutzen dieser Angabe umstritten. Denn er sagt nichts darüber aus, ob man in einen leichten Nieselregen kommt oder besser ein Kanu einpacken sollte“, ergänzt Günzeltepe zum Abschluss des Interviews.

1 Erläutere, was die Aussagen bedeuten.
a) Die Regenwahrscheinlichkeit in Duisburg beträgt für morgen 30 %.
b) Die Regenwahrscheinlichkeit in Athen beträgt morgen 0 %.

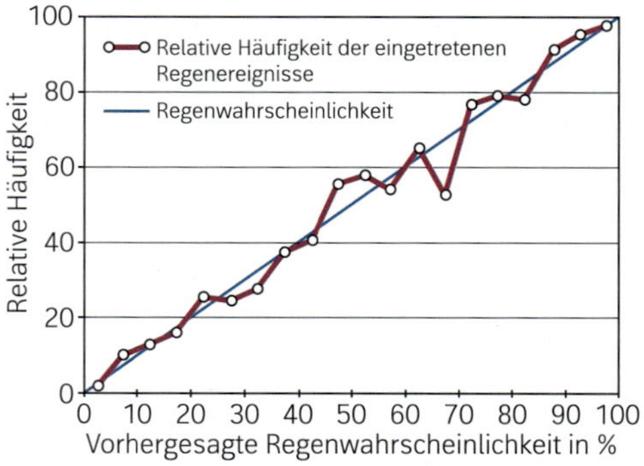

2 Der örtliche Wetterdienst überprüft mit Wetterstationen, wie gut die vorhergesagten Regenwahrscheinlichkeiten waren. Rechts siehst du das Ergebnis.
a) Beschreibe, wie die Überprüfung stattgefunden hat.
b) Nimm Stellung zu der Güte der vorhergesagten Regenwahrscheinlichkeiten.

3 Für ein Gegebiet wird eine Regenwahrscheinlichkeit von 60 % angegeben. Nun regnet es dort einmal. Ist dadurch die Regenwahrscheinlichkeit auf 100 % gestiegen?
Tipp: Vergleiche mit der entsprechenden Behauptung beim Münzwurf.

6.4 Bestimmen von Wahrscheinlichkeiten durch Simulation

Einstieg

Mara, Leo und Lukas benötigen für ein Spiel ein Dodekaeder. Sie finden aber kein Dodekaeder.
Leo: „Wir nehmen zwei gewöhnliche Würfel und bilden die Augensumme."
Mara: „Wir basteln uns ein Glücksrad mit 12 Sektoren."
Lukas: „Wir werfen eine Münze und einen gewöhnlichen Würfel. Erscheint Zahl, wird das Würfelergebnis verdoppelt, sonst nicht."
Untersucht diese Vorschläge.

Aufgabe mit Lösung

Bestimmen von Wahrscheinlichkeiten durch Simulation

Mila und Niklas planen die Weihnachtsfeier für ihre Tischtennis-AG. Alle zehn Spieler wollen gemeinsam wichteln. Dafür packt jeder etwas ein, was er nicht mehr braucht. Die Geschenke wandern dann in einen Sack und jeder Teilnehmer zieht blind ein Geschenk heraus.

→ Niklas befürchtet, dass einige der Mitspieler ihr eigenes Geschenk ziehen könnten. Aber wie wahrscheinlich ist das eigentlich? Mila meint: „Wir können das doch mal durchspielen." Niklas runzelt die Stirn: „Und wie? Wir sind nur zu zweit!"
Gib eine Möglichkeit an, wie die zwei die Situation nachspielen können.

Lösung

1. Schritt: Statt Geschenke zu verteilen, werden die Namen auf Zettel geschrieben und in ein Gefäß gelegt.
2. Schritt: Man zieht nacheinander die Zettel und notiert die gezogenen Namen in einer Teilnehmerliste hinter den Namen. Steht zweimal derselbe Name hintereinander, wird gestoppt.

Teilnehmer	Gezogene Namen	
	1. Versuch	2. Versuch
1. Mila	Theo	Mia
2. Niklas	Nils	Alex
3. Theo	Kim	Theo
4. Chris	Lena	
5. Nils	Mila	
6. Kim	Alex	
7. Lena	Tarik	
8. Alex	Niklas	
9. Tarik	Mia	
10. Mia	Chris	
	✓	×

Theo hat sein Geschenk gezogen.

keine hat sein Geschenk gezogen.

→ Mila schlägt vor: „Lass es uns ein wenig öfter nachspielen, dann können wir die Wahrscheinlichkeit besser einschätzen. Und statt der Namen notieren wir nur noch die Nummern."
Schätze mithilfe der Tabelle rechts ab, wie wahrscheinlich es ist, dass jemand sein eigenes Geschenk zieht.

Teilnehmer	Nummern auf den gezogenen Zetteln							
	1.	2.	3.	4.	5.	6.	7.	8.
1. Mila	9	2	10	6	5	2	9	6
2. Niklas	2	6	3	1	1	6	3	10
3. Theo		8	1	7	8	4	4	2
4. Chris		1	9	3	9	7	5	1
5. Nils		4	4	10	2	10	2	8
6. Kim		9	7	2	10	3	10	7
7. Lena		7	5	8	7	1	8	4
8. Alex			6	5		8	7	9
9. Tarik			8	9			6	5
10. Mia			2				1	3
	×	×	✓	×	×	×	✓	✓

Lösung
Bei 5 von 8 Versuchen gab es übereinstimmende Nummern. $\frac{5}{8}$ entspricht einer relativen Häufigkeit von 62,5 %. Das ist eine erste Abschätzung für die gesuchte Wahrscheinlichkeit. Für eine präzisere Angabe müssten die beiden die Versuche öfter, z.B. 100-, 1 000- oder gar 10 000-mal durchführen.

Information

Simulation von Zufallsexperimenten

Zufallsexperimente kann man mit geeigneten Zufallsgeräten nachspielen (simulieren). Mit einer solchen Simulation eines Zufallsexperiments lassen sich oft Zeit und Aufwand einsparen.
Wenn es bei komplizierten Vorgängen nicht gelingt, die Wahrscheinlichkeit einfach zu berechnen, hilft eine Simulation. Führt man die Simulation oft genug durch, lässt sich die Wahrscheinlichkeit anhand der berechneten relativen Häufigkeit sinnvoll schätzen.

Kompliziertes Zufallsexperiment: Wahrscheinlichkeit wird gesucht
↓
Simulation des Zufallsexperiments durch ein vereinfachtes Zufallsexperiment
↓
relative Häufigkeit bestimmen im vereinfachten Zufallsexperiment
↓
Schätzwert für die Wahrscheinlichkeit bilden mithilfe des vereinfachten Zufallsexperiments

Mit Taschenrechner und Tabelleknkalkulation lassen sich Zufallsexperimente einfach simulieren:

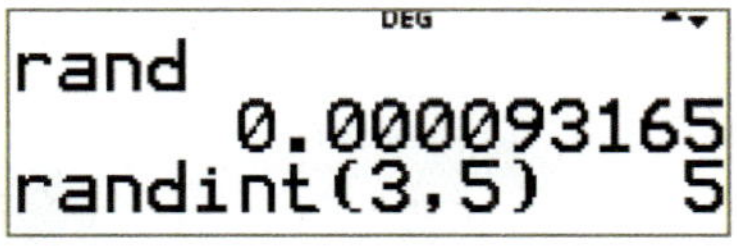

Der Befehl **rand** erzeugt eine Zufallszahl zwischen 0 und 1.
randint(A,B) erzeugt eine ganzzahlige Zufallszahl zwischen A und B.
Einige WTR nutzen **Ran#** statt **rand** und **RanInt(A,B)** statt **randint(A,B)**.

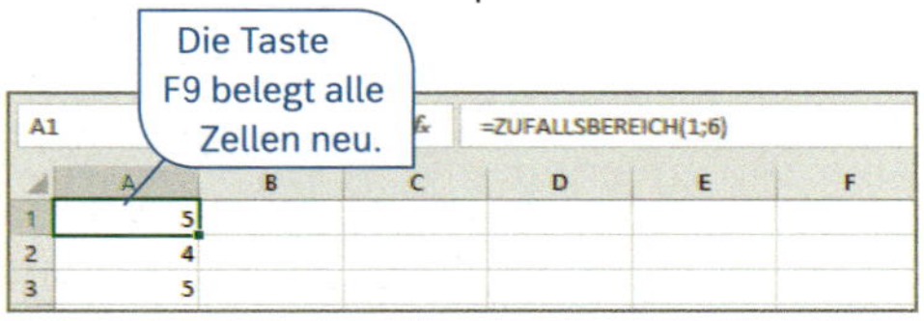

Der Befehl **ZUFALLSBEREICH(A,B)** liefert eine Zufallszahl im Bereich von A bis B. Auch das Auszählen kann die Tabellenkalkulation übernehmen: So zählt z. B. der Befehl **ZÄHLENWENN(D1:D10; 3)** wie oft die Zahl 3 in den Zellen D1 bis D10 vorkommt.

Üben

1 Entscheide, ob sich die folgenden Zufallsexperimente mit dem angegebenen Zufallsgerät simulieren lassen. Begründe kurz.

a) Glücksrad mit sechs Feldern simuliert durch einen Würfelwurf
b) Zuordnen von Trikots für 12 Personen simuliert durch die Augensumme zwei Würfel
c) Kreisel mit 4 Zahlen simuliert durch vierfachen Münzwurf
d) Erste Lotto-Zahl simuliert durch das Werfen von 49 Münzen

2 Mit dem Glücksrad rechts sollten Gewinne bei einem Klassenfest ausgelost werden. Da es defekt ist, soll die Auslosung mit einem anderen Zufallsgerät erfolgen.
Nenne mehrere Möglichkeiten.

3 Nicht immer hat man das passende Zufallsgerät parat. Wählt eines der folgenden Zufallsgeräte aus und sammelt möglichst viele Ideen, mit welchen anderen Zufallsgeräten es sich simulieren ließe. Erstellt gemeinsam ein Informationsplakat.

Tetraeder (vier gleichseitige Dreiecksflächen)	**Dekaeder** (zehn identische Dreiecksflächen)	**Ikosaeder** (zwanzig gleichseitige Dreiecksflächen)	**Hexakontaeder** (sechzig gleiche Fünfecksflächen)
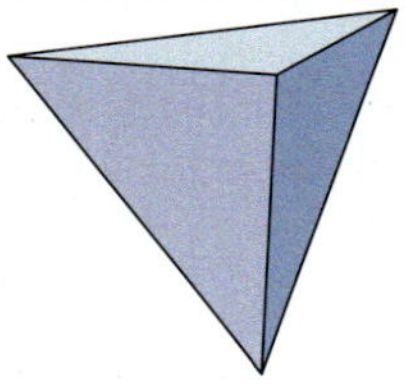	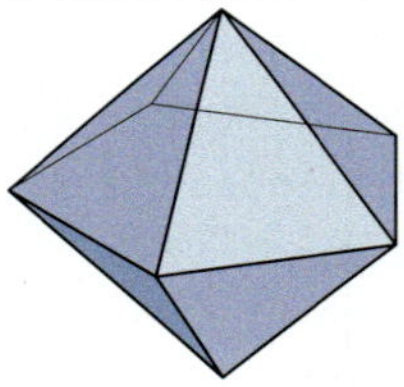	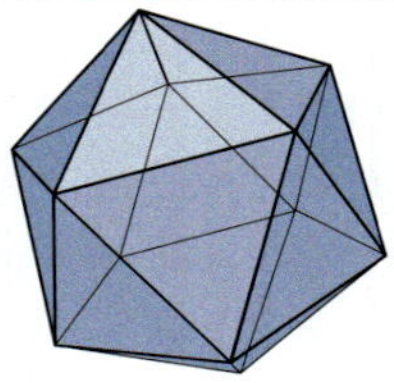	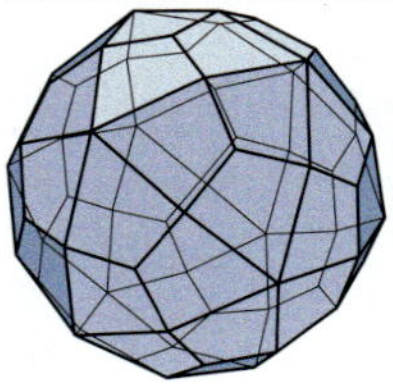

4 Am Tag der offenen Tür sollen in Lisas Schule auch ein paar Zufallsexperimente gezeigt werden. Lisa meint: „Der Reißzweckenwurf ist eine super Sache, aber vielleicht etwas gefährlich, wenn kleinere Kinder dabei sind. Lasst uns das Experiment simulieren“. Untersuche die drei folgenden Vorschläge.

5 Für ein Fantasy-Spiel wird ein Oktaeder zum Würfeln benötigt. Erzeugt mit dem Rechner 20 Zufallszahlen zwischen 1 und 8. Vergleicht mit eurem Nachbarn.

6 Für ein Spiel soll mit einem Tetraeder gewürfelt werden. Du hast leider keinen Tetraeder zur Hand, dafür aber einen Taschenrechner. Wie kannst du dir helfen?

7 Zur Fußball-WM oder Fußball-EM bringen manche Schokoriegelmarken etwa 60 Sammelbilder von verschiedenen Fußballstars und Trainern der Zeit heraus. Die Sammelbilder sind in jedem Schokoriegel enthalten. Anna fehlen nur noch 5 Sammelbilder. Um sicher zu gehen, dass sie diese auch bekommt, kauft sie sich eine 18er-Packung mit Schokoriegeln.

a) Simuliere diesen Zufallsversuch. Nimm dazu 18 Zufallszahlen (aus dem Bereich von 1 bis 60) und triff die Annahme, dass 1, 2, 3, 4 und 5 die fehlenden Bilder sind. Bekommt Anna alle Sammelbilder?

b) Führe diese Simulation insgesamt 10-mal durch und stelle eine Vermutung an, ob 18 Riegel ausreichend sind.

8 Wie kannst du vorgehen, um die Güte der Zufälligkeit der Zufallszahlen deines Rechners zu überprüfen? Diskutiere deine Ideen mit deinem Partner. Tragt eure gemeinsamen Ideen eurer Klasse vor.

Weiterüben

9 Ein Glücksrad umfasst die 26 Buchstaben des Alphabets, zwei Felder „Dreh nochmal" und ein Joker-Feld. Beschreibe, wie du dieses Glücksrad mithilfe einer Tabellenkalkulation simulieren könntest.

10 TAB Simuliert mithilfe einer Tabellenkalkulation 100 Würfelwürfe und lass das Programm auswerten, wie oft die 5 „gewürfelt" wurde. Vergleicht eure Ergebnisse.

11 Klasse 7e hat ein Tabellenkalkulationsprogramm genutzt, um 20 Würfelwürfe zu simulieren. Nimm Stellung zu Sophies, Jeremys und Evrens Beiträgen.

6.5 Baumdiagramme bei zweistufigen Zufallsexperimenten

Einstieg

In einer Porzellanfabrik werden bei der Qualitätskontrolle Becher erst auf ihre Form hin geprüft: 95 % aller Becher haben eine gute, 4 % eine mittelmäßige und 1 % eine schlechte Form. Dann wird die Glasur der Becher überprüft: 90 % aller Becher haben eine gleichmäßige Glasur, 10 % eine ungleichmäßige. Stellt übersichtlich dar, welche Möglichkeiten es für die Qualität eines Bechers gibt.

Aufgabe mit Lösung

Zweistufige Zufallsexperimente

Julia hat einen Beutel mit fünf blauen und zwei roten Kugeln. Sie schlägt Marie ein Spiel vor: „Du ziehst nacheinander zwei Kugeln aus dem Beutel. Haben sie die gleiche Farbe, gewinnst du, sonst gewinne ich."

→ Stelle das von Julia vorgeschlagene Zufallsexperiment durch ein Baumdiagramm dar. Ergänze auch die Wahrscheinlichkeiten an den Pfaden.

Lösung

Es gibt zwei Möglichkeiten das Spiel durchzuführen.

1. Möglichkeit: Nach dem ersten Zug kann man die Kugel wieder zurücklegen und erneut aus dem Beutel ziehen. Die Wahrscheinlichkeiten sind dann beim zweiten Zug genauso groß wie beim ersten: $P(R) = \frac{2}{7}$ und $P(B) = \frac{5}{7}$. Die Summe der Wahrscheinlichkeiten auf jeder Stufe ist 1 (Summenprobe).

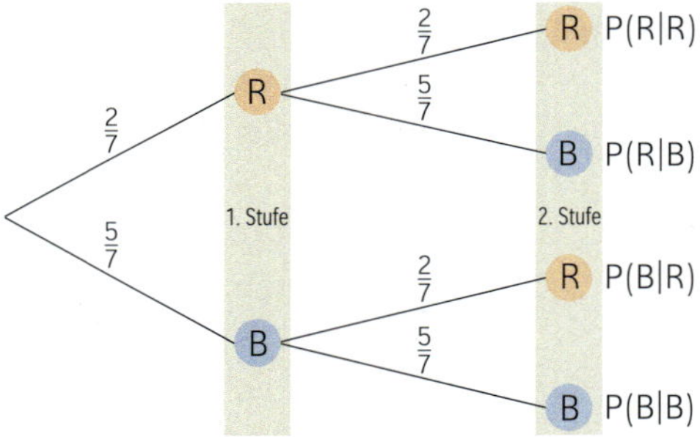

2. Möglichkeit: Nach dem ersten Zug wird die Kugel nicht zurückgelegt. Dann hängen die Wahrscheinlichkeiten in der zweiten Stufe von den Ergebnissen der ersten Stufe ab. So sind z. B. im ersten Zug zwei von sieben Kugeln rot. Es gilt: $P(R) = \frac{2}{7}$. Da für den zweiten Zug nur noch sechs Kugeln enthalten sind, wovon eine rot ist, gilt für den zweiten Zug $P(R) = \frac{1}{6}$. Die Summe der Wahrscheinlichkeiten auf jeder Stufe ist 1 (Summenprobe).

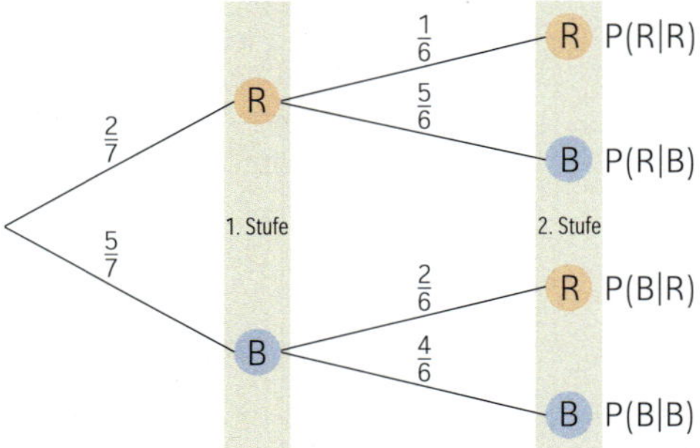

Information

Zweistufige Zufallsexperimente mit einem Baumdiagramm darstellen

Ein Zufallsexperiment, das in zwei Schritten nacheinander durchgeführt wird, nennt man **zweistufig**.

Zweistufige Zufallsexperimente lassen sich gut in Form von **Baumdiagrammen** darstellen. Zu jedem dieser Ergebnisse gehört ein sogenannter **Pfad** des Baumdiagramms. Die Ergebnisse werden am Ende des Pfads notiert.

An den Pfaden werden die Wahrscheinlichkeiten der beiden Stufen des Zufallsexperiments notiert.

Ziehen ohne Zurücklegen aus einem Gefäß mit zwei grünen und drei weißen Kugeln.

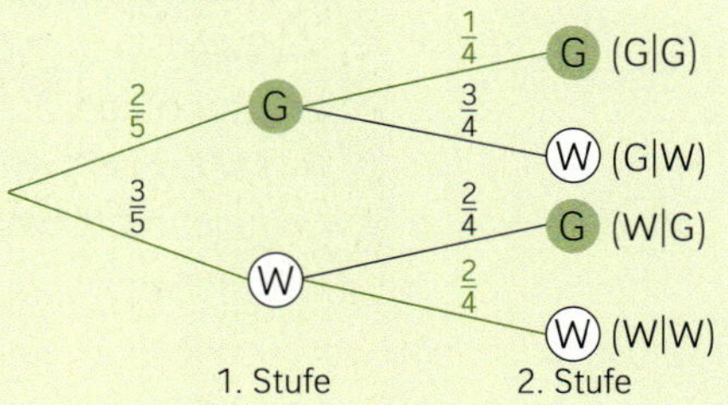

Üben

1 Die beiden Glücksräder rechts werden gedreht. Stelle dieses Zufallsexperiment in einem Baumdiagramm dar.
Markiere die Pfade, die zum Ereignis „Zweimal dieselbe Farbe“ gehören.

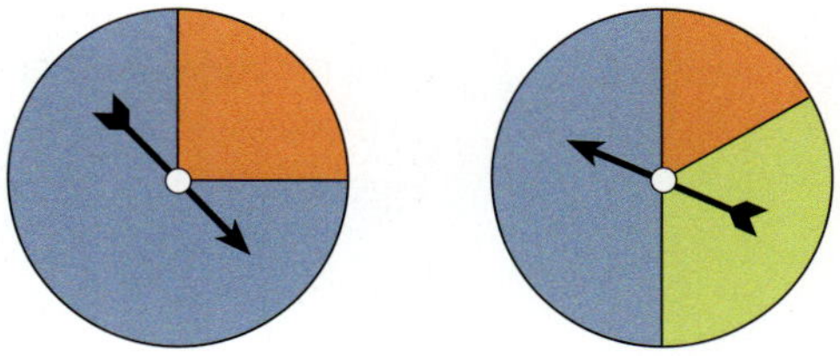

Glücksrad A Glücksrad B

2 In einem Gefäß sind eine rote, zwei blaue und drei grüne Kugeln. Nacheinander werden zwei Kugeln gezogen (und nicht wieder zurückgelegt). Stelle das Zufallsexperiment in einem Baumdiagramm dar. Ergänze die Wahrscheinlichkeiten an den Pfaden.

3 Aus einer Socke wird zweimal nacheinander eine Kugel gezogen.
a) Begründe anhand des Baumdiagramms, dass die Kugeln nach dem Ziehen nicht zurückgelegt wurden. Woran lässt sich dies besonders einfach erkennen?
b) Gib an, wie viele Kugeln jeder Farbe am Anfang in der Socke waren.

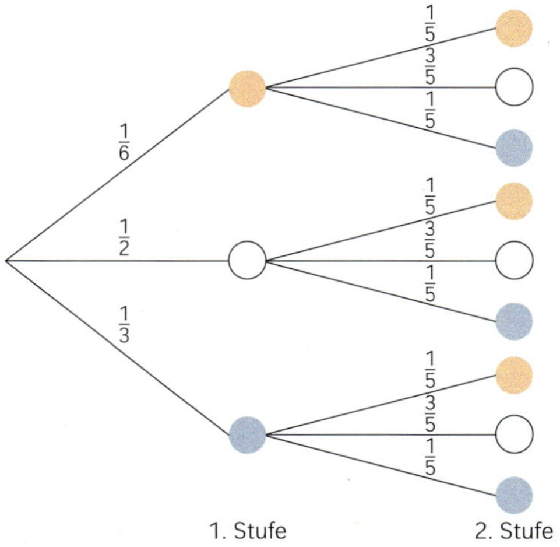

4 Eine Münze und ein Würfel werden nacheinander geworfen.
a) Gebt die möglichen Ergebnisse an und stellt sie im Baumdiagramm dar.
b) Was verändert sich, wenn Münze und Würfel gleichzeitig geworfen werden?

6.6 Pfadregeln

Einstieg

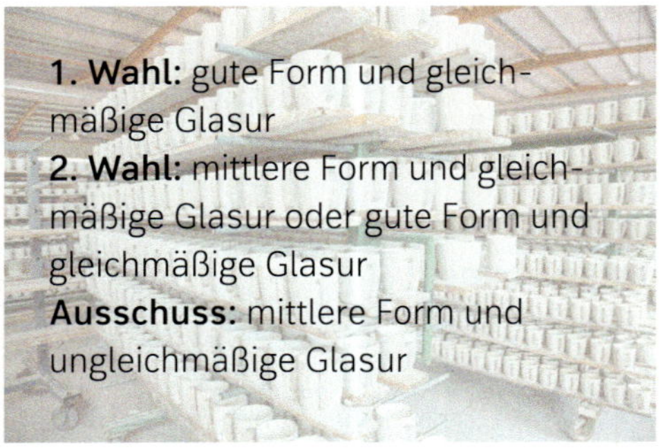

Betrachtet die Qualitätsprüfung der Porzellanbecher aus dem Einstieg von Seite 206. Berechnet die Wahrscheinlichkeiten, dass ein hergestellter Becher 1. Wahl, 2. Wahl oder Ausschuss ist.

Aufgabe mit Lösung

Pfadregeln

Marie und Julia einigen sich, das Spiel aus der Aufgabe mit Lösung von Seite 206 so zu spielen, dass die gezogene Kugel nicht wieder zurückgelegt wird.

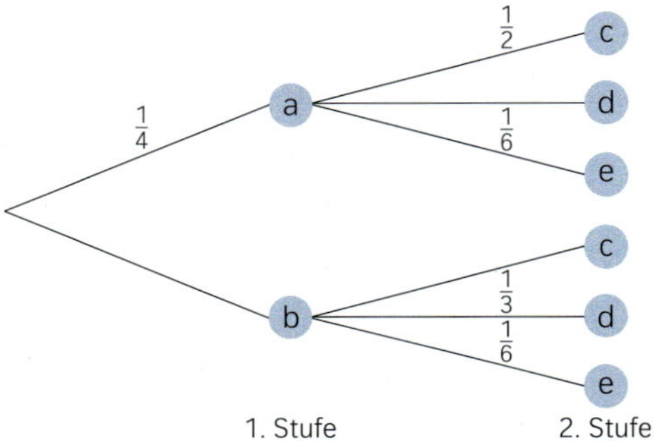

→ Stell dir vor, dass Marie und Julia 210-mal spielen. Wie oft kann man das Ergebnis (R | R) erwarten?

Lösung

Die Wahrscheinlichkeit als erste Kugel eine rote Kugel zu ziehen, beträgt $\frac{2}{7}$.
Also wird in etwa $\frac{2}{7}$ aller Spiele dieser Fall eintreten, d. h. in $\frac{2}{7} \cdot 210 = 60$ Spielen.
Die Wahrscheinlichkeit, danach als zweite Kugel eine rote Kugel zu ziehen, beträgt $\frac{1}{6}$.
Dies wird somit in $\frac{1}{6}$ der 60 Spiele, also 10 Spielen eintreten. Der Anteil der Spiele, in denen beide gezogene Kugeln rot sind, beträgt somit $\frac{2}{7} \cdot \frac{1}{6} = \frac{1}{21}$. Dies ist die Wahrscheinlichkeit dafür, dass beide Kugeln rot sind.

→ Wer von beiden hat die größere Gewinnchance?

Lösung

Man ergänzt im Baumdiagramm die Wahrscheinlichkeit die Pfade, in dem man die Wahrscheinlichkeiten beider Stufen multipliziert.

Marie gewinnt, wenn beide gezogenen Kugeln dieselbe Farbe haben, also
P (Marie gewinnt)
$= P(R\,|\,R) + P(B\,|\,B) = \frac{1}{21} + \frac{10}{21} = \frac{11}{21}$.
Damit ergibt sich: P (Julia gewinnt)
$= 1 - P(\text{Marie gewinnt}) = 1 - \frac{11}{21} = \frac{10}{21}$
Marie hat somit eine leicht höhere Chance zu gewinnen.

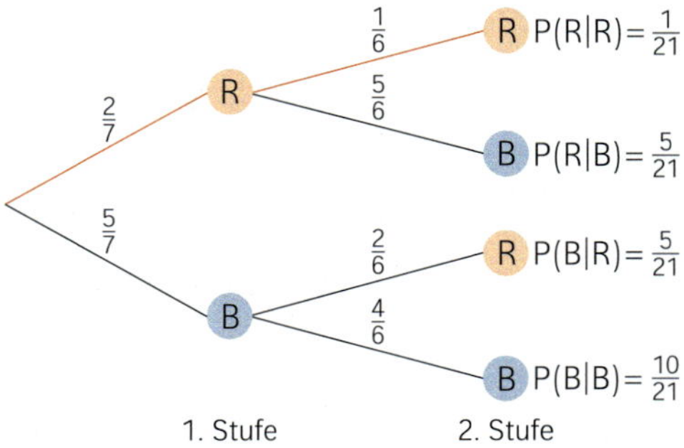

Information

Pfadmultiplikationsregel

Die Wahrscheinlichkeit eines Pfades ist gleich dem Produkt der Wahrscheinlichkeiten längs des Pfades.

Pfadadditionsregel

Gehören zu einem Ereignis mehrere Pfade in einem Baumdiagramm, dann erhält man die Wahrscheinlichkeit des Ereignisses, indem man die Pfadwahrscheinlichkeiten der zu dem Ereignis gehörenden Ergebnisse addiert.

Doppelter Münzwurf

$P(W|W) = \frac{1}{2} \cdot \frac{1}{2} = \frac{1}{4}$

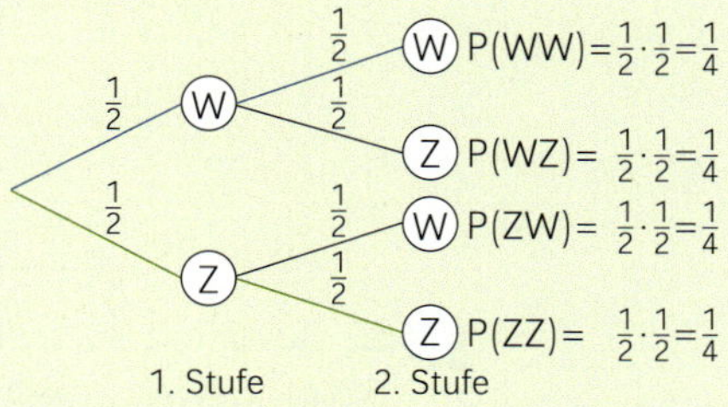

P („Zweimal dasselbe werfen")

$= P(W|W) + P(Z|Z) = \frac{1}{2} \cdot \frac{1}{2} + \frac{1}{2} \cdot \frac{1}{2} = \frac{1}{2}$

Üben

1 In einem Gefäß befinden sich 8 Kugeln: 3 graue und 5 violette. Es wird zweimal gezogen und nach dem ersten Zug die Kugel zurückgelegt. Bestimme mithilfe eines Baumdiagramms die Wahrscheinlichkeiten der folgenden Ereignisse.

a) P (Erst eine graue, dann eine violette Kugel ziehen)

b) P (Zweimal dieselbe Farbe ziehen)

c) P (Mindestens eine der Kugeln ist grau).

2 Ein Glücksrad wird zweimal gedreht. Zeichne das zugehörige Baumdiagramm.

(1) (2) (3) (4)

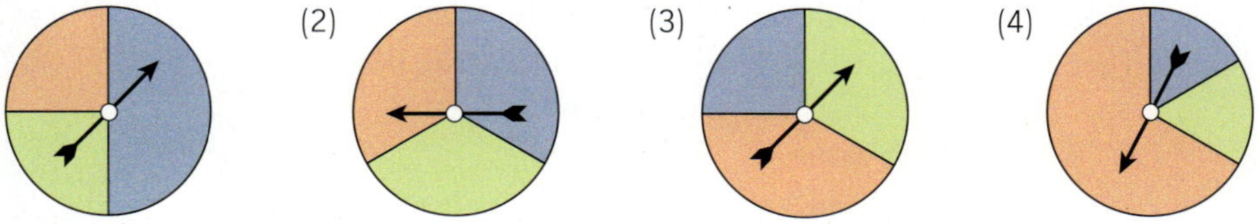

a) Welche Wahrscheinlichkeit hat das Ergebnis (Rot | Grün)?

b) Welche Wahrscheinlichkeit hat das Ereignis *Zweimal dieselbe Farbe*?

c) Bei welchem Glücksrad ist es günstig, auf *Zweimal dieselbe Farbe* zu setzen?

3 Ein Reißnagel einer bestimmten Sorte wird zweimal geworfen. Er landet entweder auf dem Kopf oder der Seite. Es gilt: P () = 0,4 und P () = 0,6.
Zeichne ein Baumdiagramm und bestimme die Wahrscheinlichkeit der folgenden Ergebnisse.

a) Mit welcher Wahrscheinlichkeit tritt das Ergebnis ( | ) auf?

b) Welche Wahrscheinlichkeit hat das Ereignis  *kommt öfter als* ?

c) Welche Wahrscheinlichkeit hat das Ereignis *Nur*  *oder nur* ?

4 Ein Glücksrad hat zwei rote, drei grüne und fünf weiße Felder. Es wird zweimal gedreht. Erläutere mithilfe eines Baumdiagramms den Unterschied zwischen den Ereignissen E_1 und E_2.

E_1: Erst kommt rot, dann kommt grün.

E_2: Beim zweimaligen Drehen bleibt das Rad einmal bei rot und einmal bei grün stehen.

5 ≡ Zwei Glücksräder werden gedreht. Vervollständige das Baumdiagramm. Zeichne dann zwei Glücksräder, die zu diesem Baumdiagramm passen.

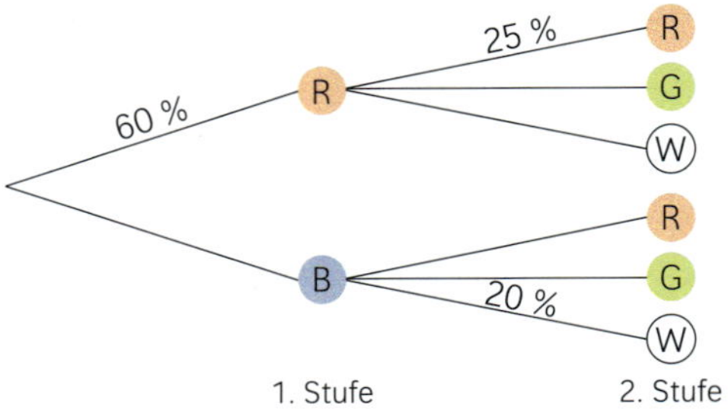

6 ≡ Bevor ein Buch gedruckt wird, werden die probeweise gedruckten Seiten auf Fehler durchgesehen.
Der erste Kontrolleur findet erfahrungsgemäß 70 % der Fehler und korrigiert sie. Bei der nächsten Kontrolle werden 50 % der übrigbleibenden Fehler entdeckt.
Mit welcher Wahrscheinlichkeit ist ein Fehler, der ursprünglich in einem Drucktext vorhanden war, auch nach diesen beiden Kontrollen noch nicht entdeckt?

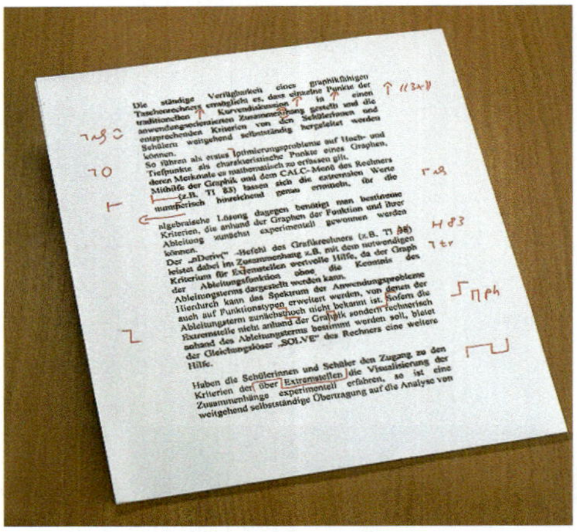

7 ≡ Das Glücksrad rechts hat drei verschieden große Felder. Das blaue Feld ist doppelt so groß wie das rote Feld; das grüne Feld hat die dreifache Größe des roten Feldes.

a) Das Glücksrad wird einmal gedreht. Ordne den Ergebnissen Grün, Rot, Blau Wahrscheinlichkeiten zu.
b) Das Glücksrad wird zweimal nacheinander gedreht.
Stelle dieses Zufallsexperiment durch ein Baumdiagramm dar und trage die zugehörigen Wahrscheinlichkeiten ein.
c) Bestimme die Wahrscheinlichkeit des Ereignisses *Beide Male dieselbe Farbe*.

8 ≡ In Klasse 7 c stellt Herr Hoffmann ein Gefäß mit 2 weißen und 3 roten Kugeln auf den Lehrertisch. Mithilfe eines Baumdiagramms soll bestimmt werden, wie wahrscheinlich es ist, eine weiße und eine rote Kugel zu ziehen. Die Schülerinnen und Schüler arbeiten in Gruppen und präsentieren ihre Ergebnisse: Gruppe A sagt, das Ergebnis sei $\frac{6}{25}$. Gruppe B behauptet hingegen, dass das Ergebnis $\frac{3}{10}$ sei. Ganz anders die Gruppen C und D – sie kommen auf andere Werte: Gruppe C besteht darauf, es handle sich bei $\frac{12}{25}$ um das korrekte Ergebnis. Demgegenüber besteht Gruppe D auf dem Ergebnis $\frac{3}{5}$. Herr Hoffmann hört aufmerksam zu und sagt dann: „Da habt ihr Recht!". Untersuche, welche der Gruppen er gemeint haben könnte.

Vereinfachtes Baumdiagramm

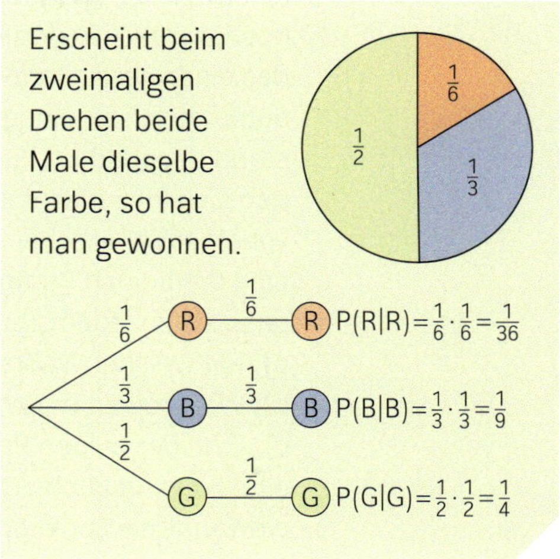

9 ≡ In einem Gefäß befinden sich drei grüne, vier blaue und fünf rote Kugeln. Zwei Kugeln werden ohne Zurücklegen gezogen. Bestimme mithilfe eines vereinfachten Baumdiagramms die Wahrscheinlichkeit dafür, dass beide Kugeln die gleiche Farbe haben.

10 ≡ Bei vielen Würfelspielen hat das Ereignis, dass beide Würfel dieselbe Augenzahl zeigen (Pasch) eine besondere Bedeutung. Bestimme mithilfe eines vereinfachten Baumdiagramms die Wahrscheinlichkeit für einen Pasch.

11 ≡ Aus einem Gefäß mit verschiedenfarbigen Kugeln wird zweimal gezogen. Entscheide, ob sich die folgenden Aussagen anhand des vereinfachten Baumdiagramms treffen lassen.

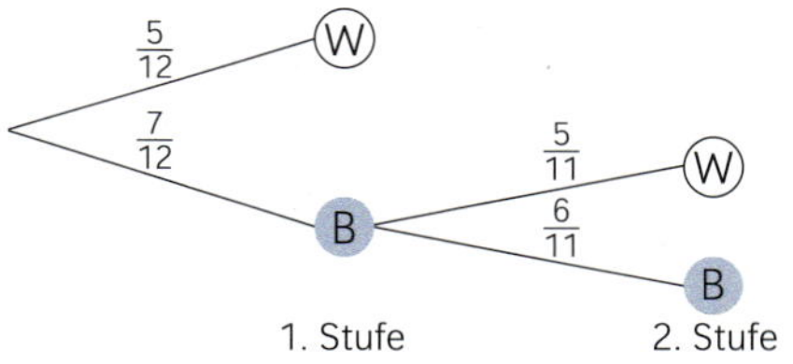

a) P(„Zweimal blau ziehen“) $= \frac{7}{22}$

b) Es befinden sich nur blaue und weiße Kugeln im Gefäß.

c) Es wird ohne Zurücklegen gezogen.

d) P(„Zweimal grün ziehen“) = 0

12 ≡ Ein Skatspiel besteht aus 32 Karten. Beim Austeilen erhält jeder Spieler 10 Karten, 2 Karten werden verdeckt auf den Tisch gelegt (Skat). Bestimme die Wahrscheinlichkeit, dass im Skat

a) zwei Herzkarten liegen;

b) zwei gleichfarbige Karten liegen;

c) eine Herzkarte und eine Karokarte liegen.

13 ≡ Ein Ikosaeder ist ein regelmäßiger zwanzigflächiger Wurfstein. Er wird zweimal hintereinander geworfen. Lege ein vereinfachtes Baumdiagramm an, mit dem sich das Ereignis „Die Augensumme ist größer als 37“ veranschaulichen lässt.

14 ≡ Eine Münze wird zweimal geworfen. Beschreibe die folgenden Ereignisse mit Worten und berechne ihre Wahrscheinlichkeiten.

(1) $E_1 = \{(K|K); (K|Z); (Z|K)\}$ (2) $E_2 = \{(K|K); (Z|Z)\}$

(3) $E_3 = \{(K|Z); (Z|K)\}$ (4) $E_4 = \{(Z|K); (K|Z); (Z|Z)\}$

15 ≡ In einen Schacht wird Wasser aus einer Dränage geleitet. Steht es dort zu hoch, kann es in den Keller eines Gebäudes eindringen. Daher wird das Wasser automatisch ab einem gewissen Wasserstand abgepumpt. Zur Sicherheit befinden sich im Schacht zwei unabhängig voneinander arbeitende Pumpen, damit ein Abpumpen auch dann noch erfolgt, wenn eine der beiden Pumpen versagt. Nach Werksangaben wird für jede Pumpe garantiert, dass sie zu jedem Zeitpunkt mit einer Wahrscheinlichkeit von 99,9 % funktioniert.

a) Mit welcher Wahrscheinlichkeit fallen beide Pumpen zur gleichen Zeit aus?

b) Wie groß ist die Wahrscheinlichkeit für das korrekte Abpumpen?

c) Eine der beiden Pumpen soll durch eine teurere ersetzt werden, die in 99,99 % aller Fälle funktioniert. Auf welchen Wert steigt dadurch die Wahrscheinlichkeit für die einwandfreie Funktion?

16 ≡ Zum Geburtstag bringt Lars seinen 25 Mitschülern Kaugummis in verschiedenen Geschmacksrichtungen mit: 14 Päckchen Erdbeere, 10 Päckchen Kirsch, 7 Päckchen Orange und 19 Päckchen Cola. Nacheinander darf jeder zwei Päckchen blind aus einem Beutel ziehen. Lasse zieht als erster zweimal nacheinander.

a) Stelle dieses Zufallsexperiment in einem Baumdiagramm dar und trage die zugehörigen Wahrscheinlichkeiten ein.

b) Bestimme die Wahrscheinlichkeit, dass Lasse seine beiden Lieblingssorten Kirsch und Cola zieht.

c) Bestimme die Wahrscheinlichkeit dafür, dass Lasse zwei gleiche Päckchen aus dem Beutel holt.

d) Bestimme die Wahrscheinlichkeit dafür, dass Lasse kein Cola-Päckchen zieht.

e) Nachdem Lasse ein Päckchen Cola und ein Päckchen Orange gezogen hat, ist Lotta an der Reihe. Bestimme die Wahrscheinlichkeit, dass sie Erdbeere und Orange zieht.

17 ≡ Auf dem Tisch liegen verdeckt 8 Zahlkärtchen. Davon werden zwei Kärtchen gezogen und aus den Ziffern wird eine zweistellige Zahl gebildet.

a) Das erste gezogene Kärtchen stellt die Zehnerziffer dar. Dann wird das Kärtchen wieder zurückgelegt und nach dem Mischen wird ein zweites Kärtchen gezogen. Dieses stellt die Einerziffer dar.

(1) Wie viele Ergebnisse sind möglich?

(2) Begründe, dass es sich um ein Laplace-Experiment handelt.

(3) Wie groß ist die Wahrscheinlichkeit, dass bei diesem Ziehen eine Zahl unter 20 entsteht?

b) Bearbeite die Fragestellungen von Teilaufgabe a) für den Fall, dass das gezogene Kärtchen nicht zurückgelegt wird.

c) Die beiden Kärtchen werden gleichzeitig gezogen und so angeordnet, dass eine möglichst hohe Zahl entsteht. Bestimme die Wahrscheinlichkeit, dass bei diesem Ziehvorgang eine Zahl unter 30 entsteht.

Weiterüben

18 ≡ Untersuche die folgenden beiden Baumdiagramme.

(1)

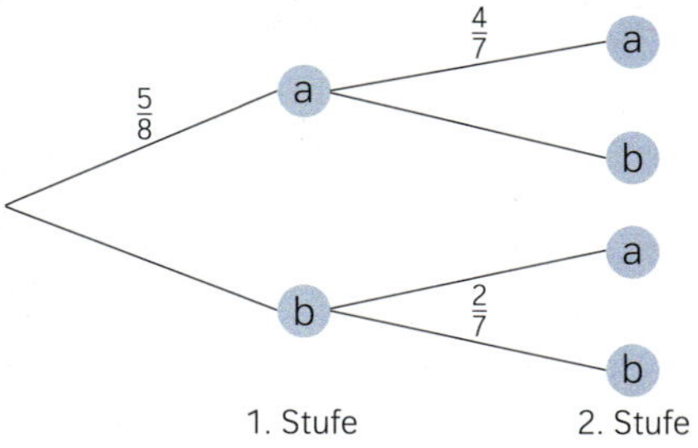

(2)

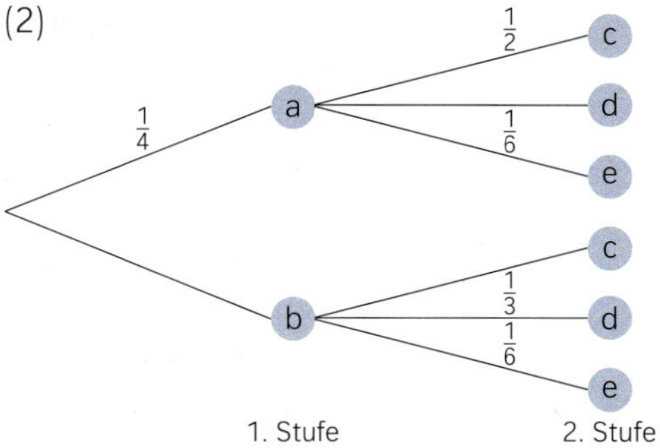

a) Vervollständige die Baumdiagramme dann in deinem Heft.
b) Gib jeweils ein Zufallsexperiment passend zu den Baumdiagrammen an.

19 ≡ Beim Roulette bleibt die Kugel in einem der Felder mit den Nummern 0, 1, ..., 36 liegen. Davon sind 18 Felder rot markiert. Luiz hat noch zwei Chips, von denen er je einen in zwei aufeinander folgenden Spielen auf „Rot" setzen will. Bleibt die Kugel in einem roten Feld liegen, so erhält er seinen Einsatz und einen gleich hohen Gewinn zurück. Sonst ist der Einsatz verloren.
a) Wie viele Chips kann Luiz nach zwei Spielen besitzen?
b) Berechne für jede Möglichkeit die Wahrscheinlichkeit.
c) Warum heißt es in Spielerkreisen: „Auf Dauer gewinnt immer die Bank"?

20 ≡ Zu Annas Schulweg gehören 2 Kreuzungen mit Fußgängerampeln. Häufig, wenn sie es eilig hat, zeigen die beiden Ampeln Rot. An anderen Tagen kommt es auch vor, dass beide Ampeln gerade Grün zeigen, wenn sie kommt. Zur genaueren Untersuchung dieses Sachverhalts stoppt Anna die Rot- und Grünzeiten der Ampeln.
Nimm an, dass die Ampeln nicht auf „Grüne Welle" geschaltet sind, d. h. es ist an jeder Ampel zufällig, ob man sie bei Rot oder Grün antrifft.

	Ampel 1	Ampel 2
Rotzeit	60 s	60 s
Grünzeit	30 s	20 s

a) Berechne zunächst für jede Ampel einzeln die Wahrscheinlichkeit dafür, dass sie bei Annas Ankunft Rot bzw. Grün zeigt. Zeichne dann ein Baumdiagramm.
b) Wie groß ist die Wahrscheinlichkeit, dass beide Ampeln bei Annas Ankunft Rot zeigen?
c) Wie groß ist die Wahrscheinlichkeit dafür, dass beide Ampeln Grün zeigen?
d) Wie groß ist die Wahrscheinlichkeit dafür, dass mindestens eine Ampel Rot zeigt?
e) Wie groß ist die Wahrscheinlichkeit dafür, dass genau eine Ampel Rot zeigt?

Das Wichtigste auf einen Blick

Zufallsexperiment – Gesetz der großen Zahlen – Wahrscheinlichkeit

Ein *Zufallsexperiment* ist ein Versuch, dessen Ausgang nicht vorhersehbar ist. Die möglichen *Ergebnisse* fasst man zur *Ergebnismenge S* zusammen.
Je häufiger man ein Zufallsexperiment durchführt, desto weniger schwanken die relativen Häufigkeiten um einen festen Wert. Diesen Wert nennt man *Wahrscheinlichkeit*. Die Summe der Wahrscheinlichkeiten aller Ergebnisse beträgt 1.
Die Wahrscheinlichkeit eines Ereignisses ist die Summe der Wahrscheinlichkeiten der zugehörigen Ergebnisse.

Würfeln mit einem Zylinder
$S = \{1; 2; 3\}$

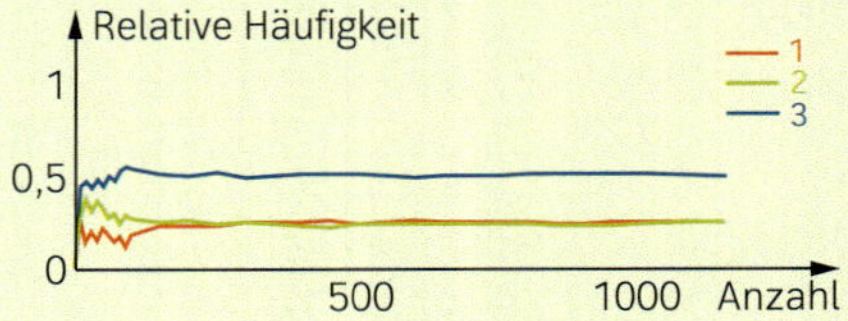

$P(1) = P(2) = 0{,}25;\ P(3) = 0{,}5$
$P(1) + P(2) + P(3)$
$= 0{,}25 + 0{,}25 + 0{,}5 = 1$

Ereignis E: ungerade Zahl
$E = \{1; 3\}$
$P(E) = P(1) + P(2)$
$= 0{,}25 + 0{,}5 = 0{,}75$

Laplace-Experiment – Laplace-Regel

Zufallsexperimente, bei denen alle Ergebnisse gleich wahrscheinlich sind, nennt man *Laplace-Experimente*. Für Laplace-Experimente gilt:
Die Wahrscheinlichkeit eines Ereignisses beträgt:

$$\frac{\text{Anzahl der Ergebnisse des Ereignisses}}{\text{Anzahl aller}}$$

Werfen mit einem Würfel
$S = \{1; 2; 3; 4; 5; 6\}$
$P(1) = P(2) = P(3) = \ldots = P(6) = \frac{1}{6}$

Ereignis: durch 3 teilbare Augenzahl
$E = \{3; 6\}$
$P(E) = \frac{2}{6} = \frac{1}{3}$

Komplementärregel

Das Gegenereignis $\overline{E}$ eines Ereignisses E enthält alle Ergebnisse, die nicht zu E gehören. Somit gilt
$P(E) + P(\overline{E}) = 1$.

Würfeln mit zwei Würfeln,
Pasch bei zwei gleichen Augenzahlen
$P(\text{kein Pasch}) = 1 - P(\text{Pasch})$
$= 1 - \frac{6}{36}$
$= \frac{5}{6}$

Simulation

Zufallsversuche können durch geeignete Zufallsgeräte simuliert (nachgespielt) werden. Häufig werden dabei Zufallszahlen verwendet

Zufallsversuch: 10-maliges Werfen eines Oktaeders
Simulation: 10 Zufallszahlen im Bereich von 1 bis 8
Mit einem Rechner kann man dafür den Befehl randInt(1, 8, 10) verwenden.

Das Wichtigste auf einen Blick

Baumdiagramm

Zweistufige Zufallsexperimente kann man mithilfe von **Baumdiagrammen** darstellen.
Zu jedem der möglichen Ergebnisse des Zufallsexperiments gehört ein **Pfad**.

Ziehen von zwei Kugeln ohne Zurücklegen aus einer Urne mit drei blauen und vier grünen Kugeln.

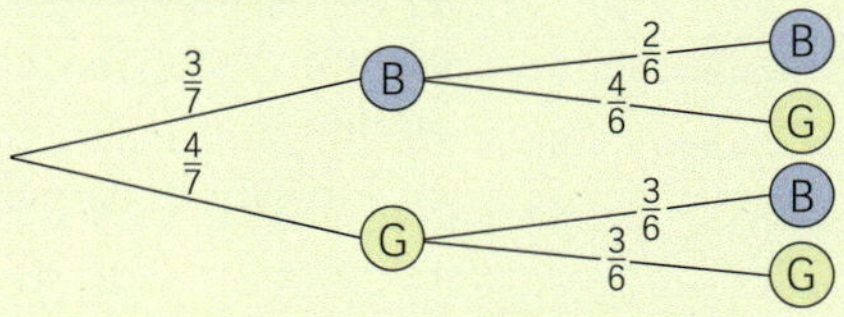

Ein Pfad gehört z. B. zum Ergebnis (blau|grün).

Pfadregeln

Pfadmultiplikationsregel: Die Wahrscheinlichkeit eines Pfades ist gleich dem Produkt der Wahrscheinlichkeiten längs des Pfades.

Pfadadditionsregel: Gehören zu einem Ereignis mehrere Pfade, dann ist die Wahrscheinlichkeit des Ereignisses die Summe der Wahrscheinlichkeiten der Pfade die zum Ereignis gehören.

$P(\text{blau}\,|\,\text{grün}) = \frac{3}{7} \cdot \frac{4}{6} = \frac{2}{7} \approx 28{,}6\,\%$

$P(\text{grün}\,|\,\text{blau}) = \frac{4}{7} \cdot \frac{3}{6} = \frac{2}{7} \approx 28{,}6\,\%$

P (beide Farben sind unterschiedlich)
$= P(\text{blau}\,|\,\text{grün}) + P(\text{grün}\,|\,\text{blau})$
$= \frac{2}{7} + \frac{2}{7} = \frac{4}{7} \approx 57{,}1\,\%$

Bist du fit

Lösungen im Anhang

1 Eine Fabrik stellt Metallstifte her, die eine Länge von 7,0 cm haben sollen. Aus Erfahrung weiß man, dass die maschinell hergestellten Metallstifte nicht immer die gewünschte Länge haben. Bei der Kontrolle der Produktion wird die Länge auf 0,01 cm genau gemessen. Die Tabelle zeigt die Wahrscheinlichkeit für die Stiftlängen. Berechne die Wahrscheinlichkeiten dafür, dass die Stiftlänge
(1) 0,01 cm;
(2) mehr als 0,02 cm;
(3) weniger als 0,03 cm von der Solllänge abweicht.

Länge	Wahrscheinlichkeit
6,97 cm	0,04
6,98 cm	0,07
6,99 cm	0,2
7,00 cm	0,35
7,01 cm	0,23
7,02 cm	0,08
7,03 cm	0,03

2 Ein Spielwürfel wird geworfen.
a) Wie groß ist die Wahrscheinlichkeit, eine Zahl zu werfen, die
(1) kleiner als 5 ist; (2) eine Primzahl ist; (3) durch 3 teilbar ist?
b) Jan hat zehnmal gewürfelt und dabei bereits dreimal eine 6 geworfen, aber noch keine 1. Wie groß ist die Wahrscheinlichkeit, beim nächsten Wurf eine 6 (eine 1) zu werfen?
c) Ein Würfel wird 1 800-mal geworfen. Was erwartest du: Wie oft erscheint eine 6?

3 Eine Serie von 100 Losen enthält einen Hauptgewinn, 9 mittlere Gewinne und 20 Kleingewinne, die restlichen Lose sind Nieten. Hanna zieht ein Los. Bestimme die Wahrscheinlichkeit für das Ziehen einer Niete; des Hauptgewinns; sowie eines Gewinns.

4 Bei einem Tetraeder kann man die gewürfelte Zahl an der Spitze ablesen. Ein Tetraeder wird zweimal geworfen. Bestimme die Wahrscheinlichkeit folgender Ereignisse.
(1) E_1: Mindestens einmal Augenzahl 1
(2) E_2: Beim 2. Wurf Augenzahl 1
(3) E_3: Nur beim zweiten Wurf Augenzahl 1
(4) E_4: Nur ungerade Augenzahlen
(5) E_5: Eine gerade, eine ungerade Zahl
(6) E_6: Augensumme 3

5 **a)** Das abgebildete Glücksrad wird zweimal gedreht.
Bestimme die Wahrscheinlichkeit für das Ereignis:
E_1: Zweimal die gleiche Farbe E_2: Zwei verschiedene Farben
b) In einer Urne befinden sich 12 gleichartige Kugeln, davon 5 rote, 4 blaue, 2 grüne und 1 gelbe. Zwei Kugeln werden ohne Zurücklegen gezogen. Bestimme die Wahrscheinlichkeiten der Ereignisse E_1 und E_2 aus Teilaufgabe a).

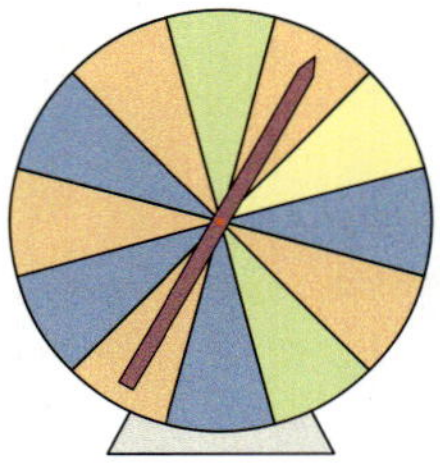

6 Für das Bestimmen einer Glückszahl dreht man das Glücksrad rechts. Anschließend wird eine Münze geworfen; bei Zahl wird die Glücksradzahl verdoppelt, ansonsten bleibt sie unverändert. Bestimme die Wahrscheinlichkeiten der möglichen Glückszahlen.

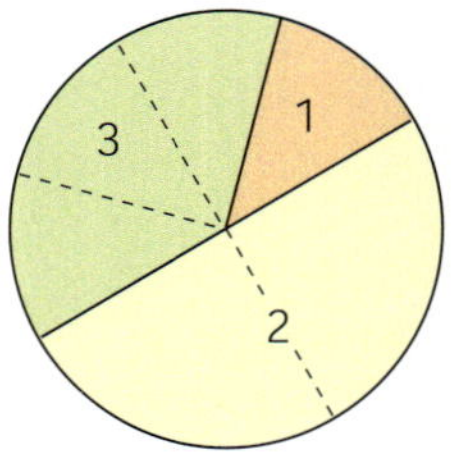

7 Das Büro einer Firma ist mit einer Sicherung an der Haupttür und einem Bewegungsmelder im Kassenraum gesichert. Nach Werksangaben wird garantiert, dass die Türsicherung in 99,5 %, der Bewegungsmelder in 98,5 % aller Störungen funktioniert.
a) Berechne die Wahrscheinlichkeit für das gleichzeitige Funktionieren der Systeme.
b) Bestimme die Wahrscheinlichkeit, dass beide Sicherungen versagen können.
c) Die Firma möchte einen anderen Bewegungsmelder installieren, sodass die Wahrscheinlichkeit für ein ungehindertes Eindringen bei höchstens 1 : 100 000 liegt. Mit welcher Wahrscheinlichkeit müsste dann das Funktionieren des Melders garantiert sein?

Kapitel 1
Seite 48

1 **a)** Die Zuordnung ist
(1) antiproportional, denn zur dreifachen, fünffachen, sechsfachen Länge gehört der 3. Teil, der 5. Teil, der 6. Teil der Breite;
(2) proportional, denn zur doppelten, fünffachen, zehnfachen Menge gehört der doppelte, fünffache, zehnfache Preis;
(3) nicht proportional, denn zum Beispiel gehört zur dreifachen Entfernung ($3 \cdot 2\,\text{km} = 6\,\text{km}$) nicht der dreifache Preis ($3 \cdot 3{,}60\,€ = 10{,}80\,€ \neq 6{,}80\,€$);
(4) nicht antiproportional, denn der Vorrat reicht für eine Person bei den ersten drei Werten 1 344 Tage, beim letzten Wert aber 1 428 Tage,
(5) ist proportional, denn zu allen Werten gehört der Proportionalitätsfaktor $3{,}80\,\frac{€}{\text{kg}}$;
(6) nicht antiproportional, denn die gesamten Kosten (Gesamtgröße) betragen beim 1. und 4. Wert 1 320 €, beim 2. Wert 1 250,20 € und beim 3. Wert 1 336,10 €.
b) Der Graph zu (1) ist rechts abgebildet.
Graph zu (2): Halbgerade von O(0|0) aus durch P(10|19,90).
Graph zu (3): Halbgerade von P(2|3,60) durch Q(14|13,20).

Graph zu (1):

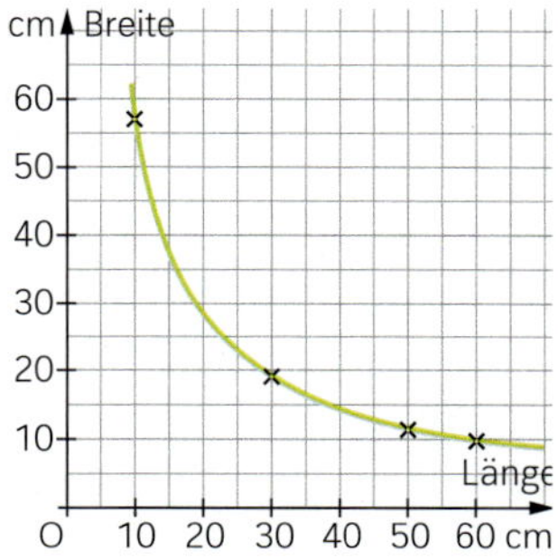

2 Proportionale Zuordnung; 45 kg

3 Antiproportionale Zuordnung; $7\frac{1}{5}\,\text{h} = 7\,\text{h}\;12\,\text{min}$

4 Proportionale Zuordnung; 1 250 ml

5 Antiproportionale Zuordnung; 175 Tage

6 Proportionale Zuordnung; ungefähr 70 g Paprika

7 In dem Reisepreis ist einmalig der Hin- und Rückflug (einschließlich An- und Abreise Flughafen – Hotel) sowie die Unterbringung und Verpflegung pro Tag enthalten.
Man kann also davon ausgehen, dass die Differenz der Preise zwischen den Angeboten die Unterbringung und Verpflegung für die weiteren 7 Tage beinhaltet, das sind 161 € für 7 Tage, also 23 € pro Tag. Flug usw. kosten dann einmalig 213 €.
a) $213\,€ + 21 \cdot 23\,€ = 696\,€$
Herr Lang muss mit 696 € rechnen.
b) $213\,€ + 10 \cdot 23\,€ = 443\,€$
Frau Kurz muss mit 443 € rechnen.
c) Die Zuordnung ist nicht proportional, denn für eine 14-tägige Reise zahlt man nicht doppelt so viel wie für eine 7-tägige Reise.

Bild zu 7c):

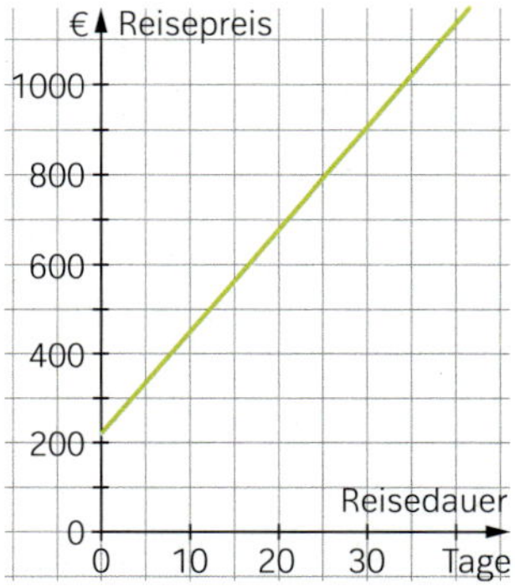

8

Anzahl der Fliesenleger	Anzahl Resttage
3	6
1	18
2	9

(links: : 3, · 2; rechts: · 3, : 2)

Sie benötigen noch 9 Tage.

Kapitel 2
Seite 78

1 **a)** (1) $13\frac{1}{3}$%; (2) 7,5% **b)** (1) 43,86€; (2) 250,02l **c)** (1) 543,48m; (2) 1800,00€

2 $950 \cdot 0{,}48 = 456$ 456 Kinder sind Fahrschüler(innen)

3 $132 : 240 = 0{,}55 = 55\,\%$ 55% der Mitglieder haben das silberne Schwimmabzeichen.

4 $12\,000 : 0{,}8 = 15\,000$ Die Zeitung hat 15000 Käufer.

5 **a)** Anzahl Schüler, die sonstige Instrumentw spielen: $324 - (128 + 65 + 42 + 20) = 324 - 255 = 69$
Berechnung des Prozentsatzes: $69 : 324 \approx 21{,}30\,\%$
b) Streichinstrument:
128 von 324 ≈ 39,5% ≈ 40%
Blasinstrument:
65 von 324 ≈ 20,1% ≈ 20%
Klavierunterricht:
42 von 324 ≈ 13,0% ≈ 13%
Gesangunterricht:
20 von 324 ≈ 6,2% ≈ 6%
Sonstige Instrumente:
69 von 324 ≈ 21,3% ≈ 21%

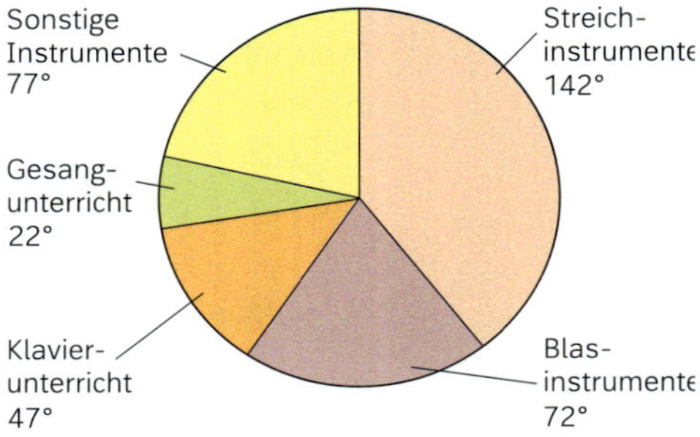

Bei einer Streifenlänge von 10cm betragen die Längen 40mm, 20mm, 13mm, 6mm und 21mm.

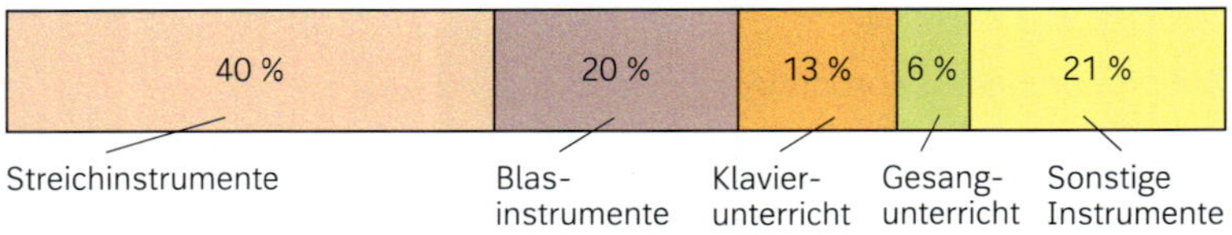

6 $\frac{148 + 28}{148} \approx 1{,}19$ oder $\frac{28}{148} \approx 0{,}189$ Die Fläche wurde um etwa 19% vergrößert.

7 $169{,}10\,€ : 0{,}95 = 178\,€$; $178\,€ - 169{,}10\,€ = 8{,}90\,€$ Sie hat 8,90€ gespart.

8 Nach der Erhöhung: $259\,€ \cdot 1{,}20 = 310{,}80\,€$ Nach der Senkung: $310{,}80\,€ \cdot 0{,}80 = 248{,}64\,€$
Da sich die Erhöhung/Senkung auf unterschiedliche Grundwerte bezieht, ist die Aussage falsch.

9 $7\,350\,€ \cdot 1{,}005 = 7\,386{,}75\,€$ Am Jahresende sind das etwa 7390€.

10 $500\,€ \cdot 1{,}02^4 \approx 541{,}22\,€$ Nach 4 Jahren sind das etwa 540€.

11 $5\,600\,€ \cdot 0{,}075 = 420\,€$ Zinsen für ein Jahr; $420\,€ \cdot \frac{7}{12} = 245\,€$ Zinsen für 7 Monate;
$5\,600\,€ + 245\,€ = 5\,845\,€$ muss er zurückzahlen.

Kapitel 3
Seite 123

1 **a)** $\alpha = \beta = 180° - 145° = 35°$; $\alpha + \beta = 70°$ **b)** $\alpha = 46°$; $\beta = 134°$; $\alpha + \beta = 180°$

2 **a)** $\alpha = 80°$; $\beta = 50°$; $\gamma = 50°$; $\delta = 80°$; $\varepsilon = 50°$; $\varphi = 50°$
b) $\alpha = 47°$; $\beta = 102°$; $\gamma = 31°$; $\delta = 47°$; $\varepsilon = 102°$; $\varphi = 31°$
c) $\alpha = 47°$; $\beta = 48°$; $\gamma = 85°$; $\delta = 47°$; $\varepsilon = 48°$; $\varphi = 85°$

Lösungen: Bist du fit?

Seite 123

3

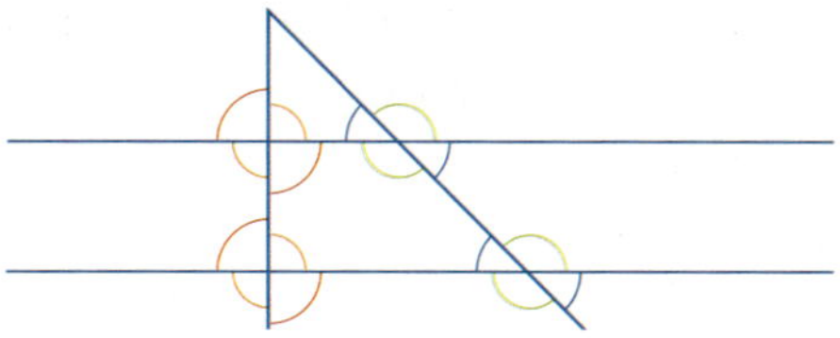

4 Es ist 3 · $\alpha = \beta$. Da α und β Nebenwinkel sind, gilt: $\alpha + \beta = 180°$.
Es ist als $\alpha = 45°$ und $\beta = 135°$.

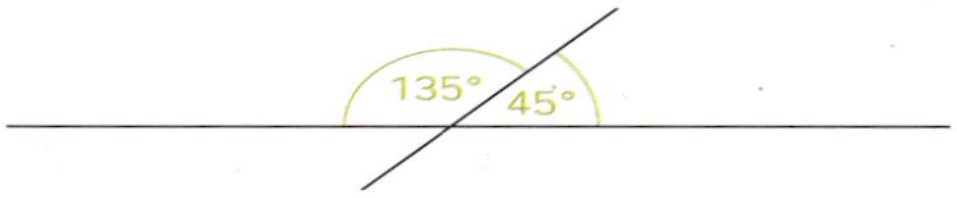

5 Da α und β Wechselwinkel zueinander sind, gilt also $\alpha = \beta$. Da sich der Winkel α und sein Nebenwinkel zu 180° ergänzen und der Nebenwinkel gleich $\alpha + 40°$ ist, ist $\alpha = \beta = 70°$.

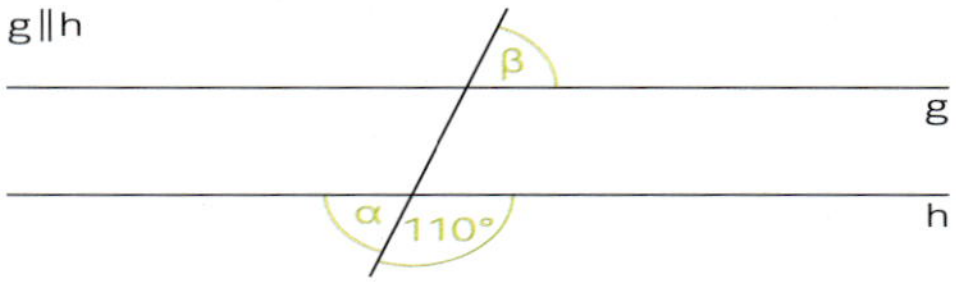

6 **a)** $\alpha = 88°$ **b)** $\alpha = 73°$
c) $\alpha = 23°$; $\beta = 157°$; $\gamma = 157°$ **d)** $\alpha = 60°$; $\beta = 110°$

7 **a)** $\alpha = 30°$

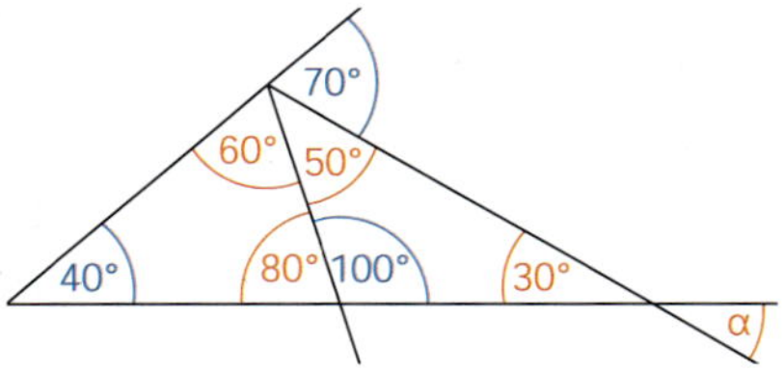

b) $\alpha = 55°$

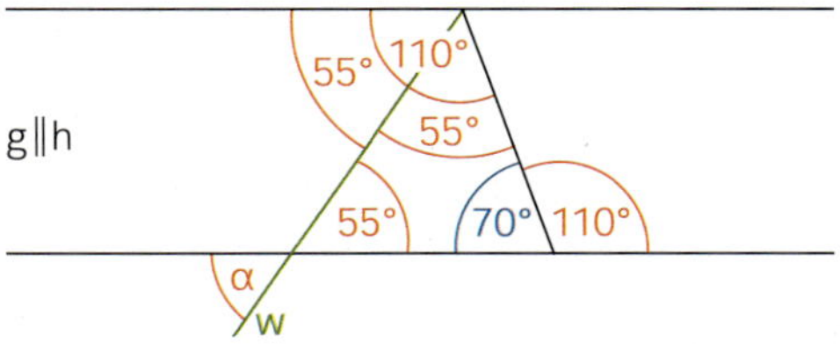

8 $\alpha = 70°$ und $\gamma = 40°$

Seite 124

9 Beide Neigungswinkel zusammen: 60° Winkel an der Spitze $180° - 60° = 120°$

10 Der dritte Winkel ist auch 45° groß. Das Dreieck ist also gleichschenklig.

11 **a)** Wahr; jedes Quadrat hat sogar 2 Paare zueinander paralleler Seiten.
b) Wahr; alle Rauten sind Trapeze.
c) Wahr; alle Quadrate sind Rauten.
d) Falsch; z.B. gleichschenklige Trapeze
e) Wahr; alle Quadrate sind Trapeze.
f) Wahr; alle Quadrate sind Rechtecke
g) Falsch; es gibt Parallelogramme, bei denen nicht alle Seiten gleichlang sind (Raute).
h) Wahr; alle Quadrate sind Drachenvierecke.

12 $3{,}75\,cm^2$; $3{,}75\,cm^2$; $7{,}5\,cm^2$; $9{,}5\,cm^2$

13 **a)** Parallelogramm; $32\,cm^2$ **b)** Trapez; $52\,cm^2$
c) Dreieck; $7{,}5\,cm^2$ **d)** Dreieck; $21\,cm^2$

Seite 124

14 a) $A = 150\,cm \cdot 80\,cm = 12\,000\,cm^2 = 1{,}2\,m^2$ b) $1{,}2\,m^2 \cdot 56{,}80\frac{€}{m^2} = 68{,}16\,€$

15 a) $A = \frac{(100 + 140) \cdot 70}{2} \cdot 2 + \frac{(140 + 155) \cdot 35}{2} \cdot 2 = 16\,800 + 10\,325 = 27\,125$

$27\,125\,cm^2 = 271{,}25\,m^2$

$271{,}25\,dm^2 \cdot 70\frac{€}{m^2} \approx 18\,988\,€$ Die Verglasung kostet knapp 19 000 €.

b) $A = \frac{(55\,cm + 85\,cm) \cdot 50\,cm}{2} + 35\,cm \cdot 85\,cm$

$= 3\,500\,cm^2 + 2\,975\,cm^2 = 6\,475\,cm^2 = 64{,}75\,cm^2$

$64{,}75\,dm^2 \cdot 70\frac{€}{dm^2} = 4\,532{,}50\,€$ Die Verglasung kostet etwa 4 600 €.

Kapitel 4
Seite 165

1 a) $-3{,}5 = -3\frac{1}{2} < -3{,}4 < -\frac{1}{9} < -0{,}1 < 0 < \frac{13}{5} < 2{,}8$

b) $|-3{,}5| = 3{,}5;\ |+2{,}8| = 2{,}8;\ |-0{,}1| = 0{,}1;\ \left|-3\frac{1}{2}\right| = 3\frac{1}{2};\ \left|\frac{13}{5}\right| = \frac{13}{5};\ \left|-\frac{1}{9}\right| = \frac{1}{9};\ |0| = 0;\ |-3{,}4| = 3{,}4$

$0 < 0{,}1 < \frac{1}{9} < \frac{13}{5} < 2{,}8 < 3{,}4 < 3{,}5 = 3\frac{1}{2}$, also

$|0| < |-0{,}1| < \left|-\frac{1}{9}\right| < \left|\frac{13}{5}\right| < |+2{,}8| < |-3{,}4| < |-3{,}5| = \left|-3\frac{1}{2}\right|$

2 A $-4{,}9$; B $-4{,}1$ C $-3{,}4$ D $-2{,}7$ E $-1{,}8$ F $-0{,}7$ G $0{,}5$ H $1{,}8$
I $2{,}5$ J $3{,}2$ K $4{,}2$ L $5{,}4$ M $6{,}3$

3 a) $-48;\ -24;\ 432;\ 3$ b) $36;\ 54;\ -405;\ -5$
c) $2{,}8;\ -11{,}2;\ -29{,}4;\ -0{,}6$ d) $-2;\ \frac{1}{2};\ \frac{15}{16};\ \frac{3}{5}$

4 a) -24 b) -64 c) 35 d) $\frac{1}{12}$ e) 95 f) 7
g) 3 h) -7 i) -5 j) -3 k) $-\frac{1}{2}$ l) -3
m) 0 n) $5{,}8$ o) $-\frac{7}{4} = -1\frac{3}{4}$ p) $0{,}4$ q) $7{,}4$ r) 0
s) 0 t) 25

5 a) $12 \cdot (-29) = -348$ Es werden in einem Jahr 348 € abgebucht.
b) $(-7{,}1) + (+4{,}9) = -2{,}2$ Es ist 2,2 Grad kälter geworden.
c) $(-1{,}5) : 5 = -0{,}3$ Der Wasserstand ist im Schnitt um 0,3 dm pro Stunde gesunken.
d) $(-791) - (-92) = -699$ Korrekt hätten 699 € abgebucht werden müssen.

Seite 166

6 a) $-13{,}2$ b) $-5{,}7$ c) $2{,}2$ d) $-2{,}3$ e) 9 f) $-1\,025$
g) $\frac{7}{6} = 1\frac{1}{6}$ h) 7 i) -69

7 a) $6{,}6$ b) 4 c) $-12{,}5$ d) $4{,}4891$
e) $4{,}9$ f) -2 g) $-3{,}1$ h) $-3\frac{7}{10} = -3{,}7$

8 a) Die Behauptung ist richtig.
b) Die Behauptung ist falsch. Durch null darf man nicht dividieren, der Divisor darf nicht gleich 0 sein. Der Wert eines Quotienten ist null, wenn der Dividend null ist.
c) Die Behauptung ist falsch, denn zum Beispiel ist $(+3) + (-4) = -1$ und $(+3) - (-4) = +7$.

9 Koordinaten der Bildpunkte: $A'(-3{,}5\,|\,-2)$; $B'(6\,|\,6{,}5)$; $C'(6{,}6\,|\,2{,}45)$; $D'(4{,}5\,|\,2{,}2)$; $E'(2{,}75\,|\,-4{,}7)$

Lösungen: Bist du fit?

Kapitel 5
Seite 188

1 a) $L = \{-4; 3\}$ b) $L = \{-5; 2\}$

2 a) $10x$ b) $4x$ c) $4z - 2$ d) $4z - 5$

3 a) $L = \{5\}$ b) $L = \{-5\}$ c) $L = \{7\}$ d) $L = \{8\}$
e) $L = \{4\}$ f) $L = \{0\}$ g) $L = \mathbb{Q}$ h) $L = \{16\}$

4 a) $20x - 68 = 172;\ x = 12$ b) $3x + 8 = 2x + 5;\ x = -3$

5 Wir wählen x für die Länge (in cm) der mittleren Seite. Die Länge (in cm) der kleinsten Seite ist dann $x - 2$, die Länge (in cm) der längesten Seite ist dann $x + 2$.
$(x - 2) + x + (x + 2) > 36$, also $x > 12$
Lösungsmenge: $L = \{x \in \mathbb{Q} \mid x > 12\}$
Die mittlere Seite muss länger als 12 cm sein; die anderen dann jeweils 2 cm kürzer bzw. länger.

6 Wir wählen die Variable x für die Anzahl der Schüler.
$((x \cdot 2) \cdot 3) : 4 + 1 = 100$, also $x = 66$
Lösungsmenge: $L = \{66\}$ Es sind 66 Schüler.

7 Zinsen für den mittleren Betrag: x (in €);
Gleichung: $x + 303{,}75\,€ + x + x - 8{,}75\,€ = 583{,}75\,€;\ x = 96{,}25\,€$
Der Betrag über 7 000 € bringt 96,25 € Zinsen; Zinssatz 1,375 %.
Der Betrag über 5 000 € bringt 87,50 € Zinsen; Zinssatz 1,75 %.
Der Betrag über 20 000 € bringt 400,00 € Zinsen; Zinssatz 2,0 %.

8 x: Strecke bis zum Nachtanken (in km)
Verbrauch pro km: Stadtverkehr: $6{,}8\,l : 100 = 0{,}068\,l$;
Bundes- und Landstraßen: $5{,}2\,l : 100 = 0{,}052\,l$

Gleichung:
$$\frac{2}{5} \cdot 0{,}068 \cdot x + \frac{3}{5} \cdot 0{,}052 \cdot x = 50$$
$$0{,}0272 \cdot x + 0{,}0312 \cdot x = 50$$
$$0{,}0584 \cdot x = 50 \quad | : 0{,}0584$$
$$x \approx 856$$

Nach etwa 856 km ist der Tank leer. Frau Müller muss also vorher nachtanken.

Lösungen: Bist du fit?

Kapitel 6
Seite 215

1 (1) P (0,01 cm Abweichung) = P (6,99 cm) + P (7,01 cm) = 0,2 + 0,23 = 0,43
(2) P (mehr als 0,02 cm Abweichung) = P (6,97 cm) + P (7,03 cm) = 0,07
(3) P (weniger als 0,03 cm Abweichung) = 1 − P (0,03 cm Abweichung)
= 1 − P (6,97 cm) − P (7,03 cm) = 1 − 0,04 − 0,03 = 0,93

Seite 216

2 **a)** (1) $\frac{4}{6} = \frac{2}{3}$ (2) $\frac{3}{6} = \frac{1}{2}$ (3) $\frac{2}{6} = \frac{1}{3}$
b) $\frac{1}{6}$
c) $\frac{1}{6} \cdot 1\,800 \approx 300$. Man kann erwarten, dass man ungefähr 300-mal eine 6 würfelt.

3 Niete: $\frac{70}{100} = \frac{7}{10}$; Hauptgewinn: $\frac{1}{100}$; Gewinn: $\frac{1}{100} + \frac{9}{100} + \frac{20}{100} = \frac{30}{100} = \frac{3}{10}$

4 E_1: (1 | 1), (1 | 2), (1 | 3), (1 | 4), (2 | 1), (3 | 1), (4 | 1); $P(E_1) = \frac{7}{16}$
E_2: (1 | 1), (2 | 1), (3 | 1), (4 | 1); $P(E_2) = \frac{4}{16} = \frac{1}{4}$
E_3: (2 | 1), (3 | 1), (4 | 1); $P(E_3) = \frac{3}{16}$
E_4: (1 | 1), (1 | 3), (3 | 1), (3 | 3); $P(E_4) = \frac{4}{16} = \frac{1}{4}$
E_5: (1 | 2), (1 | 4), (2 | 1), (2 | 3), (3 | 2), (3 | 4), (4 | 1), (4 | 3); $P(E_5) = \frac{8}{16} = \frac{1}{2}$
E_6: (1 | 2), (2 | 1); $P(E_6) = \frac{2}{16} = \frac{1}{8}$

5 **a)** $P(E_1) = P(2\,\text{grün}) + P(2\,\text{blau}) + P(2\,\text{rot}) + P(2\,\text{gelb})$
$= \frac{1}{6} \cdot \frac{1}{6} + \frac{1}{3} \cdot \frac{1}{3} + \frac{5}{12} \cdot \frac{5}{12} + \frac{1}{12} \cdot \frac{1}{12} = \frac{1}{36} + \frac{1}{9} + \frac{25}{144} + \frac{1}{144} = \frac{46}{144} = \frac{23}{72} \approx 0{,}319 = 31{,}9\,\%$
$P(E_2) = 1 - P(E_1) = 1 - \frac{23}{72} = \frac{49}{72} \approx 0{,}681 = 68{,}1\,\%$
b) $P(E_1) = P(2\,\text{grün}) + P(2\,\text{blau}) + P(2\,\text{rot}) + P(2\,\text{gelb})$
$= \frac{2}{12} \cdot \frac{1}{11} + \frac{4}{12} \cdot \frac{3}{11} + \frac{5}{12} \cdot \frac{4}{11} + 0 = \frac{2}{132} + \frac{12}{132} + \frac{20}{132} = \frac{34}{132} = \frac{17}{66} \approx 0{,}258 = 25{,}8\,\%$
$P(E_2) = 1 - P(E_1) = 1 - \frac{17}{66} = \frac{49}{66} \approx 0{,}742 = 74{,}2\,\%$

6 $P(1) = \frac{1}{8} \cdot \frac{1}{2} = \frac{1}{16} = 0{,}0625 = 6{,}25\,\%$
$P(2) = \frac{1}{8} \cdot \frac{1}{2} + \frac{1}{2} \cdot \frac{1}{2} = \frac{5}{16} = 0{,}3125 = 31{,}25\,\%$
$P(3) = \frac{3}{8} \cdot \frac{1}{2} = \frac{3}{16} = 0{,}1875 = 18{,}75\,\%$
$P(4) = \frac{1}{2} \cdot \frac{1}{2} = \frac{1}{4} = 0{,}25 = 25\,\%$
$P(6) = \frac{3}{8} \cdot \frac{1}{2} = \frac{3}{16} = 0{,}1875\,\% = 18{,}75\,\%$

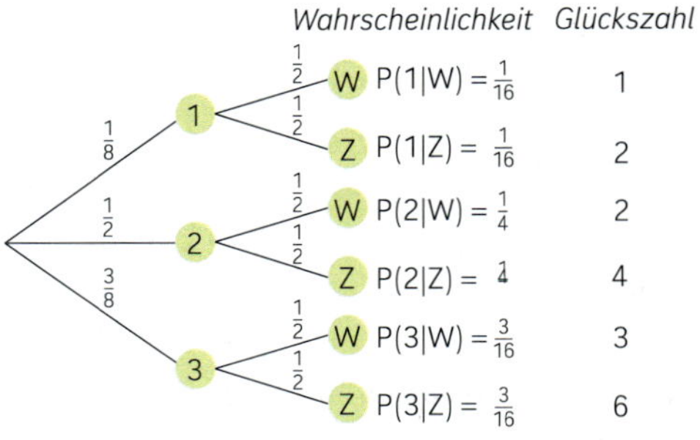

7 **a)** $0{,}995 \cdot 0{,}985 \approx 0{,}09801 = 98{,}01\,\%$
Zu etwa 98 % funktionieren die Systeme gleichzeitig.
b) $0{,}005 \cdot 0{,}015 \approx 0{,}000075 = 0{,}0075\,\%$
Dass beide Systeme versagen, ist mit 0,0075 % fast unwahrscheinlich.
c) $0{,}005 \cdot x = 0{,}00001 \quad | : 0{,}005$
$x = 0{,}002 = 0{,}2\,\%$
Der neue Melder müsste mit einer Wahrscheinlichkeit von 99,8 % funktionieren.

Stichwortverzeichnis

Bildquellenverzeichnis

|alamy images, Abingdon/Oxfordshire: Bildagentur Hamburg 96; byvalet 30; Cal Sport Media 56; CHROMORANGE/Forkel, August 38; Cultura Creative (RF)/Rakusen, Monty 193; Cumming, Jim 64; Grimm, Martin 186; Hackenberg-Photo-Cologne 13; imageBROKER/Plewka, Dietmar 35; imageBROKER/Schreiter, Ottfried 62; Island Images 85; Jim West 69; Juice Images 120; Kaminer, Mattis 14; Kirsch, Gunter 62; Kuttig - RF - Travel 72; MBI/Stockbroker 20; MUTTAPRAPRUT, SAWASSAKORN 157; Muttitt, Adrian 119; Panther Media GmbH 89; PHOVOIR 19; Pixel-shot/Iastremskyi, Leonid 16; Polenok, Mykhailo 193; PRISMA ARCHIVO 188; Savage, Maurice 98; Simsek, Cigdem 202; Stark, John 62; StockphotoVideo 25; Thalhofer, Karoline 41; tudor, antonel adrian 199; Zoonar/Leitner, Bernd 155. |Bridgeman Images, Berlin: Composition, 1930 (w/c and indian ink), Kandinsky, Wassily (1866-1944) / Private Collection 92; Heitere Gebirgslandschaft (Joyful Mountain Landscape), 1929 (oil on board), Klee, Paul (1879-1940) / Yale University Art Gallery, New Haven, CT, USA 4, 79. |Casper, Enrico, Braunschweig: 2. |Fabian, Michael, Hannover: 26, 28, 63, 88, 99, 99, 192, 192, 193, 193, 193, 193, 193, 193, 193, 194, 194, 194, 194, 194, 194, 194, 194, 194, 194, 194, 194, 197, 197, 199, 202, 202, 209, 209, 210, 211. |FIMEXO GmbH Außentreppen, Rollwitz: 118. |Form & Farbe Ehmann GmbH, Fürth: 102. |fotolia.com, New York: lupico 128. |Griese, Dietmar, Laatzen: 8, 45, 95, 146, 151, 153, 192, 192, 204, 205, 213. |iStockphoto.com, Calgary: 4FR 50; 4RF 132; adamkaz 128; Alina555 73; Burrell, Michael 11; by Martin Nancekievill 22; DirkRietschel 22; dth8x 166; Dudek, Anna 5, 167; Grassl, Gabriele 88; GroblerduPreez 62; Halfpoint 78; HannamariaH 128; Image_Source_ 28; Kingarion Titel; Merton, Tom 115; michal-rojek 4, 125; mihtiander 137; mtreasure 42; nanoqfu 206, 208; NickyBlade 196; ollo 71; phototropic 124; piranka 70; pixelliebe 70; simonkr 18; stockfour 162; twinsterphoto 191; whitemay 143. |Microsoft Deutschland GmbH, München: 31, 31, 31, 31, 46, 61, 203. |PantherMedia GmbH (panthermedia.net), München: Arapovic, Benis 171; Bernd_Leitner_Fotodesign 133; DuxX73 33; Iscarteblanche 33; lantapix 62; lunamarina 105; stockasso 158. |Shutterstock.com, New York: Africa Studio 19; andrekoehn 5, 189; frantic00 64; Georgios Kollidas 197; Jeffoto 65; Jevtic, Budimir 48; katacarix 35; pics of my life 56; Rawpixel.com 60; timquo 192, 196, 198, 199, 216; Yeti studio 68. |stock.adobe.com, Dublin: ab-photodesign 188; acceptfoto 44; Africa Studio 57; AKINSHIN, ILYA 59; ARochau 3, 7; BillionPhotos.com 53; Brigitte 196; by-studio 198; contrastwerkstatt 3, 49; createvil 52; deagreez 185; Debus, Martin 97; detailfoto 124; dieter76 36; Dörr, M. & Frommherz, M. 19; ehrenberg-bilder 215; Ga_Na 99; gelilewa 127; HandmadePictures 41; Hofacker, Brent 72; industrieblick 74; JWS 200; kaliantye 212; lucadp 158; Mayer, Marco 25; Murzin, Sanzhar 198; Picture-Factory 52; pimmimemom 32; rcfotostock 59; specnaz7 42; steverts 103; Superingo 39; travelview 61; valiza14 54; Viktoriia 143; Wüstehube, Joel 53; ¿rtranq 43; ¿¿¿¿ ¿¿¿¿¿¿¿¿ 124. |Thinkstock, Sandyford/Dublin: AnnaDudek 5, 167.

Wir arbeiten sehr sorgfältig daran, für alle verwendeten Abbildungen die Rechteinhaberinnen und Rechteinhaber zu ermitteln. Sollte uns dies im Einzelfall nicht vollständig gelungen sein, werden berechtigte Ansprüche selbstverständlich im Rahmen der üblichen Vereinbarungen abgegolten.

Medienkompetenzrahmen

1 Bedienen und Anwenden	2 Informieren und Recherchieren	3 Kommunizieren und Kooperieren
1.1 Medienausstattung	2.1 Informationsrecherche	3.1 Kommunikations- und Kooperationsprozesse
	• Seite 23, Aufgabe 16 (Recherche zu Umrechnungskursen) • Seite 23, Aufgabe 16 (Recherche zu Prozenten) • Seite 119, Aufgabe 11 (Recherche zu Laser-Jollen) • Seite 74, Aufgabe 10 (Recherche zu Geldanlage)	
1.2 Digitale Werkzeuge	2.2 Informationsauswertung	3.2 Kommunikations- und Kooperationsregeln
• Seite 81 (Dynamische Geometrie-Software) • Seite 85, Aufgabe 9 (Dynamische Geometrie-Software) • Seite 90, Einstieg (Dynamische Geometrie-Software) • Seite 96, Einstieg (Dynamische Geometrie-Software) • Seite 110, Aufgabe 12 (Dynamische Geometrie-Software)		
1.3 Datenorganisation	2.3 Informationsbewertung	3.3 Kommunizieren und Kooperieren in der Gesellschaft
1.4 Datenschutz und Informationssicherheit	2.4 Informationskritik	3.4 Cybergewalt und -kriminalität